战国

兵戈200年

任超◎著

新世界出版社
NEW WORLD PRESS

图书在版编目（CIP）数据

战国：兵戈200年 / 任超著. -- 北京：新世界出版社，2022.10（2024.12重印）
ISBN 978-7-5104-7523-8

Ⅰ. ①战… Ⅱ. ①任… Ⅲ. ①中国历史—战国时代—通俗读物 Ⅳ. ① K231.09

中国版本图书馆CIP数据核字（2022）第 168024 号

战国：兵戈200年

作　　者：任　超
责任编辑：曲静敏
责任校对：宣　慧
责任印制：王宝根
出　　版：新世界出版社
网　　址：http://www.nwp.com.cn
社　　址：北京西城区百万庄大街 24 号（100037）
发 行 部：(010)6899 5968（电话）　(010)6899 0635（传真）
总 编 室：(010)6899 5424（电话）　(010)6832 6679（传真）
版 权 部：+8610 6899 6306（电话）　nwpcd@sina.com（电邮）
印　　刷：嘉业印刷（天津）有限公司
经　　销：新华书店
开　　本：710mm × 1000mm　1/16　　尺寸：170mm × 240mm
字　　数：378 千字　　印张：25
版　　次：2022 年 10 月第 1 版　　2024 年 12 月第 6 次印刷
书　　号：ISBN 978-7-5104-7523-8
定　　价：69.00 元

目 录

壹

变法图强

法家的起源

春秋末年，鲁国的孔子已年近七十。远离鲁国政坛多年的他，早已看透了世间万物，内心已从心所欲。人近黄昏，孔子只想做做学问、带带学生，平静地度过余下岁月。

然而，一位前来求学的年轻人，彻底打破了孔子平静的生活。这位年轻人不仅在求学期间对儒家思想发出了质疑之声，更是在此后的岁月里开宗立派，为儒家带来了相爱相杀数百年的竞争对手。

前来求学的是一位出身贫寒的年轻人，姒姓，卜氏，名商，字子夏，比孔子小四十四岁。子夏虽然家境贫寒，但是孔子毫不介意地收他为徒。

初入孔子门下，子夏就展现出了学霸的天赋，只要是孔子在课堂上讲过的知识，他就能一字不落地复述出来，简直是活生生的人肉复读机。并且他还能将所学知识点举一反三，具有很强的发散性思维。

才华如此出众的学生，很快就被鲁国高层看中。子夏被安排去莒父担任地方官员，下基层历练，作为国家储备干部培养。

子夏在治理莒父这段时间，政绩斐然。这个学霸不是对所学知识生搬硬套，而是活学活用，让当地老百姓过上了小康的日子。

子夏工作了一段时间后，利用节假日回来看望孔子。一般毕业后的学生回母校看望老师，都会对老师说些客套话，感谢老师的教导之恩，子夏也不例外。子夏拜见孔子后，恭敬地坐下。

孔子笑着说："听说你在莒父干得不错。"

子夏："那都是您教导得好。您当初不嫌弃我出身贫寒，收我为徒，尽心教育我。"

孔子："那是为师应尽的义务。对了，你说说，你是如何治理莒父的。"

子夏："就算是小的技艺，也是有可取之处的。只要这些技艺能帮助生产，有利润可图，我就让各行各业的百姓认真钻研。他们有了一技之长便可以丰衣足食，经济就能快速增长。大的道德节操上不能有逾越，小节上有些随意也是可以原谅的。对于作奸犯科的人，应按照刑罚严惩。"

孔子听完，整个身子绷不住了。他平时教导学生治理国家要"为政以德"，"德"的核心就是"礼"与"仁"。然而自己的得意门生子夏非但没有把自己的思想贯彻实施，还反其道而行之，不仅根本看不到"德"，还追求物质上的"欲速"与"小利"，这不仅是对自己作为一位先进教育工作者的最大否定，更是搞出了异端邪说。

作为一名德高望重的老师，孔子要把自己的学生重新引上正轨。

孔子严肃地说："为师今天想教导你，做事不要急于求成，不要贪图小利，否则欲速则不达，贪图小利更做不成大事！"

子夏早料到老师会这样批评自己。他鼓起勇气说："老师，您说的都对。我始终不忘您主张的'礼'与'仁'。可是周平王东迁洛邑后，天子大权旁落，礼崩乐坏三百年，弑君七十二，亡国五十六。要想恢复'礼'，就必须国富民强，这样国家与社会才能恢复秩序，否则就有被吞并的危险。要想恢复'仁'，就必须用政令、刑罚驱动百姓，一味地说教并不能感化所有人，只有恩威并施，人才会遵纪守法，心存善念。"

孔子听完，仰天长叹了一声，随后说道："子夏，你要做君子儒，不要做小人儒。"

子夏眼见老师面露不悦，不敢再惹老师生气，毕竟孔子已年近七十了，于是他退出了房间。

师徒为学术争论是难免的事，事情过去就过去了。然而这一场争论就像蝴蝶效应一样，南半球的一只蝴蝶微微扇动了一下翅膀，几个星期后在北半球可能演变成了一场龙卷风。

中国教育自古以来有一个传统，就是要求孩子在家听父母话，在学校听老师话。然而历史上无数事例告诉我们，打破旧规则、创造新世界、制定新秩序法则的，往往都是质疑型学生，因为他们有不同于凡人的思想，有敢于创新的精神。

几年后，孔子死了，弟子们为孔子守孝三年。守孝结束后，弟子们就要各奔东西了。子夏不愿留在鲁国这样的弹丸之地，想找一个更广阔的天地去施展自己的才华。

在临走前，子夏特意拜别孔子的孙子子思。子思的父亲孔鲤在孔子生前就去世了，子思是孔子唯一的后代，也是四书五经里《中庸》的作者。此时子思还是个小朋友，孔子在生前将他托付给另一位得意弟子曾参抚养。

曾参就是四书五经里《大学》的作者，被后世尊称为曾子。作为新监护人，曾参牵着子思的小手，代子思向前来拜别的子夏行礼。

子夏说："我打算西去晋国。晋国虽然内部混乱，但越是危险的地方，越充满机遇，更能发挥我的所学。"

曾参说："我选择留在鲁国，老师将子思托付给我，我要好好教育他。"

子夏说："我与你不同，人在乱世之中，想独善其身是不可能的，我们的老师不也曾想改变这个世界吗？这个世道太乱了，只有'礼'才能规范每个人的行为。君君臣臣父父子子，每个人能恪守自己的本分，不僭越，这样才能让天下井然有序！"

曾参听完皱了皱眉："士不可以不弘毅，任重而道远。仁以为己任，不亦重乎？死而后已，不亦远乎？"

讲到这里，子夏明白自己与曾参话不投机，于是就此拜别，头也不回地走了。

子夏背起行囊，带上儒家的《诗》《书》《礼》《乐》《易》《春秋》六经，踏上西行之路。他到达晋国后，选择了在晋国的西河开办私学，像孔子一样，开始了教书生涯。

然而，正是子夏此次西行开启了孔子死后儒家内部的大分裂。

活跃在战国时期的儒家可以分成两大宗，一个是礼派，一个是仁派。在礼派看来，要想改变乱世，恢复孔子理想的礼制，让社会秩序井然、尊卑有序，光靠说教感化是没有用的，必须通过强而有力的改革方式来达成。说直白点，手段要狠硬。

在仁派的眼里，要想改变乱世，就要相信老百姓是善良的，是可以被教化的，对他们施以仁政，手段要柔和。

就在子夏到达晋国后不久，公元前453年，魏、赵、韩三家分晋。这是一件划时代意义的大事，晋国国君虽然还在，但国内大权已分属三家，晋国在事实上已经灭亡。

子夏在西河地区教书。作为孔子的高徒，他凭借渊博的学识，很快在西河地区打开了教育市场，魏国国君魏桓子特意请子夏给自己的孙子魏斯教书。

自古以来，读书人的最高理想就是要做帝王师！国君是国家的一把手，一把手的老师更是受万人敬仰。通过教育国家一把手，从而实现自己的政治理想与人生抱负，这是所有古代读书人梦寐以求的。

天上掉下如此巨型的蛋糕，子夏欣然接受。他隔三岔五进宫给魏斯小朋友上课，由于教书效果好，子夏的礼派思想开始在魏国流行起来。子夏凭借储君老师的金字招牌，在魏国西河地区收了众多学生，形成了自己的学派。历史上，子夏在西河地区的学派被称为西河学派。

西河学派吸引了各国大量的尖子生前来报考。西河学派里，学习成绩优秀的学生会作为选调生，被魏国政府派往地方担任高级官员。整个魏国出现了一个很奇特的景观，国内上上下下充斥着子夏的学生，整个国家都被西河学派操纵着，全国上下都是布衣卿相。

统一德国的铁血宰相俾斯麦说过这么一句话："普鲁士在战场上的胜利，早在小学的课桌上就被决定了！"而魏国在战国初期的辉煌，也是在子夏的课堂上就已经决定了。

子夏以刑罚作为工具，用铁与血的意志维护礼，让整个魏国秩序井然。他们没有想到的是，自己跟老师学的明明是正儿八经的儒家学问，后世却把他们这群依法治国的人称为"法家"。

儒家成为孕育法家的母体，魏国的法家实际上是儒家礼派的学生。即将登场的战国法家第一人李悝，就是子夏的高徒。再比如战国后期的李斯、韩非子，他俩作为法家的著名代表，就是穿上公务员外衣的儒家礼派学生，他俩的老师是儒家的著名牛人——荀子。荀子同子夏一样，也是儒家礼派。

子夏无意中造就了战国时叱咤风云、改变历史走向的法家！

公元前445年，魏桓子死了，魏斯小朋友继位成为魏国一把手。魏斯是一位有志青年，他不愿当名义上的晋国臣子，要做就做真正的国君！

公元前424年，魏斯自称为侯，他就是战国初期威震天下的魏文侯。

在西河学派思想的指引下，魏文侯身边人才济济，魏国成为战国初期一颗冉冉升起的新星。而魏文侯每天辛勤工作，从来不敢偷懒。

如果有人问魏文侯为什么这么拼，他会哭着对你说：“老祖宗抢的地也太奇葩了，你看看魏国的地图就知道了！”

中央集权

翻开战国初期地图，当看到魏国疆域时，很多人会不禁笑出声。因为魏国版图造型也太喜感了，就像一条肥肥的秋裤。

秋裤让人免受寒冷的侵袭，会给人一种温暖的感觉。然而，魏国这条“秋裤”非但不能让人感受到一丝温暖，反而会让你有种冰锥扎心的感觉。

魏国这条奇葩的“秋裤”，两条“裤脚”下面是楚国。与晋国同是超级大国的南天一霸楚国曾多次称霸中原，号令天下诸侯。一部春秋史，就是晋楚两极争霸史；“裤腰”上面是赵国。赵国是三家分晋的领头羊，分得的领土也最大，实力不可小觑；“裤腿”左边是秦国。秦国是西方大国，称霸西北，民风彪悍，敢打敢杀，还曾把灭了西周的戎人打得满街跑，号称“蛮夷鬼见愁”；“裤腿”右边是齐国。齐国是东方富国，靠近大海，出产当时的硬通货食盐，家里小日子一直过得不错；两条“裤腿”之间，还夹着一个韩国。韩国在战国史上是最没有存在感的国家。但别看韩国躲在魏国“裤裆”下好像受到胯下之辱，实际上韩国由于被魏国包围了大半部分，魏国成了其天然肉盾，韩国只要和魏国处好关系就行。

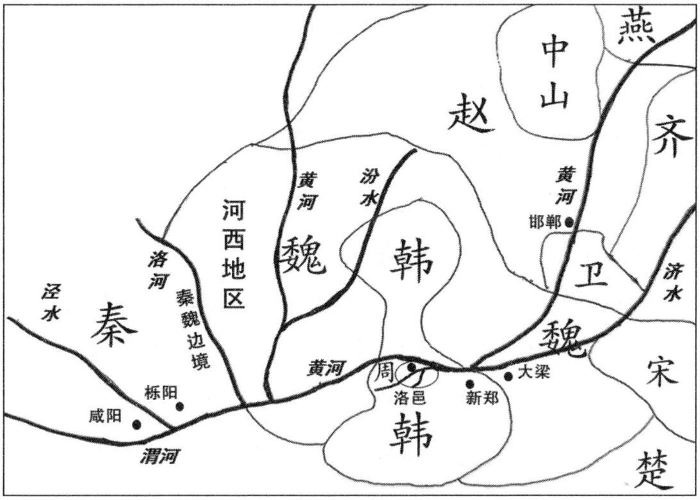

战国前期魏国形势图

可以数数，战国七雄分别是秦、楚、齐、魏、燕、赵、韩，而魏国分别与五雄接壤。

战国时，著名说客张仪就曾精辟地评价过魏国："地四平，诸侯四通，条达辐辏，无有名山大川之阻……固战场也。"如果把战国比作一局即时战略游戏的话，魏国正处于"天下"这张地图的中心，这是各路游戏玩家打野的地方，属于四战之地。

魏文侯作为魏国的初代国君，一看魏国地图，就会哭着说："我太难了！"

若想不被人欺，就要具备自己的实力。

农业是古代国家的命脉，要想农业增产，水利显然少不了。春秋时地广人稀，洪水暴发也冲不走几个人，破坏力不大。到了战国时期，各国开始变法，鼓励生产，人口开始爆炸性增长，一场洪水下来，无数老百姓被卷走，国君找谁征兵征粮？

在古代，水利对于一个国家来说是头等大事。水利修得好，可以灌溉河两岸良田；水利修得不好，一场大洪水能让一个国家一夜陷入贫困。

让魏文侯头疼的是漳水。漳水是黄河的支流，位于燕、赵、魏三国边境，一到春夏雨水到来的时候，就开始发洪水。漳水性情不定，与爱变道的黄河有一拼，人送绰号“小黄河”。

漳水边上有一个军事重镇邺城，那里的百姓饱受其苦。再没人治理漳水，邺城的老百姓就要跑光了，到时谁来守卫边疆？

魏文侯希望有大臣愿意去邺城支边，可以保留原有职务，回来后还大大提拔，可是根本没人愿意去。朝堂上的大臣都是混迹官场多年的老油条，官场经验一个比一个丰富。他们知道，治理邺城的关键不是靠行政，而是靠水利。水利是一个工科专业，从来没有学过水利专业的大臣才不会傻到去蹚邺城的浑水。再说，万一洪水暴发，自己也喂鱼虾了怎么办？

企业找不到合适的人才，怎么办？如果放到现在，企业就会去找猎头公司，厉害的猎头可以慧眼识人，给雇主推荐想要的人才。魏国朝堂一位叫翟璜的大臣，就是战国第一猎头，西门豹、乐羊、吴起等都是他挖掘来的高端人才。

他向魏文侯推荐了西门豹，魏文侯对西门豹进行面试后，发现这人不光精通水利，在行政方面也颇有见解。魏文侯对西门豹很是满意，封他为邺城令。

公元前421年，西门豹前往邺城，开始了他的传奇生涯。

上小学的时候，我们都学过一篇课文叫《西门豹治邺》。课文里是这么说的：西门豹来到邺城后，看到十室九空，民不聊生。因为漳水经常泛滥，当地的长老、县吏、巫婆发现了一个生财之道。他们对老百姓说，漳水里面住着一位河神，河神喜欢美女，只要给河神娶老婆，就不会发洪水了。婚嫁是要有嫁妆的，每次给河神娶亲，这些黑恶势力就以陪嫁的名义趁机搜刮老百姓的钱财。

他们编造的河神如此不正经，可是老百姓畏惧他们的权势，不得不向这些黑恶势力屈服。

西门豹来到邺城时，正好赶上黑恶势力又给河神娶老婆，无数百姓在旁边围观。西门豹看见一个被盛装打扮的小姑娘坐在岸边，她将被当作河神新娘扔到河里。

子夏的儒学在魏国大红大紫，魏文侯与朝内很多官员都是子夏的学生。而子夏的老师孔子说过：“未能事人，焉能事鬼？”这句话通俗的意思是，活人的事都没搞好，怎么能搞鬼神的事。孔子一生都对“怪力乱神”极其反感，魏文侯崇尚儒学，师祖孔子讨厌鬼神，邺城作为魏国基层怎么能大搞封建迷信祸害百姓呢？

西门豹虽不是子夏的学生，却是一名无神论者。他打算用科学的方法反迷信。

西门豹对在场众人喊道："河神喜欢漂亮姑娘，我看献给河神的姑娘长相如此丑陋，河神娶了肯定不高兴，一不高兴就要发大水！巫婆，麻烦你对河神说一下，过两天我给他找个漂亮的姑娘送去！"

话刚说完，西门豹的手下就把巫婆扔进了汹涌的漳水里。在场的众人看傻了，谁也没想到西门豹这么狠。

西门豹对着漳水看了半天，又说："咦，巫婆怎么还没有回来？再派人去催催！"于是西门豹的手下把巫婆的弟子也扔了下去。

又过了一会儿，西门豹又说："咦，巫婆的弟子怎么还没有回来？再派长老、县吏去催催！"只听"扑通"几声，长老和县吏也被扔进河里。

周围的百姓见到此景，大声叫好。打掉黑恶势力，让西门豹在邺城树立了崇高的威望。邺城治安稳定之后，西门豹开启了基建狂魔的模式。

西门豹真正的强项是水利，这也是他被魏文侯派来邺城的重要原因。漳水经常泛滥，而邺地又是盐碱地，如何让水量过多的漳水灌溉盐碱地，需要修建一个巨大的水利工程。

再大的工程在中国人眼里都不算什么，因为中国人自古以来就有"人定胜天"的理念。遇到大山，中国人可以愚公移山；遇到史诗级大洪水，中国有大禹治水。西门豹征集当地百姓，起早贪黑治理漳水，魏文侯也调集众多资源给他。

西门豹用"磴（dèng，台阶）流十二，同源异口"的方法治好了漳水。漳水流域附近地面西高东低，西门豹在漳水附近不同的高度上修建了十二道拦水坝，每道拦水坝又向外引出一条渠。通过这个方法，邺城既控制了经常泛滥的漳水，又灌溉了两岸的土地，从此变成鱼米之乡，亩产量提高了八倍。

后来，富庶的邺城成为六个朝代的首都。三国时曹操把邺城定为首都，后赵、冉魏、前燕、东魏、北齐也定都于此。

西门豹修建水利之举，让魏国成为战国时的水利强国，后来也出了不少水利专家。

就在西门豹在邺城大修水利时，励精图治的魏文侯总感觉少了点什么。熟读历史的魏文侯知道，明君身边都会有治世能臣。齐桓公身边有管仲、鲍叔牙，吴王阖闾身边有孙武、伍子胥，越王勾践身边有范蠡、文种。可是，自己身边却没有一个智商爆表、能力超强的帮手。虽然魏国满朝都是自己的师弟，魏文侯用得也很顺手，可是其中没有一个特别亮眼的。

就在魏文侯苦恼的时候，他的老师子夏又给他送了个小学弟来。正是这位小学弟，把魏国推上了战国初期的顶峰。

先驱

子夏推荐来的这位小学弟叫李悝，史书上又称李克，他是魏国人，比魏文侯小十七岁。李悝是法家开山老祖，商鞅在他面前也只有拎包的份儿。

李悝拜在子夏门下后，认真学习，把儒家六本教科书背得滚瓜烂熟。而且李悝不但学习好，还有创新求变的精神，能把所学知识与当时实际情况相结合，并提出惊人的见解。

这样的创新型学生不正是魏国需要的吗?

于是子夏送给了魏文侯。

魏文侯坐在殿上，李悝向国君兼学长恭敬地行了礼。

魏文侯虽为国君，但是具有礼贤下士的精神。他对李悝说："请您说说，如何才能治理好一个国家？"

李悝侃侃而谈："这是一个礼崩乐坏的时代，每个人为了自己的欲望去争夺自己想要的东西，欲望也是天下动乱的根源。

"孔子说过'克己复礼'，就是通过克制自己的欲望，使自己的言行符合礼制。其实欲望并没有什么坏处，我们身处乱世之中，如果不争，就会被时代大潮淘汰。国家如果不争，也会被他国消灭，无数国破家亡的例子摆在我们面前。

"所以，人的欲望在正确引导下，也会有好的一面。国家要奖励那些勤勉耕作的百姓，给那些有才之人上升的渠道，让他们成为国家的栋梁。然而光靠人的自觉是不够的，还要通过刑罚来维护礼制。只要每个人的奋斗合乎礼制，国家就会太平强盛。

“时代大潮瞬息变幻，我们不能光守着书本知识，要根据情况来做人做事。变则生，不变则死！”

魏文侯听完被彻底震撼了。面前这位年轻的学弟竟把儒家礼派的思想阐述得如此精妙，实在让人佩服！作为大师兄，魏文侯也听出了李悝的弦外之音：在这个变幻多端的世界，必须通过强而有力的手段，让国家与人快速转变顺应时代潮流，而最靠谱的手段就是“刑罚”。

魏文侯内心十分佩服李悝的好胜进取之心，他完全接受了李悝。在此次的交谈中，这俩人已站到了大时代的风口浪尖上，这个风口就是“变法”。

变法?

魏文侯有些犹豫。他也知道，任何政治改革都会牵一发而动全身，如果处置不好，便会玉石俱焚。之前没有诸侯国搞过变法，这临门一脚怎么踢，谁都不知道。

在与李悝谈完话后，魏文侯觉得这位学弟可以作为变法的先驱，让他去踢这临门一脚。

由于李悝没有一线工作经验，魏文侯怕他是个只会说不会干的人，为了保险起见，就先把他派到地方上锻炼一下，把李悝自己的治理地区当作试验田。

魏文侯很会挑地方，他安排李悝担任的是上地郡的太守一职。上地郡说是一个郡，倒不如说是战争前线。因为上地郡位于黄河以西，就是历史上常说的河西地区，正好在秦魏两国的交界处。

由于上地土地肥沃，是两国嘴前的大肥肉。秦国对着河西地区一直流口水，秦魏两国没少为河西地区爆发边境冲突。秦国作为一个大国玩家，在春秋时代就练到满级了。万一哪天秦国彻底翻脸，率大军杀过来，魏国这个新玩家想凭一己之力去对抗一个满级玩家，这难度相当于史诗级的。

但是，再难的问题，也有解决办法。

李悝在担任上地郡太守期间经常下基层，他发现上地郡的民风太彪悍了。由于上地郡紧挨着秦国，经常会遭到秦人骚扰，当地老百姓为了守护自己的家园，简直能拼了老命。只要秦人一来，田间耕种的农民拿起锄头，家里做饭的妇女拿起菜刀，直接就上战场了。在李悝眼中，这是多好的兵源呀！

为了提升老百姓的战斗力，为日后储备兵源，李悝想出了一个主意。于是一个故事诞生了，叫作“射箭断讼”。

故事是这么说的：李悝担任上地郡太守后，下令以射箭来断诉讼案的胜负。法庭上，原告与被告两人比赛射箭，谁赢了谁就胜诉。于是上地郡百姓开始勤学箭术，为魏国提供了优质兵源。

这故事听听就可以，别当真。如果这故事让死去的李悝知道的话，他一定会从墓里爬出来掐死那个编故事的人。法家的核心思想就是公平正义。李悝在他后来的《法经》里把罪名与刑名统一了起来，也就是现在法律上说的“罪刑法定”，说直白一点，这人犯没犯罪，法律说了算。“射箭断讼”的故事中，谁胜诉不是法律说了算，而是看谁射得准，无异于砸法家招牌。

这个故事编得很拙劣，不过编故事的人是想告诉我们，李悝在担任上地郡太守时把百姓当作预备役士兵来培养。

李悝在上地郡干了一段时间，成绩斐然，当地不光GDP上去了，百姓也被李悝打造成上得了战场、下得了农田的准军事化部队。李悝在上地郡这块试验田上干得很好，看来他不光是个理论家也是实干家，于是魏文侯赶紧把他上调高层，委以重任。

一场开天辟地的变法，正式拉开帷幕。

战国初期，变法就是一个风口，哪个诸侯率先站在这个风口，就能迅速腾飞，吊打他国。

作为法家先驱，李悝的任务就是要把魏国推到变法的风口上。可是变法绝不是嘴上说说那么简单。很多人印象中，法家的主要建树是在法律上面，其实不对。法家不光搞法律研究，也搞行政和经济建设。

中华民族不是一个因循守旧的民族，几千年来一直在变法，一直在搞创新，有变法成功的，也有变法失败的。变法成功者名垂青史，变法失败者死无葬身之地。

什么是变法？说专业点，就是对国家的法令制度做重大的变革，从而让国家变得富强。国家的财富就像一块蛋糕，谁看见都流哈喇子，谁都想多吃一口。春秋时，谁胳膊粗，能打赢，谁抢的蛋糕就多，没有固定规则。但到了战国就不行了，因为战国人口实在太多，各诸侯国都在思考如何重新划分蛋糕，否则家里三天两头就会为了抢蛋糕而火并。

李悝变法要解决的问题有三个：

一、如何把这块蛋糕做得又大又香？

二、如何建立划分大蛋糕的规则，决定谁分得多，谁分得少？

三、如何惩戒不遵守划分蛋糕规则的人？

针对第一个问题，李悝的回答是：必须从农业入手。

古代没有现在的重工业，经济除了农业就是商业，有的国家选择重农，有的国家选择重商。但是无论重农还是重商，都要解决最根本的吃饭问题。

商业可以通过贸易先获得巨大利润，再通过贸易交换粮食。最典型的要数古代地中海周围的文明，腓尼基人、古希腊人、迦太基人通过航海在地中海区域开展贸易，购买粮食。可是战国时，华夏大地上的诸侯国可以重商吗？答案是不可以。

从环境来讲，地中海相当于一个内湖，竖起帆、荡起双桨就能做生意了。而李悝变法的魏国深处内陆，在黄河旁边，魏国人连海长什么模样都没见过，没有海运不可能发展出强大的贸易。

所以在李悝看来，提高粮食产量才是王道，魏国必须重农，指望商业来提高国力是不行的。再说，中国古代君王最讨厌的就是人口流动，人都跑去做生意了，找谁征兵，找谁修黄河堤坝？

魏国走重农主义路线，就必须提高粮食产量，首先要保障农民的权益与积极性。魏国作为独资企业，魏文侯作为老板和唯一股东，独自占有所有的土地与百姓，绝不会分给中层干部。

赵、魏、韩三家在瓜分晋国前，就把自己领地上的土地授予老百姓耕种，不许贩卖，自己收租子当地主，这就是“授田制”。

魏国的基层员工都是小农，国君作为全国最大也是唯一的地主，是小农经济的坚定捍卫者，坚决杜绝地主存在。自家的地都是祖上分封和用命抢来的，怎能允许老百姓私自贩卖？退一万步来说，如果允许私自贩卖土地，会出现什么情况呢？有钱的人就会炒地皮，大量兼并土地，自己当地主。人都有个天灾人祸，小农急需用钱时把地卖给地主，自己就变成了佃农。佃农给地主打工交租子，万一地主是个黄世仁，抬高租子逼得佃农活不下去，佃农跑了怎么办？

如果国内出现地主，国君征收赋税时该找地主还是找佃农？更可怕的是，大量土地兼并，会导致基层百姓流离失所，到时国君去哪里征兵？另外，如果土地被地主兼并了，哪还有土地奖励给有战功的军人？

纵观中国历史，我们可以看到，当一个王朝土地兼并严重时，它就由盛转衰，财政难以为继，征兵征不上来，只能搞募兵制，结果将领拥兵自重。

在李悝眼中，魏国基层员工家庭最理想的模式是五口之家。李悝说过这样一句话："一夫挟五口，治田百亩，岁收亩一石半，为粟百五十石。"意思是，一家五口人，可以种一百亩的地，一亩地一年可以上交国家粮食一石半，一百亩地合计上交一百五十石粮食。

只有保护好小农，才能稳定魏国的基层，粮食、兵源也会滚滚而来。

为了稳定魏国的经济基础，李悝颁布了影响后世的法令——《平籴（dí）法》。

粮食市场上一直有这么个怪圈，那就是"谷贱伤农，谷贵伤民"。就是说粮价太便宜了，农民入不敷出；粮价太贵，城市居民负担不起。只要粮食价格存在波动，商人就会囤积居奇，投机倒把，最后导致农民破产，国家财政困难。

粮食丰收时，粮价会下跌。为避免粮价下跌，政府会根据丰收情况买进农民手中多余的粮食，然后储备起来以备不时之需；粮食歉收时，粮价会上涨。为避免老百姓吃不起粮食，政府就会根据歉收情况，平价出售粮食。

李悝不光颁布《平籴法》从法令角度保护小农，更在政策上鼓励农民自力更生，丰衣足食。这一政策叫"尽地力之教"，说通俗点，就是能种的农作物全都要种，地里能种什么就种什么，不留一块空地。

李悝要求田里要种小米、黍子、麦子、大豆、麻五种作物。万一其中一种农作物遇到灾害，靠其他农作物也不会饿死。住宅的四周也不能空着，全部利用起来。院子里要多种些瓜果蔬菜，还要多种树，但不能乱种，必须种桑树。

如果在战国时期对炒地皮的人和商人做问卷调查，问他们最痛恨的人是谁，李悝肯定高票当选。可也正是李悝，确保了百姓安居乐业，壮大了小农经济，提升了魏国国力。

魏国蛋糕做大了，下面就看怎么切蛋糕了。

李悝要替魏文侯制定一套划分蛋糕的规则，也就是财富分配制度。这关乎每个人得到蛋糕的大小，如果划不好，是要出大乱子的。

李悝实行变法，其实就是要实行中央集权，让国君大权独揽。在魏国，只能是国君一人说了算，决不能出现春秋时司空见惯的大夫犯上作乱。所以魏国划分蛋糕的人，必须是国君。

春秋时代，老子英雄儿好汉。那时的晋国，一个大夫没有几百年的家族史，都不好意思在朝堂上混。这样的家族会长期垄断权力，霸占着国家财富的大蛋糕，不愿与人分享，阻断有才能之人的晋升渠道，更易形成不稳定因素。

李悝的做法很简单，就是彻底废除世卿世禄。想要往上爬，必须靠自己的功勋。想吃老本？门儿都没有。

春秋末期，当魏国先祖还是晋国的大夫时，就在自家领地上搞起了职业经理人制度，中层干部干不好就换人，世卿世禄在魏国已没有滋生的土壤。废除世卿世禄，能彻底根除大家族的威胁，为国君消灭潜在的对手。这种能保障自己的子孙永远都是国君的政策，魏文侯是大力支持的。

工作绩效在魏国成为个人分得蛋糕大小的唯一依据。不管你是哪国人，不管你出身高低贵贱，只要是人才，我魏国就愿意高薪聘用你。你在魏国没有背景也不要紧，只要你干得好，国君给你当靠山。你只要踏实肯干，就能在魏国出人头地，房子、车子都会有，干得特别出色的还有土地赏赐。不过魏国赏赐的土地是食邑，可不是封地，你可以享有土地的赋税，但是土地的所有权及行政权仍归国君所有。

魏国开始变法后，各国也争相效仿，无数平民进入国家高层，布衣卿相在战国时变得很常见。

可是，在实际操作中，总有心术不正的人对自己分的蛋糕不满。那么如何惩戒或警示这些人呢？这就要依靠刑罚了。

在春秋时，每个国家都有法律，晋国的赵鞅就将法律条文铸刻在铁鼎上公示。可是这些法律都不成系统。

李悝担任相国后起草了中国历史上第一部系统的法典——《法经》，来确保所有人都遵守分蛋糕规则，并惩戒和威慑那些不听话的人。这部法典并不是即兴创造的，其中很多条文都是李悝结合前人与自己一线工作经验总结出来的，具有无与伦比的先进性。

《法经》成为法家成员心目中的“圣经”，更是中国法学思想的老祖宗。

有人会说，法家是残酷邪恶的代名词，动不动就要削人头、断人腿。这话如果让李悝听到了，他会愤怒地说：“这锅我不背！《法经》是管理国家的手段，我内心要实现的是儒家的德政！”

有一次李悝与魏文侯探讨人为什么会铤而走险，走向违法犯罪的道路。魏文侯问：“刑罚产生的根源是什么？”

李悝回答：“都是奸邪淫逸引起的。一个人如果饱受饥寒，就会去偷盗杀人；权贵如果淫逸，就会追求奢侈的生活，会为了住豪华的大宅院而侵占农民的田地；当老百姓活不下去的时候，他们就会铤而走险，此时就不得不用法律来制裁他们。”

魏文侯一边听一边点头。

李悝继续说：“治理好国家，要让百姓安居乐业，教化百姓礼义廉耻。以德治国，这是‘本’；靠刑罚维护秩序，这是‘末’。作为君主，决不能舍本逐末！”

李悝虽是法家开山鼻祖，但他的骨子里流的是儒家的血。对他来说，刑罚只是维护社会安定的手段，要让国家真正强盛，仍是靠国君体恤百姓。

春秋时代，法律成为纵容贵族欺压百姓的工具。“刑不上大夫，礼不下庶人”是春秋时法律的核心思想。那时的大臣都是贵族，有地有兵，如果看国君不顺眼是有资本造反弑君的。而《法经》在惩戒权贵方面有了大大的进步，如果相国与将领接受行贿，他身边的办公人员全部要被诛杀，虽然没有直接诛杀国家高干，但也起到了震慑作用。当时的公务人员都是胆战心惊，如果他们发现领导有不法行为，一定检举揭发。

李悝的《法经》不光维护公平正义，更保护了老百姓的权益。

李悝用一句话概括了《法经》的终极奥义："王者之政，莫急于盗贼！"意思是，一个国君要行王道，首要任务就是惩治盗贼。小老百姓不求大富大贵，只求平平安安，人身和财产的安全就是他们最挂念的事。古代刑罚中，对百姓私有财产的侵犯称为"盗"，对人身伤害称为"贼"。只有让老百姓有安全感，能踏踏实实地工作，国家才能稳定繁荣。

李悝变法让魏国实力大增，如同"氪金"一般迅速崛起。作为"氪金玩家"，魏国接下来要找人练级、下副本。它很快就瞄准了一块大肥肉——中山国。

贰

灭中山

家有贤妻

魏国如今人才济济，行政上，中央有李悝，地方有西门豹；在军事上，魏文侯手上也有两位让天下闻风丧胆的将领，一位是乐羊，另一位是吴起。

乐羊的军功相当显赫，因为他灭了战国第八雄——中山国。

乐羊能有如此大的成就，绝对离不开他妻子的帮衬与教诲。他的老婆可是位列《列女传》的人，此书中的很多人都是古代女性的道德楷模，能光荣登上此书的女子绝不是一般人。一个男人能有这样一位贤内助，他的事业无疑成功了一半。

乐羊的老婆是一个贤明且彪悍的女子，乐羊被他老婆管得服服帖帖。乐羊是中山国人，他有一次出门看见路边有一块金子，那时也没有捡到钱要交给政府这一说，捡到的钱那不就是自己的吗？乐羊高兴坏了，立马把金子拿回家。

乐夫人并没有因为天上掉金子的事开心，反而因老公爱占小便宜而生气。她说道："我曾经听说过这样一个故事：盗贼占据的山叫盗山，盗山上的泉水叫盗泉。有志气的人不愿喝盗泉的水，清廉的人不吃嗟来之食。你捡了别人遗失的东西，这是对你品德的玷污。"

被老婆痛批一顿后，乐羊深感惭愧，赶紧把金子放回原地。

后来乐羊出去游学。年轻人心浮气躁是难免的，由于独自一人在外求学，他经常感到孤独苦闷。没多久，学无所成的乐羊就逃学回家了。

乐羊回家看到好久未见的老婆，心里又激动又兴奋。然而，正在织布的乐夫人看见乐羊逃学回来，不禁怒火中烧，立马拿起剪刀剪断正在织的布。

乐羊傻眼了，勤俭的妻子为什么要毁坏自己的劳动成果呢？乐夫人气得火力全开，怒斥道："织机上的布是我花费时间一寸一寸织起来的。我现在把它剪断，就是在毁坏我之前的心血。同样，你出去学习，半途而废，不也是在毁坏前程，浪费你的人生吗？”

乐羊看着老婆怒目圆睁，再看看老婆手里的剪刀，明白自己再不赶紧滚回去上学，怕也要被老婆手中的剪刀剪掉了。

就在乐羊在外求学期间，他家里出事了。

有一天，有盗贼进了家门，把乐羊的母亲给劫持了。乐夫人二话不说，拿着刀就冲了出来。盗贼看到乐夫人颇有几分姿色，想侵犯她：“只要你从了我，我就放了你婆婆！”

乐夫人是一个贞洁烈女，哪能受得了这种侮辱，立马拿刀抹脖子自杀了。盗贼头一回见到如此刚烈的女子，被震慑住了，于是把乐羊的母亲放了。

当地官员听说了此事，赐给乐夫人“贞义”的称号。

乐夫人死后，乐羊悲痛欲绝。虽然老婆对自己管得很严，可她都是为了自己能有出息。再加上乐羊在外求学多年，家里的事务全都是老婆一人操持，乐羊深感亏欠。他把丧妻之痛埋藏在心里，打算学成之后，用自己的一番作为去报答妻子的在天之灵。

多年之后，乐羊圆满结束了求学生涯。此时的他早已不是当年那个毛头小伙了，如今满腹经纶的他背负亡妻遗愿，强烈地渴望能有一番大作为。

应届生乐羊在找工作时，毅然选择了魏国。因为魏国作为新生的诸侯国，最为包容开放。只要有才能，无论是哪国人，都能在魏国找到发挥自己才华的空间。

乐羊到了魏国后直接求见当时的相国翟璜。魏国当时求贤若渴，高级人才在魏国不需要经过面试笔试的层层筛选，哪怕只是个平民，也可以直接求见国家二把手。

翟璜接见了平民乐羊，天南海北地聊了起来。聊完之后，翟璜觉得这个年轻人是个人才，尤其是在领兵打仗方面有自己的独到见解，以后如果国家有战事，必定是个将才。

史书上一直没有记载乐羊外出求学究竟学了什么，但我们根据他后来卓越的军事才能可以推测，他学的应该是兵学。在战国那样竞争激烈、战乱频发的时代，最高薪稳定、不愁就业的就是法家与兵家两个专业。这两个专业的就业前景，一个是当公务员，一个是当军官，都是吃皇粮的。

翟璜并没有直接把兵家专业的优秀毕业生乐羊推荐给国君，而是把他留在身边当门客，想等到关键时刻，把乐羊当作神兵利器献给国君。乐羊就这样被翟璜当作门客好吃好喝地养起来了。

春秋时，国君把土地与百姓分封给大臣，分封制的弊端给战国各诸侯国带来了血淋淋的教训。大臣有了自己的封地和百姓，就会有粮、有私卒，从而变成一个独立的小王国。

战国时期，诸侯开始搞中央集权。战国国君赏赐给大臣的土地只是食邑，大臣只享受土地上的赋税，并没有土地上的行政权。所以，战国时，大臣形成不了自己的独立小王国，手里却能有大把的钱。他们不能组建军队，就从社会上招聘一些有才华的人做自己的“马仔”。这些只听命于主子的马仔就是大臣的门客。于是，战国时很多王公贵胄家里都养了许多门客，这些门客身怀各种绝技，随时为主子效劳。门客的主子为扩大自己在朝堂的势力，也会将自己的门客推荐给国君，担任大臣。战国时很多叱咤风云的人物早年都当过门客。

乐羊留在翟璜府里，翟璜在政务上有拿不定主意的就会找乐羊商量。乐羊在翟璜府中受到优待，有吃有喝，生活十分滋润。后来乐羊作为翟璜看中的人才，被推荐给了魏文侯，从此开始担任武将。

翟璜担任相国期间，大力支持李悝变法。魏国开启了轰轰烈烈的变法运动，GDP增长速度成为天下第一。人长壮了就要运动运动，诸侯国变强了也一样，而诸侯国最常见的运动方式就是打仗。很快，乐羊将被魏文侯当作神兵利器，派上了大用场。

乐羊食子

一天，乐羊被召进王宫参加御前会议。到了朝堂，他看见魏文侯、翟璜、李悝表情严肃，旁边挂着一张巨幅天下地图。乐羊从空气中嗅到了一丝紧张的气氛，他知道国君召他来，一定是为了大事。

魏文侯问："乐羊，你知道当年翟璜当相国时，为什么向我极力推荐你吗？"

乐羊恭敬地说："不知道，还望国君告知。"

魏文侯说："翟璜最大的能耐就是看人极准。他当年对我说，你将来会是魏国的神兵利器，让我在必要的时刻用你。翟璜曾建议我吞并中山国，可惜当年魏国国力不足以远征遥远的中山国，所以这个战略计划一直是搁置的。现在李悝主持变法，魏国国力强盛，已具有远征中山国的实力。我想听听你的意见。"

中山国位于太行山东麓，夹在赵国与燕国之间，因为国家首都里面有座山，所以称为中山国。中山国是狄人在战国初期建立的新兴国家。狄人原本是北方的蛮夷，在部落时期就展现出强悍的战斗力，经常侵扰中原，曾把卫国、邢国打得差点灭国。要不是当年齐桓公带领众多诸侯国抵抗狄人，搞不好狄人就入主中原了。后来晋国成为北方超级大国并继承了齐桓公的遗志，一直抵抗狄人，并从狄人手中夺取了大片土地。

狄人与诸侯的交锋过程，也是其融入华夏文明的过程。他们逐渐从部落走向国家，他们的科技树也被点亮，青铜器制造工艺已经不弱于中原诸侯。中山国拥有战车千乘，兵力十万，国土面积约3.5万平方公里，和台湾岛差不多大，其综合国力完全可以算作"战国第八雄"。

听魏文侯说完远征计划，乐羊震惊了！他自己就是中山国人，深知中山国虽小但实力强悍，而且远离魏国，与魏国之间还隔着一个赵国。

但是乐羊在地图上看到中山国的位置后，心里也明白，国君之所以要吞并中山国，是因为周边诸侯国中，只有中山国是魏国可以一口吞下的。魏国三面都挨着大国，即西秦、东齐、南楚，对付这三国只能不断蚕食；与魏国紧密相邻的赵国、韩国和魏国一样，都是从晋国分出来的，号称"三晋"。三晋必须抱团，否则会有被大国吞掉的危险。所以，魏国唯一能一口吞下的大肥肉只有中山国。只要吞下中山国，魏国的国土面积与人口将会大增。

想到这里，乐羊向魏文侯提出了三个疑问。

“我有三个疑问，不知道当讲否？”乐羊恭敬地说道。

“但说无妨！”魏文侯讲道。

“第一个疑问，我们魏国大军攻打中山国，就必须要经过赵国。赵国一定会借道吗？

“第二个疑问，我是中山国人，深知中山国不是一个弱国。要灭中山国，绝不是一战就能定乾坤的，而会是一场艰苦卓绝的灭国之战，起码要三年时间。大军在外征战三年，粮草供应能充足吗？

“第三个疑问，我率大军在外远征，国内空虚，如果周边有他国入侵，尤其是西边的死敌秦国，该如何应对？”

魏文侯听完微微一笑，然后说道：“我先来回答第一个问题。我写信给赵国国君，他愿意借道给我们。”

李悝紧接着说：“我来回答第二问题。魏国自从变法以来，国力雄厚，可以支撑大军在外征战三年。不过你必须要在三年内灭了中山国，否则，中山国没灭，魏国先流干了血。”

翟璜最后说道：“我是国家的相国，识人是我最大的本事。你在外带兵期间，我又为国家选拔了一位盖世将才，这个人叫吴起。他之前一直在秦魏边境，手上有五万魏武卒，个个能以一当十！有吴起和魏武卒在，你就放心地去吧。”

乐羊听到三位领导的回答后明白了，魏灭中山的计划早已板上钉钉。他听闻吴起在秦魏边境经常打得秦人抱头鼠窜，可惜一直未曾谋面，于是又提了一个问题：“既然吴起是盖世将才，为何不让他领兵去灭中山国呢？”

“因为你是中山国人，你熟悉那里的一草一木。去灭你的祖国，没人比你更合适了。这也是我向国君推荐你的原因。”翟璜冷酷地说道。

乐羊心如刀绞。这是要去灭生他养他的祖国，那可是自己的故土啊！更要命的是，自己的儿子已在中山国做官了。去毁灭自己的故国与孩子，任谁都很难迈过这一道坎。乐羊本想仰天长叹一声，可是当他看到国君那冰冷威严的脸时，又猛地将内心的哀叹憋了回去，恭敬地回答：“臣一定肝脑涂地灭了中山国。”

公元前408年，乐羊带着数十万大军远征中山国。

中山国在位的国君是中山桓公。他在历史上被描述成一位荒淫无道的君主，史官把什么脏水都往他身上泼。然而就是这位“昏君”，最后凭借惊人的毅力，在荒山野岭与魏军周旋，最后东山再起，将中山再次复国。请问，这到底是一位昏君还是英主？

中山国被灭，不是自己不努力，而是魏国这位“氪金玩家”实在要兵有兵，要粮有粮，最可恨的是还有乐羊这位吃里扒外的“带路党”。

乐羊带着大军和中山国连续打了三年，战况极其惨烈，魏军最后围困了中山国首都。中山桓公欲哭无泪，人在家中坐，祸从天上来，中山国与魏国无冤无仇又不接壤，不知道自己上辈子干了什么坏事，能把魏国从大老远给招来。

眼瞅着要被打灭国了，中山桓公为报复乐羊，把乐羊的儿子下锅煮了，做成一锅肉汤，派使者送给乐羊。

乐羊看着使者送来的肉汤，他能说什么，能做什么？自己虽是手握重兵的大将，可是在魏国毫无根基，国君可以把他推上人生顶峰，也可以像拍苍蝇一样把他拍死。将士在国君眼里，只不过是战争消耗品。

儿子的死已经无可挽回，尽忠才是做臣子的本分。

乐羊喝掉了用儿子的肉做成的肉汤，然后把碗砸到了地上。他要让在场的所有人见证他灭中山的决心！

公元前406年，乐羊忍着悲痛率领大军向中山国首都发起了最后的总攻，中山桓公率剩下的人突围而去，躲入太行山中与魏军打起游击战。

灭掉中山国后，乐羊原以为自己将会镇守这片新的国土，万万没想到，一位年轻人的到来，打碎了乐羊的美梦。他就是魏文侯的儿子——太子魏击，史书称其为太子击。

在春秋时，太子是不领兵打仗的，因为如果太子战死沙场，未来就没有国君了。太子主要在国内负责宗庙祭祀、社稷大祭和早晚照看国君饮食，又被称为“冢子”。魏文侯却是一位“虎爸”，对太子的培养极其重视，他安排子夏高徒田子方作为太子击的老师。太子击长大后，又被魏文侯派往秦魏边境，还在与秦国交战时夺取了两座城池。

魏文侯心里清楚，春秋时代，众多国君正是因为将权力下放，所以才被大夫篡了国。何况自己老魏家就是篡了晋国的江山，为避免再有人效仿，自己的儿子必须是一个既能上马领兵又能下马治民的国君。只有这样，他才能稳坐江山。

为锻炼太子击，更为了稳固新占领的中山国，魏文侯在乐羊攻灭中山国后第一时间就派遣太子击前去全面接管乐羊的工作。

乐羊只是实现君王征服意志的工具，征服中山国后，乐羊对于魏文侯来说就毫无作用了。而且乐羊远在中山国，又手握重兵，万一哪天造反了怎么办？

被调回国内的乐羊心有不甘。他离开中山国无非是想成就一番事业，然而就在胜利的最后关头，自己的兵权被剥夺，胜利的果实被太子轻而易举地摘走了。可是乐羊又能怎样呢？他在王权面前毫无还手之力。

魏文侯对乐羊是打一巴掌，然后给个枣。虽然夺了乐羊的兵权，但是等他回来后，庆功宴该办还是得办。庆功宴上，乐羊成为魏国的明星，众人向他敬酒，把他灌得头晕目眩，分不清东西南北。

宴会结束后，魏文侯拉着喝得东倒西歪的乐羊来到了后殿。只见一个箱子摆在乐羊面前，乐羊以为箱子里面是国君赏赐给他的宝贝。

魏文侯对着乐羊微微一笑，说道："这箱子是我送你的，你把这箱子打开吧！"

乐羊打开箱子后，看到箱子里面除了数不清的竹简外，啥宝贝都没有。魏文侯拿起一卷竹简递给乐羊，示意让他看看。乐羊打开后，越看越惊讶。看完一卷后，他接着又拿起好几卷竹简看。此时，乐羊已经汗如雨下，酒也彻底醒了。

魏文侯笑着说："乐羊，你还是别看了。你才看了几卷，额头就不停冒汗。箱子里面还有很多呢，你在我这里是看不完的，带回家看吧。"

乐羊扑通一声就跪在地上，磕头如捣蒜，一边哭一边道："我绝无谋反之心！"

魏文侯赶紧把乐羊扶起，说道："乐羊，你在中山征战三年，耗资巨大。国内很多大臣向我告你的状，说你拥兵自重，畏敌不战。然而我用人不疑，疑人不用，这些状子都被我压了下来。"

魏文侯深谙驭人之术，他解除了乐羊的兵权，却让乐羊反而对自己感激涕零。魏文侯也算是个厚道的君主，没有兔死狗烹，而是赐给乐羊良田美宅，让他安度余生。

可惜魏文侯打错算盘了。乐羊离开中山国后，中山国遗老遗少蠢蠢欲动。英主魏文侯死后，魏武侯继位，中山国趁机复国。魏国之前流的血，全都白流了。

不过，如果和魏国另一位战神吴起比起来，乐羊的结局确实很圆满。

叁

命运坎坷的吴起

黑历史

如果有人问战国历史上谁的黑料最多，那么吴起肯定高票当选。

吴起混过社会，混过朝堂，混过沙场。他在兵法造诣上仅次于“兵圣”孙子，在行政才能上仅次于法家鼻祖李悝，在杀敌数量上仅次于“杀神”白起。虽然在各方面吴起都是“仅次于”，但论综合实力，他绝对是战国NO.1。

吴起本是卫国人，祖上经商，家有万金，算是大富豪。中国古代一直重农抑商，哪怕你是天下首富，在众人眼中也只是一个散发着铜臭味、唯利是图的小人。吴起从小就过着大富豪的生活，家里有着金山银山，不愁吃不愁喝，身边的用人前呼后拥。如果换作普通人，可以安逸地度过一生，但他觉得这样的生活太枯燥乏味，所以他想通过用最简单粗暴的方式来达到做官的目的，就是买官。

出生于商人家庭的吴起，原以为只要有钱，天底下没有自己买不到的东西。然而让他万万没想到的是，在达官贵人眼中，他只是一个白送钱的傻子。

吴起花了很多钱，往达官贵人家里跑了无数次，人家都回复道：“你给的钱不够，我帮你上下疏通关系需要花很多钱，要再加钱。你先回去再等等，有消息了我自然会告诉你！”

吴起就这样不停地送钱，换回来的始终是那句“你再等等”。

终于有一天，祖上留下的钱全部送光了，自己一官半职都没得到，吴起才反应过来自己被骗了。周围人都讥笑他，拿了钱不办事的达官贵人也暗自庆幸遇到一个这么好骗的傻瓜。

吴起愤怒了，从来没吃过亏的他开始了报复行动：“拿了我的给我加倍还回来，吃了我的给我加倍吐出来！”

愤怒让吴起变得疯狂，他拿起宝剑，一口气杀了三十多人。周围的人看见浑身是血的吴起，就像看见来自地狱的恶魔一样。

犯下这么多条人命，吴起选择了跑路。临走前，吴起对母亲说："做不到将相，绝不回来！"

买官被骗这件事，让吴起更加坚定做官的信念。他明白了，一介平民在达官贵人眼中就是一只微不足道的蚍蜉，可以被戏弄，可以被掐死。只有做到大官，位极人臣，才能摆脱蚍蜉的命运。

生如蚍蜉，当有鸿鹄之志；命如薄纸，应有不屈之心。

为什么自己要买官，还不是因为自己没有学问。于是吴起来到鲁国，投到孔子学生曾参的门下。曾参就是曾子，也就是四书五经里《大学》的作者。学习期间，吴起的母亲过世了，而吴起为了早点学成，选择不回去奔丧。曾参觉得他不孝，不配做儒家弟子，就把他开除学籍了。

吴起被曾参开除后，学文不行，就改学武。他开始学习兵法，并得到鲁国国君的重用。

有一次，齐国入侵鲁国，鲁国国君想让吴起领兵抵抗齐军。可吴起的老婆是齐国人，鲁君怕吴起阵前与齐军通敌，有些犹豫。吴起为了能得到重任，竟然回家把老婆杀了，鲁君便任命吴起为将，抵御齐军。

吴起果然不负众望打败了齐军，但是鲁国君臣从此开始猜忌吴起。他们认为吴起为了功名连老婆都能杀，那如果让他掌了兵权，就没他不敢杀的人。于是，吴起得胜还朝后立即被罢免了兵权。

为了功名，吴起已经牺牲了可以牺牲的一切。万贯家财被骗了，母亲死了自己没回去奔丧，为洗去通敌嫌疑把老婆也杀了，然而到最后自己仍被戏弄，尊严仍被人肆意践踏。

此处不留爷，自有留爷处。不死心的吴起，瞄准了当时天下最大的人才市场——魏国。

吴起到了魏国后，拜入子夏门下。子夏作为一名优秀的老教师，什么学生没见过？一看吴起的面相，子夏就知道这是个问题学生。再加上坊间对吴起的传言，子夏心里明白，这是个极其难得的人才，可是功利心太强，杀心太重，必须要悉心调教，方能在日后成为魏国的擎天一柱。

有一天，相国翟璜到子夏的私学里来。翟璜作为魏国的高级猎头，说是来转转，更多的是来挖掘优秀的学生作为国家的储备干部。他在课堂上发现了一个气质不同于常人的学生，就把这位学生叫过来聊了聊，结果发现这个学生学富五车，对政事、军事都有独到见解，更重要的是，这学生身上还有股锐气。翟璜觉得这人当学生完全是屈才，完全可以当老师。

于是，吴起脱离了“象牙塔”，跟随着翟璜的脚步，步入了魏国的权力核心。

吴起在子夏私学求学这几年，已经磨去了棱角，洗去了满身杀气，只留下势不可当的锐气，他终于熬到了春暖花开，终于见到了辽阔的世界。此后的吴起再想低调，奈何实力不允许。

有人说：“蚍蜉撼大树，可笑不自量！”然而吴起这只蚍蜉，即将化身成战国初期第一战神，搅动天下格局。

魏武卒

在翟璜的推荐下，魏文侯安排吴起前往秦魏边境的河西地区担任将领，让他去最危险最艰苦的地方，以此来检验他的实力。

李悝曾经在河西的上地郡干得不错，因而被上调至中央。而吴起明白，他与李悝不同。李悝来河西是搞行政管理的，而自己来河西是要为魏文侯开疆拓土的。河西是秦国与魏国嘴边的大肥肉，两只巨兽都死死咬住这块肉不松嘴，在河西地区也形成了犬牙交错的局面。

对于吴起来说，上天赐给了他极佳的国际环境。

大环境上，自从公元前546年的弭兵大会以来，原本隔三岔五来场火并的中原已经太平了上百年。

局部环境上，曾经称霸西方的大秦国，在进入战国时代后就突患大病，躺在床上奄奄一息，而这一切都是秦国自己作的。公元前425年，秦国的庶长发动政变，秦怀公被逼死。此后，秦国四代国君均陷入朝政混乱的局面，史称“四代乱政”。

吴起现在就要趁秦国内乱的大好时机，打破魏国在河西地区的僵局，彻底赶走秦人。

吴起虽是将领，却没有一点领导的架子，与士兵们同吃同住，打成一片。一个士兵生了毒疮，吴起像对待亲人一样，替他吸吮脓液。有这样爱兵如子的领导，全军上下无不为他卖命。

人越是经历苦痛，就越能看清世间的真相。

吴起在鲁国也曾指挥过千军万马，见识过尸山血海，眼前这位生疮的战士，没准哪天就战死沙场了。自己虽是将领，却和战士一样，在国君眼中，在吞噬生命的战争面前，都是只蚍蜉，转瞬即逝。既然大家都是蚍蜉，那就好好地活着，只要活出个样子，也不枉此生。

正是他们这群蚍蜉推动了历史的车轮。

公元前409年，吴起率军攻陷秦国王城（今陕西省大荔县东南），并在那里筑起了临晋城，进而又攻取了蒲阪关，最后攻占元里（今陕西省渭南市澄城县）。

公元前408年，吴起攻下郑地，又攻取洛阴和合阳。秦军被迫撤出河西地区，退守洛河。

自此，河西地区全部纳入魏国版图，魏文侯将新征服的地区设置为西河郡，任命吴起为西河太守，并拜吴起为大将。

身为大将的吴起并没有因此满足，他为防止秦人反扑，搞起了军制改革。

吴起与秦国打了数年仗，他知道凭借征兵制，魏国可以快速增兵。然而，如果让老百姓一直当兵打仗，家里的地就荒了。等老百姓打完仗回家，就集体喝西北风了。所以，要设立常备兵，而且要有非常能打的常备兵，于是一支中国古代特种兵部队就此诞生！这些特种兵又被吴起称为“武卒”，史称魏武卒。

魏武卒的选拔标准极其严苛，想要入选，必须要经过一场终极地狱般的体能测试，什么马拉松、铁人三项在魏武卒的选拔标准面前都不值一提。

报考魏武卒的选手，需要在一天之内完成一百里的徒步行走。千万别以为这是一场惬意的户外运动，因为选手是要负重前行的。选手身上需要穿着重型三属甲（肩甲、胸甲、背甲），要带需要十二石力才能拉开的重弩，背着五十支弩箭，肩上扛着戈，腰上挂着剑，背上三天口粮。光是把这些重东西穿戴在身上，就让人感觉到像一座大山压在身上。反正就是一个字——重。

没错，魏武卒就是重装步兵。战国时期主宰战场的是步兵，而战场的主力是重装步兵。

通过魏武卒的选拔标准，我们可以一窥其作战方式。打仗时，魏武卒排好方阵。当敌人距离较远时，魏武卒会使用弩进行远程射击，近战接敌时用长戈攻击。如果阵型被打乱，需要进行混战械斗，魏武卒就用近身武器厮杀。

虽然魏武卒选拔标准过于变态，但是来报名的人却是乌泱泱的一大片。魏国每家每户的男丁，不管岁数多大，只要还能走能爬能喘气，全部主动报名参加。原本只是魏武卒的选拔测试，却成为一场轰动全国的“我是特种兵”的海选节目。

魏武卒选拔之所以如此火爆，是因为奖励实在太丰厚了！只要谁家里有一个男子被选为魏武卒，国家就免除这户的徭役税赋，并赐给百亩土地和宅子。魏武卒上战场后，杀敌越多，奖励就越多。而魏武卒的名额是有限的，只招五万人，所以很多人都是挤破头想当魏武卒。

由于魏武卒的建立，过去在战场上被当作炮灰的百姓，不再是权贵眼中任人践踏的蚍蜉。如今，他们通过自身的努力也可以让家里过上好日子，更有可能出将入相。

靠着物质上和精神上的双重鼓励，这五万魏武卒成为魏国的“王炸”。魏文侯看到周边哪个诸侯不顺眼，直接让吴起带着“王炸”，炸得诸侯魂飞魄散。

魏武卒在吴起的统领下成为魏国的机动部队，与周边诸侯交战七十六次，六十四次获胜，其他都是平局。这一战绩只有战国后期的“杀神”白起能与之媲美，然而综合考量起来，白起是不如吴起的。因为白起的“封神之战”——长平之战，是靠六十万秦军惨胜四十万赵军；而吴起的阴晋之战，仅以五万魏武卒就大胜五十万秦军。

吴起建立的魏武卒如同一颗陨石砸入海中，掀起了滔天巨浪。被巨浪拍醒的诸侯惊奇地发现，军制原来可以这样玩。

过去的诸侯，都是立了军功就给你奖励，而魏武卒是把福利待遇、激励机制、军人荣誉捆绑在一起。当了魏武卒，政府会赐予你土地宅子，免除你家的徭役税赋，这是福利；你杀敌越多，就会得到越多的赏赐，这是激励机制；你立了大功，还能和国君见面，这是荣誉。

福利待遇、激励机制、军人荣誉是魏武卒体系的核心理念，而后来这一理念被曾在魏国当公务员的商鞅学到，并被带去秦国加以改良，创造了与军功挂钩的二十级爵位。这一制度让秦军变成了虎狼之师，更被后世的大汉帝国所继承。

可是魏武卒风光的背后，却也暗藏危机。战斗力爆表的魏武卒让魏国具有能在战国初期傲视天下的资本，但其实，从魏国创立魏武卒的第一刻起，就已埋下了亡国的种子。儒家学者荀子对魏武卒的评价是“亡国之兵”。

魏武卒的问题就出在福利上，因为福利实在是太高了。一个男丁当上魏武卒，这一户就免除徭役赋税，国家财政就少了。更别说还要给魏武卒家庭一块地，干得越好，赐的土地就越多。要知道，税收是国家的血液，土地也是有限的，迟早有一天会赐完。

吴起之所以能搞起魏武卒，是因为李悝变法，让魏国富了。天下诸侯在玩权力游戏，而魏文侯作为“人民币玩家”，魏武卒相当于他充钱买到的高级装备。可是要想维持魏武卒这种高福利兵役制度，国家就必须不断开疆拓土，这样才能保证不断有新鲜血液流入。

魏国处于四战之地，虽赢了无数次，但只要有一步战略失误，就会跌入万劫不复的深渊。魏文侯死后，魏国犯了一系列不可挽回的战略失误，即使通过李悝变法变成了氪金玩家，也玩不过后期开了挂的秦国。后来魏国丧失大量土地，不再有土地支撑，也没法给魏武卒分地了。况且魏武卒的家庭还不需要交税，这让魏国一下子就贫血了。

不过，虽然魏武卒最终导致魏国亡国，但是这支军队的战斗力忒强了。后来其他诸侯国也照搬照抄，发展出了自己的特种兵，赵边骑、齐技击、秦锐士相继应运而生。

封神之战

公元前403年，吞并中山国、打遍周边无敌手的魏文侯，不满足于在家里称侯，他想让周天子正式承认自己为诸侯，让自己由自封的侯变成合法的国君。但自己一个人去讨封号，实在不好意思，他就把赵国、韩国两位国君一起叫上，带上金银珠宝去了洛邑。

洛邑的周威烈王虽是天下诸侯的领导，可是穷得像个要饭的。他看见赵、魏、韩三国不请自来，意识到发财的机会来了。除了天子的名号不能给，象征天命的九鼎不能借，别的什么都可以交易，而赵、魏、韩三位只不过是要周天子承认他们的诸侯身份。周威烈王一看，原来只是来要个名分，这好办！你交钱，我立马发证。

有了周天子背书，赵、魏、韩三家可以正式对外宣称自己是诸侯了。赵、魏、韩三家以大夫的身份熬了数百年，历经无数刀光剑影，终于把家族的终极目标实现了。

公元前396年，魏文侯去世。在此之前，魏国国力达到顶峰，只要魏国一跺脚，天下诸侯都要抖三抖。然而魏文侯死后，一切都变了。太子击继位，史称魏武侯，一听他的谥号，我们就知道他特别爱打仗。

魏武侯在当太子的时候，就在与秦国的交战中立下战功，后来又接替乐羊担任中山国的占领军司令。过于顺风顺水，对于一个年轻人来说反而是一场灾难。魏武侯觉得自己是一个不世出的君主，自己今后的功绩会比老爹还要强。拥有迷之自信的魏武侯觉得目之所及都是自己的江山。

吴起作为先君留下的唯一重臣，资历在魏国相当深。有一次魏武侯外出游玩，看着风景感慨道："魏国河山如此险峻，我们的边防是多么的坚固啊！"他刚说完这句话，就被吴起批评教育了："一个国家能否太平，在德不在险。"

面对老臣的批评，刚坐领导位子没多久的魏武侯虽然心里不高兴，但是嘴上还得说："吴起说得好呀！"

彼时，魏文侯留下的老臣中，只有吴起还活着，然而魏武侯并不想用吴起。吴起手握重兵，功高震主，对魏武侯来说是一个极大的威胁。中国古人为什么会说一朝天子一朝臣，就是因为老国君留下的老臣在朝堂内树大根深，老谋深算的老臣，对新国君来说是潜在的威胁。

但是魏武侯也不能除掉吴起，因为从西边传来了十万火急的军情，让他不得不起用吴起。

公元前389年，秦国发兵五十万，以迅雷不及掩耳之势朝魏国西河郡的阴晋城（今陕西省华阴市附近）扑来。魏国上下从未见过这么多敌人，等自己集结数十万军队再开赴前线，恐怕阴晋早就失守了，西河郡也将被秦人一举拿下。

要想一次性消灭这五十万秦军，恐怕也只有核武器能做到了！而吴起作为魏国的“核武器”，只要投入使用，就能把敌人炸得灰飞烟灭，他手下的五万魏武卒就是魏国的王炸。

吴起是个老江湖，江湖、朝堂、沙场他都混迹过。这个老江湖已经嗅到魏武侯要动自己的气味，可是他对魏国还是有很深的感情的。在来魏国前，他只是一只被权贵戏弄的蚍蜉；而来到魏国后，他成为独当一面的大将，实现了自己的价值。魏国梦的实现，让吴起从心底认同自己是一个魏国人。

大敌当前，就该放下一切恩怨。保卫魏国，就是保卫自己的理想。

吴起火速召集了五万魏武卒，朝着阴晋方向一路狂奔。魏武侯增派了战车五百乘、骑兵三千人驰援。魏军经过急行军，在阴晋城外与秦军相遇。

阴晋城外的旷野上，五十万秦军列好军阵。这是秦人的全部家底，国内但凡能动的男人全上了战场，誓死要从魏国手里夺回已被霸占数十年的河西地区。

与秦国对阵的魏武卒只有区区五万人。他们匆匆地赶到战场，经过数日的急行军，很多人连甲胄都没有穿戴整齐。然而魏军并没有被秦国的五十万大军吓到，反而露出异常兴奋的神情。

吴起对所有士兵喊道：“大家都听好了！此次作战，是你们获取军功的天赐良机！”

魏武卒像沸水一样升腾起来，他们发出震天动地的呐喊声，每个人脑子里只想着立军功。对面五十万秦军，在他们眼中就是五十万枚金灿灿的元宝。

对面的秦军被这五万魏武卒的气魄所震慑了。魏国建国才几十年，却一直保持着对秦国完胜的交战记录，秦人已被打出了“恐魏症”。有人会说，秦军不是虎狼之师吗？但那是商鞅变法之后的事。此时，在魏武卒眼中，对面的秦军就是一群“战五渣”级别的“猫狗之师”。

你战术比我强，我只能用庞大的体量压死你。秦国毕竟凑了五十万大军，一人吐一口吐沫都能淹死你。

面对人数众多的秦军，吴起并不畏惧。他非常了解自己的对手，秦人虽然彪悍，可是缺乏纪律性，爱抢夺战利品。吴起总结出了对付秦军的一个万金油战术：“击此之道，必先示之以利而引去之，士贪于得而离其将，乘乖猎散，设伏投机，其将可取。”意思是，打秦军时，可以用一些财物诱惑他们，等他们为抢夺战利品导致阵型混乱时，就可以一举击溃。

秦军仗着自己人数众多，率先向魏武卒发起冲锋。吴起耍起了花招，他让士兵丢弃财物，然后开始有组织地向后撤退，让冲锋在前的秦军以为魏军是因为惧怕自己而逃跑。秦军见到地上的财物，就开始争相抢夺，阵型一下子就混乱了。后排的秦军看见前面的秦军在捡地上的财物也迅速加入，有的人为了争抢大打出手，有的人把财物拼命往身上塞。

五十万大军已经不能用“乱”来形容了，简直是一场大型的事故现场。

秦军将领们咒骂着驱赶士兵重新整理阵型，可惜已经来不及了。原本在向后撤退的魏武卒已经转身，并迅速整理好阵型，朝混乱的秦军徐徐逼近。

当弩箭攻击范围可以覆盖秦军时，魏武卒停止前进，上好弩箭，向秦军发出第一轮箭雨。

混乱的秦军只听见远处有一阵呼啸声，还没等他们反应过来，箭雨就像一面巨墙砸了过来。毫无准备的秦军瞬间被射死无数，侥幸不死的也找不到自己的队伍与将领，无法进行有效抵抗。这时，新一轮箭雨又射了过来，又有无数秦军被射死。

就这样，魏武卒不停地用弩射出一轮又一轮的箭雨，直到把自己身上的五十支弩箭全部射光。弩箭射光了，接下来就该冲锋了。秦军也明白这一点，他们丢下武器与铠甲，不顾自己受伤战友的哀号，如同决堤的洪水一样漫山遍野地逃窜。

吴起大旗一挥，五万魏武卒排着整齐的阵型向秦军冲锋，战车与骑兵从两侧进行包抄，秦军就这样被包了饺子。

到了日暮时分，一整天打下来，五十万秦军没有打垮五万魏军，还被魏军反杀，毫无还手之力。

战败的秦人一边跑一边哭泣，他们从来没有败得如此窝囊，五十万人被五万人打得溃不成军，不计其数的人战死沙场。

此战史称“阴晋之战”。这一战，魏国把秦国打成了半身不遂，让秦国数十年不敢再与魏国交战。这一战也让吴起的人生达到了顶峰，成为人人眼中的战神。

然而，高处不胜寒，功高震主的吴起觉察到魏武侯已经有卸磨杀驴的意图。

蚍蜉

公元前385年，吴起头也不回地离开了魏国，投奔了楚国。他长期经营的西河郡，也在数十年后被经过商鞅变法国力大增的秦国一举夺回。

吴起来到楚国时，楚国在位的国君是楚悼王熊疑。他接手的实在是一个烂摊子。楚国王室姓芈、氏熊，而手底下大臣们不氏熊，但是也都姓芈，是和楚王有血缘关系的公族。楚国属于整个公族所有，楚王只是公族的带头大哥。

而楚悼王虽然是带头大哥，可是下面老芈家人都不听他的，甚至对楚悼王吆五喝六，因为这些人各自都是封君。

封君制度从战国时出现，一直延续到秦汉时代。春秋时，国君把土地和地上的人民分封给大夫，大夫有了地，有了人，就可以建立自己独立的小王国。有实力的大夫如果看国君不爽，完全有能力正面干掉国君。

到了战国时期，诸侯意识到这种分封制危害太大了，于是搞起了职业经理人制度，大夫就变成只拿工资的中层干部。可是有的人业务能力太强，有的人甚至还是国君的亲戚，国君只给点工资就打发人家，也过意不去。所以很多国君想出了封君制这个办法。

对于亲戚、功臣，国君可以给他们土地，允许他们在土地上经商、放高利贷、享受赋税收入，但是土地上的行政权和兵权依然属于国君。相当于国君分给你了一套临街的旺铺，你可以出租，也可以自己做买卖，不过你只有使用权，没有产权，还得接受国家的管理。

大多数诸侯国对封君制管得很严，三晋、齐、秦等国很少有世袭的封君。可是楚国的封君几乎都是世袭的，有的封君辈分比楚悼王都大，楚悼王见了还得喊声叔。最要命的是，楚国封君的领地非常大，不亚于一个小诸侯国。而且楚国的封君不同于其他诸侯国的是，楚国封君在领地里拥有绝对的司法权、行政权，可以鱼肉百姓，肆意妄为，俨然一个个土皇帝。

楚悼王对这些封君很头疼。国家大部分土地都被他们占了，自己想给功臣分封块土地都没有。虽然楚悼王手里有兵权，但是他没有解决这些土皇帝的方法。

听说吴起来投奔，楚悼王笑得合不拢嘴。

楚悼王在朝堂上接见了远道而来的吴起。吴起步入楚国朝堂时，所有大臣都以好奇的眼光看着这位叱咤战国的战神。

楚悼王见到吴起，就像病人遇见神医一样，直接问了起来："请教先生，该如何治理楚国？"

吴起细想了一番。来郢都的路上，他看到楚国的老百姓遭到封君的压迫，贫困不堪，甚至流离失所。如果底层老百姓的生活得不到保障，尊严受到践踏，那么国家的基石必然受损。

"楚国的土地非常富足，不足的是人口。楚国封君的数量太多，而封君领地占有太多的百姓。如果任其发展下去，他们将上逼君王，下迫百姓，必然造成国柄失衡。这也是楚国国穷兵弱，在与魏国对抗中不堪一击的原因。"

在场大臣一片哗然，他们都是有着数百年家族历史的老贵族，凡是官居高位的，哪一个不是封君？吴起公然说楚国的问题在于封君，这是在赤裸裸打他们的脸。

楚国最大的封君阳城君站了出来，对着吴起怒吼道："过去善于治理国家的人，不会改变国家过去的传统！"

阳城君向原本已怒火中烧的朝堂又浇上了一大桶汽油，瞬间爆燃了。有人甚至按捺不住地想要上前殴打吴起。

"王卒何在？"楚悼王怒喊道。

话音刚落，朝堂上顿时安静了。

楚悼王眼见朝堂安静了，于是接着说："我任命吴起为令尹。"

楚悼王此言一出，大臣们立即汗如雨下，他们知道自己后面的日子不好过了。

"吴起，你从魏国来，就按照你在魏国的经验，对楚国进行大刀阔斧的改革！谁要不从，你可以带领我的王卒进行弹压！"

吴起有些受宠若惊，要知道他是初来乍到的外国人，而楚国之前的令尹可都是由本国贵族担任。

一心想恢复楚国昔日荣光的楚悼王具有强烈的进取心，他绝不允许别人破坏自己的意志。楚悼王对初次见面的吴起给予了充分信任，希望吴起能像神医一样施行变法，让楚国药到病除。

然而，吴起在楚国变法的难度远超李悝在魏国的变法。楚国满朝都是混吃等死的贵族，地方百姓都被封君管着，楚王难以插手。面对这样一个病重的国家，唯有下一服猛药，才能让楚国起死回生。而吴起的变法恰巧就是这么一服猛药，药性猛，副作用强，把封君都毒死了。可是这服药疗效也很明显，它让众多百姓脱离了封君的迫害，让楚国开始再次走向辉煌。

国家的财富就像一块蛋糕，李悝在魏国的变法，其实是优先解决如何把蛋糕做大的问题。而楚国可以说是全天下地皮最大、资源最丰富的国家，本身已经是块巨型的蛋糕，不需要再做大了，所以楚国变法的核心就是如何划分蛋糕。

针对如何划分蛋糕，吴起简单粗暴地颁布了三条法令。

第一条法令："衰楚国之爵而平其制禄，损其余而绥其不足。"

这条法令对楚国封君来说如同晴天霹雳，就像两把铰刀直插他们的心脏，铰得他们如同炼狱般煎熬。每个封君都哭天喊地，恨不得把吴起生吞活剥。

这条法令前半句的意思是降低封君的爵位，爵位只能传到孙子辈，之后国家要收回爵位与领土了。法令后半句杀伤力更大，大致意思是说楚国地皮很大，人口太少了，有的地方需要人去开荒，不能有那么多贵族不干活，浪费粮食。

任何一个封君都不可能接受这条法令。自己作为几百年的老贵族，突然有一天被告知自己的领地以后不能传给子孙，不光如此，自己一家还得去开荒种地，这谁受得了啊？

就在封君哭天喊地的时候，吴起的第二条法令又颁布了。

第二条法令：整顿吏治。即罢黜无能的官员，不准官员徇私舞弊走后门，还禁止纵横家来楚国游说。

封君原本想着，子孙没了爵位，但好歹自己还能浑浑噩噩度过一辈子，没想到吴起又来这么一招！要是干不好，自己的官也保不住！

这条法令中最有远见的是禁止纵横家来楚国游说。战国时期的纵横家，说好听点是诸子百家之一，说难听点就是一群大忽悠。后来纵横家张仪来到楚国，把智商堪忧的楚怀王骗得血本无归，把原本好好的楚国忽悠得瘸了一条腿。

第三条法令：整军经武。即将爵位授给在战争中立下功劳的百姓，加强军队建设。

吴起变法的核心就是要把蛋糕从世卿世禄的贵族手中抢过来，多分给老百姓，并给他们提供上升的阶梯。楚国经过吴起变法，有了巨大起色，国力提升，百姓的幸福指数提高，军队战斗力也得到了大幅提升。

而最惨的就是以封君为首的贵族，他们一夜回到解放前，自己的领地被剥夺，爵位被取消，甚至还要被发配到边远地区开荒种田。万一开荒过程中遇到什么猛兽，就算他们为楚国变法事业捐躯了。

可是他们又能怎么办呢？吴起手里有兵，背后有楚悼王支持，如果自己不听话，马上就会被法办了。

随着吴起疾风骤雨般地搞变法，楚国再度富强起来，于是开始了开疆拓土。吴起因此也干起了老本行，带领楚军大杀四方，让天下诸侯闻之色变。

吴起先是带兵向南征服了百越（今湖南省地区），为楚国扩大了战略纵深。随后，公元前383年，大脑短路的魏武王破坏了三晋同盟，与赵国连续打了三年，吴起趁机率领楚军北上伐魏。

吴起的旧老板魏武侯万万没想到前员工吴起会突然起兵。吴起率领楚军吞并陈、蔡两国，接着以凌厉的兵锋横扫中原，准备进入魏国腹地，饮马黄河。

魏武侯此时恨不得给自己一个大嘴巴，他终于意识到顶尖人才的流失对魏国造成了多大的伤害。魏武侯不得不赶紧从赵国撤军回家救援。吴起对魏国的一切了如指掌，倘若魏军撤晚了，老家就要被一锅端了。赵国也就因此得救。

吴起“围魏救赵”是采取远交近攻的策略，敌人的敌人就是朋友，敌人在攻打他的敌人时，我方就可以趁机攻打敌人空虚的老家。

天下诸侯也从中看到，貌似无敌的魏国其实也是有软肋的。魏国处在四战之地，当它从一个方向去攻打别国时，很容易被人从另一个方向偷袭。曾经那些被魏国欺负的诸侯，反复使用“围魏救赵”这个万金油战术来对抗魏国，魏国还就吃这一套，始终无法攥紧拳头与对手进行战略决战。

公元前381年，吴起从中原得胜还朝。然而，他刚一进入郢都，城门就被关上，兵权也立刻被收走。他得到了一个噩耗：“楚悼王死了！”

吴起的荣辱都与君王捆绑在一起，支持自己的君王在，自己就是横扫中原、威风八面的令尹，反之则一无所有。楚悼王死了，被夺了兵权的吴起在楚国毫无根基，又变回一只蚍蜉。

狼狈的吴起带着自己为数不多的亲兵走向王宫，尽管他知道那里隐藏着凶险，自己可能一去不复返，但他还是想与曾经给予自己无比信任和尊敬的楚悼王做最后的道别。

吴起刚步入王宫，宫门立刻紧闭了起来。周围全是身着素服的封君，他们满怀仇恨地看着吴起，恨不得把他大卸八块。他们被吴起发配到偏远山区，在那里除了开荒就是种地。曾经锦衣玉食的封君为了生存不得不拿起了锄头、粪叉，甚至还可能会被豺狼当点心。

楚悼王死了，对于封君来说是天大的好事。吴起没了唯一可以依靠的人，封君组了个还乡团，打着为楚悼王吊丧的名义赶回了郢都，目的就是要手刃吴起。

吴起没有理会曾被自己整惨的封君，而是径直走向被装扮成灵堂的大殿。楚悼王的遗体静静地躺在棺材里，吴起对着棺材磕头行礼，做最后的告别。

突然，吴起发现了一丝蹊跷，楚国的权贵都在王宫内为楚王治丧，唯独少了一个重要人物——太子。

“太子去哪里了？楚王的丧事，不应由太子主持吗？”吴起心中疑惑地问道。

可是楚国封君不会为吴起答疑解惑，他们怒喝道：“吴起，你把我们害得好苦！楚王已去世，太子又不在，没人能救得了你，今天你就拿命来吧！”

说完，封君或拔出剑，或拿出弓，向吴起发起了攻击。吴起虽然有亲兵保护，可是人数太少。眼看亲兵抵挡不住，吴起跑向大殿，趴在楚悼王身上。封君朝吴起射箭，有的箭射在了楚悼王的遗体上。有的封君冲过来拿剑砍吴起，躺在棺材里的楚悼王遗体也挨了几刀。

吴起此时已然成了血人，流血过多的他已经没了知觉。吴起感觉自己变成一只蚍蜉，飞走了，从这个纷乱的世界中彻底解脱了。

而这一切，被宫内的守卫全程记录了下来。

数日之后，太子继位，他就是楚肃王。

楚肃王完成继位大典后，所有封君都在等候新王封赏。他们认为，自己杀了吴起，对新王来说是大功一件。

每个人均以企盼的眼神看着新王。

看着满朝大臣，楚肃王大喊道：“王卒何在？”只见黑压压的王卒进入大殿内，如同一道巨墙倾倒，压迫着在场的诸位大臣。在场的每个人都蒙了，新王继位是件喜事，为什么要让王卒入殿内？

“按照楚国法律，凡是兵器碰到楚王尸体者，一律处死，夷灭三族！”

七十多人被当场拿下，这也意味着有七十多个家族将被一锅端了。封君们终于明白，他们命中的克星不是吴起，而是楚肃王。楚肃王故意躲起来，借封君之手除掉了功高震主的吴起，同时也借着老爹的尸体把封君们集体消灭。

楚肃王的手段实在是高。

有人说，吴起死了，楚国变法失败了。这完全是错误的。吴起被人分尸，楚肃王替吴起报了仇；而商鞅被五马分尸，则是新任的秦王与贵族合伙干的。所以我们不能以变法者本人的生死荣辱来衡量一个国家变法的成功与失败。

吴起用短短九年时间，就让楚国强盛起来了。四十多年后的楚威王时期，不断扩张的楚国成为当时天下第一强国。彼时所有人都认为，统一天下的国家，很有可能是楚国。

战国时期，楚国努力变法，但是后来仍然扛不住开挂的秦国。秦国之所以能开挂，就是因为它的变法是最彻底的。人才是国家富强的核心，变法是否彻底，要看人才是否能像活水一样源源不断地涌入国家高层。经过商鞅变法，各国平民涌入秦国成为高官，商鞅、张仪、范睢、李斯都是布衣卿相。

吴起虽然像蚍蜉一样死了，但是故事并没有结束。阳城君是参与杀害吴起的众多凶手之一，而他提前得知楚肃王要下手的消息，提前逃走，不知所踪。楚肃王得知阳城君逃跑的消息后，立刻派大军收回阳城君的封地。

然而，楚军没能轻松地收回阳城君的封地，因为有一个威震战国时期的学派会与楚军对抗。这个学派就像是一个宗教骑士团，连儒家弟子遇到他们也要绕着走。

肆

平民的学派——墨家

巨子

阳城君亡命天涯去了，他的封地阳城由一群“墨者”坚守。墨者是墨家学派的师生对自己的称呼，墨家的领袖则被尊称为“巨子”，此时守护阳城的就是一位叫孟胜的墨家巨子和他的一百八十位弟子。

阳城君与孟胜是铁哥们儿，阳城君虽然是阳城的土皇帝，但是这个土皇帝是没有兵权的。一个封君竟然没有军队保护自己和封地，这让人很没面子。

家里没有正规军，到哪里去寻找既能打又忠心的人呢？于是阳城君便把墨家巨子孟胜和他的弟子请到了阳城。阳城君并不关心什么学说，他只知道墨家弟子很讲义气，为了心中的理想，不惜舍生取义。最重要的是，墨家有着严密的组织，很强的战斗力，这也是阳城君看重的。

楚国土豪阳城君盛情邀请，孟胜心里相当高兴。墨家作为一个民间学派，一直是自负盈亏，有了阳城君好吃好喝地供着，孟胜便可以带着弟子安心做学问。

阳城君与孟胜相处期间，两人增进了感情，都把对方当自己的好哥们儿。楚国封君们计划要去郢都刺杀吴起，阳城君在前往郢都前把自己身上一块璜（半壁形的玉）掰成两半，把其中一半给了孟胜，并对孟胜说：“我此去郢都，前途未卜。需要你帮忙的时候，我会派信使带上口信和另一半璜来找你。如果两块璜能对上，你就听从信使的口信。如果没有见到另一半璜，请您务必替我守护好阳城！”

孟胜遵守了与阳城君的约定。楚肃王派兵追杀阳城君，阳城君跑路时没有来得及通知孟胜。孟胜和弟子们在阳城听说了楚国境内到处有军队捕杀封君、屠戮其家人的消息，换作普通人，在生死抉择面前，早就跑路了，然而墨家弟子最看重“义”。阳城君对墨家有恩，墨家弟子就应该对阳城君有义。

孟胜与弟子们自愿留下来，以微薄的力量去对抗楚王派来的大军。此时一位叫徐弱的弟子发现了一个大问题：墨家作为一个民间学派，在天下还开设了很多网点，而孟胜作为巨子是墨家的中心。巨子可以号令天下墨家弟子，指挥下辖的每一个网点。如果孟胜死了，那天下的墨家弟子就会群龙无首，各地网点就会各自为战。

于是徐弱劝孟胜："你的死对阳城君来说没有任何意义，而你作为墨家巨子，倘若死了，墨家将会绝于世间。"

孟胜听完后觉得很有道理，可是为了守护墨家最看重的义气，他不能做出对阳城君不义的事。于是孟胜命令手下的三位弟子，前往墨家在宋国的网点传达自己的命令，把巨子之位传给田襄子。

三位弟子来到宋国找到了田襄子。田襄子收到继任的命令，成为新一届的巨子。

新任巨子田襄子发出了他继任后的第一道命令："我命令你们三人，不许回阳城！"

"我们是奉前任巨子的命令前来宋国，现在任务完成了，我们要回阳城与前任巨子一起赴死！"说完，这三人头也不回地走了。

楚王派来的大军开始进攻阳城。这是楚军在清剿封君行动中遇到的最难攻克的城市。城里虽然只有一百八十名墨者，但是他们构建了复杂的防御工事，让进攻的楚军损失惨重。

王命不可违，楚军踏着同伴的尸体，不断向阳城进攻。孟胜与他的弟子终因寡不敌众，全部战死。

这就是"孟胜守义"的故事，这个故事让大家见识到了墨家学派与战国时其他学派的不同之处。他们对巨子唯命是从，有着极强的组织纪律性，愿为自家学说献出生命，更有着高超的防御战术。

儒家的对立面

战国时的学术市场被四大学派瓜分，分别是儒、墨、道、法。

法家是官方学派，只要有中央集权政府在，就必然有法家。儒、墨、道则是民间学派。其中道家比较避世，尽量不掺和世间事务。儒、墨两家为争夺偌大的民间学术市场，展开了激烈的竞争，形成了非儒即墨的局面。

如果你问一个墨家弟子："你们墨家最大的敌人是谁？"墨家弟子会回答："我们的头号敌人是儒家！"

如果你问一个儒家弟子："你们儒家最大的敌人是谁？"儒家弟子会说："我们的头号敌人是墨家！不好意思，我看见前面不远处有墨家弟子，他们个个武艺高强，都是集体行动。我怕自己有不测，先跑再说！"在儒家眼中，墨家就是一个组织严密、战斗力爆表的组织。

儒墨两家都视对方的学说为异端邪说，恨不得除之而后快。

你会发现一个奇怪的现象：儒、墨两家作为先秦时的"显学"，相当于现在大学里的热门专业，报考学习的人数非常多。然而现在我们去查找先秦时墨家经典和师生的记述，会发现寥寥无几，而儒家经典和师生的记述可是汗牛充栋。

墨家创始人是墨子，《史记》里对他的记载只有二十多字："盖墨翟，宋之大夫，善守御，为节用，或曰并孔子时，或曰在其后。"意思是：墨翟，宋国的大夫，擅长守城防御战术，提倡节俭，有人说他与孔子同时代，也有人说他出生在孔子死后。

这也是史料对墨子生平的唯一概述。而史料中，孔子的爹妈是谁，祖上有谁，子孙有谁，哪一年干了什么事，哪一年去世，全都写得明明白白。

墨家从战国时的一个热门学派，到后世在历史里几乎绝迹，这是儒家与统治者联手造成的。汉朝独尊儒术，罢黜百家，儒家成为最后的胜利者后，必然对墨家展开反击。《史记》是崇尚儒家的司马迁写的，他在写墨子的时候，本着节约墨水的原则，能少写就少写。汉代统治者看到墨家要建立准军事组织，也必然禁止墨家学说的传播，以免影响自己的统治安全。

为什么墨家这么遭儒家与统治者的痛恨呢？

因为墨子从一开始就把墨家的根扎在平民百姓中。墨子叫墨翟（dí），据梁启超先生考证，墨子生于公元前 468 年至公元前 459 年之间，即孔子死后十余年，死于公元前 390 年至公元前 382 年之间。

墨翟年轻的时候放过牧，后来学起了木匠手艺，由于天资聪颖，还成了一位高级木匠。所谓“六级木匠相当于一个中级知识分子”，知识分子墨翟还利用业余时间开展了科学兴趣试验。

拿着木匠的稳定收入，还可以搞自己的兴趣爱好，这样的日子得让多少人艳羡。可是墨翟并不满足，他发现虽然自己的小日子过得很滋润，可是周围的人活得很累，人们为了名利相互争斗，国家为了土地相互仇杀。

有的人之所以能成为圣人，是因为他们没有把目光局限于眼前的苟且，而是有着更高的精神追求。为了能让人们不再仇恨，为了天下和平，墨翟踏上了寻找真理的道路。

想得到真理，无外乎两种途径：一种是在书本中向前人学习，另一种就是靠自己身体力行悟出真理。

当时学术市场最热门的是儒家，儒家宣扬“仁”，维护“礼”，墨翟心想也许这就是自己想要的，于是就拜入儒家门下。

儒家孕育出了法家，也催生出了墨家。智力超群的墨翟很快就熟读儒家经典，但他越是深入了解儒家思想，就越对儒家思想产生怀疑。

终于有一天，墨翟对自己的灵魂进行了拷问：“我在儒家每天学的都是些什么啊？父母死了，儿子正事不能干，要守孝三年。儒家不信鬼神，为什么葬礼还要搞那么隆重？人就是一张臭皮囊，死了挖个坑埋了不就行了吗？还有什么君君臣臣父父子子，我作为平民，难道一出生就低人一等吗？儒家天天搞人伦关系研究，科学创造没人搞，人类还怎么进步？我退学吧！”

离开儒家，墨翟开始竖起自己的大旗，他要打垮儒家思想，用自己的新思想去打造一个新世界。

儒家无形之中给自己培养了最具威胁的异教徒。由于墨翟打入儒家内部时间久，已经熟读儒家经典，只要儒家出现一个新观念，墨翟就能提出一个与之相反的观念。

墨翟创立了自己的墨家学说，并向世间颁布了儒家足以毁灭天下的四大罪状：

一、儒家不敬鬼神。鬼神如果不高兴，就会降下灾难到人间。

二、儒家讲究厚葬、久葬。要好几重棺椁装遗体，陪葬很多贵重的物品，家里人一死，家底都能被掏空了，活人还怎么活？更夸张的是要守孝三年，这样一来很多正事都干不了啊！

三、儒家喜欢音乐。如果每个人沉迷于弦乐、击鼓、舞蹈，会迷失方向。

四、儒家认为人的生老病死、贫富差距都是命中注定。这完全否定了人的自我奋斗。

墨翟虽然说得很夸张，但是这四条罪状如同坚硬的拳头，拳拳都打在儒家的要害上。

不过墨翟虽然打中了儒家的要害，让它伤得不轻，可是儒家毕竟长期盘踞民间学术市场，有着宏大的思想体系，想扳倒儒家绝非易事。

孔子的思想核心是"仁"与"礼"。"仁"的意思是，每个人要有仁爱之心，关心、爱护别人，不要将自己的意志强加于别人；"礼"的意思是，每个人要克制自己内心原始的冲动，让自己的行为符合儒家的行为规范。"仁"和"礼"作为儒家思想的倚天剑，让儒家在民间学术市场纵横八方。

既然你有倚天剑，那我得有屠龙刀。

墨翟提出了十条思想，被称为"墨家十论"。分别是天志、兼爱、非攻、明鬼、非命、节葬、非乐、节用、尚贤、尚同。"墨家十论"就像一把屠龙刀，成为与儒家在学术市场厮杀的神兵利器。

"天志"是墨翟思想的根基，就是屠龙刀的刀把，是挥动宝刀的动力。

墨翟认为上天像人一样是有意志的。上天的意志又是什么呢？那就是，上天希望人们相互关爱、相互帮助，不要相互厌恶与残杀。

"兼爱"与"非攻"则是屠龙刀的刀背，只有刀背硬实厚重，才能将对手一劈两半。

孔子讲"爱人"，但是孔子的"爱"是在君君臣臣父父子子的严格等级内，没有平等一说。哪怕国君、父亲不爱你，你作为大臣或儿子也得无条件爱他们。而在墨翟眼中，每个人生而平等，没有你我之分，大家都要相互关爱对方。这让习惯了当牛做马的百姓听到“兼爱”后，顿感清风拂面。

墨翟讨厌当时的国君与大夫为了自己的私利发动战争。墨翟把这些自私自利的人叫作“别”，把那些慷慨无私的人称做“兼”。于是墨翟给当时的君主和大夫都起了绰号，国君为“别君”，大夫为“别士”，而墨者则是“兼士”。

既然大家要兼爱，那就要反对不义的侵略战争，这就是“非攻”。

墨翟所处的战国时代，隔三岔五就是一场大仗，处处是杀人盈野复盈城的惨状。在墨翟眼中，战争绞肉机满足的只是君王的私欲，天下每一个人都应该不分彼此地相互关爱，停止不义的侵略战争。可是君王对领土的欲望就像永远也吃不饱的饕餮一样，为了遏制暴君对他国的进攻，就必须擅长防御作战。所以墨翟和他的弟子们也成为战国时著名的守城专家。

“明鬼”“非命”“节葬”“非乐”“节用”则是屠龙刀的刀锋。这五条思想与儒家思想截然相反，它们如同锋利的刀刃，迅速砍入儒家要害。

“明鬼”是说，墨翟相信世间是有鬼神存在的，一个人如果做好事，鬼神会奖赏他；一个人如果做坏事，鬼神会惩罚他。而孔子说过“敬鬼神而远之”，儒家能离鬼神越远越好。墨翟想用鬼神来遏制人心中的恶，不能让人干了坏事还有恃无恐。

“非命”是说，相信鬼神存在的墨翟却不相信命。墨翟认为福祸是靠个人行为的结果，而不是命中注定的。而孔子则认为凡事都由天定，不可挽回。

“节葬”是说，墨翟觉得儒家很搞笑，因为他们明明不相信鬼神，可偏偏又把死人的葬礼搞得那么隆重，恨不得把家里值钱的东西都带进墓里，这让活人还怎么过日子？比如后来把儒家扶正成为官方正统思想的汉朝，上至皇帝下至百姓都大搞厚葬，巨额的财富被埋在地下，所以汉墓也成为后世盗墓贼的提款机。

“非乐”是说，墨翟不希望人们玩音乐，底层百姓出身的他知道音乐这种高雅的兴趣爱好不是老百姓能玩得了的。如果普通百姓沉迷于音乐，恐怕几天就得饿死了。

“节用”是说，墨翟不光反对音乐，还反对那些脱离百姓需要的奢侈品。墨翟要求自己和弟子过着苦行僧的生活，饭能吃饱就行，衣服能御寒就行，房子能遮风挡雨就行。

“尚贤”是关于使用屠龙刀的人。一个思想学派想要发扬光大，就必须让贤能的人像新鲜血液一样不断涌入。“尚贤”也是墨家与儒家唯一的共同点，毕竟学术市场的竞争归根结底是人才的竞争，崇尚贤能的人是学派赖以生存的根本，家里如果没有挑大梁的大学者，关门是分分钟的事。

“尚同”则是屠龙刀的刀鞘。无论多么厉害的刀，最终也得回归刀鞘。“天志”是墨翟思想的起点，而“尚同”则是墨翟思想的终点。“尚同”并不是说像儒家那样崇尚天下大同，这里的“尚”字其实等同于“上”。墨翟的“尚同”要求人们的思想统一于上级，最终统一于天志。这样，思想统一了，秩序就会得到恢复，天下也不会再有纷争。

“墨家十论”在学术市场推出之后，墨翟变成了当红学者，拥有了无数弟子，还在各国开设教学网点。墨翟也被人尊称为“墨子”。

作为学术明星的墨子有没有去做官呢？

墨子曾说过：“道不行不受其赏，义不听不处其朝。”意思是，这个国家如果不行道义，就不在这个国家担任官员。要知道，墨子不愿与世俗同流合污，所以他不会去当官。如果当官了，哪还有时间做学问？

当墨子大红大紫的时候，墨家学说即将迎来一场战争的考验。

大义救宋

春秋末年，南边的楚国曾被吴国打得满地找牙。到了战国初年，楚国渐渐恢复了元气，虽然大国雄风不再，可是破船还有三千钉，楚王打算吞并宋国，以壮大自己的实力。史书里没有说明这位楚王到底是谁，但是这位楚王显然展现出了楚人特有的蛮霸气概。

墨子听说楚王要攻打宋国的消息后，按捺不住内心的激动：“楚王要发动战争，这不正是检验我们墨家的时刻吗？决不能让楚王发动不义的战争。”

于是墨子安排自己的弟子守护宋国城池，自己则前往楚国郢都。墨子一路狂奔，花了十天十夜才到达楚国郢都。有的史书上说墨子是宋国人，也有的说他是鲁国人。宋国离楚国近，鲁国离楚国远，梁启超先生根据墨子此行的路程和所花时间，推算出墨子应该是鲁国人。

墨子到楚国后没有先找楚王，而是去找了同为鲁国人的公输班。公输班就是中国木匠的祖师爷——鲁班。木匠常用的锯子、刨子、铲子都是公输班发明的，最神奇的是，据说公输班曾造过一只木质小鸟，在天上飞了整整三天。

但如果只把公输班当成一个木匠就大错特错了，他其实还是一个高级工程师，专业方向就是攻城。公输班能造出科技含量极高的攻城武器，任何城池在公输班的攻城设备面前都会化成齑粉，所以他是一个名副其实的“攻城狮”。

公输班被楚王高薪请来，主要负责制造进攻宋国的攻城武器。春秋时代楚国就进攻过宋国无数次，可惜最后都是折戟沉沙，于是楚王想借助“攻城狮”公输班之手，与宋国做个了结。

墨子找到公输班后，并没有出现“老乡见老乡，两眼泪汪汪”的场景，反而是一场充满浓浓火药味的争论开始了。

公输班：“老乡，你好啊！你来找我有什么事？”

墨子：“我在北方被人欺负了，想借你的手杀了他！”

公输班：“你有神经病吧，我又不是职业杀手！”

墨子：“我给你钱，不可以吗？”

公输班：“我讲道义，绝不滥杀无辜。”

墨子听到公输班这么说，知道他是一个可以沟通的人，于是站起来向公输班行礼。

墨子：“请听我说，我在北方听说你造了一架巨型云梯，用来攻打宋国城池。宋国有什么罪呢？楚国地广人稀，现在却要牺牲珍贵的人口去掠夺多余的土地，这很愚蠢。宋国没有罪过，楚国却要攻打它，这是不仁。您讲道义，不愿去杀一个无辜的人，但您却愿意帮助楚王杀害众多的百姓，这很不明智。”

公输班听完，对墨子心服口服。但他又说：“可是我不能拒绝楚王，因为我之前答应他帮助楚国攻宋。”

“既然您无法拒绝楚王，那就让我去说服楚王，请您把我引荐给楚王。”墨子无畏地说道。

公输班带着墨子来到楚王宫，并将其引荐给楚王。

楚王听说著名的学术大咖墨子来到楚国，内心非常高兴，热情地接待了他。可是他万万没想到，墨子是来砸场子的。

墨子向楚王行礼后，直接说道：“有一个土豪，自己有华丽的衣服不去穿，有美味佳肴不去吃。邻居家里有件破衣服，土豪却要去偷来穿；邻居家有糟糠，土豪却要去偷来吃。这是一个什么样的人呢？”

楚王说：“这人一定是偷窃成瘾。”

墨子于是说：“楚国领土比宋国大十倍都不止，要什么有什么，而宋国穷得叮当响。富裕的楚国去攻打宋国，这和偷窃成瘾的人有什么区别？”

楚王没想到墨子是在给自己下套，不禁恼羞成怒。但生气归生气，礼贤下士的气度还得有。

“公输班已经给我造好了云梯，我还是得进攻宋国。”楚王阴沉着脸说道。

墨子：“大王既然觉得公输班的云梯攻无不克，那不如让我和公输班对上一局。”

楚王心想这很有意思，于是让墨子与公输班来一场沙盘推演。

墨子解下腰带，围成一座城池的样子，公输班用小木片作为攻城器械，模拟了九次攻城，每次攻城的方法都不一样，墨子均能一一化解。

公输班好歹也算是一名“攻城狮”，竟然连续九次败给了墨子，面子有些挂不住了。他说道：“我知道有一种方法可以对付你，但我不说！”

墨子冷冷一笑，对楚王说：“公输班的意思是把我杀了。可是我的弟子禽滑釐等两百多人在替我守卫宋国，即使你们杀了我也无济于事，我们墨者是杀不尽的！”

楚王听完后长叹一声，撤销了进攻宋国的计划。

墨子不为自身名利，而为天下苍生谋福祉，阻止不义战争，教导人们相互关爱，这正是大公无私的天下主义精神！

伍

天子之都

悲催的长子

魏武侯魏击在当太子的时候，生了长子魏罃。魏罃作为太孙，本应集万千宠爱于一身，受到众臣拥戴、万民敬仰，可现实却是魏罃集万千嫌弃于一身，太子击一看见魏罃就烦得要死，恨不得没这个儿子。

太子击之所以讨厌魏罃，是因为他更喜欢小儿子魏缓。魏缓聪明伶俐，长相可爱，太子击越看越喜欢，便萌发了立幼的想法。

魏文侯死后，魏武侯刚继位干的第一件大事，就是将小儿子魏缓封为公子，而长子魏罃却啥也没封。

魏武侯干的这事让魏国上下直呼不解。魏武侯作为魏国新任领导人，没有立长子魏罃当太子，反而立小儿子魏缓当公子，这是什么意思？

嫡长子继承制是国之根本，魏武侯能继承国君之位，靠的就是嫡长子的身份。魏武侯如果废长立幼，就等于否定了自己继位的合法性，因此魏武侯再怎么喜欢小儿子魏缓也不能立他为太子。

怎样才能表达自己对小儿子魏缓的宠爱呢？那就是立小儿子魏缓为公子，而把立长子魏罃为太子的事一直拖着。

魏罃成为魏国最悲催的人。亲爹从来没有正眼瞧过自己，自己啥身份都没有，跟无业游民差不多。弟弟魏缓天天跟在父亲身边，接受臣民的朝拜，俨然是一名准太子。

魏罃在魏武侯在位期间那是度日如年，内心痛苦煎熬。他生怕哪一天父亲立弟弟为太子，作为长子的自己必定被弟弟视为潜在威胁。一个没权没势的长子，能有什么好下场？

如果那时候有亲子鉴定，魏罃应该就是最想要去做的人，他实在想不通亲爹为何要这样折磨自己，唯一靠谱的解释只能是自己是从路边捡来的。

为了生存，魏罃每天都装作一副孝子的样子，极力侍奉嫌弃自己的父亲。可背地里，魏罃每天都在地上画个圈圈诅咒父亲赶紧死。

魏武侯终于死了，而且死前没有立小儿子当太子。

可是一个问题来了：魏罃虽然是长子，却连公子身份都没有，怎么能继承国君之位呢？公子缓虽是弟弟，可是人家好歹是个公子。

就在魏国上下都在观望的时候，一个重量级角色跳了出来，说："魏罃，你无须担心，我来帮你！"

说这句话的人，是管理魏国上党地区的大夫王错。

王错算是一个有良知的人，他知道古往今来有无数国家因为废长立幼引发内乱。王错不愿看到魏国内乱，因此带着手下军队奔向安邑，拥戴魏罃为国君。

二十多年的隐忍，让魏罃成为一个善于隐藏自己想法的人，他有着比常人更深的城府，喜怒不形于色。二十多年的煎熬对普通人来说是苦难，可是对魏罃来说却是人生的财富。

公元前369年，魏罃正式继位为魏国国君，史称魏惠王，魏惠王在位长达五十年，因为其待机时间超长，也成为魏国历史上最有争议的国君。由于他在位期间将魏国首都从安邑迁到大梁，又被人称为梁惠王。

此时，大家会产生一个疑问，魏罃怎么被称为王？

称王是魏惠王干的最轰动战国历史的一件大事。

当时天下能称王的只有三位大人物，一位是周天子，他是唯一合法的王；另两位是楚王、越王，他俩是自己封的王，纯属自娱自乐，不被天下诸侯承认。魏惠王不在乎什么合法不合法，他觉得自己说合法就合法。晚年的魏惠王还拉着齐国一起称王，从那以后天下诸侯跟风都称起了王。

魏惠王不光在称号上要向周天子看齐，连平时的生活也要向周天子看齐。凡是天子吃的、用的、穿的，自己也必须要一样的。更夸张的是，魏惠王还按照天子的居住标准，把魏国大梁建成了一个超大型首都，不知道的还以为大梁城里住的是周天子呢。

称王、建大梁城那都是后话，刚继位的魏惠王别说称王了，国家能不能保得住都是个问题。

魏罃的逆袭

魏惠王刚继位时，老天爷很不给面子，直接给全魏国人民来了个日食直播。

要知道，在古代，出现日食可是大凶的预兆，寓意着老天对国家一把手不满意。魏国人民都被吓得半死，刚当上国君的魏惠王一下子就没了人气。而日食仅仅是个开始，公子缓的逃亡让魏惠王直接感受到了死神的威胁。

哥哥当上了国君，弟弟公子缓自知在魏国难以活下去，就跑到了赵国。赵国此时的国君是赵成侯。赵成侯看到公子缓前来投奔开心得要死，因为这意味着自己手里有了一张可以干涉魏国内政的王牌。

当年魏武侯就是利用赵国流亡的公子朝来干涉赵国内政，打了一场五国大乱斗。于是父辈的战争延续到了子辈，赵成侯继承了他老爹的遗志，誓要打垮魏国，主宰中原。

赵成侯向全天下宣布："魏罃连公子的身份都没有，竟然以太子的身份继位成国君，是得位不正。公子缓在魏武侯生前深得魏武侯宠爱，还有合法的公子身份，按照法理，魏国国君之位应由公子缓来坐！"

赵成侯知道，光凭自家的实力还不能打垮魏国，最好是拉上韩国。于是赵成侯向韩国发出邀请，一起组队打魏国。

此时韩国国君是韩懿侯，他收到赵国邀请后立马拍板同意。韩懿侯之所以如此爽快，是因为赵韩两家有着长达三百年的传统友谊。

韩家的祖先韩厥在春秋时期，只是晋国一个默默无闻的贵族，然而赵家的一位贵人把韩家拉入晋国政治核心，韩家从此飞黄腾达，这位贵人叫赵盾。

赵盾作为晋国中军将，是国家的二把手，而且几乎把国君给架空了，在国内只手遮天。赵盾看到韩厥为人忠厚老实，做事兢兢业业，就大力栽培韩厥，韩厥也对赵盾心怀感激。

赵盾死后，晋国国君联合众臣对势力熏天的赵家展开反击，赵家惨遭灭门之祸，只留下了赵氏孤儿——赵武。由于赵家对韩厥有恩，韩厥始终没有参加对赵家的屠杀行动。等赵武长大后，韩厥就在晋国朝堂内积极为赵家复立奔走，成为赵家重返晋国政治舞台的重要支持力量。后来赵武复立赵家成功，从那时起，赵韩两家成了生死之交。

一般来说两家的友谊能维持几代就不错了，然而赵韩两家的友谊竟然维持了三百年，从春秋延续到战国。这么长久的友谊，完全可以申报吉尼斯世界纪录了。

赵韩两国就是最铁的朋友，更是全天候战略合作伙伴关系。为了更好地肢解魏国，形成战略优势，赵韩两国还交换了各自手里的土地。赵国把曾经侵占的郑国土地给了韩国，韩国把靠近长子（今山西省长治市）的土地给了赵国。交换土地后，韩赵两国就可以从南北两个方向夹击魏国，肢解掉魏国。

一把巨大的绞索套在了魏国脖子上，赵韩两国即将勒紧手中绞索。魏惠王将面临政治生涯的第一场大考，这次考试成绩直接关乎他与魏国的存亡。

魏国作为一个中原强国，完全具有单挑任何一个诸侯国的实力，不过魏国也只能应付单挑，一旦遇到群殴，就得分散精力去应付多个敌人。赵韩两国分别从北方与南方发起进攻，让魏国腹背受敌，很是被动。

赵韩两国同时向魏国展开攻击，魏军被打得节节败退。就在此时，又有一个噩耗传来，让魏惠王感到挨了当头一棒。曾经拥立他为国君的大夫王错眼看魏国要亡了，叛逃去了韩国。拥立自己的人都跑了，这还怎么玩啊？

看一个人是否具有钢铁般的意志，就看他在被众人抛弃之后，是否还能坚持到最后，置之死地而后生！

魏惠王是一个不肯认输的人，不愿当亡国之君的他御驾亲征，迎战赵韩联军。可是初出茅庐的他被赵韩联军在浊泽击败，被围困了起来。

是杀了魏惠王立公子缓为魏君，还是将魏国解体？

面对魏国这块大肥肉，赵成侯与韩懿侯都打起了各自的小算盘。打仗就像做生意一样，决不能干亏本的买卖，毕竟死了那么多的人，花了那么多的钱，跑了那么远的路，没有丰厚的回报，怎么对得起自己？

政治面前，没有永恒的朋友，只有永恒的利益。为了各自的利益，赵韩的友谊即将走到尽头。

在如何处置魏国的问题上，两国想法是不一样的。由于赵韩两国的国力是赵强韩弱，赵成侯想吃独食，打算立手中的公子缓为魏国的傀儡国君，借机控制魏国，最后吞并魏国。而韩懿侯知道凭自己的斤两想一口吞掉魏国，不光实力不允许，赵国也不会同意。折中的办法就是让魏国解体，把魏惠王与公子缓都立为国君，将魏国一分两半。一口吞不下，就分两口来吃，这样对韩国来说最有利。

于是赵成侯与韩懿侯交换了想法，赵成侯立马翻脸："必须按照我的想法来！"

"凭什么按照你的想法来？我韩国也是流了血，出了力的！"韩懿侯反击道。

就这样，赵成侯与韩懿侯你一言我一语地吵了起来。

包围圈里的魏惠王猜想自己将会有一个悲惨的结局，他宁愿自杀也不愿亲眼看到魏国亡在自己手上。然而，就在魏惠王思索应该选择哪种死法时，一天早上，他醒来后突然发现，包围圈南面的韩军不见了，只剩下北面的赵军！

魏惠王大喜过望，立马整军备战。魏军打不过两国联军，现在只剩一家，还怕打不过？

赵成侯原本以为南面的韩军会率先进攻魏军，哪知早上到军营前一看，韩军竟不辞而别，魏军准备与赵军单挑了。赵成侯自知单挑不过魏军，下达了撤军命令。

原来韩懿侯知道韩国的实力不如赵国，如果把魏国打垮了，赵成侯必然会按照他的想法立公子缓为魏君，进一步吞并魏国。赵国吃掉魏国后，下一个必然会吃韩国，完成三晋的统一。于是韩懿侯带着军队回国了，既然你不仁，也别怪我不义。赵韩两国三百年的同盟就此正式散伙。

散伙就散伙，好歹吃顿散伙饭吧。气呼呼的韩懿侯招呼都不打，饭也不吃，直接晾了赵成侯。

原本给魏惠王出了难题的两个敌人，却因为彼此之间的分歧，帮助魏惠王顺利通过了考试。

人生中总有那么一段时光，各种坏事都会接踵而至，运气坏到了极点。但越是在人生低谷的时候，就越要撑住，在越过人生中的激流险滩之后，等待你的一定会是柳暗花明。

天下十分美，九分在大梁

魏惠王继位的第二年，魏国重新振作了起来。国内局势稳定后，魏惠王率领大军找韩赵两国报仇，韩赵两国毫无招架之力。

魏军先在马陵（今河南省新郑东南）击败了韩军，然后调转枪头向北方的赵国进攻，在怀地（今河南省焦作市武陟县）击败赵军。赵、韩被魏惠王打老实后，魏国的枕边之患也就暂时清除了。

接着，魏惠王干了一件改变魏国历史的重大决策——迁都。

魏国首都一直在安邑，这是老魏家从春秋时代就经营的老巢，而魏惠王选择的新都则是大梁（今河南省开封市）。大梁作为魏惠王的新家，即将被他打造成全天下最雄伟壮丽的城市。

如果说天下有十分美，那么九分在大梁。

迁都就像现在搬家。一个人在一个地方住了很久，突然选择离开熟悉的地方，搬去新环境，大都有两种原因：第一种，这人有钱了，要改善居住条件；第二种，如果这个人不是为了改善居住环境，那么他搬家很有可能是为了躲避灾祸。

后世很多人认为魏惠王将魏国首都从安邑迁到大梁正是出于第二种原因，即躲避灾祸。躲谁？自然是西边凶悍的秦人。

根据《史记》记载，魏惠王三十一年，“秦用商君，东地至河，而齐赵数破我。安邑近秦，于是徙治大梁”。意思是说，魏惠王在位的第三十一年，秦国重任商鞅，国土扩张到黄河边，齐国与赵国又趁火打劫，攻打魏国。由于安邑靠近秦国，随时有被攻下的危险，魏国将都城迁到大梁。

司马迁作为“史圣”，按理说，他说的话一定最权威。可是关于魏国迁都大梁的时间，司马迁说得未必对。

在司马迁死后三百多年的西晋时期，出土了一本颠覆古代史学界的重量级书籍——《竹书纪年》。这是一本史学奇书，让信奉儒家思想的古人看了直呼辣眼睛。《竹书纪年》是魏襄王（魏惠王的儿子）墓里的陪葬品，也是魏国官方修订的史书，记载了从上古黄帝到战国魏襄王时期的历史。由于作者是处在战国时代的魏国史官，对魏国历史的记载具有相当的权威性。

魏国的史官记载："周显王四年，夏四月甲寅，魏徙邦于大梁。"周显王（当时的周天子）四年即公元前365年，相当于魏惠王在位第六年。这时，魏国已经从混乱重创中走了出来，李悝变法给魏国留下了殷实的家底。只要魏国自己不瞎折腾，国家稳定，GDP就能快速增长。

有了钱就可以成为"氪金玩家"，魏国很快就能恢复成天下第一强国。魏国沃野千里，带甲三十六万。有着这么雄厚的启动资本，魏惠王自然想要干一番大事。

去哪儿投资呢？魏惠王开始了市场调研。

诸侯国就像一个个公司，需要不断抢占市场才有活下去的可能，否则就有被别人吃掉的危险。而土地与百姓则是诸侯国抢夺的核心，哪里的土地最富庶，哪里的人口最密集，就是它们向外扩张的方向。

魏惠王首先看了看魏国潜在竞争对手的发展方向。赵、韩、秦三国把各自的首都全部向东移，很明显就是要抢夺中原。这三位诸侯不惜斥巨资，拖家带口的也要朝中原方向搬家。在他们眼中，中原这块大肥肉，抢到就是赚到，谁不向中原发展，谁就是大傻瓜。

越是资本流往的地方，就越有投资价值，魏惠王深谙此道。于是他决定学秦、赵、韩三国，也把自己的首都向东移，位于中原核心区的大梁也就被他定位为魏国的新首都。所以魏惠王迁都至大梁是为了改善居住条件，便于创业发展。

大梁城位于中原腹地，后来也是宋代的首都，济水、丹水、鸿沟、睢水在这里交汇，物产丰富，交通便利。可是大梁城除了位置好以外没其他优点，房子太老太旧，是旧房改造，还是拆了重建？

作为改善居住条件的新家，房子一定要新、要大，采光要好。魏惠王说：“拆了给我重建，反正不差钱！”

拆好拆，可是怎么重新规划建设呢？规划建设一块新地，需要召集专家进行反复论证，又要画设计图，又要做沙盘，麻烦得不得了。

负责营造新都的官员们为规划方案争吵不休，这时魏惠王说道：“大家都别吵了。我给你们一张规划图，你们照着建就行了！”

所有人看到国君给出的图纸后，都不禁倒吸了一口凉气。大家心里都蹦出了一句话：“国君你这是要逆天啊！”

摆在众人面前的规划图是“天子之都”。说直白点，魏惠王直接把周天子居住的洛邑规划图拿了过来。

“你们就按照这张图纸建造魏国的新都城，尺寸还可以放大。我的新都一定要比周天子的洛邑更大更豪华，我要打造一座宏伟的天子之都！”

虽说周平王东迁洛邑后，天下礼崩乐坏，很多诸侯国都不把周天子放在眼里，可是在等级制度上，大家还是尊重周天子的。诸侯见到周天子还是会跪拜，想当诸侯的也得跑趟洛邑找周天子盖个章。

西周早期，辅国功臣周公旦制定了周礼，这是天子对全天下的一套管理制度，目的是告诉每一个人，要认清自己的身份，什么事该做，什么事不该做。周礼对天子的都城大小尺寸有着详细的描述：“匠人营国方九里，旁三门，天子十二门。”意思是，天子的都城是个正方形，每个边长九里，相当于4.5公里，面积是20.25平方公里。每条边有三个门，总计十二个门。

据现在的考古发现，魏惠王造的大梁城东西边长6.4公里，南北边长4~6公里，总面积为37平方公里。他的确建了一座超过天子规格的都城。

造完都城，还要修建宫殿与台阁，不然去哪儿上班，去哪儿游玩？魏惠王又命人造了丹宫、公宫、范台、京台、晖台、灵台等。

公元前364年，经过数年的营造，魏惠王带着一家老小正式入住新建好的天子之都。

魏惠王住在恢宏的大梁城里，觉得自己就是天下最伟大的君王，更是无冕的天子，全天下都要臣服在自己的脚下。路过大梁的人，也无不被大梁的壮丽所折服。

然而，魏惠王迁都看似无限风光，背后却埋下了一颗惊天巨雷。

战国初期，魏国首都安邑靠近秦国，魏国为了自身的战略安全，需要一直把家门口的秦国踩在脚下。而现在，魏国把首都从安邑迁到了大梁，就等于把自己的脚从秦国身上挪开，向东去踩中原诸侯去了。

踩在自己身上几十年的脚挪走后，秦国猛地站了起来。就在魏惠王搬家期间，秦献公向魏国发动了一场石门之战，六万魏军为秦军歼灭。这一场大胜仗一扫秦国数十年的阴霾，周天子也派人向秦献公表示祝贺。

周天子给秦献公点赞，等于肯定了秦献公是替天行道，打了一场正义战争的做法。显然，周天子对魏国极其不满，大梁紧挨着洛邑，你魏罃把都城造得比我家还大，你是什么意思？

魏惠王被周天子的点赞行为气得半死，却又无可奈何。虽然自己在魏国可以让所有臣民把自己尊奉成天子，但这仅仅是对周天子拙劣的模仿。

大梁城的建成，让魏惠王与周天子结下了梁子，更让秦国迎来了千载难逢的崛起机会。

魏惠王并没有察觉到即将到来的危机，毕竟魏国家大业大，死了六万人也并未伤筋动骨。魏国还能征召更多的士兵，仍是全天下第一。

盛世之下隐藏的危机，始终得不到人们的重视，直到灾难爆发的那一刻，才悔之晚矣。

这时，有一个人离开了魏国，让魏惠王好不容易建立的盛世再次崩塌。他就是中学历史书上被反复划重点、考了无数次的商鞅！

当时他还不叫商鞅，而叫公孙鞅。后来他在秦国飞黄腾达后，有了自己的封地“商”后，才被称作商鞅。此时的公孙鞅正在魏国忍受职场的瓶颈期，死活升不上去。心灰意冷的他，准备挪窝了。

陆

中庶子的逆袭

意外逃生

魏国迁都大梁后不久，在家卧病已久的相国公叔痤快不行了。

公叔痤担任相国期间政绩平平，在李悝的万丈光芒下，他显得完全黯淡无光。魏惠王对公叔痤并不感冒，可他毕竟是老爹留下来的重臣，干了那么多年，没有功劳也有苦劳，没有苦劳也有疲劳。

为了表示尊重老臣，魏惠王立刻备马，前往相国家里看望。

公叔痤看到国君来了，想从床上爬起来行礼，可是身体却怎么也动不了。

“相国，您不要动了，我是专程过来看望您的。”魏惠王说道。

公叔痤勉强撑起自己，向面前的国君说道：“感谢国君前来看望。”由于公叔痤的声音太微弱，魏惠王需要将耳朵紧贴在公叔痤嘴边才能勉强听清楚。

眼前的公叔痤如同风中的蜡烛，随时有熄灭的危险。魏惠王希望公叔痤赶紧交代后事。公叔痤作为魏国的二把手，遗言绝不会像普通人一样无关紧要，他死前说的每一句话，都将关乎魏国未来的国运。

魏惠王严肃地问公叔痤：“相国，您如有不测，我们魏国的江山社稷将怎么办？”

公叔痤没有思索，用尽最后的力气回答：“国君，我是一个将死之人。鸟之将死，其言也哀；人之将死，其言也善。我有一个中庶子（侍从之臣，相当于秘书）叫公孙鞅，虽然很年轻，却是一个不世出的能人，希望国君把国家交给他来治理。”

魏惠王听完相当无语，他心想：“公叔痤让我把国家交给公孙鞅治理，分明是建议公孙鞅来接任下一任相国。可是我连公孙鞅长什么样都不知道，让我把国家交给这样一个完全不认识的人，这不是瞎胡闹吗？公叔痤是不是病久了，糊涂了？”

公叔痤见魏惠王默不作声，用劲挥了挥手。周边的人知趣地离开了，屋内只剩公叔痤与魏惠王两人。

公叔痤伸出微颤的双手一把握住魏惠王的手："国君，不用公孙鞅也可以，可是您一定要杀了他，决不能让他离开魏国！"

魏惠王敷衍地说道："好的，相国放心，您交代的事，我一定记在心上！"

公叔痤放下手，长舒了一口气，躺了下去。随后，魏惠王离开了相国府。

路上魏惠王对左右随从不屑地说道："相国老糊涂了，临死前想让我把国家交给一个从未谋面的人来治理。公孙鞅也就是一个小官，如果真有才能，早就干出一番政绩被提拔上来了，现在怎么还会只是个中庶子？"

没几天，公叔痤就死了，魏惠王也忘了老相国的临终遗言，一直被蒙在鼓里的公孙鞅侥幸躲过了一死。

讲到这里，笔者要替魏惠王说句公道话。魏惠王作为一名国君，也是求贤若渴，后来与他搭档的相国惠施也是一个贤明的人。可是公叔痤要国君让公孙鞅从中庶子一步坐到相国的位子上，放到现在，相当于让一个科员秘书一下子升到国家总理，这太激进了。

魏文侯时期的名相李悝与战神吴起也都是通过政绩一步步升上去的，在魏国还从来没有一步登天的情况出现。换作我们大多数人，也会觉得公叔痤这是病得不轻。

既然公孙鞅在公叔痤眼中是一个举世无双的人才，那为何他到现在还只是相国身边的秘书呢？这是因为公叔痤自己就是一个嫉妒心极强的人，他从见到公孙鞅的第一刻起，就没打算让公孙鞅出头。

公孙鞅是姬姓，卫国人，所以又叫卫鞅。他祖上是国君与姬妾生的公子，虽然是庶出，好歹也与国君沾点亲。但是再亲的血缘关系也会随着时间的流逝而淡漠，到了卫鞅这一代，他们家已经成了没落贵族。

卫国是个巴掌大的小国，就业市场不景气，工资待遇不高。为了混口饭吃，公孙鞅师从学术大师尸佼。尸佼是杂家，是个融合了各家学派思想的集大成者，被后世尊称为尸子。

公孙鞅学成之后，选择前往魏国就业。因为魏国是当时天下最强大的国家，只要是人才，就可以在魏国高薪就业。

公元前 365 年，年轻的公孙鞅打起背包，前往魏国找工作。从他踏上仕途的那一刻起，他就注定要成为打破天下格局的狠人。

来到魏国，公孙鞅接触了先进的法家思想，于是决定在就业之前先来个充电学习。在治国思想上，他向李悝学习；在治军思想上，他向吴起学习。在自我提升之后，公孙鞅才开始投简历。

没想到，作为职场小白，公孙鞅竟然被相国公叔痤看中，招为自己的中庶子。公孙鞅太高兴了，他认为抱上相国这棵大树，以后必定飞黄腾达。

中庶子和后世的幕僚很像，负责给高官打下手，出谋划策。只要干得好，高官厚禄少不了，比如清代的李鸿章就是曾国藩的幕僚，后来也是靠曾国藩的推荐青云直上。

可是公孙鞅万万没想到，他在魏国混到顶也就是个中庶子。

身为相国的公叔痤可谓老奸巨猾，能混到这个位子，必然是有两把刷子的，最起码阅人无数，知道什么人能用，什么人不能用。公叔痤刚开始觉得公孙鞅是个能干的小伙子，做自己的秘书，可以帮自己起草文件，写份报告。可是在公孙鞅给自己打下手期间，公叔痤发现他竟然有很多见解远超自己，这个小伙子竟然要比自己高好几个维度。

公叔痤心想："公孙鞅还年轻，如果让他成长起来，日后必会对我的相国之位造成威胁。我一定要死死地按住他，让他为我所用。等我死后，再让他为魏国效力吧！"

每当公孙鞅为自己拟好文件，公叔痤都会大加赞赏地说："日后我一定大力提拔你。"然而，公孙鞅在公叔痤身边无论怎么任劳任怨，一直也没有得到提拔。

不过，虽然公孙鞅的仕途怎么也看不到出路，但是他每天在相国身边办公，接触的都是国家重大决策。很多重要的文件报告都经过他的手，这为他积累了珍贵的政治经验。

终于有一天，相国死了，可公孙鞅也失业了。人总得赚钱吃饭，自己接下来该去哪里呢？公孙鞅为失业的事情愁眉苦脸，哪里知道自己竟然躲过了一场死亡陷阱。

这时候，他从别人那里看到了一份来自秦国的招聘广告。

改变历史的面试

对于如今的职场人来说，招聘广告是很常见的，可是在战国时期，都是人才去国君那里寻找工作，从没听说过国君主动放下身段来招人。秦孝公发布的这则招聘广告被全天下广泛传抄，所有人都想看看秦君是如何招人的。发布这份招聘广告的秦孝公也成为中国历史上第一位发布招聘广告的人。

秦孝公是秦献公的儿子，名渠梁，于公元前 361 年继位，时年 21 岁。秦孝公继承了父亲的遗志，誓要扩大秦国版图，打败死敌魏国，入主中原。

秦孝公明白，国与国之间的竞争，说到底就是人才之间的较量。秦国虽然经过秦献公的大力改革，还是很难甩掉“位置偏”“经济穷”的旧帽子。纵使废除了人殉这一陋俗，可在其他诸侯国人眼中，秦人依旧和野蛮人没啥区别。

为了改变天下人对秦国的偏见，秦孝公在招聘广告的文案上下足了功夫。他的招聘广告就叫《求贤令》！

好的招聘广告一般包含三个基本要素：招聘的企业很厉害，企业急需什么样的人才，一经录用待遇从优。秦孝公的《求贤令》正包含了这三个基本要素。

企业介绍：“昔我缪公[①]自歧雍之间，修德行武。东平晋乱，以河为界。西霸戎翟，广地千里。天子致伯，诸侯毕贺，为后世开业，甚光美。”

意思是：想当年，我们秦穆公在岐山与雍地励精图治，向东平定了晋国内乱，并以黄河划定秦晋两国边境。秦国在西方的戎翟前称霸，沃野千里。周天子都派人向秦穆公表示祝贺，秦穆公为后世子孙开辟了基业，实在是太伟大了。

这段话告诉应聘者，秦国过去是一个非常厉害的大企业，曾出过明星企业家

---

① 通假字，即“穆公”。

秦穆公。他曾经帮助东边的晋国企业重组，还把想侵占秦国市场的蛮夷赶跑了。周天子都给他点赞。

企业经营现状：“会往者厉、躁、简公、出子之不宁，国家内忧，未遑外事，三晋攻夺我先君河西地，诸侯卑秦，丑莫大焉。献公即位，镇抚边境，徙治栎阳，且欲东伐，复缪公之故地，修缪公之政令。”

意思是：秦国历经了四代乱政，国家处在内忧外患之中，三晋趁机攻占我们先君的河西之地，诸侯们都看不起我们秦国，秦人丢人丢到家了。我老爹秦献公继位后，平定了边境的战乱，迁都至栎阳，而且想要向东征讨，收服秦穆公时期的故地，恢复秦穆公时的辉煌。

人们看了这段话，也知道秦孝公是个实在人，没有忽悠应聘者，而是讲出了企业现在存在的经营困难，强调秦国现在正是急需人才的时候。

职位描述与待遇福利：“寡人思念先君之意，常痛于心。宾客群臣有能出奇计强秦者，吾且尊官，与之分土。”

意思是：作为秦国国君，一想到老爹的遗愿我就感到心痛。只要谁有办法能让秦国再次崛起，要官给官，要地给地！

公孙鞅看完秦孝公的招聘广告之后，感受到了秦国对人才的极度渴望。既然魏国混不下去了，那就去秦国吧。

于是，公孙鞅把自己偶像李悝的《法经》背在身上，踏上了前往秦国的旅途。

战国时代很适合一个人自由行，那时没有护照，没有海关，想去哪里去哪里。你可以追逐想要的一切，仕途、诗歌、学术，它们都在远方等着你。

年轻的公孙鞅从大梁一路向西，穿过崤函道，越过渭水，来到了秦国的新都栎阳。

公孙鞅到了秦都之后开始犯难了。现在人们找工作，可以在招聘网站上找到人事经理的电子邮箱，可是秦孝公作为中国历史上第一个发招聘广告的人，当时还没有经验，竟然没在招聘广告上说明应聘者到了秦国该找谁。

公孙鞅毕竟是在相国身边混过的人，知道直接进宫找秦孝公面试肯定不可能，估计还没进门就被卫兵当成刺客乱刀砍死了。那该找谁呢？

想来想去，公孙鞅打算去找景监。史书对于景监没有详细的记载，但可以看出，他有一项别人无法企及的能力，那就是看人极准。如果后来不是他几次态度坚决地向秦孝公推荐公孙鞅，秦国就会失去重整山河的机会。

当时，景监作为秦孝公身边的宠臣，与国君的关系非常密切。只要能获得景监的推荐，想见秦孝公也不难。

公孙鞅敲开景监家的大门后，下人向景监禀报说一位从魏国来的求职者求见。景监很客气地亲自接见了公孙鞅。

两人相谈甚欢，景监觉得公孙鞅正是秦国急需的人才，就向国君引荐。秦国董事长秦孝公也从百忙之中抽出空来，亲自面试公孙鞅是否有才。

面试最常见的对话内容，无外乎自我介绍、才能展示和薪水期望。秦孝公求贤如渴，直截了当地问公孙鞅有什么才能。

“我可以帮助国君治国理政！”公孙鞅恭敬地回答道。

“那你就给我详细地说说吧。”秦孝公立马挺直了身子，侧耳倾听公孙鞅的高见。在秦孝公眼里，人家毕竟是在中原见过世面的，一定有很深刻的见解。他原本以为这将会是一场充满鸡血的激情演讲，结果万万没想到的是，公孙鞅硬生生把他讲睡着了。

公孙鞅师从尸子，对各家学派都有所涉猎，在魏国也干过相国秘书，通晓法家奥义。不过虽然他肚里面的货很多，但作为一名求职者，他并不知道老板的战略目标是什么。秦孝公到底想成为一个什么样的君主，是想成为尧舜一样的仁君，还是想成为杀伐决断的霸王？

为保险起见，先从大道理开始讲。于是公孙鞅对秦孝公进行流水账似的演讲，说治理好一个国家要讲帝道，从三皇五帝开始讲到当今。他还告诉秦孝公，要管理好一个国家，就要学习古代的尧舜，光靠打打杀杀是不对的。

当公孙鞅讲完，秦孝公也睡醒了。他原本想找一个可以帮助自己成就一番霸业的人才，没想到此人讲的都是把人耳朵磨出老茧的大道理，这些道理秦孝公从小听到大，不想再听了。听公孙鞅演讲，唯一的好处就是治好了自己因为发愤图强而引发的失眠焦虑。

睡醒后的秦孝公带着起床气瞪了一眼公孙鞅，然后拂袖而去，找景监开骂：“你给我找的是什么人啊！一上来就跟我谈三皇五帝，跟我说上古帝王治国之策。上古帝王死了多少年啦，他们能让敌国不侵略秦国吗，能让魏国吐出侵占秦国的土地吗？”

景监要不是与秦孝公关系不错，搞不好就会被暴打一顿。

然而景监是个一心为国的人，他知道公孙鞅是个难得的人才，只是秦孝公与公孙鞅在谈话时没有在同一频道，才会让局面变成你讲你的、我睡我的。

既然如此那就再试一次吧，景监厚着脸皮央求秦孝公再给公孙鞅一次机会。

看在朋友的面子上，秦孝公再次召见公孙鞅。

公孙鞅也对自己第一次面试所讲的内容进行了深刻反思。俗话说，萝卜青菜各有所爱，既然国君不喜欢帝道，那我讲王道。

秦孝公对公孙鞅进行了第二次面试。公孙鞅就说国君应讲道德树仁义，用王道才能治理好天下。没想到这次秦孝公又睡着了，并且睡得更香，呼噜都打起来了。

公孙鞅看着被自己连续催眠的国君，恨不得找根柱子撞死算了。连续面试两次都失败了，公孙鞅心灰意冷，打算离开秦国。景监拉住公孙鞅的手，说道：“既然国君不喜欢帝道和王道，那你就向他讲述魏国内部是如何运行的，是如何征战的，是如何制霸中原的！”

这句话点醒了公孙鞅：原来秦孝公要的是霸道。

“霸道”一词听起来就很酷，不仅让人感到一股强大的气场，更是符合大国雄霸天下的气质。虽然霸道里面藏着蛮横、不讲理的元素，不如帝道、王道光明磊落，但是它符合弱肉强食的国际政治丛林法则，更与人类好斗的基因相契合。

公孙鞅知道这将是最后一场面试，如果不成功，不光自己要从秦国滚蛋，引荐自己的景监也要跟着倒霉。

进入宫内，公孙鞅看着对自己翻白眼的秦孝公，鼓足勇气，把自己在魏国的办公经验全部倒了出来，比如如何奖励军功，怎样提高粮食产量，面对刑事案件如何审判。说直白点，就是告诉秦孝公国家需要通过变法来做大做强，去抢占别国领土。

秦孝公越听越起劲，从原先翻着白眼，到后来眼睛瞪得像铜铃一样大，并且不由自主地靠近公孙鞅。

公孙鞅看见国君终于与自己有互动了，很是高兴。只要国君愿意听，我就往深里讲。就这样，公孙鞅一直讲到深夜，秦孝公听得不时鼓掌，有时还会提出自己疑惑的问题。

最后，两个年轻人终于熬不住了，只得各自回去睡觉。之后，秦孝公连续几天拉着公孙鞅聊。在两人的交谈中，新旧思想展开了大碰撞，碰撞出来的火花见证了两个年轻人的友谊，他们在以后的岁月中，既是君臣，也是朋友，更像师徒。

秦孝公虽然想当一个霸道国君，但是他对人还是很宽厚的。作为一个国君，竟然在百忙之中抽空连续三次面试公孙鞅，并且每次还不厌其烦地听了下去，这简直是百年难得一遇的好老板。明朝开国皇帝朱元璋在听一位大臣做报告时，因为嫌大臣写得太多太啰唆，当场把大臣裤子脱掉打板子，这招被称为“廷杖”。公孙鞅要是遇到朱元璋，估计要被活活打死。

对于公孙鞅来说，能遇到懂自己的国君，那是几辈子修来的福分。既然你百分百信任我，那么我将以死相报。正是因为遇上了明主秦孝公，小科员公孙鞅也就成了赫赫有名的商鞅。

不过秦孝公现在还不需要商鞅以死相报，他需要的是借商鞅的三寸不烂之舌，去与那些反对变法的保守派进行论战。

舌战守旧派

魏国变法有一条内容让秦国权贵恨得咬牙切齿，那就是废除世卿世禄。虽然秦孝公的老爹秦献公也做了一些简单的改革，却只能算是为变法试水，并未涉及变法的深水区。

秦孝公想在秦国推行魏国的变法，可是国内阻力比较大。历史上，每次变法都要动一部分人手里的蛋糕，权贵垄断社会巨额的财富，往往是最害怕自己的蛋糕被动的。

只有把蛋糕从权贵手中抢过来，分给更多愿意为秦国奉献的人，才能让秦国有再次崛起的原动力。

每当社会发生大变革，新旧思想都会展开一场大论战。保守派始终把旧思想当作亘古不变的真理来守护，而维新派将用变法这一霹雳手段去打破旧世界的枷锁，让人看清楚前方的道路。

俗话说，真理越辩越明。

为了让全体国人知道变法是秦国的唯一出路，秦孝公为商鞅挑好了论战的地点与对手，让商鞅去把他们全部辩倒。

论战其实和约架差不多，只不过将拳头变成了论点与论据而已。为了自己，为了国君，为了秦国，商鞅答应了论战。此时的他并未有一官半职，可他知道，如果论战胜利，自己将成为秦国变法的实施者，一人之下万人之上。

影响秦国乃至战国历史进程的论战正式开始。

论战就在朝堂上进行，里面坐满了秦国的满朝文武。秦孝公端坐在朝堂的宝座上，担任辩论赛的主持人。

商鞅来到朝堂下，一步一步向上走去。在此之前，他还仅仅是魏国一个微不足道的科员，现在他竟然步入了秦国的朝堂。迎战商鞅的两位辩手分别叫甘龙、杜挚，是秦国权贵的代表。

秦孝公见辩论双方入席，于是公布了辩题："秦国是否需要变法？"

商鞅作为正方辩手，主张变法。

甘龙、杜挚作为反方辩手，反对变法。

商鞅首先说道："做大事者，不能犹豫不决，否则会抓不住稍纵即逝的良机。天下各国都开始轰轰烈烈地搞变法运动，秦国必须赶上这趟快车，否则就有掉队的危险。"

这话一出，在场官员中有很多都表示同意。

商鞅接着说："国君应该下定变法的决心，不要在乎守旧势力的批评。具有远见的人一向会被世俗非议，有独到见解的人很容易遭人嘲笑。愚昧的人在事成之后都不知道自己是如何成功的，而那些具有真知灼见的人却能发现问题的本质。所以同愚昧的百姓讲治国方针是行不通的，要想管理好百姓使秦国富强，必须通过新法来实现。”

商鞅的陈词高屋建瓴，他告诉在场的所有人，变法是由具有远见的精英领导的改革运动，即使有阻力，也必须将新法推行下去。

在场的不少大臣已经被商鞅“圈粉”了。

甘龙在商鞅陈述完之后展开了反击：“我们秦人遵守的旧制是老祖宗传下来的，祖宗之法不能变！圣人不会去改变百姓的生活习俗，聪明的执政者不会通过改变旧有的法度来治理国家。官员也习惯用旧有的法度来管理国家，一下子要来个大刀阔斧的变法，国家与百姓经不起折腾！”

商鞅听完后不屑地说道：“您说的话，都是世俗的言论！夏、商、周三代每一代制度都不同，却都能统治天下。春秋五霸各自国情也不一样，却都能称霸于天下。贤能的人可以创制法度，愚蠢的人只能被旧制束缚。因循守旧的国家，只会自取灭亡！”

在场的很多官员听到商鞅的这段话，再想想秦国在战国初年被魏国揍得满地找牙的窘况，从心理上都认为商鞅讲到了秦国的痛点。

此时反方的二辩杜挚站出来驳斥道：“一个人用工具久了，已经习惯了这个工具，那就不要轻易去换掉，除非新工具能提高十倍的工作效率。同样，除非你能给国家带来百倍的经济利益，否则就没必要去动原来的法度。旧的法度虽然旧，但是运行了数百年也没有出过差错。随意更改法度，搞不好会引起国内大乱！”

杜挚说的也不无道理。变法如同对一个久病在床的人进行一场大手术，搞不好在手术过程中病人就死了。比如西汉末年的王莽建立新朝后大刀阔斧地进行变法，初衷是好的，可到最后搞得天下大乱，自己也落个死无全尸。所以很多医生针对重病卧床的人都会选择保守治疗。

商鞅反驳道：“国家应该根据实际情况，顺应时代需求来制定法度，就像士兵身上穿的铠甲和手里拿的兵器，在设计、制造时都要以方便士兵使用为目的。

比如商朝的开国国君成汤、周朝的开国国君周武王，他们称王于天下，也没有遵循古代的法度。夏朝与商朝的灭亡，也不是因为他们更改旧的法度而引起的。只要新法能让秦国变强，那就值得推行。”

商鞅的话刚说完，坐在宝座上的秦孝公就兴奋地高喊道：“好！”

从国君嘴里喊出的“好”字，标志着商鞅在辩论赛中大获全胜。秦孝公的喊声如同一个滔天巨浪从宝座向四周扩散，撞击着在场的每个人的内心。

朝堂上的有识之士立刻明白秦孝公要任用商鞅主持变法，于是他们都鼓起掌来。这掌声不仅是送给商鞅和国君的，更是送给未来的大秦帝国的。

然而，也有很多人不鼓掌。甘龙与杜挚面如死灰，以他俩为首的保守派，在今后的岁月里，再也不能混吃等死，他们无时无刻不想把商鞅碎尸万段。但商鞅没有给保守派任何反击的机会，他让所有人知道了变法对秦国的益处。

公元前 359 年，秦孝公正式下诏，封商鞅为客卿，一场以魏国变法为蓝本的秦国变法即将轰轰烈烈地开始。

商鞅从一个名不见经传的小人物，完成了普通人逆袭的壮举，成功地晋级为秦国的风云人物，一步登天。

春风得意的商鞅，开始在秦国这片广阔的天地上，施展自己的惊世才华。

柒

秦国崛起

徙木立信

很多人以为，商鞅在结束与保守派大臣的舌战后，就会马上开始变法。可是三年过去了，全国人民等得花儿都谢了，也没见到新法的颁布。

其实商鞅并没闲着。他一直在秦国做调研，好根据秦国的实际情况起草新法。这就像医生给病人看病，要具体问题具体分析，根据实际病情用药。

三年后，商鞅在起草好一系列新法文件的同时，被秦孝公提拔为左庶长。秦国有四种庶长，分别是大庶长、左庶长、右庶长、驷车庶长，这四种庶长既是官职也是爵位，算是高级官员。除了左庶长，其他三种庶长必须由王公贵族担任。

可就在新法即将颁布时，商鞅又觉得有些不妥，因为他发现秦国百姓与魏国百姓是有区别的。

春秋末期，晋国的赵鞅把刑书条文铸刻在铁鼎上公示，晋国大夫在自家封地上大搞土地改革。魏国是晋国分裂出来的国家，到了战国时期又经历过一次李悝变法，所以魏国老百姓相当于接受了长达百年的法制教育。

然而秦国却是另一番景象。由于长期处在天下的边缘地带，远离中原核心文明区，秦人长期不与外界交流，外界也不屑与秦人交流，愚昧成为秦人撕不掉的标签。秦国过去管理国家的终极奥义就是人殉，虽然人殉被废除了，可是秦人几乎都是法盲。怎样才能让他们相信法律的公信力，从而遵守国家的法律呢?

聪明的商鞅想出了一个好办法。

商鞅派人在国都的南门立下一根三丈长的大木杆，并当场宣布，凡是能将这根大木杆搬到北门的，就赏十镒黄金。

大木杆周边围了里三层外三层的人，都是来看热闹的。没有人相信搬一根木杆就能赚十镒黄金，很多人甚至一辈子都没见过这么多钱。老百姓不信任政府，怕其中有诈，没有一个人愿意出来搬大木杆。

商鞅于是说："我宣布将赏金提高到五十镒黄金！"

周围的百姓像开水一样沸腾了起来，突然一位壮汉从人群里冲了出来，扛起大木杆大步流星地向北门奔了过去。

商鞅与围观的人群跟随着壮汉的脚步，来到了北门。壮汉到了北门后，将大木杆扔下，顾不及擦汗就气喘吁吁地向商鞅说了一个字："钱！"

"给你！"

说完，商鞅给了壮汉五十镒黄金。壮汉高兴得手舞足蹈，跟中了彩票大奖一样，果然是大力出奇迹。

这件事在秦国广泛传播，为秦国政府赢得了巨大的公信力。商鞅让百姓明白了只要听从政府的号令，肯努力干活，就会得到奖励。

当政府树立公信力后，商鞅就要在秦国颁布新法了。

超越时空的法律

很多人以为，商鞅变法就是一下子颁布很多新法，立马让秦国脱胎换骨。

但从上一章我们可以看出，商鞅是一个很讲逻辑的人。他与秦孝公的谈话，是按照帝道、王道、霸道的顺序，从古至今，给了国君三种选择方案。不管对方愿不愿意听，商鞅都是按照这个逻辑顺序讲下去。好在秦孝公是一个很有耐心的人，最终还是听完了。

商鞅在魏国相国公叔痤身边干了多年秘书，知道强大的魏国是如何运行的。他身上还携带着偶像李悝的《法经》，《法经》对于他来说是一本宝书，每天睡前都要看，里面的内容都深深地印在了他的脑海里。

将魏国变法的模式直接套用在秦国，可行吗？每晚，商鞅在睡前放下《法经》时都要问一下自己。

如果直接套用，是很方便，而且不需要费脑子、花精力。可是变法是对秦国这个重病缠身的病人进行康复治疗，治疗的过程必须循序渐进，绝不能指望一下子就治好。如果急于求成，搞不好变法就如同虎狼之药，让虚弱的病人一命呜呼。所以，商鞅对魏国变法在秦国的施行进行了优化升级。

首先要明确秦国变法的目的是什么。秦国变法的目的很简单，就是要让自己变强，具有能把对手吃掉的能力。在彪悍的秦人眼中，高尚的理想并不能当饭吃，只有粮食、土地、财富才是实实在在看得见摸得着的。

目的明确后，就要开始着手实施。饭要一口一口吃，路要一步一步走，商鞅前后进行了两次变法。

公元前359年，商鞅颁布了首道法令——《垦草令》。这道法令的核心就是要老百姓多开垦荒地。为了保证粮食产量，全社会都要围着农业转。

老百姓只要愿意开垦荒地，国家就不会亏待你，不会对你横征暴敛，会根据你的实际收成来征税；管理农林水利的官员，工作绝不能懈怠，不允许拖延公务，整个政府机构要高效运转起来；老百姓禁止随意搬家，否则人跑了，国家找谁开荒种地，找谁收税啊？此外，商鞅还要让老百姓愚昧无知，这样老百姓心眼少，便于管理与控制；最后一条，就是老生常谈的抑制商业。商鞅认为商人只会投机倒把，他们倒卖粮食，控制粮食价格，不利于国家稳定。

稳定农业生产之后，商鞅开展了全国人口普查工作。

人口普查工作在现在看来很常见，每个公民的信息在政府的系统里都有记录，只要在电脑上一查，就能知道该地有多少人，男女老少各有多少。可是在古代，想查清全国的人口绝非一件简单的事，这其实是要用人力收集大数据，工作量极其巨大。

商鞅是一个逻辑性极强的人，他善于推理，知道事物的发展都是一环套一环，这一环没衔接好，下一环就接不上来。手中没有秦国人口的大数据，就不能调动整个国家的人力资源。所以，哪怕人口普查工作再苦再累，也得义无反顾地推行下去。

于是秦国基层的官吏带着满腔热情投入到人口普查事业中。他们走家串户，每走进一户人家里，都会仔细登记该户人口。同时，他们也会严肃地向老百姓做起普法教育：五家为一伍，十家为一什，如果一伍里有一家犯罪，其余四家都要连坐。不想连坐可以向官府打小报告，就算检举有功。外地人到家里借宿必须有凭证，收留没有凭证的人住宿也要坐牢。

为了减轻官府的工作量，老百姓以“伍”“什”为单位，从伍里选一位当伍老，再从什里选一位当里典。伍老和里典负责管理老百姓，类似于小区居民楼里的楼长。

当人口普查完成后，商鞅手里就掌握了秦国各地人口的大数据。只要知道哪个地方住了几户，家里有几口人，国家征兵与征粮就方便了。

商鞅知道恨他的人数不胜数，可他没有时间去理睬。他以大无畏的精神，颁布了影响中国的律法——《秦律》！

虽然后来秦朝灭亡了，但是它的律法没有亡。

汉朝一直批判秦朝是亡于暴政，《秦律》也被泼脏水，被说成是严刑峻法，是暴君迫害百姓的利器。然而汉朝一边骂秦朝，一边却继承了秦朝的衣钵，将《秦律》换个封面，改些内容，变成了《汉律》。《秦律》对于汉朝来说，就像是一块臭豆腐，闻着臭，吃着那可真香啊！

商鞅变法为律，将李悝的《法经》变成了《秦律》，《法经》六篇变成了《秦律》六律，分别是盗律、贼律、囚律、捕律、杂律、具律。商鞅并不是对着李悝的《法经》直接照抄，而是继承了李悝依法治国的理想，并根据秦国的实际情况做出了修改。

后世很多人以为《秦律》里面只有六种律法，而1975年湖北省云梦县出土的震惊中外的睡虎地竹简推翻了人们这一认知。这批珍贵的竹简编写于秦王嬴政灭六国时期，其中《秦律》的内容涉及农业、库管、货币、贸易、徭役、吏治、爵位等，多达十八种律法。

由此可知，在商鞅死后，后来的继任者仍在不停地扩充《秦律》，其细致程度丝毫不弱于现在的法律条文。

《秦律》非常严苛，哪怕犯的是轻罪也会被施以重刑。之所以这么规定，是为了对社会起警示作用。商鞅还专门用一句话来解释：“行刑，重其轻者，轻者不生，则重者无从至矣，此谓治之于其治也。”意思是，执行刑罚，对轻罪也要重罚，这样就没有人敢犯轻罪，重罪就更没有人敢去触碰了。

在秦国，偷盗牛马的人会被直接处以死刑。五个人偷窃，赃物达到一定数额，就要被砍去左脚，还要在脸上刺字，送到工地上修四年城墙。把灰倒在马路上的，脸上也要被刺字。邻居中有犯罪分子，而自己没有向政府告发，要被腰斩。

“轻罪重刑”是《秦律》的特色之一，而更让人毛骨悚然的就是刑罚的种类。现在犯罪分子受到法律的惩处，大多是被判监禁，最惨的就是死刑。而《秦律》里惩处犯人所用的刑罚，不得不让人怀疑商鞅是从十八层地狱里爬出来的，所以他设置的每一种酷刑都像是为恶鬼准备的。什么绞死、砍脚、割鼻子、脸上刺字，阉割都算轻的。严重的比如车裂、腰斩、戮（杀死后陈尸示众）、枭首（砍掉脑袋示众）、破腹、囊扑（装入袋中打死）、烹（下锅烹了）等，听着就让人浑身起鸡皮疙瘩，太恐怖了！

《秦律》的颁布让秦国百姓神经紧张。他们知道只要触犯法律，哪怕是轻罪，都有可能被商鞅送上西天。因为不想受刑罚，秦国老百姓全都小心谨慎，走在大街上都疑神疑鬼，生怕自己犯法。《秦律》施行之后，秦国国泰民安，路不拾遗，夜不闭户。

商鞅的《秦律》之所以能大获成功，不光是酷刑对社会起到了震慑作用，更重要的是商鞅看穿了乱世中的人性。

小孩启蒙时背的《三字经》，开篇第一句就是“人之初，性本善”。所以性善论从小就牢固地扎根在我们心中。然而有阴就有阳，有性善论就有性恶论。《圣经》故事里，亚当与夏娃偷吃了禁果，被上帝逐出伊甸园。亚当、夏娃是人类的祖先，所以人类继承了这一罪恶，被称为“原罪”。在西方的教堂里，经常会有人向上帝忏悔自己的罪过。而在东方，战国后期的荀子也提出了性恶论。

作为法家的代表人物之一，商鞅也发现了人性之中有剔除不了的恶。他用一句话来解释自己眼中的性恶论：“民之性：饥而求食，劳而求佚，苦则索乐，辱则求荣，此民之情也。民之求利，失礼之法；求名，失性之常。”意思是，人的本性就是饿了就会找吃的，累了就要休息，痛苦时想寻找快乐，屈辱时想追求荣誉，这是人之常情。人在追寻利益时，会不管礼法；在追求名声时，会失去人性。

人在追逐利益时，往往会暴露出人性中最阴暗的一面。要想遏制住恶，维护社会的秩序，就必须用严酷的刑罚。

严刑峻法也不光是为了遏制人们心中的恶，更重要的是方便管理国民，因为秦人可不是安分守己的良民。战国后期，荀子曾经到过秦国，他是这样评价自己眼中的秦人的："以秦人从情性，安恣孳，慢于礼义故也。"意思是，秦人的性格纵情任性，肆意妄为，傲慢无礼。

荀子到秦国访问时，距离商鞅变法已经过了几十年，而秦人仍然活得很随意，这样的人组成的军队怎么能上战场呢？当年，吴起就是利用秦人缺乏组织性与纪律性的弱点，多次大败秦军。

所谓有红灯的约束才有绿灯的自由。面对生性如此随意的秦人，商鞅就必须采用严刑酷法来管教他们，才能打造一支令人生畏的虎狼之师。

虽然《秦律》甩不掉严刑酷法的帽子，但是它的很多核心价值观却是超越时空的。对现代人来说，公平与正义的理念是理所当然的，可是在古代，谁提出这一观念，无异于掀起惊涛骇浪，而《秦律》就是公平与正义的化身，它比李悝的《法经》更进步。

"刑无等级，自卿相将军以至大夫庶人，有不从王令、犯国禁、乱上制者，罪死不赦。"意思是，在刑罚面前人人平等，无论卿相、将军、大夫、百姓，凡是有不听从国君颁布的法令的，一律杀无赦！

这句话等于法家告诉世人，就算天王老子犯了法，也得法办。商鞅还真的就这么干了，他在秦国杀的犯罪的贵族数不胜数，就连太子的老师也难逃商鞅的手掌。

《秦律》还含有罪刑法定这一现代法律的重要原则。

什么是罪刑法定呢？就是法无明文规定不为罪，法无明文规定不处罚。举个例子，一个人总喜欢光着膀子在大街上走，假设有一条法律说光着膀子上街违法，那么这个人将受到制裁；如果没有这样一条法律条文，那么虽然这种行为不文明，但这个人不违法。

一个人是否犯法，要看法律条文里是否有明文规定。过去，国家的法律都被贵族藏了起来，老百姓是否犯罪全凭贵族一张嘴，他说你有罪你就有罪。老百姓活在恐慌之中，只能顺从贵族的意志。

然而《秦律》的公布起到了普法作用，老百姓现在明白自己做的哪些事是合法的，哪些事是非法的，真正学到了法律知识，就不会再受到贵族的要挟。

后世很多君王为了自己的专制统治，经常会违背罪刑法定的原则。南宋时，宋高宗实在找不到岳飞的罪名，就用“莫须有”的罪名来处死他。明代的皇帝看大臣不顺眼，直接扒了大臣裤子，廷杖伺候。他们想抓人，也完全可以绕过法律，直接让锦衣卫把人关在诏狱里。

《秦律》的确有其先进的一面，不过商鞅在推广《秦律》的初期还干了一件影响极其恶劣的事，那就是烧书。烧书并不是秦始皇首创，他祖先秦孝公就已经这么干了。

烧书不是什么书都烧，而是烧儒家的经典书籍《书》《诗》。《书》就是后世常说的《尚书》，里面讲述的都是上古帝王的故事，《诗》主要是战国前的诗篇。儒家经常会借古言今，这是商鞅不能容忍的。在他看来，儒家学者因循守旧，只会自取灭亡，大胆创新才是正道！

二十级爵位制

不管烧书对不对，《秦律》的颁布让秦国脱胎换骨，不过在商鞅看来这还不够。秦国要想在乱世之中活到最后，必须变成一台永不停歇的战争机器。于是商鞅又祭出一项彻底改变秦国并影响至汉朝的重大制度——二十级爵位制。

只要户籍在秦国，无论你是百姓还是贵族，都必须参加二十级爵位评定。它是一种军功授爵制度，根据秦人在战争中获得的军功大小来授予相应的爵位。

商鞅的二十级爵位制，其实是以三晋军功授爵为蓝本，再加以改良。之前，魏国的魏武卒是军功授爵实施的最佳范本，可惜魏武卒人太少，没能做到全民普惠的水平。而商鞅的二十级爵位制，真正实现了全民普惠。商鞅把参军、授爵、福利、待遇捆绑在一起，让老百姓感到自己与国家心连心、共命运。

商鞅的二十级爵位制是一个非常厉害的激励制度，很多现代企业都想不出更好的员工激励制度。这个制度颁布后，秦国上下反响热烈，尤其是底层老百姓积极性最高。他们都想通过上战场立军功来获得更多的土地，住更大的房子，带父母妻儿过上好点的生活。

同时，影响秦国内部团结稳定的邑斗现象也不见了踪影。

所谓邑斗，就是秦人传统的打架文化。两个城邑之间的居民因为利益之争，经常会抄起家伙火并。参与斗殴的人数之多，规模之大，往往连官府都管不了。虽然国家明文禁止邑斗，可是总不能把整个城邑的老百姓都判刑吧?

二十级爵位制实行后，秦国老百姓就把旺盛的打架精力转移到了对外扩张上。打死自己国人算不上好汉，有本事上战场多砍几个敌人的人头啊！于是，一到打仗全国上下就跟过年一样开心。

战场上，秦军就像从地狱里爬出来的魔鬼，见到敌人就像看见黄金一样激动。有的秦军士兵打到兴奋时，甚至直接脱了盔甲，左手拎着人头，右胳膊夹着一个俘虏，然后继续拼命往前冲。

二十级爵位制的实施，重新定义了“秦人”的概念。从此以后，已经没有严格意义上的秦人。无论哪国人，只要获得秦国二十级爵位，就会被当作秦人。这也让外国很多有才华的人也被吸引过来为秦国出力，帮助秦国攻打自己曾经的祖国，而不会有愧疚感。

对于老百姓来说，二十级爵位制既是上升体系，更是福利体系，土地、住房都捆绑到了一起。土地是有限的，老百姓想获得更好的生活，就必须不停地发动战争，获得更多的土地。秦国百姓既种田又打仗，打起仗来还特别不要命。

在统一天下后，秦国想把二十级爵位制推行到原来的六国故地。可惜当时已经没仗可打了，这一制度推行的效果极差。处在天下统治地位的仍然是秦人，而六国的贵族、百姓从来没有享受过二十级爵位制的福利，所以他们必然会发动复辟战争。

捌

同门相杀

拯救孙膑计划

在魏国，商鞅的离开造成了巨大损失。而另一个人的到来，加速了魏国悲惨结局的到来，这人就是庞涓。

庞涓与孙膑都是鬼谷子的学生。鬼谷子是战国时的“成功学之神”，教出的四个徒弟庞涓、孙膑、张仪、苏秦，号称“鬼谷四友”，不是将军就是相国。庞涓、孙膑靠赫赫战功闻名四方，张仪、苏秦则担任多个诸侯国的相国，凭借三寸不烂之舌搅动天下格局。

庞涓和孙膑一起学习的时候，关系就跟亲兄弟一样。后来学业结束，庞涓就去魏国找工作了，而孙膑则留在鬼谷子身边继续深造。从此，两人走上不同的命运之路。

魏国如今已没有了魏文侯时代天下英豪慕名而来的包容开放，但在魏惠王的治理下，魏国依然是天下综合实力第一的大国。人往高处走，水往低处流，选择魏国，总是没错的。

庞涓被魏国当作重点人才引进，他凭借自己的才华连续帮助魏国打赢了数次战争，从而平步青云，被魏惠王拜为将军，统管魏国所有武装力量。

就在庞涓处在人生巅峰的时候，他开始居安思危了。庞涓所想的并不是自己应该如何低调处世做人，而是惧怕有人来抢他的荣华富贵。

这世间能让庞涓惧怕的，就是才能比他还强的人。其中一位是他的老师鬼谷子，不过鬼谷子很少在世间露面，所以不会对庞涓造成威胁。另一位就是庞涓的同学孙膑。

当初庞涓离开师父去寻找荣华富贵时，孙膑并没有与他一起走。打个比方，庞涓是一个急于出社会挣钱的本科生，而孙膑这几年一直在鬼谷子门下继续深造，相当于已经读到博士了。等哪天孙膑博士毕业后也去找工作，自己这个本科毕业生还怎么与博士生孙膑抗衡呢？

更可怕的是，孙膑的祖上正是大名鼎鼎的孙武，他的《孙子兵法》可是天下第一兵书。孙膑血液里就有会带兵打仗的基因，再加上鬼谷子传授的谋略，可以说天下无敌。

越往后想，庞涓就越吃不下饭，睡不着觉。怎么办呢？不如把孙膑骗到魏国控制起来，让他哪儿也去不了，这样我不就天下无敌了嘛！

于是庞涓写了邀请书给孙膑，希望他到魏国来，兄弟俩一起开创宏图大业。孙膑在师父身边把该学的都学了，也该出山了，于是怀揣着入职邀请书，满怀希望地来到魏国，投靠自己的老同学。

可他万万没想到的是，现在的庞涓已不是当年那个亲密如兄弟的老同学了。

庞涓热情地招呼了孙膑，给他好吃好喝，还许诺过段时间就把他推荐给魏惠王。孙膑对庞涓万分感激，心想："还是老同学好啊！"

然而孙膑没有等来高官厚禄，却等来了一场灾祸。庞涓作为魏国的将军，想随便安插个罪名陷害孙膑，简直太容易了。有一天，一群士兵突然闯了进来，把孙膑绑走押入大牢。还没有等孙膑反应过来，他的膝盖骨就被挖了下来。这种令人毛骨悚然的刑罚叫膑刑，庞涓特意用这种刑罚对付孙膑，让他没法再行走。

庞涓不光要让孙膑身体落下重度残疾，还要从心理上击垮他。孙膑脸上被刺了字，让他感到莫大的羞辱。无论他走到哪里，大家都会知道，他曾是一个犯人。

孙膑遭受重刑后流落街头，只能在垃圾堆里找吃的，过着猪狗般的生活。

过去情比金坚的兄弟情，在荣华富贵面前，脆弱得就像一枝塑料花一样。

纸毕竟包不住火，鬼谷子的学生惨遭迫害的事还是传了出去。第一个做出反应的是来访的齐国大使。

齐国在春秋时曾是四大国之一。齐桓公在位时，齐国号令天下诸侯，尊王攘夷，显赫一时。到了战国时，齐国老板从吕氏换成了田氏，经过这一折腾，齐国变成二流国家，隔三岔五被魏国攻打。此时的齐国比任何时期都渴望人才，哪怕是别国不要的人才，齐国都愿意用。

听说鬼谷子的学生孙膑在魏国遭到政治迫害，齐国大使很是心痛。鬼谷子的学生、兵圣孙子的后人，这样的宝贝竟然被魏国扔到街头，简直是暴殄天物！于是齐国大使派人在街头到处寻找，终于把孙膑从垃圾堆里捡了出来。

齐人把孙膑带回驻地，给他洗干净身体，换了一身干净衣服，再让他狼吞虎咽地吃了一顿饱饭。接着，齐国大使就与孙膑聊了起来。

交谈之间，齐国大使对孙膑惊为天人，他决定无论外交事务完成与否，现在最要紧的事就是赶紧把孙膑带回齐国。就这样孙膑被齐国大使“打包装箱”，偷运出境了。

孙膑在箱子里细细回想，感觉到了世间险恶。他初入社会就被迫上了一堂惨烈的社会实践课，魏国的这段日子将永远是他的梦魇。孙膑课后反思的结果，就是自己必须在战场上打败庞涓与魏国，才能把自己从那段阴影中解救出来。

随着“哐哐哐”几声敲木板的声音，装孙膑的箱子被撬开了，孙膑明白自己已经到了齐国境内。他用力支撑身子坐起，看着眼前的原野。他明白，自己在这里可以自由地呼吸，再也不用担惊受怕了。

“庞涓，你等着。我要利用齐国的资源，找你复仇！”

田忌赛马

孙膑到了齐国后，被大使送到了将军田忌家中。田忌与齐国国君是亲戚，在国内地位极其显赫。战国时，达官贵人喜欢收留有才华的人给自己当门客，孙膑就被田忌当作门客收留，而且是被像神仙一样供养了起来。孙膑也投桃报李，尽自己的才能帮助田忌，两人从此成为让魏国惊悚的黄金搭档。

当时齐国流行赛马，王公贵族都喜欢赛马赌钱。有一次齐威王与大臣田忌赛马，这就是我们非常熟悉的小学语文课文《田忌赛马》。有必要澄清的是，赛马不是骑马，而是人驾着驷马战车比赛。《史记》里《孙子吴起列传》一篇明确写了孙膑的应对策略“今以君之下驷与彼上驷，取君上驷与彼中驷，取君中驷与彼下驷”，里面的“驷”指的是驷马战车。

很多人以为《田忌赛马》只是一篇小学课文，其实如果你大学学的是数学专业，那么《田忌赛马》也会等着你。到时候它就不再只是一篇文学作品，而是一种复杂的数学运算，属于博弈论的范畴。

我们就来简单讲讲，这则故事里比赛双方是如何博弈的。

赛马规则采用三局两胜制，输的人要支付千金。比赛双方会根据马的速度分成上、中、下三等。齐威王是国家领导人，他的马可以说是全国最好的。田忌虽然是齐国的大人物，但是他的马比国君的要差一些。

比赛的时候，第一局，国君的上等马对田忌的上等马；第二局，国君的中等马对田忌的中等马；第三局，国君的下等马对田忌的下等马。这是多么实在的比赛啊！双方都那么实诚，没有耍心眼。就这样，连续比了三场，田忌的马全部败北，他乖乖支付了千金。

不服输的田忌打算再比第二场。周边围观比赛的达官贵人纷纷下注，全都押国君赢。

陪在田忌身边的孙膑看出了门道，他向田忌提出了自己的意见：想赢国君很简单，只需要调换一下马车的出场顺序。反正国君只认识人，不认识马。

调换后的比赛顺序，第一局，国君的上等马对田忌的下等马；第二局，国君的中等马对田忌的上等马；第三局，国君的下等马对田忌的中等马。于是，第二场比赛中，田忌虽然第一局大败，但是后两局全都赢了。

田忌把之前输的钱全部赢了回来，在场押国君赢的人输了个精光。蒙在鼓里的齐威王非常纳闷，自己的马是全国最好的，怎么会输给田忌呢？

其实这是因为齐威王对田忌临时调换马车出场顺序的情况一无所知，一直处在信息不对等的情况下，田忌反而占据主动。这种情况在博弈论里被称为“非完全信息动态博弈”，如果齐威王知道其中奥妙的话，他也不会输掉比赛。

齐威王好奇地询问田忌是如何翻盘的，于是田忌把孙膑引荐给了齐威王，并隆重介绍，说这是鬼谷子的学生、孙子的后人，领兵打仗的技术那是杠杠的。

齐威王看到这么一个旷世奇才，立马停止娱乐活动，带孙膑前往王宫开始面试。

齐威王一连抛出数个问题，孙膑都能圆满解答。

齐威王："两军旗鼓相当，双方都修筑了坚固的防御工事，谁都不愿意率先攻击，应该怎么办呢？"

孙膑："先派少量的侦察兵，做好肉包子打狗——有去无回的思想准备，侦察敌军部署与实力，找出敌人薄弱环节。"

齐威王："我强敌弱，这仗该怎么打？"

孙膑："可以采用诱敌之计，故意让本方军队散乱，让敌人轻敌。令放松警惕的敌人主动来找我们决战。"

齐威王："敌强我弱，又如何应对呢？"

孙膑："该采用退避战术，避开敌人的兵锋，不要硬碰硬。做好殿后掩护工作，让自己的军队能安全撤离。后退时，手持长兵器的士兵在前，手持短兵器的士兵在后，弓箭手随时应对前来追击的敌人。"

齐威王："敌我双方势均力敌时，我方该怎么办？"

孙膑："要迷惑敌人，让他们兵力分散。我军要抓住战机，给敌人狠狠一击。如果敌人没有分散，我军要耐心等待战机，不要盲目出击！"

齐威王根据战场的不同情况，连续提出了十多个问题，孙膑都能对答如流。齐威王觉得孙膑实在太厉害了，立马拜他为军师，这职位相当于军队的总参谋长。

孙膑与齐威王的谈话被记载在孙膑所著的《孙膑兵法·威王问》一篇中。

先秦之时，稍微有点名气的人，不著书立说都不好意思出门见人。名人相互见面聊起来，自己要是没有代表作，也别在学术圈混了。孙膑作为孙子的后代，军事才能异常突出，不写本兵书，他老祖宗孙子都不答应。

东汉末年，天下大乱，所有人都在忙着相互厮杀抢地盘，这时候谁还有心思去管理图书出版业，于是，孙膑写的《孙膑兵法》绝版了，以至于后世很多人把《孙子兵法》与《孙膑兵法》混为一谈，学术界为此经常相互争论。

1972年，山东省临沂市银雀山挖出了一个轰动世界的西汉墓。这个墓之所以轰动，并不是因为挖出了什么奇珍异宝，而是挖出来很多竹简。这些竹简跨越了两千年，带着它们尘封已久的前世记忆来到了我们面前。

这些竹简里有两本书，一本是《孙子兵法》，另一本是《孙膑兵法》。这一重大考古发现，彻底证明了《孙膑兵法》与《孙子兵法》是两部兵书，使得《孙膑兵法》得以重见天日。孙子与孙膑相距一百多年，可是两者的军事思想却是一脉相承，具有明显的师承关系。

孙膑被齐威王拜为军师后，开始在军事领域搞改革。针对魏国强大的魏武卒，他建立了具有齐国特色的特种兵——齐技击。

擒庞涓

就在孙膑在齐国大刀阔斧地改革时，三晋又开始内讧了。

魏惠王时期的大梁，就像现在作为欧亚非三洲交通枢纽的迪拜，随便设卡收个过河费都能赚得盆满钵满。作为人均GDP排到世界前列的国家，魏国田间到处都是房屋，人口稠密，来往的商旅车马日夜行驶，好像有三军经过一样。

有了巨额的财物，就可以大规模扩军。魏惠王手上拥有二十万甲士、二十万预备役、十万勤杂兵、战车六百乘、骑兵五千人。重兵在手，天下我有。

腰缠万贯，手里还有着大棒，于是在江湖行走多年的魏惠王，也想当一回大哥了。

公元前356年，魏惠王召开会盟，让各诸侯来拜自己当大哥。鲁、宋、卫、韩等几个小国都来拜了码头，这场大会让魏惠王感觉人生到达了高潮，搞不好自己就要成为战国第一霸主。

可惜的是魏惠王生错了年代，战国时，大家已经不玩争霸游戏了，召开会盟就跟聚餐一样，除了吃点好的，没其他意义。你能开会盟，其他人也能开。

就在魏惠王会盟之后不久，赵成侯也开了会盟，与会嘉宾有齐威王、宋桓侯、燕文公，战国七雄一下子聚了三雄。魏惠王的脸彻底挂不住了，他心里知道赵成侯是故意与自己唱对台戏的，目的就是要向天下诸侯表明赵国与魏国不分上下。

公元前354年，赵成侯发兵攻打卫国，迫使卫国臣服于自己。魏惠王知道，魏国比赵国略强一些，但如果让赵国征服位于中原腹地的卫国，那么魏赵实力对比将会发生逆转，后果不堪设想。

更重要的是，魏惠王是一个死要面子的人。他把大梁修建成天子之都，潜意识里就已经把自己当作天子了。卫国作为自己的属国，被赵国欺负了，自己不出头还怎么在天下混？

于是，魏惠王派大将庞涓率领八万大军进攻赵国。庞涓拥有过人的指挥才能，麾下又有精锐的魏武卒，于是很快就杀入赵国境内，并于公元前354年围困赵国首都邯郸。

齐国收到赵国求救的消息后，齐威王召开廷议，充分发扬民主讨论的精神。

邹忌说："我反对救赵国，赵魏两国交战与我们有什么关系？"

一位叫段干纶的大臣当场驳斥道："不救赵国，将会对齐国不利！"

段干纶的这句话戳进了齐威王的心窝里。齐威王的偶像是齐桓公、晋文公，要想制霸天下，就必须积极介入诸侯的战事之中并从中谋利。

"你讲讲为什么？让大家都听听。"齐威王高兴地说道。

段干纶："魏国实力比齐国强，魏国一旦攻下邯郸，它就只会更加壮大，齐国在魏国面前只有被碾压的份儿！"

齐威王："那我们直接发兵救援邯郸！"

段干纶："不可以！如果我们直接救援邯郸，面对齐、赵两国的优势兵力，魏国会选择停止攻打邯郸，保存自己的实力，这样不利于削弱魏国的实力。最好的方法是让魏国攻破邯郸，那时魏国虽胜但无力再战，赵国则元气大伤，我们趁机派兵去夺取魏国的襄陵，便可以坐收渔翁之利！"

"讲得非常好！就按你说的办！"齐威王高兴地说道。

既然攻打魏国的计划定了下来，那就该选将了。齐威王看了一眼坐在不远处的孙膑："孙先生，你作为此次出征的将领，可好？"

孙膑微微一笑，他向齐威王施礼道："我受过酷刑，让我担任将领有失齐国威严，还是让田忌担任吧，我还是做我的军师。”

齐威王：“既然先生推辞，那还是让田忌作为主将。”

一旁的田忌拜谢齐威王。

齐威王又问：“先生师从鬼谷子，有惊天的良谋，但刚才为何一直闭口不言？对于此次攻打魏国，我想听听先生的意见。”

孙膑把心中酝酿已久的计划说了出来：“我赞成段干纶不救邯郸、攻打魏国的建议。既然要打，就来场刺激的，直接攻打大梁。”

齐威王心里一惊，说道：“先生，此话怎讲？”

“攻下襄陵，只是占了一块地，庞涓带领的魏国主力仍然存在，魏国迟早还会反扑，这解决不了根本问题。”

齐威王点了点头，表示同意。

孙膑接着说：“想解开绳子的乱结，决不能生拉硬扯；给两个互殴的人劝架，决不能卷入斗殴中。如今赵魏两国交战，魏国的精锐全部在外，留守国内的全部是老弱病残。我们围困大梁城，庞涓必然率领疲惫之师回国救援，我们就可以以逸待劳，与魏军主力展开决战。”

孙膑的话刚说完，满朝文武如同沸水一样议论了起来。自从战国大幕拉开那一刻起，齐国逢魏必败，齐军的单兵素质远不如魏军的情况即便到了战国后期都没有改变。荀子见过齐魏两国的精锐后曾发出这样的感慨：“齐之技击不可以遇魏氏之武卒。”齐军想要打赢魏军，正常手段行不通。

但是，即便魏武卒号称“战国特种兵”，强得和钢铁战士一样，毕竟也还是人。是人就都有疲劳不堪的时刻，如果得不到充足的休息，终归逃不过过劳死的结局。

庞涓手下的魏军攻下邯郸城后必然死伤惨重，一旦齐军围攻大梁，魏军就必须迅速回援。而魏军主力都是步兵，只能靠两条腿以火箭般的速度往大梁跑。这就像刚比完铁人三项，又来一场五公里负重越野跑，即使没有猝死，到了终点也要倒地不起。到时候，吃饱喝足的齐军，只需要迎战这样一群连站都站不稳的魏军就可以了。

“高，实在是高！”朝堂上的大臣对孙膑不约而同地发出赞叹。

会后，齐威王告诉赵使：“齐国一定会救援赵国，只不过赵国要坚持一段时间。毕竟要打这场大仗，我们准备粮草、做军队动员，都需要时间。”

公元前353年十月，魏国围困邯郸的第二年，庞涓终于攻下邯郸。孙膑觉得与魏国决战的时机已成熟，决定派军直扑大梁，于是我们耳熟能详的成语“围魏救赵”诞生了，而为这个成语命名的大战就是桂陵之战。

齐威王发兵八万，田忌作为主将，孙膑作为军师。孙膑行动不便，就坐在带帐篷的车里随军出征，不过整个战役的操盘手都是孙膑。

向魏国进军途中，田忌来到孙膑的马车里，询问作战计划。

孙膑笑了笑，对田忌说出了自己对魏国的判断：“魏国的精锐全部在邯郸，大梁城内只留守了老弱病残。我们避开敌人的强处，攻击敌人的弱点。”

“依照先生的意思，我们应该直取大梁城？”田忌疑惑地问道。

孙膑：“围攻大梁城是必须的。可是拿下大梁城对于齐国来说没有任何意义，因为庞涓所率领的魏军主力仍在。最好的办法是派一部分兵力佯攻大梁城，我军主力则在庞涓赶往大梁的必经之路上迎战魏军。”

田忌：“在哪里迎战魏军呢？”

孙膑笑了笑，拿出地图指了指桂陵（今河南省长垣西北）。

田忌看了一下地图，桂陵在黄河北岸，与大梁一河之隔，又远离邯郸。在桂陵迎战魏军，既可以让魏军一路长途跋涉消耗体能，又能把魏军隔在黄河北岸，使其无法与大梁取得联系。

“军师，你选的地方太好了。”田忌佩服地说道。

孙膑一边收起地图一边说：“我和庞涓是同门师兄弟，我对他就像对自己一样了解。他有盖世的才华，手下的魏军又天下无双，任何诸侯国的军队与他们正面交锋都毫无胜算。可惜，魏国的战略地缘是天下最糟的，容易腹背受敌，这才让我们有了可乘之机！”

此时，远在邯郸城内的庞涓正站在城楼上，看着已经被自己打成废墟的城池。他身边躺满了累得酣睡的士兵，城外的军营内有无数哀号的伤病员，城内还有无数的尸体需要清理。

庞涓并没有享受到胜利的喜悦，他只是感到后背一阵阵发冷。仗打了这么久，周边几个诸侯国为什么一点反应都没有？他们都不是什么善男信女，趁火打劫的事可都没少干。他知道，海面越是平静，越预示着惊涛骇浪即将到来。

果不其然，庞涓还没休整好，就收到一封来自大梁的军令：“齐军围困大梁，命你即刻回师。”

魏惠王在大梁城内，感觉就像世界末日将要来临一样。他从没想过齐国会来这一手，此时大梁城内的军队都是些老弱病残，让他们去守城还不如向上天祈祷。魏国虽然攻下了邯郸，可要是让齐国攻下大梁，他魏惠王就完了。

魏惠王无时无刻不在内心期盼着庞涓回来。庞涓不敢怠慢，留下一部分兵力固守邯郸，自己亲率主力，抛弃辎重，一路朝着大梁城方向狂奔。他手下的士兵刚经历完一场大战，急需休整，但是魏惠王不允许他这么做。随着时间的流逝，大梁危在旦夕。

邯郸与大梁相距两百四十公里，由于两个城市都处在中原，路上地势平坦，方便快速行军。这个路程，现在的人开辆汽车，一脚油门，一路高速，三个半小时就到了。然而魏军的主力是步兵，哪怕魏武卒战斗力再强，也只能靠两条腿行军。而且魏武卒虽然把辎重丢了，武器装备却不能丢，光身上的装备就让急行军的魏武卒感到肩上像是扛着大山。

魏军就这样一连跑了三天，终于到达了桂陵。前面不远就是黄河，只要渡过黄河就能直抵大梁城下。

魏军眼瞅着要完成铁人三项，突然发现道路的正前方屹立着一眼望不到头的军阵。原来齐国大军早已在桂陵通往黄河渡口的路上等待多时了，他们以逸待劳，准备与魏军决一死战。

庞涓看到此景，内心不得不佩服齐军将领的谋略，自己从一开始就被人家算计得死死的。

为了魏武卒的荣耀，更为了自己的荣华富贵，庞涓挥动战旗，魏军开始列阵，桂陵之战一触即发。

庞涓在阵前对着魏武卒喊道："魏武卒自从吴起建立的那一刻起，就没有人能在战场上正面击败过这支军队，过去没有，将来也不会有！"

话说完，但庞涓没有等来魏武卒山呼海啸般的呐喊，因为他们实在太累了，已经没有力气喊了。

"完了"，庞涓内心蹦出了这两个字。

齐军敲起军鼓，主动向疲惫不堪的魏军发起进攻。结果不用猜，魏军兵败如山倒，庞涓被活捉。

被俘的庞涓想见见是哪位大神让他败得这么惨，他的愿望很快得到了满足。

庞涓被五花大绑地带到了田忌与孙膑面前。田忌故意戏弄庞涓，说道："我是田忌，是齐军的大将。这位坐在轮椅上的是我的军师，和你是老熟人，他叫……"

"你不用说了，我知道他是谁。败在他手里，我心服口服。"庞涓恨恨地说道，不敢正眼看孙膑。

孙膑："来人，把他的脸对着我，让他好好看着我。"

几个士兵摁着庞涓的脸对着孙膑。

"庞涓啊，庞涓。我就站在你面前，你看我几分像从前！我的双腿，我的轮椅，都是拜你所赐。"

"你杀了我吧！"

"我不是和你一样的禽兽。我不杀你，我要好好养着你。"

孙膑并没有手刃仇人，而是把庞涓关了起来，将来庞涓会派上大用场。当一个人的理性战胜了仇恨，那他将所向披靡。极其理性的孙膑把战胜仇人的痛快埋藏在了心底，更写进了自己的兵书里。

读者打开《孙膑兵法》第一篇时，会感到无厘头。因为你看到的不是讲如何排兵布阵，而是讲孙膑在桂陵之战中是如何运筹帷幄击败庞涓的，篇名就叫《擒庞涓》。

如果你读过《孙子兵法》，你会发现里面的十三篇是层层递进的关系。前三篇是讲打仗前如何计算收益的，有没有打的必要；中间三篇是讲必须要打仗时，就要进行战略规划；最后七篇，讲的是战术打法。《擒庞涓》作为一篇战争指挥的教学案例，本应该放在《孙膑兵法》的后面，而孙膑脑洞新奇，偏要把它放在开头。

为什么孙膑要这样做？因为他就是要让天下人与后世子孙知道，曾经显赫一时的魏国大将——他的仇人庞涓，是如何一步步败在自己的谋略之下。复仇未必要将仇人从肉体上消灭，能从精神与思想上击败仇人，这才是真正的复仇！

公元前351年，桂陵之战结束后第二年，屈服于现实的魏惠王开始主动寻求和平。毕竟李悝变法给魏国留下了殷实的家底，桂陵之战打没了八万，魏国还能再动员八万。只要魏国不主动出击，其他诸侯国也拿它没办法。魏惠王以邯郸城作为筹码，逼赵成侯与自己结盟。迫于魏国的实力，赵成侯与魏惠王结成了同盟。

摆平赵国后，魏惠王放低身段主动与齐国讲和。齐国也就顺坡下驴与魏国休战，还送还了魏惠王的大宝贝庞涓。

临淄城外，被释放的庞涓即将坐车回魏国，孙膑前来相送。

庞涓看着面前的孙膑，内心既愤恨，又感到莫大的屈辱。他想不通孙膑为何不杀自己，他明明有一万个可以杀自己的理由，可是自己却在齐国吃得好，睡得好，啥事都没有。

孙膑：“庞涓，你是一个小人，可我不是。你此次回国后，魏君不会怪你，他清楚你在指挥上是没有问题的。问题在于，魏国是一个四战之地，当它集中拳头去攻击正面的敌人时，它的后背就毫无保护地裸露在外，这让齐国有机可乘。”

庞涓怒吼道：“你讲的我都懂，如果你我调换角色，你未必做得有我好！你想说什么就直说，没必要羞辱我！”

“此次回去，你给我老实点，这次我饶你了的小命，下次齐魏两国交战，我就要取你的人头了！”

庞涓听完没有发飙，以他对老同学的了解，他知道这句话绝非戏言。齐魏之间的和平只是暂时的，下次的对决将是最强大脑之间的对决。自己可以败一次，但绝不能败第二次，否则无法向魏惠王交代。那时，即使孙膑不杀自己，老板也要弄死自己。

“下一次较量，不是你死，便是我亡。”庞涓在心里发誓道。

庞涓回到魏国后继续担任大将军，魏惠王也知道庞涓没有犯大错，所以就当什么事都没有发生过。

魏惠王从一开始就把自己设定为天子的角色，他的梦想是号令天下，他相信桂陵之战只是失误，下一场战争他不会输。

魏惠王的赌徒心态即将把魏国带入万劫不复的境地。

黑格尔曾说：“历史给人的唯一教训，就是人们从未在历史中吸取过任何教训。”一场堪称桂陵之战翻版的战役正蓄势待发。

玖

国运之战

大胜并莒

桂陵之战后，魏惠王并没有总结教训，依然迷之自信。与此同时，魏国的对手秦国也没有闲着，在商鞅变法的持续推进下，国力大增，首都也搬到了咸阳。

公元前344年，魏惠王正式称王。他穿上了只有天子才能穿的红色衮（gǔn）衣，把诸侯戴的九旒（liú）冕冠换成了十二旒冕冠，并赶制了龙旗。由于魏惠王正式称王，所以死后才会被称为魏惠王而不是魏惠公。

自封为王的魏惠王要在全天下诸侯面前嘚瑟一把。于是他召开了逢泽会盟，结果除了一些小国，只有秦国、赵国来了，连韩国都没来，魏惠王瞬间感到被无情的现实打脸了。

韩国在收到魏惠王逢泽之会的邀请时，举行了廷议。

大臣房喜反对韩国参与："不要听魏国的话。魏国作为一个大国，它厌恶周天子的存在，想取而代之。韩国作为一个小国，必须在夹缝之间求生存。对于韩国来说，一个大权旁落的周天子，总好过一个权倾天下的魏天子。我们之前在外交上跟随魏国是有利可图，但是如果参加逢泽之会，承认魏惠王天子的身份，我们就从盟友变成臣子，这对于韩国来说是丧权辱国。参加逢泽之会的秦、赵两国不过是心怀鬼胎，它们的实力都比韩国强，随时可以抽身。"

韩国君臣听完表示绝不蹚逢泽之会的浑水。而魏惠王对此非常愤怒，于是又一场诸侯之间的混战即将爆发。

公元前342年，魏惠王发兵十万，向韩国宣战。为了让自己的儿子多刷经验，方便以后统治魏国、号令天下，魏惠王让年轻的太子申作为上将军，庞涓作为他的副手。

韩国万万没想到魏国竟和自己撕破脸，自己的实力远不如魏国，如果一对一作战，迟早要被魏国打死。危难之中的韩国第一个想到的就是在桂陵之战中重创魏国的齐国，此刻也只有齐国才能救韩国于水火。

齐威王收到韩国的求救信后内心乐开了花，他发现如今齐国在国际社会上的地位举足轻重，别的诸侯家里有难都会上齐国来寻求帮助。

“齐国要锄强扶弱，重建天下秩序！”齐威王俨然把自己当成了国际警察。

不过，齐国并非铁板一块，任何国家在战前都会进行决策讨论。齐国朝堂既有反战的鸽派，也有主战的鹰派，最后哪一派赢，就要看决策者倾向哪一派。

作为相国的邹忌说道：“我反对救援，韩魏相争，此事与我们何干！”

邹忌作为相国，只能说精于行政管理，但他缺乏对国家战略的思考，在这方面远不如商鞅。

齐威王听到邹忌的意见后，很不高兴地把头扭向田忌与孙膑。

田忌：“韩国实力远不如魏国，如果此时不救援，韩国就有被魏国吞并的危险。我建议立刻发兵救援。”

田忌说完后看着孙膑，希望孙膑能和自己意见一致，结果没想到孙膑并不完全赞成自己的意见：“韩、魏两国刚刚交战没多久，两国实力还没有被彻底消耗。现在就去救韩国，会让魏国调转枪头与齐国决战，到时候韩国得到了喘息，而齐国则引来了魏国的攻击，这样不划算！我们不如先答应韩国愿意救援，但是又故意推延。当韩国快支撑不住的时候，魏军的实力也会被韩国大量消耗，那时才是我们出兵的最佳时机！”

齐威王听完后明白了，这和桂陵之战的套路一样，先削弱魏、韩两国，最后捡大便宜。于是齐威王立刻拍板批准了孙膑的作战计划，随即任命田忌为将，孙膑为军师，田婴、田盼为副将，全国进行战前动员。

韩国有了齐国的加持，凭借着坚忍顽强的意志与魏国进行了五次大战，全部战败，魏国大军把韩国首都新郑围得水泄不通，韩国终于吃不消了。再这样打下去，国家还没被魏国吞并，就要破产清算了。韩国忍不住派出使者去催齐国：“你们说话到底算不算数，马上就要过年了，也没见到齐国的一兵一卒！”

齐威王：“你放心吧，我们只是动员速度慢。等过完年，大家就来上班啦！”

公元前341年，韩国鏖战得血都快流干时，齐国终于出兵了。

在大梁城内的魏惠王突然收到边境传来的情报："齐军越过边境，兵锋直指大梁！"他欲哭无泪，本以为定都大梁是给自己选了一块风水宝地，位于天下中心，坐享人间繁华，没想到自己在黄金地段盖的房子竟成了战区房，动不动就被来个兵临城下。

庞涓正在新郑城下累死累活指挥士兵爬城墙，突然，他收到来自大梁十万火急的军令："齐军直奔大梁，你再不回来，大梁就要被齐军端了！"庞涓看着手里的信件，长叹了一口气，知道老同学又玩相同的套路。

好在新郑离大梁也就一百八十公里，急行军三天就到了，而齐国边境到大梁比较远，魏军可以抢在齐军前抵达大梁。当庞涓带着十万大军一路赶回大梁后，却并没有见到齐军的影子。

这时，前方探马来报，齐军抵达外黄后向东退却。在庞涓看来，齐军朝大梁虚晃一枪，是为了让魏军回援大梁，从而帮韩国解围。

只要齐军主力没消灭，下次魏国再与哪个诸侯开战，齐军还会对空虚的大梁城进行战略威胁。于是庞涓与太子申聚在一起，商讨下一步作战计划。

虽然上将军是太子申，但他毫无作战指挥经验，魏军的真正决策者还是庞涓。

庞涓："必须彻底消灭齐军主力，才能一劳永逸地解决魏国的后顾之忧！齐军向东撤军，必然经过莒地。"

太子申："莒地？"

庞涓拿出地图，手指着莒地说道："莒地曾是莒国，也是春秋五霸之一的齐桓公流亡的地方。后来莒国被齐国吞并，变成了莒地。莒地位于齐国东南方向，那里是齐国柔软的腹部，拿下莒地可以直驱齐都临淄。我们进攻莒地，齐军主力必然全部回防，那时我们可以将他们一网打尽！"

太子申对庞涓充满了敬佩："我明白庞将军的意思了，拿下莒地，我们就像拿把匕首抵在齐国喉咙，让齐国也尝尝兵临城下的感觉。"

于是，太子申下令全军向东追击。当魏国追击齐军路过外黄时，一位叫徐子的随军官员拦住了太子申的马车。太子申接见了徐子，徐子紧张又严肃地说道："太子，我有些话，不知当讲不当讲。"

太子申看着徐子紧张的表情，情绪也被他传染了：“但说无妨！”

徐子：“太子，齐军的军师是孙膑，庞涓一心想找孙膑复仇，一雪桂陵之战的耻辱，复仇的愿望让他丧失了理智！”

太子申：“你的言下之意，是庞涓没有做出正确的决策？”

徐子：“对。齐军从外黄撤退后，为何不向北撤？那里有齐国修建的长城，还有军事要塞平阴，平阴夹在黄河与泰山之间，一夫当关万夫莫开。如果孙膑不打算与魏军决战，必然是向北撤军，然而现在齐军却向东撤，这是为何？”

太子申有点明白了，追问道：“你的意思是齐军有诈？”

徐子拿出地图，并用手指给太子申看：“从外黄到莒地路途遥远，还要途经险峻的山路，不排除孙膑下套的可能。就算一路平安无事，拿下莒地，也不过是魏国领土扩大了一些而已；如果此战失利，魏国将陷入万劫不复的地步。”

太子申听完徐子的谏言后，开始犹豫了。然而他身边的人却说：“将军还没打仗就撤军，这和打了败仗有什么区别。”

太子申年轻气盛，迫切地想获得战功，为自己增加政治资本。他宁愿相信庞涓的决策是正确的，于是他按照庞涓的计划，在率领全军抵达外黄后继续向东追击齐军，试图拿下莒地。

一个可以挽救魏国命运的建议，就这样被太子申无情地抛弃了。当魏军越过外黄后，地狱的大门为他们打开了。

马陵之战

孙膑作为齐国军师，大脑无时无刻不在高速运转。这场战争表面上是齐魏两国交战，但说穿了就是庞涓与孙膑的智斗。孙膑必须抓住庞涓的弱点，让他自己主动往大坑里跳。

齐军向东撤，魏军在后面追。齐军跑了一天，到了傍晚，该吃顿热饭了。战国时，人一天一般只吃两顿饭，中午要行军，简单吃点干粮就可以了，到了晚上就该生火做饭吃顿正餐了。

此时，孙膑把自己的作战计划向田忌全盘托出："魏军战斗力彪悍，想来会看不起齐国士兵，我觉得应该因势利导。"

田忌："我明白你的意思，是要让他们轻敌。可如何能做到呢？"

孙膑指着不远处做饭的灶。

"灶？"田忌疑惑不解地摸着头。

孙膑："我们齐军有十万人，现在营区内就挖了供十万人吃饭的灶。我很了解我的同学庞涓，他是一个极其细心的人。他在追击我们的时候，一定会仔细检查我们之前的营区，并根据灶台的数量估算我军人数。"

田忌："依先生的意思，庞涓根据我们之前留下的灶台数量，能估算出我们有十万大军？"

孙膑："是的。今天我们在营区留下供十万人吃的灶，明天留下供五万人吃饭的灶，后天只留下供三万人吃饭的灶。细心的庞涓根据灶台数量，会判定齐军士兵因为惧怕与魏军决战，出现了大量逃亡的情况，魏军上下也会因此掉以轻心。庞涓为了取走我的人头，必然率轻装精锐追击齐军，从而脱离大部队。那时，我们就可以设伏干掉庞涓。群龙无首的魏军，不足为惧！"

田忌听完对孙膑佩服得五体投地。他接着问道："设伏地点在哪里？"

孙膑指了指地图上的马陵山。

马陵山究竟位于哪里，从古至今争论了两千多年。由于马陵山爆发过著名的马陵之战，很多地方为了提升本地知名度，都会声称马陵山在当地。

那马陵山到底在哪里呢?

魏军的目标是攻占莒地，进而与齐军主力决战，这一作战计划就是被记载在《史记》里的"大胜并莒"。莒地位于现在山东省的莒县，因而马陵山就应该在莒县附近。

后来，山东省临沂市郯城县的沂蒙山余脉出土了大量的青铜刀、剑、戈、刺、箭镞，其中光是箭镞就有三千多枚。最有说服力的是一把戈，上面刻的铭文是"郤氏左"。郤氏曾是晋国六卿之一，后来被灭族，郤氏的封地也成为魏国的属地，因此“郤氏左”这把戈被魏军拿去用了。魏军要拿下莒地，必须经过现在的郯城县的沂蒙山余脉，郯城县又靠近莒县，由此可以推论，马陵山就在郯城县的沂蒙山余脉。

马陵山北起郯城，南到宿迁，绵亘百里，里面有条马陵古道，周边山崖高耸，树木茂盛，极其适合打伏击战。

孙膑指着马陵道对田忌说就在此设伏围歼庞涓。田忌想到了一个问题：“那军师你呢？”

孙膑笑道：“庞涓为了追击我们，必然率轻兵突进。而太子申所率领的是魏军主力，里面都是魏武卒为主的重装步兵。你带一万名弓弩手埋伏在马陵道两边，剩下的九万人交给我和田婴、田盼吧。你打好你的伏击战，我打好我的歼灭战。”

田忌：“就按军师说的办！”

田忌说完正准备走时，孙膑一把拉住他：“你帮我做一件事：砍倒一棵树，剥去树皮，刻上‘庞涓死于此树下’，然后放在马陵道中央。”

田忌看着孙膑紧紧抓着自己衣袖的手。他明白，此战是孙膑的复仇之战，孙膑不光要让庞涓肉体消亡，更要用这棵刻了字的树来告诉庞涓，孙膑的谋略远比庞涓高明，他连庞涓的葬身之地都算好了。

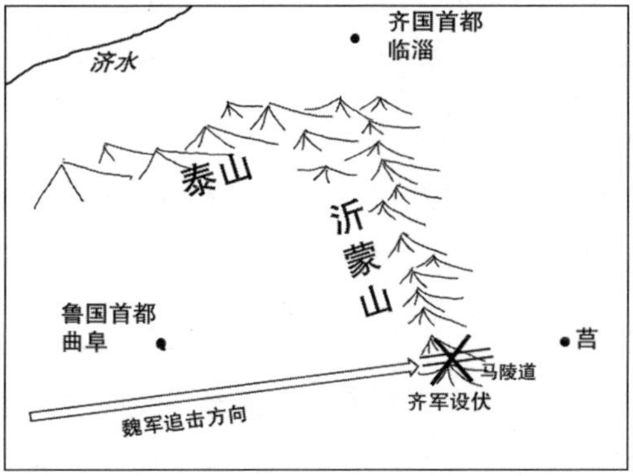

马陵之战

到了深夜，田忌率领的一万弓弩手已经部署到马陵道两旁的山崖上了。

只听见山崖下传来大队人马行进的嘈杂声，由远及近，彻底打破了夜晚的宁静。站在山崖上的田忌意识到魏军已经抵达伏击圈了。

魏军的嘈杂声忽然停止了。田忌望着马陵道的路中央，那里放着一棵被剥了皮的树。只见一个火把被点燃，在火光的照耀下，一群士兵簇拥着一位将领。那位将领探着头在读树上的字。

“那人就是庞涓，传我命令，开始放箭！”田忌喊道。

只见一支燃烧的箭矢飞上天空，直蹿云霄。埋伏在马陵道山崖上的齐军看到后，明白这是放箭的信号。而庞涓抬头看到那支熊熊燃烧的箭矢时，明白自己的生命算是走到了尽头。

无数支燃烧的箭矢射向谷底的魏军，魏军要么被箭射死，要么被箭上的火烧死。魏军将士的生命被吞噬，一时间，火焰照亮了谷底，无数挣扎的人影在崖壁上晃动。

庞涓看着周边四散奔逃的士兵，却并没有喝止。他只是觉得失败来得太突然，完全没有心理准备。纵使心里有一万个不服，他也不得不向现实屈服，自己终究败给了孙膑。

“我的死成就了你！”庞涓苦笑道。说完，他拔出佩剑自刎了。

深入马陵道的魏军被歼灭了。

太子申率领的魏军主力此时正在向马陵道进发，庞涓的先遣部队被全歼的事他还被蒙在鼓里。虽说魏军轻装部队被齐军在马陵道歼灭了，可是太子申手里仍有重装部队，那都是身经百战的重步兵魏武卒啊。

然而，就像拿破仑曾经说过的：“绵羊统率的狮子军团永远无法战胜狮子统率的绵羊军团！”魏武卒此刻就在一只绵羊的统领下。史书是这样描述太子申的：“太子年少，不习于兵”。

向东继续前进的太子申没有等到庞涓的消息，反而等到了拦路的齐国大军。

魏军始终认为之前桂陵之战的失败只是个例，是因为魏军在战前疯狂运动导致体力透支，才吃了败仗。因此魏军这次也吸取了桂陵之战中全军跑铁人三项的教训，快速追击的只有庞涓率领的轻装步兵，主力重装步兵按照正常速度前进。

参看齐魏两国交战的记录，野外作战齐军根本不是魏军的对手。

太子申命令魏军摆好军阵，准备朝齐军发起进攻，希望一回合冲垮齐军。很快，训练有素的魏军将行进队形转换为作战军阵，魏武卒作为中坚力量，摆在了军阵最中央。

此时，很多等待进攻命令的魏军老兵开始小声嘀咕，历经大仗小仗无数的他们，第一次看见敌人摆出了这么一个奇葩的军阵。

“乌龟王八阵？”一个老兵疑惑地说道。

魏军远眺齐国军阵，只见齐军无数战车整齐地排列成一排，车上还安装着盾牌，组成了像矮城墙一样的防御工事。齐军仿佛给自己造了一个乌龟壳，龟缩在里面。

越是奇怪新颖的军阵，越可能具备超强的杀伤力，况且齐军实际的统帅孙膑还是一个理论与实践相结合的超强军事人才。换作有经验的将领，遇到这种情况早就撤了，可惜的是，太子申是个军事小白。

没经历过战争的人，总以为战争充满浪漫色彩。为了给自己的政治资历添上浓墨重彩的一笔，太子申开始击鼓。作为主力的魏武卒开始向齐军发起冲击，两边骑兵与车兵进行迂回包抄。

魏武卒是战国初期战神吴起打造的恐怖战争机器，虽然只是两条腿的步兵，但是他们凭借超高的技战术与精良的装备，让无数诸侯国军队成为手下败将。

因为有着十足的自信，魏武卒踩着鼓点，迈着整齐的步伐杀向齐军。到达弩的射击范围后，魏武卒停下了，开始放弩箭。但齐军的战车都有盾牌的保护，弩箭对于齐军来说只是挠痒痒。

弩起不到作用，魏武卒就拿起近战武器冲向战车。眼见快冲到战车跟前了，很多魏武卒却抱着脚发出惨叫声，原来他们的脚踩上了蒺藜（jí lí）。

蒺藜原本指的是一种植物，表面有刺，不光能附在人的衣服上，还能刺出血来，让人行动不便。而战场上的蒺藜指的是一种形似蒺藜的钉子，专扎人脚与马蹄。步兵被扎了脚还能坐下来把钉子拔了，如果马踩了蒺藜，会疼得栽倒，马背上的骑兵也会变成空中飞人，进行自由落体。负责包抄的车兵与骑兵还没冲击到齐军阵前就被蒺藜扎成了大型哀号现场。

当魏武卒被蒺藜困住时，一阵箭雨从齐军车阵后射出。魏武卒毕竟训练有素，前排士兵虽然死了，后排士兵仍然冒着箭雨继续冲锋。

很快，车阵前的蒺藜被尸体覆盖了，后续的魏武卒踩着同伴的尸体，杀到了齐军车阵前。魏武卒攀爬战车时，无数的长兵器从齐军盾牌后伸了出来，有矛、戈、戟，许多魏武卒被扎得透心凉，成了肉串。侥幸翻过战车的魏武卒跳入齐军阵内，准备肉搏，手持短兵器的齐军早就严阵以待，立马把他们剁成了肉酱。

魏军不停地向齐军车阵发起进攻，结果魏武卒死了一批又一批。

仗打到这个份儿上，太子申应该立即停止进攻，因为这是死板的添油战术。再这样打下去，魏军的“油”就要耗光了。然而愣头青太子申并没有放弃，还是拼命击鼓。毫无疑问，魏军这是在无意义地送死。

孙膑眼见齐魏两军陷入胶着状态，便挥动指挥旗。齐军车阵的两边露出了缺口，田婴、田盼各率一路人马从两边包抄魏军。

魏军本来就已经被车战耗得半死，现在看见齐军包抄过来，意志彻底崩溃了。魏军拼命地向后撤，想逃出生天，可是已经太晚了，所有魏军都被齐军包了饺子，太子申被俘虏。

孙膑打完了歼灭战，田忌打完了伏击战。两人会师时，田忌好奇地询问孙膑是如何全歼太子申的主力部队的，孙膑如实地告诉了他，这就有了《孙膑兵法》里《陈忌问垒》的一篇文章。先秦时，“陈”字通“田”，所以陈忌就是田忌。

至今很多人错误地认为《陈忌问垒》这篇文章讲述的是齐军如何在马陵道设伏消灭魏军。然而根据《史记》记述，齐魏两国各自出兵十万，庞涓中了孙膑减灶的计策，丢下主力部队率领轻兵贸然突击，田忌只率领一万人马埋伏在马陵道旁等待庞涓。那么魏军主力就在太子申手上，而齐军剩下的九万人则在孙膑手里。所以马陵之战是由两场位于不同地点的战役组成的，一场在马陵道展开，是由田忌指挥的伏击战，相当于旨在消灭敌人指挥官的斩首战；另一场在马陵道附近的华北平原展开，是由孙膑指挥的歼灭战，这一场才是真正的主力决战。

况且《陈忌问垒》讲的是如何利用战车布阵，而马陵道山路狭窄崎岖，两边都是悬崖峭壁，人排的军阵都展不开，更别提战车摆的车阵。古今中外，车阵都是部署在空旷的平原地区的。比如欧洲中世纪的胡斯车阵、中国明朝的戚继光车阵，前者部署在中欧平原上，对阵强大的王国与教会军队；后者冲出长城，在蒙古高原上对战强大的蒙古骑兵。

孙膑知晓，齐军纵使有精锐的齐技击，也难正面击败魏武卒，所以不如将野外决战变成防御攻坚战，用战车打造成防御用的城墙，让缺乏攻坚设备的魏武卒主动进攻。

由于庞涓死在了马陵道，因此这场战役被后世称为“马陵之战”。孙膑的名气由此打响，他所著的《孙膑兵法》成为当时的畅销书，是众多军事将领的必备书。

桂陵之战，魏军只是被击溃，至少还有人跑回了老家。而马陵之战，魏军却是被全歼，魏国的老本赔个精光，太子申也被杀。此战让魏国从一流的大国陨落成三流的国家，昌隆的国运被彻底打断，国力一直暴跌，直至秦灭六国也未能反弹。

魏惠王收到全军覆没与太子战死的消息时顿感世界末日来临，因为此时一份从西边传来的战报，让魏惠王体会到了什么叫“祸不单行”。

秦国在河西发起了史无前例的大反攻！

拾

危若朝露

二次变法

马陵之战结束后没多久，秦国就收到魏国战败的消息。当时的秦国，正在开展第二轮变法。

这轮变法的核心是要彻底打好秦国的经济基础。只有经济基础打得好，上层建筑才能盖得好。商鞅要想打好秦国的经济基础，就要从与农民息息相关的土地制度入手。史书有描述商鞅是如何改革土地制度的："为田开阡陌封疆。"

高中历史老师是这样解释这短短七个字的："商鞅废除了井田制度，把标志着井田的阡陌封疆去除，并以法律形式承认土地私有，允许土地买卖。"这让很多同学以为，商鞅是废除了井田制，开创了土地私有制，从而导致产生了一批地主老财，使得土地兼并十分严重，老百姓贫困不堪。

其实历史老师对这七个字的解释，完全是引用了西汉大儒董仲舒的话。董仲舒说："（秦）用商鞅之法，改帝王之制，除井田，民得买卖，富者田连阡陌，贫者无立锥之地。"作为汉武帝时期的明星学者、当时学术界的泰斗，又是"罢黜百家、独尊儒术"的提出者，董仲舒说出的话都是金科玉律，无人敢不听。

但有一句话说得好，对权威不能迷信与盲从。

董仲舒的解释，实际上有失偏颇。汉朝为了表明自己的合法与正统，就把秦国描述成暴秦。再加上秦国特别喜欢烧儒家书籍，儒家从骨子里就恨秦国，也自发参与了抹黑秦国的行动。

董仲舒诋毁秦国，但他说的土地可以买卖、富者田连阡陌、贫者无立锥之地的情况指的是他所处的西汉。西汉初期也是施行授田制，可是开放了土地交易后，很多有钱人开始炒地皮，进行土地兼并。这些大地主就变成大豪族，大豪族偷税漏税，垄断权力，欺压百姓。西汉、东汉灭亡的罪魁祸首就是豪族。

如果商鞅知道董仲舒这么诬蔑他，一定会从墓里爬出来活活掐死董仲舒，还会骂："呸，你睁着眼睛说瞎话，你讲的分明是汉朝，关我秦国什么事！"

现实并非董仲舒描述的那样，秦国其实从春秋时代就没搞过井田制。

周平王东迁洛邑，周王室在陕西的故地就撂荒了，远在西方的秦人趁机抢占了周王朝在陕西的故地。战乱导致周王朝赖以生存的井田制被破坏殆尽，秦人则搞起了爰田制。秦国老百姓种田时，每隔三年就会换一块新地去开垦，旧地则休耕。

一转眼几百年过去了，到了战国时代，由于牛耕铁器的普及，老百姓的生产力上了一个新台阶。在商鞅看来，粗放的爰田制已经搞了几百年，早已不适合秦国。商鞅是李悝的粉丝，他决定效仿魏国，在秦国实施授田制。

授田制在当时已不是什么新鲜词汇，三晋早就玩得炉火纯青，也因此彻底解放了生产力。授田制是指国君将土地分给百姓，老百姓在分到的土地上耕种，然后向国家缴纳赋税，国君就成为国家唯一的大地主。但是土地的产权是国君的而不是百姓的，所以不允许土地买卖。

乱世之中，老百姓的要求并不高，能有吃有穿，可以养活一家人，就够了。国家授予老百姓一块地，老百姓就有了养活自己的本钱，也就有了归属感，就会定居在这里，努力在自家地上种粮食，这样也有利于国家征粮与征兵。

秦国实施授田制有一个巨大的优势，那就是人少地多。三晋虽然也实施授田制，可是随着生产力的发展，人口数量直线上升，造成了人多地少的局面。如果你在三晋的户籍上没有名字，对不起，国家不会给你授地。你没有地，要么成为无业游民，要么只能经商。

商鞅抓住这一契机，实施了"秦国梦移民计划"。秦国政府向外宣传："只要来我们秦国，就分给你们土地耕种。"于是无数的三晋百姓拖家带口，为了实现"秦国梦"，偷渡进入秦国。

面对一窝蜂涌来的移民，秦国极其慷慨。商鞅组织移民登记机构，给三晋来的移民登记上户籍，然后进行土地分配，每户都可以分配五百小亩的地。

为了更好地将土地分配给老百姓，需要官府提前将土地规划整理好。怎么将农田划分好呢？

1980年，四川青川县出土了一块“青川木牍”。这块木牍上面记载着，商鞅死后三十年，秦国吞并蜀国，在那里大搞土地改革。木牍上面还详细记载了秦国是如何划分土地的。

其中有这么一段话：“田广一步，袤八则为畛。亩二畛，一陌道；百亩为顷，一阡道，道广三尺。封高四尺，大称其高。埒高尺，下厚二尺。以秋八月修封、埒，正疆畔，及芟阡陌之大草。九月，大除道及除浍。十月为桥，修陂堤，利津口。”意思是：农田宽一步，长八步，就要修一条小路。每亩修两条小路，一条东西方向的道路（陌）。一百亩为一顷，要修一条南北方向的道路（阡），道宽三步。田间的矮墙（封）高四尺，大小与高度相当。田间的矮墙（埒）高一尺，基部厚两尺。在秋天的八月，修筑封、埒，划定田界，去除阡陌上的杂草。九月大规模修路。十月造桥、修堤坝，确保渡口畅通。

通过青川木牍我们可以看出，商鞅“为田开阡陌封疆”不是废弃阡陌，而是按照授田制重新规划田地。阡道与陌道就像两把刀，把土地切成一块块面积相等的小蛋糕，每块土地像长方形的小格子。这样不仅方便政府将土地分配给老百姓，更方便国家根据土地面积征税。每户按照国家分配的土地面积领取土地。此外，如果你在战场上获得战功，加官晋爵，还可以领取更多的土地。

有句话说得好：“有恒产者有恒心，无恒产者无恒心。”当老百姓分到国家的土地时，就有了自己的财产，才会真正感受到自己与国家同呼吸共命运，成为这个国家的公民。如果国家打仗，这些公民必定在战场上勇往直前。这就是战斗力极强的公民兵，既是兵也是民，这使得国家的养兵成本大幅降低。

而只要允许土地买卖，精明的有钱人就会大肆买地。古代政府不像现在的政府可以出台各种遏制手段。在当时，没有地的老百姓要么当佃农，要么铤而走险。这样的国家想大规模动员老百姓参军几乎是不可能的，唯一的办法就是募兵。募兵是职业兵而不是公民兵，换句话说，他们上班是要拿钱的，谁给他们工钱，他们就认谁当老板，这无疑给国家增添了很大的财政负担。

唐代前期施行类似于授田制的均田制，国家可以授予一个青壮年男子一百亩地，所以当时的士兵特别能打，逮谁灭谁，突厥、高句丽这两个硬茬儿都被灭了。可是国家允许土地买卖之后，有钱人开始炒地皮了，大量的土地兼并让老百姓无立足之地，老百姓当兵就没了积极性，征兵也征不上来了。最后唐玄宗搞出了募兵制，募兵制的坏处就是花钱雇来的兵只听命于自己的将领，这为“安史之乱”埋下了祸根。

土地分配的问题解决后，国家怎么收税呢？是按每户的土地面积还是按照人头呢？

有的朝代是认地不认人，有的则是认人不认地。商鞅在秦国待了这么多年，发现了一个非常有趣的情况，就是秦人喜欢一家人整整齐齐地在一起。这样一来，如果哪家有钱，家里就会产生寄生虫，那秦国那么多的空地谁去耕种？

于是商鞅颁布了“初为赋”，也就是秦国征税只认人头。家庭户口簿上的成年人，只允许有一对夫妻，儿子成年必须分户，如果不分户就要加倍收税。

最后商鞅还在秦国推行郡县制。县在春秋时期就有了，是直接归国君管辖的行政单位，可是其设置没有规范化。比如楚国的每个县都是庞然大物，前身都是被吞并的小诸侯国，其地皮与人口是相当可观的。商鞅在秦国规范了郡县制，将全国无数的乡、邑、村合并为县，共建立了三十一个县，国君的权力可以一竿子插到底。

秦国被商鞅改造成一架恐怖的国家机器。

出来混是要还的

公元前341年，秦国经过商鞅第二次变法的彻底改造，国力已经今非昔比，早已不再畏惧魏国。商鞅也升任为大良造，爵位是十六级。

商鞅抓准大好时机对秦孝公谏言：“秦国与魏国的关系形同水火，不是魏国吞并秦国，就是秦国攻占魏国。魏国位于秦国的东面，独享崤山的地利，死死地锁住秦国进军中原的道路。它强大时，就会向西入侵秦国；它衰落时，又会向东战略收缩。眼下魏国被齐国击败，而秦国在国君的英明领导下，国力正强盛，我们趁此良机攻打魏国，魏国必定难以招架。我们只要占据黄河与崤山的险地，就能打开进军中原的大门。到那时征服东方诸侯，实现帝王的宏伟大业，将不再是个梦！”

秦孝公立刻拍板同意。当年9月，秦军向河西地区的魏军发起大规模反击。赵国见状，也从北面攻击魏国。

马陵之战后的魏国，如同躺在ICU的病人，哪还有什么力气再去抵抗秦、赵两国的攻击，于是魏国大败。

公元前340年，秦国再度出兵攻击魏国。魏惠王派公子卬（áng）为将率军抵御秦军，而秦军的主帅竟然是商鞅。商鞅一直从事行政事务，从来没有上过战场，他有必胜的把握吗？

商鞅之所以敢带兵出征，是因为魏军将领公子卬是他的老相识。商鞅在给魏相公叔痤当中庶子的时候，与很多魏国高层都有一些接触，公子卬就是其中之一。

此时，公子卬作为魏军主帅，内心十分慌张。自从马陵之战后，魏国国力极其虚弱，自己率军与秦国交战难有胜算。如果打输了，要么死于沙场，要么被魏王问责。

“真不想打，如果能和平解决两国军事冲突，该多好啊！”

就在公子卬祈祷上天出现奇迹的时候，奇迹真的发生了。商鞅派人送来一封信：“当年在魏国，我与公子是哥们儿。现在我们各为其主，我也不忍心相互残杀。不如我俩和谈，通过和平方式来解决两国冲突。好久不见了，我也想和公子好好畅饮一番，叙叙旧。”

公子卬高兴得都快哭了，这不正是应了那句“多一个朋友多一条路”的老话吗？

然而商鞅并不是来帮老朋友的，而是来坑老朋友的。

信以为真的公子卬带着随从亲自赴会，还与商鞅在平等友好的气氛中缔结了停战协议。会后，两国和谈人员开始了晚宴。就在双方把酒言欢之时，商鞅突然摔杯为号，埋伏好的甲士把公子卬与随从全部绑了起来。

商鞅随即下令全军出击，群龙无首的魏军一时间溃不成军。秦军取得了魏国河西大部分的土地。

得胜回朝的商鞅，被秦孝公赐予於、商两地的十五邑作为封邑。商鞅原叫公孙鞅，由于国君封的封邑里有商地，因此被人称为商鞅。

然而，就在商鞅如日中天的时候，危险也向他一步步紧逼。

商鞅作为大良造，相当于秦国的相国，本职工作是处理行政事务，并没有领兵打仗的职责。然而此次大胜魏军，商鞅变相地把军权抓到了手里。在秦国，除了秦孝公，商鞅就是二号人物。

可是商鞅快乐吗？他一点都不快乐，而且每天处在担惊受怕之中，觉得周边每个人都想害他。为了变法，他把朝廷中能得罪的人全得罪光了，唯一的朋友只有老板秦孝公。变法虽然让老百姓受益了，但是商鞅以铁血手段推行，不服的要么脑袋没了要么缺胳膊少腿，老百姓心中也有很大的怨言。

商鞅给自己配备的安保级别仅次于国君。他一出门前后簇拥着几十辆车，车上都是重装步兵，车子周围都是持戈操戟的保镖，身边还有贴身侍卫。没有这么多人保护，商鞅连大门都不敢出。

但最令商鞅害怕的消息还是传来了：秦孝公病危！

商鞅有种不祥的预感。而秦孝公在临死前的一个举动，让商鞅的死成为必然。

秦孝公已经到了有上气没下气的地步，知道自己快不行了，于是他把商鞅叫了过来。望着眼前的老部下、老战友，秦孝公勉强支撑起自己，说道："你是一个旷世奇才，大良造的职位对于你来说太屈才了。我想把国君之位禅让给你！"

商鞅听完吓得魂飞魄散，差点瘫倒在地上。千万别以为这是天上掉馅饼砸到商鞅。要知道，秦国建国好几百年，宗室子孙成千上万，国君怎么可能轮到商鞅来做呢？虽然商鞅的爵位是十六级大良造，但是说穿了他也只是一个打工仔，比春秋时有封地、有私卒的大夫们差远了。本来商鞅就够遭秦国宗室们憎恨了，要是再让他们听到国君要禅让给商鞅，还不得把商鞅的皮都给扒了。

面对秦孝公抛出来的重型炸弹，商鞅又是磕头又是哭："国君您不会有事的，千万别提什么禅让的事，我永远都是您的臣子。"

秦孝公一声不吭地躺了下去，默默地看着商鞅，空气似乎凝固了。君臣对视了很久之后，秦孝公把头转了过去，商鞅也难过地走了。

一路上，商鞅一直在想，国君为什么要说把国君之位禅让给他的话？是试探，还是挖坑？反正不是出自真心的。国君想禅位给大臣，往往只是嘴上说说，以表明自己礼贤下士，始终没有忘了老部下。

秦孝公充满了柔性的政治智慧。秦孝公属柔，商鞅属刚，他俩刚柔相济，搭配得非常好。秦国就像一个家庭，秦孝公与商鞅就像一对夫妻，秦国百姓就像孩子。变法中秦孝公唱白脸，商鞅唱红脸，不管红脸白脸，本质都是想让孩子好。可孩子不懂，他只知道唱红脸的又凶又坏，唱白脸的温柔体贴，因此商鞅替秦孝公背了无数仇恨。

没几天，秦孝公去世了。新继位的国君是十九岁的青年嬴驷，史称秦惠文王。

秦惠文王对商鞅很打怵，因为商鞅差点儿让自己当不了太子，继承不了国君之位。

嬴驷在当太子的时候有两个老师，一位是公子虔，另一位是公孙贾。由于老爹秦孝公天天忙着和商鞅搞变法，教育太子的事就交给了这两位老师。也许是这两位老师的德育工作没有做好，年少的嬴驷犯事了。

年少的嬴驷自以为是太子、未来的国君，从来不知道低调二字怎么写。在过去，太子犯事也许就不了了之了，然而现在，商鞅刚颁布过《秦律》，还对秦国上下反复强调“刑无等级，自卿相将军以至大夫庶人，有不从王令、犯国禁、乱上制者，罪死不赦”，于是年少无知的嬴驷撞枪口上了。

由于嬴驷岁数小，又是未来的国君，不能受刑。但熊孩子绝对不能惯着，秦国可没有“少年儿童保护法”。熊孩子背后要么有熊家长，要么有熊老师。熊孩子嬴驷的家长是秦孝公，那只能是熊老师受刑了。

按照这个逻辑推论，商鞅把太子嬴驷的两位老师抓走了。当这两位老师重新回到太子嬴驷身边教书时，公子虔的鼻子没了，公孙贾的脸上被刺字了。看着两位老师以残缺的身体在自己面前讲课，嬴驷内心受到巨大的震慑。后来身心都受伤的公子虔干脆不教书了，躲在家里八年都没有出过门。

突然有一天，公子虔收到了秦孝公去世的消息。他终于打开了大门，向外迈出了复仇的第一步。

他带着同样身心受伤的其他贵族找到了刚继位的秦惠文王："大臣权势过重国家就会岌岌可危，国君过于宠幸左右近臣就会危及自己。现在秦国的妇孺都在谈论商鞅的新法，没人提及国君。这样一来，君臣位置就颠倒了。况且商鞅还是我们的仇人，请国君赶紧除掉他吧！"

年轻的秦惠文王并不傻。他知道贵族的蛋糕被商鞅切走了，所以他们憎恨商鞅，恨不得食其肉、寝其皮。可对于一国之君来说，国外的敌人是诸侯，国内的敌人正是这些贵族。商鞅变法为国君扫除了贵族的威胁，如今国君只要动一动手指，秦国国内任何一个人的脑袋就会立马搬家。无限的权力掌握在国君的手里，没有任何人敢掣肘，多爽啊！

秦惠文王享受商鞅变法带来的快感，可是他又必须杀了商鞅，因为商鞅触动了自己的逆鳞。贵族的权力被分割了，可商鞅的权力实在太大了，大到连国君都忌惮。当年商鞅不顾太子的面子惩罚两位老师的举动，至今让秦惠文王心有余悸。他认为自己是条至高无上的龙，龙有逆鳞，触之必怒，威严、权力就是龙的逆鳞。

秦惠文王下令抓捕商鞅。

商鞅毕竟在秦国混了那么多年，朝廷内还是有自己眼线的，得知消息后提前逃亡了。

曾经一人之下万人之上的商鞅，出门都要无数人护卫，如今在逃亡的路上却如同一条丧家犬，独自一个人向东方狂奔。

到了晚上，他找到了一家旅馆投宿，没想到旅馆老板却说："住店要带证件。商君说了，如果给没有证件的人住店，店家是要连坐的！"

商鞅愣住了，这不就是自己实施的法规吗？没成想到头来这条刑罚竟用在了自己身上。

无证人员商鞅只能无奈地离开旅馆，夜宿野外。看着满天的繁星，他想到了远方的故乡。如果当初他在卫国，做一个默默无闻的人，也许就不会有现在的下场了。

回不去的是家乡，得不到的是安宁。

商鞅昼伏夜出，偷渡到了魏国。但魏国人无比憎恨商鞅，因为他用卑劣的手段欺骗公子卬，打败了魏军。魏国把商鞅遣送出境，无处可去的商鞅只得潜逃回了自己的封邑。

回到自己的地盘后，商鞅召集来自己的死党，发动当地军队造反，结果被秦国大军击溃，商鞅自己在乱军之中被杀死。

秦军把商鞅的尸体带回了咸阳，秦惠文王万万没想到商鞅狗急跳墙，竟然起兵造反，于是命人以谋逆的罪名将商鞅五马分尸，诛灭商鞅全家。

不管后世评价如何，商鞅终归化成一抔黄土。他来到秦国时，秦国还是一个惧怕魏国的二流国家；当他死去时，秦国一跃成为大国。

不过，驾驭秦国这艘大船的秦惠文王，也不必太骄傲，因为此时各国都已经开展了变法。自从魏国在马陵之战失败后，东方的齐国与南方的楚国都对中原大地虎视眈眈。

拾壹

纵横天下

南天一霸

魏国自魏武侯至魏惠王一直奉行着强硬的扩张政策，但随着国际局势的变化，如果魏国再不及时调整外交策略，那离关门打烊就不远了。

一向傲慢的魏惠王为了国家的生存，决定派使者前往齐国表明愿意尊奉齐君为王的意愿，向齐国服软。

齐威王接见魏使后，听说魏惠王要尊奉自己为王，激动得手都颤抖了。一个诸侯去尊奉另一个诸侯为王，这是史无前例的，这表明齐国才是天下名副其实的老大！

公元前334年，魏惠王与齐威王在徐州相会，而且让齐威王大为惊喜的是韩宣王也来了。韩国前来也是无奈之举，马陵之战前韩国被魏国打得差点灭国，要不是齐国出手相救早就亡国了，这次徐州相会，韩国小弟必须来拜齐国大哥的码头。

会盟在和平友好的气氛中召开。魏惠王没敢穿天子的衣服，他与韩宣王头戴布冠，尊奉齐国国君田因齐为王。由于田因齐称王，因此历史上称他为齐威王而不是齐威公。

到达人生顶峰的齐威王也算是带领田氏家族走向了辉煌。要知道，田氏在春秋时期不过是从陈国流亡过来的贵族，他们从打工的卿大夫逆袭成齐国的老板，现在又成了全天下的老大，真是了不起！

激动的齐威王也投桃报李，承认了魏国也有称“王”的合法资格。齐魏两国相互称王的历史事件，史称“徐州相王”。

魏惠王化解了一位强大的敌人，同时又保留了“王”的称号。“徐州相王”结束后，魏惠王正式改元，成为与周天子平起平坐的王，后来又活了十六年。

韩国则成为本次会盟第二大赢家，因为它获得了齐国的庇护。数年之后，韩君也正式称王。

“徐州相王”就像打开了潘多拉魔盒，此后的天下诸侯都开始称王。周王室自从东迁洛邑，天子大权旁落，穷酸落魄，可是还有“王”的这块遮羞布。可是随着诸侯纷纷称王，周天子连遮羞布都没了，相当于要在天下诸侯面前裸奔了。

最早自封为王的楚国此时也蠢蠢欲动，新任的楚王要将楚国推上历史的巅峰。

就在秦惠文王继位前一年的公元前339年，楚国国君熊商正式继位，史称楚威王。

楚威王是战国时楚国最杰出的国君，他在位的十一年时间里，楚国走向了历史巅峰，一度成为最有实力、最有希望统一天下的诸侯国，连虎狼般的秦国都要畏惧楚国三分。

可惜，楚威王生了一个败家子楚怀王，否则，统一天下的搞不好就是楚国。虽然楚国没有活到最后，但失之东隅，收之桑榆，最终灭秦的项羽是楚国人，建立汉朝的刘邦也是楚国人，楚国人以另一种方式完成了一统天下。

在吴起变法后，经过三代楚王的苦心经营，传到楚威王手里的楚国已是一个富强的大国。有着雄心壮志的楚威王发誓要有一番大作为，恢复楚国应有的大国地位。

楚威王刚继位没几年，越国就来挑事了。公元前334年，越王无疆在齐威王的支援下，主动向楚国发动战争。

在春秋末年，越国是威震天下的新兴诸侯。曾经大破楚国、攻占郢都的吴国，也被越国一举消灭。越国从那以后一直是东南小霸王，从不把周边诸侯放在眼里，蛮横惯了。

面对越国的侵略，楚威王展开了声势浩大的自卫反击战，誓以雷霆之力彻底打垮越国。天下的南方只能有一个大国存在，那就是楚国！

公元前333年，楚威王举倾国之力，出动数十万大军，以景翠为帅，水路并举，浩浩荡荡地杀向东南。经过吴起变法后的楚军纪律严明，战斗力彪悍，早已不是一百七十年前在柏举之战中一触即溃的窝囊样子。

越王无疆没有继承祖先越王勾践的荣光，而是在如同压路机的楚军面前被碾成了面粉。越军主力全部报销，越国曾经侵占的吴国故地也被楚军全部占领。

越国的残余势力各自为政，开始了自相残杀。打顺手的景翠则没有就此止住脚步，而是挥师北上，朝着齐国进军。齐威王在徐州被诸侯尊奉为王，那我们就去徐州让齐国见识见识，谁才是真正的王。

齐、楚两国在徐州展开大会战，齐国惨败。这一战让楚军威震天下，天下诸侯不得不对楚威王刮目相看。

除了取得徐州之战的胜利，楚威王在位期间还做了另一件非常有影响力的事，就是将位于四川的巴国盐池彻底抢了过来，还在巴国的故地上建立了巫郡。

楚国不但扩张了领土，还有了摇钱树，成了暴发户。此时，楚国国力到达了巅峰，是名副其实的天下第一超级大国。

从地图上看，楚国已经占据了天下已知文明区域的一半，国土西起大巴山，东到大海，北至淮河，南抵五岭。而且境内有盐泉，楚国就有钱充值扩军。《战国策》里有句话形容楚威王的国力："地方五千里，带甲百万，车千乘，骑万匹，粟支十年，此霸王之资也！"

活在当时的人，一定会认为未来一统天下的将是楚国，而不会认为是秦国。

楚威王全盛时期疆域

楚国拿下盐池后又占领了三峡，四川盆地已经无险可守。楚国一鼓作气吞并巴、蜀两国，简直易如反掌，然而楚威王此时却犯了一个战略性错误：他停下进军的脚步，撤军回国了。

在楚威王看来，楚国的地皮实在太大了，除了富饶的江汉平原，还有新掠夺来的吴国故地，地已经耕不过来了。楚国与巴国交战只是为了夺取盐泉，剩下的巴国与蜀国的土地，楚国根本看不上。

巴国与蜀国得以虎口逃生。

楚国这只老虎刚走，秦国这只饿狼又忍不住对着四川盆地直流口水。不过秦国也知道这块肉迟早是自己的，眼下主要的任务是从魏国身上割肉。

秦国认为靠武力对魏国强行动手会导致魏国拼死挣扎，硬攻太费事，不如来软的。于是，一群会用“屠龙之术”的人登上了历史舞台。

张仪对战公孙衍

战国时期游士遍地，就像现在求职的大学生一样。商鞅是游士里的佼佼者，他在秦国找到了一份高薪工作，一直稳居秦国高层，并毫无保留地为秦国奉献。结果由于商鞅在权力核心的地位太稳了，被上任的新老板给宰了。

商鞅的死让全天下找工作的游士明白了，干得再好，成果也都是老板的。自己只是个打工仔，找个好老板，多赚点工资才是正道，没有必要为了伟大的政治理想把自己的小命搭进去。

于是一群纵横家就此粉墨登场。

纵横家既不属于某一学派，也不是一个政治团体，而是一群精致的利己主义者。看似无原则无底线的纵横家，为什么在乱世中不仅能获得重用，还能左右国家的兴衰呢？因为他们靠的就是纵横术，这是他们引以为傲的“屠龙之术”。

纵横术是由合纵与连横两块思想组成的。合纵，就是六国为了抵御秦国，结盟成一道贯穿南北的纵线，堵死秦国向东的出路；连横，就是以西方的秦国为起点，向东联合诸侯，形成一道连接东西的横线，破坏六国联盟，使秦国入主中原。

战国时代七国大乱斗，每个诸侯都想结盟，毕竟单打独斗太累。但结盟的情谊很难长久，每个国家都想找能和自己玩得来的结盟，可惜每个诸侯国都心怀鬼胎，就算有和自己玩得来的也不是什么好东西。在国际事务上，没有永恒的朋友，只有永恒的利益。许多诸侯国为了自己的利益，今天搞合纵，明天搞连横。

纵横术和现在的外交学很类似。我们看外交家在国际社会纵横捭阖，利用自己的智慧与谋略，既能让两个亲如兄弟的国家反目成仇，又能让两个彼此仇视的国家携手发展。

然而，战国时的纵横家与现在的外交家有一个本质区别：外交家搞外交是为了祖国的利益，而纵横家搞外交是为了一己之利。纵横家明确地知道自己只是打工仔，只要国君能给足待遇，去哪国上班都无所谓。一旦待遇下降，纵横家立马两脚抹油，带着核心机密跑去竞争对手那儿上班。

魏国人公孙衍到秦国求职前，在魏国已经混到了高级职务——犀首。因此，公孙衍在魏国又被人尊称为犀首。自从在马陵之战大败后，魏国从天下首屈一指的大国沦落为三流的小国。对于公孙衍来说，这如同从上市公司的副总一下子跌落成小商铺的伙计。

公孙衍为了给自己谋个更好的出路，决定跳槽。他瞄准了新崛起的秦国，这是一家发展势头良好的公司，能吸引全天下的人去实现自己的梦想。只要认真努力，无论是底层员工还是高级经理，在秦国都能获得自己想要的回报。

公孙衍怀揣着秦国梦偷渡到了秦国。他在魏国高层混迹多年，掌握了魏国的核心机密，所以他一到秦国，秦惠文王乐开了花。公孙衍立刻被任命为大良造，成为秦国的二号人物。

为了报答新任老板，公孙衍决定给老板来个大惊喜，让他得到梦寐以求的河西地区。

战国时代拉开帷幕后，秦魏两国就在反复争夺河西地区，两国势力在河西地区犬牙交错。为了把魏国势力从河西彻底清除出去，公孙衍决定对魏国发起雷霆一击。

马陵之战后，魏国国力大跳水，在与秦军的对峙中处于下风。魏惠王只能派大将龙贾在河西地区修长城，其中雕阴是魏军重点防御的军事重镇。公元前330年，带路党公孙衍率领秦军发动雕阴之战。

担任过犀首的公孙衍了解魏国长城的弱点，所以战役进行得很顺利。魏军四万五千人被全歼，将军龙贾被俘，河西地区大部分被秦国拿下。打得顺手的公孙衍没有停下脚步，他又带着秦军跨过黄河，攻占了河东的大片魏国土地。魏惠王无力对抗秦国的攻势，割让15座城池，并将势力退至崤山以东。战略要道崤函道从此落入秦人手里。

秦国不但占领了大片土地，更打通了秦国东进中原的崤函道，从而实现了数百年来东进中原的梦想。并不满足于此的秦人又在崤函道上修建了威武雄壮的函谷关，这成为秦国坚固的大门，将崤山以东的来犯诸侯拒之门外。大胜回朝的公孙衍成为秦国万众瞩目的焦点，得到无数赏赐。

公孙衍跳槽之后，迎来了职业生涯的辉煌，他的故事影响了无数有梦想的人，其中一位就是魏国人张仪。

论忽悠人的能力，张仪算得上是战国第一，他以三寸不烂之舌把一个诸侯国骗得连裤头都不剩。

他之所以一张嘴能敌百万兵，是因为他有一个特别厉害的老师——鬼谷子。鬼谷子是一位半人半仙的隐者，他之前两位学生庞涓与孙膑的军事较量改变了天下格局，而张仪比庞涓、孙膑更厉害，他仅凭一张嘴就改变了地缘政治格局。

张仪学成之后下山找工作，他首选的就业地点并不是自己的祖国魏国，而是楚国。当时楚国在楚威王的统治之下成为南天一霸，占据了天下的一半。张仪认为，楚国作为天下排名第一的超级大公司，工资待遇应该是不错的。

然而，张仪刚离开师父就遭到了社会的毒打。作为一名高级人才，张仪刚到楚国时受到了礼遇。但有一次他参加楚国令尹的饭局，令尹吃完饭后发现身上佩戴的贵重玉佩不见了。一位门客怀疑是张仪偷的，理由很简单：张仪是个穷鬼。

在没有任何证据和线索的情况下，令尹竟然相信了这一奇葩理由，于是派人严刑拷打张仪。张仪死活不承认，令尹无奈之下也只能把张仪放走了。

被打成血人的张仪爬回家，把他的老婆吓得半死。张仪的妻子抱着张仪哭诉道：“你要是不读书，不来楚国，就不会落此下场了。”

张仪望着老婆，张开满嘴是血的嘴巴，用力地说：“你看我的舌头还在吗？”

“在！”

“有舌头在，这就足够了。我迟早要他们还回来。”张仪苦笑道。

张仪的妻子紧紧地抱着他：“楚国咱们不待了，等你伤养好了我们就走。”

伤养好后，张仪头也不回地离开了楚国。若干年之后，当张仪再次回到楚国时，他会把楚国上下玩弄于股掌之中。

公元前329年，张仪来到秦国，拜见了秦惠文王。

之前，秦国在公孙衍的率领下，获得魏国大片领土。然而却有一座城池像一颗钉子一样插在秦国的胸口上，这就是位于河西的少梁城。少梁城是秦国在河西唯一没有拔掉的魏国军事重镇，它对于秦军来说简直是如鲠在喉。

如果硬取少梁城，秦军将损失巨大。于是张仪想出了一招：先围攻魏国兵力较少的蒲阳，拿下蒲阳后再与魏国谈判。只要魏国愿意把少梁送给秦国，秦国愿意送还蒲阳，还附赠一名公子当人质。

魏惠王也很无奈。要是不答应，秦国会继续发动进攻夺取少梁，答应了至少还能换回蒲阳和一个人质。弱国无外交，魏惠王选择了屈服。

秦国得到少梁后，等于彻底将河西收入囊中了。秦惠文王觉得张仪是个人才，于是任命张仪为相国。

此时公孙衍不淡定了。他背叛了魏国，帮助秦国开疆拓土，立下这么大的功劳，凭什么张仪这小子一来就能一步登天，爬在自己的头上？

浑身负能量的公孙衍跑回了魏国。从那以后，公孙衍就成为张仪最大的敌人，两人将用纵横术开展生死斗。很多人认为，按照《史记》的记载，张仪的最大对手是苏秦。但根据现在的出土文献与专家考证，张仪与苏秦其实生活在不同时期。

苦心支撑魏国的魏惠王见公孙衍跳槽回来，也没过多地责怪他，而是让他官复原位。魏惠王不是不想找公孙衍算账，只是因为魏国现在日渐衰落，天下英才都不愿来这里就业，招一个有履历的高级经理回来总比招一个没工作经验的新人强。

而秦惠文王并没有对公孙衍的离开表示遗憾。在他眼里，公孙衍是一个政坛老油条，老奸巨猾，为了利益可以卖主求荣。他可以背叛魏国，就可以背叛秦国，这样的人放在身边太危险。一旦有更合适的人来秦国，公孙衍可以立刻换掉。

秦国之所以能统一天下，很大程度上是因为从秦孝公开始到秦始皇之间的七代国君个个慧眼识人。只要是自己看中的人才，不管出身如何，他们一律放心大胆地任用。在秦国没有熬资历这一说，只要能力强，一步登天不是没有可能。

商鞅通过变法让秦国富强，而张仪靠着三寸不烂之舌让秦国开疆拓土。

公元前325年，秦惠文王在张仪的怂恿下，正式称王。魏惠王看到隔壁邻居也学自己自行升级为王，赶紧在公孙衍的帮助下开展了积极的外交结盟。

就在秦君称王的同一年，魏惠王在巫沙尊韩君为王，还拉上齐国一同商议如何对付秦国。

齐威王想学齐桓公，楚威王想雄霸天下，秦国想东进中原。这三个大国都有自己的小算盘，都愿意看到中原小国成为一盘散沙，方便自己发展。

公元前323年，张仪施展了连横策略，秦国在江苏沛县与齐、楚两国结盟。三个大国结盟让小国们不寒而栗，秦、楚、齐在地图上形成一道横线，这是要把小国一锅端呀！

公孙衍看穿秦国的阴谋，施展了合纵的策略，拉上赵、韩、燕、中山五国一起结盟，互尊对方为王，史称“五国相王”。五国从南北方向形成一道纵线，共同抵御大国的威胁。

齐国强烈抗议：你们称王我不反对，但是巴掌大的中山国也配称王？楚国反应更激烈，二话不说，直接派兵拿下魏国八座城池！

魏惠王不淡定了，这可是八座城池啊！五国相互尊王，就是为了结盟一起对付连横，结果竟然没一个来帮忙的！恼羞成怒的魏惠王意识到自己从一开始就被忽悠了，先是被惠施忽悠向齐国尊王，接着又被公孙衍忽悠，来了个“五国相王”。于是魏惠王把公孙衍定性为骗子。

此时的魏惠王已经人近黄昏了。他回想一生，感觉自己这辈子太荒诞了。年轻时自己成了无冕天子，现在居然成为落魄的小诸侯。他不想再折腾，也没精力再去折腾了，此时他只想安安稳稳地过完余下的时光。

此时，张仪找上门了。

魏惠王百思不得其解，张仪在秦国事业发展得很好，为什么来不断亏损的魏国呢?

纵横家想将君王玩弄于股掌之中，让他心甘情愿地为智商埋单，就要准确地把握住对方的惰性、欲望，然后制造焦虑、恐慌，让对方觉得，只有你是为他着想的。接着，再为他提供一套精心炮制的解决方案。这样，对方就会丧失理智，不惜血本去落实你这套方案。

大忽悠张仪对魏惠王说："大王，我是著名的成功学之神鬼谷子的高徒，秦王曾在我的指导下，让国家得到飞速发展。我心怀天下，再加上我是魏国人，我的根在这里，所以我回到魏国，就是来帮助大王脱离困境，救苍生于水火。"

年迈的魏惠王听到后眼睛开始放光，思维衰退的他相信了张仪。

"大王，魏国地势平坦，交通方便，就像车轮辐条都聚集在车轴上，周边连高山大川都没有。而魏国周边都是强国，一旦敌人从四面进攻，那魏国就将四分五裂。之前，魏国就多次遭到敌人的多方向进攻。"

魏惠王听完长叹了一口气："先生说的没错！"

张仪："之前公孙衍搞五国相王，合纵联盟声势如此浩大，可最后还是惨遭失败。这并不意外，毕竟亲兄弟也会为家产的事发生纠纷。大王不如与秦国结盟，有秦国做靠山，就没人敢欺负魏国了。只要秦魏结合，大王您就能开启新的篇章，再次迈向成功的人生。"

魏惠王："先生说的我也知道，可是秦魏之间一直在交战，秦王能同意和魏国结盟吗？"

张仪笑了笑："秦王不计前嫌，一直希望与魏王携手共进。那些搞合纵的人只会夸夸其谈，他们四处游说，不过是为自己捞足名利。大王，您吃的亏还少吗？"

此时的魏国处于风雨飘摇之中，之前走的外交路线全部失败，如果现在拜秦国当大哥，魏国能获得庇护，虽然没面子，但是可以换回安全。

于是魏惠王激动地说：“我之前的决策都是错误的，魏国愿意与秦国结盟，每年春秋两季都向秦国进贡。”

同时，魏惠王回馈了张仪一份大礼。“我任命张仪为新任相国！”魏惠王郑重地说道。

张仪酿造的毒药，却被魏惠王当作了蜜糖。魏惠王与秦国结盟，那是把灵魂交给了魔鬼。张仪又当上了相国，公孙衍也因此不得不逃离魏国。

合纵抗秦

年迈的魏惠王已经油尽灯枯了，他陷入和很多老年人一样的窘境，头脑不清楚，很容易上当受骗。

张仪作为秦国在魏国的代理人，来到魏国后，就极力忽悠魏惠王。他就像现在卖保健品给老人的骗子一样，用甜言蜜语把魏惠王哄得晕头转向。魏惠王在张仪的忽悠下，赶走了公孙衍，还帮助秦国大杀四方。可是每次军事行动都是秦国吃肉，魏国喝汤。魏惠王直到死前一年才终于清醒过来，意识到自己是被骗了。

魏惠王原本想杀了张仪，可是迫于秦国的淫威，也只能赶走张仪，再次召回公孙衍。当公孙衍回到魏国后没多久，魏惠王于公元前319年去世，他终于解脱了。魏惠王的一生像极了唐玄宗李隆基，前半生辉煌，后半生落寞。

而秦国自从拿下河西地区，又打通通往中原的崤函道，这只曾被封印数百年的猛兽，终于可以杀入中原了。崤山以东的诸侯大为惊恐，尤其是赵、魏、韩三国怕秦国怕得要死，生怕秦国往东猛冲时油门没刹住，把哥仨撞成重伤。南方超级大国楚国对秦国的崛起也充满了警惕，生怕秦国与自己争老大之位。

于是，战国七雄中，已有五雄对秦国亮出屠刀。作为天下排名仅次于张仪的纵横家，公孙衍被重新召回国，前途可谓一片光明。他认定只要他从中串联，把五国结成合纵同盟，再来个五国伐秦，不但能阻挡秦国东进，更能让自己号令天下，超越张仪，成为天下第一纵横家。

连横与合纵不仅仅是国与国之间的较量，更是公孙衍与张仪的才华对决。

公孙衍依然清晰地记得，不久前自己被病入膏肓的魏惠王召回大梁，在城门口与被赶走的张仪相遇的那一幕。

“哎呀，这不是大名鼎鼎的张仪吗？你不是在魏国担任相国吗？现在你要去哪里啊？”

面对触及灵魂的三连击拷问，张仪面带微笑地回答道：“公孙兄，在下正是张仪。魏王嫌我才疏学浅，把我赶走了。看来你就是我的继任者。”

公孙衍：“哈哈哈哈，你也有今天！当初我在秦国费尽心血为秦王开疆拓土，你一个资历如此浅薄的人竟然当上了秦国相国，爬在我头上；我辞职回到了魏国，你又跑来魏国忽悠魏惠王，又当上了魏国相国。难道我上辈子是做了对不起你的事，让你这辈子如同恶鬼一样，阴魂不散，如影随形？现在好了，你这个恶鬼，终于被赶走了！”

看见眼前高兴得有点癫狂的公孙衍，张仪依然面带微笑：“我俩都是纵横家，你搞合纵，我搞连横，看似针锋相对，实则相互依赖。如果没有我，那你还有存在的必要吗？真正懂你的只有你的敌人，我才是你在世上真正的朋友。”

张仪话音刚落，公孙衍顿时收起笑容。的确，只有竞争对手存在，才能展现自己的价值。

“公孙兄，你觉得合纵会成功吗？”张仪笑问道。

公孙衍沉默了一会儿。他心里清楚，合纵的诸侯都是散装的，不像连横里有秦国做主心骨。但是他还是严肃地说：“事在人为，没有什么是不可能的！”

“祝你好运，愿你好梦成真！”张仪笑着说完，朝公孙衍挥挥手，头也不回地走了。

公孙衍站在原地，他明白自己在这场无形的交锋中已经彻底输了，输在了境界上。

张仪作为天下第一纵横家，论口才无人能敌，但他在与公孙衍的交锋中并没有逞口舌之快，而是点醒了公孙衍。纵与横看似对立，实则统一，只要纵横术玩得好，天下诸侯都是纵横家手中的玩物！

张仪与公孙衍在天下诸侯心中是神一般的存在，孟子的弟子景春是这么评价他俩的："公孙衍、张仪岂不诚大丈夫哉？一怒而诸侯惧，安居而天下熄。"意思是：公孙衍与张仪难道不是大丈夫吗？他俩一旦动怒，天下诸侯都害怕；他俩一旦安居，天下就没有冲突。

正是张仪与公孙衍的相爱相杀搅动了天下的格局。

公孙衍也明白，诸侯之间的较量其实就是他与张仪的较量。要破张仪的连横，自己就必须让诸侯们团结起来，实施合纵，击垮秦国，从而在天下人面前展现自己的盛世才华。

为了抓紧时间对抗秦国，公孙衍先去了赵、韩两国。出于对秦国共同的恐惧，两国国君爽快地表示愿意合纵对抗秦国。燕国远在天边，也表示重在参与。赵、韩、燕已经被魏国捆绑在战车上，接下来就要拉一位重量级的国家上车。

公孙衍一路向南，来到全天下最大的诸侯国楚国。只有楚国加盟，才能彻底打垮秦国。然而公孙衍万万没想到的是，楚国的新任国君楚怀王竟是战国第一大傻瓜，直接把公孙衍带沟里了。

熊儿子

楚国最伟大的英主楚威王去世后，他的儿子熊槐继位，史称楚怀王。

楚威王在位时，开启了一扇统一天下的大门。可惜，这扇门却被他的儿子楚怀王关上了。楚怀王关上大门后不仅上了一把大锁，还用电焊把大门彻底焊死了。

楚怀王熊槐的一生就是一部熊儿子败家史，"老子英雄儿好汉"这句话极不适用于楚国王室。如果楚威王在天有灵，一定怀疑儿子是不是亲生的，要不然这么英明神武的爹怎么生出这么个蠢儿子？

就在楚怀王继位的第六年，西方世界的战争狂人亚历山大大帝去世，他建立的横跨亚非拉的大帝国瞬间分裂。东方的楚国一跃成为当时全世界国土面积最大的国家，楚国人都觉得自己会有一个鹏程万里的未来。

可是风光背后往往暗藏危机。楚威王在生命的最后几年就嗅出了来自秦国的威胁，还说过一段耐人寻味的话："寡人之国西与秦接境，秦有举巴蜀、并汉中之心。秦，虎狼之国，不可亲也。而韩、魏迫于秦患，不可与深谋，与深谋恐反人以入于秦，故谋未发而国已危矣。寡人自料，以楚当秦，未见胜焉；内与群臣谋，不足恃也。寡人卧不安席，食不甘味，心摇摇如悬旌，而无所终薄。"

这段话的意思是：楚国西边与秦国接壤，秦国有吞并巴蜀、兼并汉中的野心。秦国是虎狼之国，不能与它亲近。而韩、魏两国迫于秦国的淫威，楚国不能和这两国深交。如果楚国与韩、魏两国深入地进行战略策划，很有可能被他俩出卖给秦国，那么楚国就危险了。我认为，楚国与秦国对抗，不一定能取胜；与群臣商讨对策，可他们又不靠谱。于是我吃不香，睡不着，心就像一面挂在空中的旗子，毫无着落。

楚威王奉行的是独立自主的外交策略，尽量不参与国与国之间的结盟运动，谁也不得罪，谁也占不了楚国的便宜。可儿子楚怀王是一个脑回路清奇的人，他奉行的外交策略是只要有便宜就尽量占，有便宜不占的是大傻瓜。

满怀希望的公孙衍风尘仆仆地来到楚国郢都，随后受到了楚怀王的隆重招待。

席间，公孙衍对楚怀王说："秦国欺人太甚，是一个流氓国家！赵、魏、韩、燕四国决定合纵，共同抗秦！"

楚怀王面露笑意："好！"

公孙衍："可是四国合纵还是难以对付秦国，我们还需要楚国老大哥的帮助。楚国是天下第一的超级大国，只要楚国加入，我代表四国愿尊奉楚王为纵约长！"

楚怀王激动地说："好！"

公孙衍："感谢楚王为天下苍生主持公道！楚王才是全天下诸侯的领袖！"

公孙衍拍完楚怀王的马屁后，楚怀王拿出相国印章交给公孙衍："从今天开始，你就是楚国的二把手！"

公孙衍乐开了花，认为这相当于楚国答应加入合纵。公孙衍自以为完成了使命，于是返回了魏国，另四国也都把相国印章授予他。公孙衍身挂五国相印，一时成为全天下最拉风的男人。

然而，相国没有实权，相印只不过是一枚橡皮图章。

其实楚怀王也在打自己的小算盘。从春秋时代，楚国与秦国就结成死党，对付共同的敌人晋国。春秋末年，楚国被吴国打得差点亡国，要不是秦国发扬国际主义精神，义无反顾地帮助楚国击败吴国，有没有后来的楚国都是个问题。

因此，几百年来，秦楚互为兄弟，有着用鲜血结成的战斗友谊，两国王室之间也一直通婚。秦惠文王娶了一个楚国宗室女子，叫芈八子（楚国王室姓芈氏熊，八子是嫔妃的称号），她的儿子就是后来著名的秦昭襄王。

楚怀王并不想得罪秦国，可是自己又想号令天下，舍不得拒绝这送上门来的纵约长。那该怎么办呢?

答案是：脚踩两只船。一只脚“踩”四国，另一只脚“踩”秦国。

楚国对四国说自己愿意履行纵约长的职责，不过楚国路途遥远，所以来得慢。如果四国打赢了秦国，楚国就参与对秦作战，拾取胜利果实；如果四国打输了，楚国也可以置身事外；而在四国攻打秦国前，楚国又先向秦国通风报信，让秦国明白楚国与自己是铁杆盟友。这样如果秦国赢了，也不会和楚国翻脸。

哪怕是普通人谈恋爱，脚踩两只船的行为一般都会翻船，更何况楚怀王这是在和几个国家博弈呢！两边下注的做法，只会让楚国这艘航母翻个底朝天。

而公孙衍对楚怀王背信弃义的操作浑然不知，多国伐秦的准备工作在有条不紊地进行着。

公元前318年，函谷关外，黑压压的联军挤满了崤函道。公孙衍身挂五国相印，威风凛凛地站在战车上。一阵风吹过，五颗相印相互撞击，发出的清脆声让公孙衍无比兴奋，但眼前高耸入云的函谷关又让公孙衍逐渐收起了快意。

这座险隘正是自己造的孽。十几年前，公孙衍从魏国跳槽去了秦国，还作为带路党率领秦国大军发动雕阴之战，不光帮秦人夺回了河西之地，顺带把秦人念叨了几百年的崤函道给夺了过来。

拿下崤函道，秦人就此打开了通往中原花花世界的大门。既然有了通往新世界的大门，那么就要给这门安上锁，决不能让外人随随便便进出。于是，秦人开始修建举世闻名的函谷关。

公孙衍望着眼前的函谷关，此时他的内心无比后悔，悔不该当初带着秦军拿下此处天险。古代没有火炮，联军要攻下秦人依靠地形优势修建的函谷关，难度可谓是史诗级的。

攻坚难度大，只能用人海来填。可是一个严肃的问题又摆在公孙衍面前：现在来到函谷关前的联军就只有赵、魏、韩三国。

说好的五国伐秦，怎么只来了三个国家，楚国与燕国去哪儿啦？燕国远在天边，实力又不行，来不来无所谓，可是楚国必须要来啊！楚国可是纵约长，主角不来，这出伐秦大戏没法演呀！

公孙衍没等来楚军，却收到了楚怀王的一封信："我们楚国军队庞大，动员起来需要花很长时间。你们先上，我军很快就到。"

公孙衍看完差点喷出一口老血。纵横江湖这么多年，向来都是自己忽悠各国国君，没想到这次竟栽在了不靠谱的楚怀王手里。

伐秦的大戏已经开幕，也只能硬着头皮演下去了。

于是有趣的一幕上演了：函谷关里的秦人时刻准备抵挡敌军的进攻，而关外的赵、魏、韩始终在焦急地等待楚国大军。

函谷关的秦军天天对城下联军喊："你们到底攻不攻啊？"

城下的联军回答道："有种你下来！"

这样的对骂竟成了交战双方的娱乐活动，持续了整整一年。

终于有一天，联军在叫骂时发现城上没有人回应，城门却打开了。数不清的秦军从函谷关出来了！

面对从函谷关杀出来的秦军，赵、魏、韩联军猝不及防，连军阵都没有来得及列，队伍就被冲垮了。三国联军丢盔弃甲，一路向东狂奔，秦军在后面一路猛追。

此战，三国联军被秦军斩首八万两千人，韩国将领申差被俘。侥幸逃出生天的数万联军将士又累又饿，而四周除了壁立千仞的山石之外什么都没有。几万残兵败将上演了真人版的荒野求生，把逃跑路上的生物全吃光了。

公孙衍在逃跑途中，一边吃着从路边石头缝里扒出来的黑暗料理，一边看着腰上的五国相印。他明白自己的职业生涯彻底到头了："张仪，我输了，你小子以后再也没有对手了……"

说完，公孙衍把这五枚相印一把拽了下来，扔在荒草之中。

公元前317年，著名国际运动组织者、五国名誉相国、纵横家公孙衍正式退出历史舞台。

平心而论，公孙衍首开合纵抗秦模式，无论是五国相王，还是五国抗秦，从组织规模上来说都很成功。可惜，他遇到了一个堪称奇才的张仪，更遇到了一群堪比猪队友的诸侯。

如果不以成败论英雄，公孙衍在乱世之中能借助时势，运用自己的才华搅动天下格局，单从这方面来说，他算得上英雄。

而让公孙衍身败名裂的楚怀王，即将用他堪忧的智商把楚国带入万劫不复的深渊。

拾贰

秦国不相信眼泪

惊天骗局

秦惠文王与张仪都觉得，从楚怀王在这几次国际对抗中的表现看，他就是一个傻瓜。的确，楚怀王一生中的大脑思维始终位于两个极端，要么是没头脑，要么是不高兴。

可是秦国也不敢轻易对付楚国。秦国自从打服了韩、魏之后，与其结成了新的连横同盟。楚怀王也并非没有警觉，他主动与齐国结盟，结成了新的合纵同盟。虽然秦国已经成为第一大国，但是面对齐、楚两大国的联手，也丝毫不占优势。秦惠文王就开始打起了坏主意。

这也是秦惠文王与他老爹秦孝公最大的不同。秦孝公属于低头拉车、埋头苦干的国君，老老实实地一点一点扩充自己的实力，而秦惠文王不光会低头拉车，还会抬头看路，探索新的方向，寻找新的办法。

很多国家在博弈时会采用“先礼后兵”的正规套路，而秦惠文王摸索出来的则是“先诈后兵”的小人套路。

“先诈后兵”的使用套路很简单，因为天下很少有人在巨大利益的诱惑面前不动心。一般来说，只要抓住人性贪婪的弱点，装出关心他、帮助他的样子，给他许诺未来有巨额报酬，贪婪的人就会心甘情愿地上当受骗。等贪婪之人发现上当受骗，要来讨还公道时，诈骗分子再用暴力手段打跑受骗者。

秦惠文王作为一国之君，为何会使用“先诈后兵”的小人套路呢？答案是，世道太险恶。各国诸侯都不是省油的灯，在那个没有信用评级的时代，正义是可望而不可即的，充斥在诸侯之间的只有无尽的欺骗。

为了完成此次诈骗计划，秦惠文王将自己的得力干将张仪派往楚国。

张仪既是秦国相国，也是驰名天下的纵横家，但他更愿意在各国诸侯面前扮演成功学导师。张仪的套路一般是先找出你遇到的现实困境，进而忽悠你走向成功之道，让你心甘情愿地付费。支付方式是国家利益，收费人则是秦国。魏惠王就是张仪的学员，硬生生地被骗得血本无归，直到死前才醒悟。

公元前313年，张仪领命后前往楚国。在前往楚国的路上，张仪内心充满波澜。十几年前，自己刚从鬼谷子门下毕业，求职去的第一个国家就是楚国，没想到却被楚国的老令尹当作小偷，给打成了血人，只剩下半条命。现在老令尹早已不在，而张仪则摇身一变成了大秦国的相国，天下诸侯都被自己玩弄于股掌之中。

“楚王，我来了！听说你脑子不好使，那就赶紧为你堪忧的智商付出巨额学费吧！”

张仪作为秦国使者，来到阔别多年的郢都后很快就得到楚怀王极高的礼遇。楚怀王安排张仪住进上等的国宾馆，并亲自到宾馆里安排他的食宿。

楚国表面与齐国结盟，可是也还没有与秦国撕破脸，毕竟两国睦邻友好了几百年，相互还通婚。

张仪对楚怀王客气地行过礼后，直接就说：“秦王托我给楚王您带句话。”

楚怀王笑道：“客气啥，我楚国是个偏僻的地方，先生有话直说。”

张仪：“东方的齐国太嚣张，有称霸天下的野心，秦国想教训教训这个小霸王。可是齐、楚两国有盟约，楚国又和秦国世代友好，就怕秦国攻打齐国时，楚国进退两难！”

楚怀王听完面露难色。张仪赶紧又说：“大王，请您不要纠结。我是鬼谷子大师的高徒，更是引领君王实现宏图霸业的灵魂导师，我关注您很久了。”

听到这句话后，楚怀王浑身一震。张仪可是位名动天下的高人，他这么关注自己，莫非是看好自己?

“秦、齐两国交战，楚国只能选择一边站队。楚国与秦国结盟，是低风险高回报，毕竟秦国的综合实力要比齐国强很多！”

楚怀王也点点头。

张仪又说：“如果大王与齐国断交，废除盟约，秦国也不会亏待您。我们愿向楚国献出商於六百里土地，让秦国的美女做您的妾婢，秦、楚两国继续相互通婚，永结兄弟之邦。”

“先生，你刚才说，愿献出哪里的土地啊？”楚怀王惊讶地问道。

“大王，是商於六百里土地！”张仪笑道。

楚怀王听到张仪的回答一阵惊讶，紧接着内心又是一阵狂喜。

商於就是从商（今陕西省商洛市）到於（今河南省内乡县柒於镇）之间位于秦岭的六百里土地的合称。这块地物产并不丰富，但里面有一条重要的古道——商於道。这是秦国通往楚国的重要道路，连接着秦国富饶的关中平原和楚国的军事重镇南阳盆地。这条路中间还有一座极其重要的关隘——武关，谁占据了武关，就能控制商於道，就好比拿把刀抵在了对方的喉咙处。

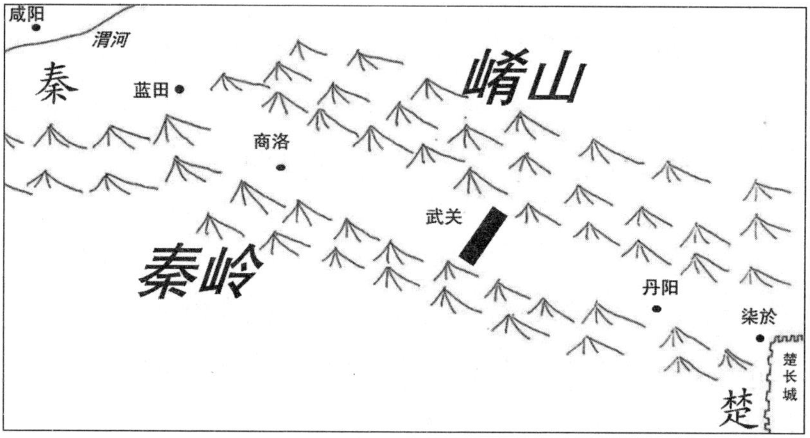

蓝田之战　商於六百里

楚国历代先王做梦都想拿下商於之地，但碍于秦楚友好关系，一直不敢动手。没想到这次秦国主动把这块大肥肉送到自己面前。被巨额利益冲昏了头脑的楚怀王立马答应了张仪的条件。

楚怀王感觉自己好棒。事实上，他就是个棒槌。

张仪在楚国期间不断与楚怀王促膝长谈，谈人生、谈理想、谈霸业。楚怀王发现自己终于找到了人生导师，给自己与楚国指明了前进的方向。楚怀王后悔当初没能重用张仪，让这么好的人才白白流失。为了表明对导师的尊重，楚怀王还给张仪举行了隆重的拜相仪式，张仪成为楚国的名誉相国。到了张仪回秦国复命的时候，楚怀王还对张仪依依不舍，给张仪的马车上塞满了金银珠宝。

楚怀王拉着张仪的手："张先生，楚国的未来就拜托您了！"

张仪爽朗地笑道："没问题！大王放一百二十个心！"

在回秦国的路上，张仪还与楚怀王派来负责交割土地的将军打得火热，双方称兄道弟。一路车马劳顿，一行人终于到了咸阳。

张仪正要下马车，突然传来"哎呀"一声惨叫。只见张仪一脚踩空，摔倒在马车下。伤筋动骨一百天，张仪因为摔伤，连续三个月没能上朝，楚国将军等不到交割土地，也只能干着急。

楚怀王收到消息后，心想一定是秦国想要先看楚国的诚意，于是他找来了勇士宋遗。

宋遗在楚国是个大名人，楚军每次出征都要带上他。此人因怀有一项特殊技能，从而成为只有一个人的独立军种。楚军只要与敌国交锋，就会把宋遗放置于阵前，然后他就会自动开启骂街模式，一张口就能把敌人骂得生不如死。由于宋遗骂的话字字带刀，敌人即便没有受到任何物理攻击，也有不少人倒于马下，不治身亡。因此，人称宋遗为"楚国骂街王"。

楚怀王派骂街王宋遗前往齐国，就是要臭骂齐王，好让齐国与楚国断交。

宋遗来到齐都临淄后受到齐宣王的接见，齐宣王却没想到这个楚国使者根本不管外交礼仪，一张嘴就咄咄逼人。好在齐宣王正值壮年，不然真被宋遗骂得心肌梗死。可是宋遗有使者的身份，齐宣王没法把他砍成碎片。无处撒气的齐宣王只好把象征齐楚联盟的符节掰断，砸向了宋遗。

齐宣王被彻底激怒了。要知道齐宣王也是一个狠角色，他继承了老爹齐威王留下的大好河山，不断开拓进取，将齐国推向战国的巅峰，连虎狼般的秦国都对他畏惧三分。猪头楚怀王千不该万不该招惹齐宣王，在十一年之后，齐国将推倒楚国大门，带着小弟在楚国境内横行肆虐。

楚国与齐国刚刚正式断交，张仪立马就康复了，还告诉楚国将军，自己会开始处理割地的事务。

一天秦惠文王正式举行朝会，处理割地一事，楚国将军也应邀到场。楚国将军说："秦王，我是奉楚王之命来接受商於六百里土地的。"

秦惠文王故作惊讶地问张仪："怎么会有这事？我们秦国给的不是六里吗，哪有六百里呀？"

张仪装模作样地回复："这一定是楚王听力不好，把六里听成了六百里。楚国将军听好了，我们要给的是六里！"

楚国将军先是一阵错愕，接着又是狂怒："我们楚人从来没有见过你们这帮厚颜无耻之人！等着瞧吧，你们秦人将会血流成河！"

楚怀王得到消息，终于明白过来，自己当初不但被人骗了，还帮着人数钱。恼羞成怒的他要向秦人讨回公道。

在诈骗楚怀王的过程中，戏精张仪还是下足了功夫的。他拿捏住了楚怀王的要害，在那个没有反诈骗宣传教育的年代，人们防范意识薄弱，这就给了诈骗分子可乘之机。所以楚怀王心甘情愿地跳入张仪挖的大坑中，也不是没有理由的。

然而楚怀王万万没想到的是，这只是他漫漫受骗路的开始。日后，他将成为战国"职业跳坑运动员"，荣获"战国第一大傻瓜"的称号。

公元前312年，楚怀王开始了维权行动。既然秦国不愿意割让商於六百里土地，那么楚国就自己用武力来夺取。豪横的楚怀王有着强烈的自负，毕竟自从他老爹楚威王征战四方以来，楚军还未尝败绩。

楚军以屈匄为主帅，率领大军沿汉水、丹水直扑商於道。秦军以魏章、樗里疾为主副帅，率领秦军出武关迎敌。这一仗终结了秦楚315年的友好历史，双方携手迈入一片鲜红的血海。

秦楚两国自公元前627年崤之战共同对抗晋国后结下了兄弟般的友谊。当年吴国灭楚战争中，要不是秦国仗义相救，楚国可能就不复存在了。有意思的是，当年救楚的是秦国，后来亡楚的也是秦国。

两支大军最终在丹阳（今河南省西峡县丹水附近）相遇，大战一场。

没想到，楚军有多大脸，就现多大眼。楚军败得有多惨呢？我们可以参看秦军的统计数据。由于秦国有二十级军功制，所以每次大战结束后，为了给将士晋升爵位，秦军都要认真仔细地核算斩杀敌军的人头数。据史料记载，这一仗，秦军斩杀楚军甲士的人头达八万颗之多，俘虏主将屈匄及列侯、执珪（高级爵位）七十多人。

不服输的楚怀王又发动蓝田之战，结果也以惨败收场。

虽然经历两次大败，但智商一直不在线的楚怀王从不检讨自己所犯下的错误。他做梦都想把诈骗犯张仪碎尸万段，万万没想到的是梦想竟然成真了，张仪突然主动送上门来！

蓝田之战结束后没多久，秦国派来一位使者传话给楚怀王："秦国想用商、於的土地换楚国黔中之地（今重庆巫山县至湖南怀化黔城一带）。"

楚怀王心里清楚这又是一次诈骗，气愤地要把秦使遣送出境。就在秦使灰溜溜地准备退下大殿时，楚怀王又回想之前的惨败。他按压不住心中的怒火，手指着离去的秦使："你们秦人就是一群骗子！有种你们把张仪送过来，我就把黔中给你们！"

此话一出，秦使停住了脚步，立马转身对楚怀王说："楚王所说当真？"

"当真！"

"好嘞！我们一定包您满意。"

傻乎乎的楚怀王又被秦人抓住了软肋。秦惠文王一朝君臣早已集体进化成了人精，他们插上毛比猴儿精，拔了毛比人精，只要察觉到敌人露出马脚，他们就会用高超的计谋玩弄敌人于股掌之中。

在秦国君臣眼中，只要能得到黔中之地，别说送张仪了，就是送国君的老婆都可以。

不过，秦惠文王还是把张仪召来，想听听这位大纵横家自己的想法。

张仪："楚王想得到我，我就亲自去一趟，如他所愿。"

秦惠文王："楚王那么痛恨你，你去了之后不怕他杀了你吗？"

张仪笑了笑："当纵横家，不光要有三寸不烂之舌，更要会察言观色。以我对楚王的了解，此人色厉内荏，表面看似豪横，内心却极其虚弱。只要秦强楚弱，他就不敢对我怎么样！况且我曾经在楚国待过一段时间，楚王身边的宠臣靳尚是我的好朋友，靳尚又侍奉楚王爱妃郑袖。楚王对郑袖言听计从，届时我可以通过靳尚的关系来疏通。”

“路上小心，希望你平安回来！”秦惠文王拉着张仪的手说道。

这对君臣从年轻时结识，十多年来，携手共进，互相成就了对方，也造就了一个超级大国。这两人与其说是君臣，更不如说是知己。

秦惠文王对张仪临走前的嘱托也并非客套，而是出自真心。他一继位就干掉了权倾朝野的商鞅，接着起用了公孙衍，可见此人绝非善类。他最后终于找到与自己气味相投的张仪，张仪也成为秦惠文王最称手的神兵利器。

张仪紧紧地攥着秦王的手。多年的寒窗苦读，怀才不遇，在楚国被当作小偷遭受的屈辱，都是为了有朝一日能够遇到慧眼识珠的君王。如今，他终于遇到了能重用自己的君王。士为知己者死，为了眼前的君王，纵使楚国是刀山火海，也得冒死去一趟。

离开王宫后，张仪就收拾行李，再次踏上去楚国诈骗的凶险旅途。经过一路的旅途劳顿，张仪又来到郢都城下。

进城前，张仪让自己的仆人带着金银珠宝和一封信给靳尚，希望靳商从中斡旋。进入郢都后，张仪果然被楚怀王下令押入死牢。此时，靳尚作为他在楚国的内线，开始发挥重要作用。

靳尚作为楚怀王的宠臣，如同怀王肚子里的蛔虫一样，知道这位主子脾气大，不好说话。如果现在贸然求怀王赦免张仪，搞不好自己也要搭进去。既然搞不定老板，就从老板娘下手。于是靳尚求见楚怀王最宠爱的妃子——郑袖。

郑袖集楚怀王万千宠爱于一身，为了郑袖，怀王可以上九天揽月，下五洋捉鳖。靳尚见到郑袖后，并没有直接说请求她帮忙，而是编了个谣言吓唬郑袖：“大王抓了张仪，张仪是秦国的重臣，秦王非常爱惜人才，打算用土地和美女换回张仪。听说秦王送来的美女不是一个，而是一群，个个都是肤白貌美气质佳的人间尤物。到那时大王被这些美女迷得五迷三道，哪还会想起您啊！”

“啊！”郑袖听完非常惊恐。她想想自己的夫君，本来就不是什么正经本分的人，幸亏自己美若天仙、气质出众，才从楚王的后宫中脱颖而出。没想到，自己好不容易从众妃子中杀出一条血路，终于独霸后宫，到头来还要对付组团来的外籍美女。

郑袖越想越抓狂，当天晚上她就行动了起来，使用了男人最害怕的必杀技——一哭二闹三上吊。

楚怀王一进寝宫就看见郑袖哭得梨花带雨，房梁上还挂着三尺白绫，当即被吓了一跳："美人，你被谁羞辱啦？有啥想不开的，本大王替你做主！"

郑袖扑入楚怀王的怀中："秦人会羞辱我。"

楚怀王满脸写满了问号："秦人离楚王宫远着呢，怎么羞辱你？"

"大王，张仪当年欺诈楚国，只不过是各为其主。现在秦强楚弱，如果大王把张仪杀了，到时候秦国兴师问罪，楚国怎么抵挡？我请求大王让我们母子二人前往江南，不要让我们成为秦人刀下的鱼肉！"

楚怀王看着郑袖在自己的怀里痛哭，不禁开始怜香惜玉。枕边风被郑袖闹成了枕边龙卷风，被龙卷风思维扰乱的楚怀王，大脑早已停止运转，启动了下半身思考模式。

无数的历史经验教训告诉我们，一旦后宫干政，君王做出的决定往往都是无厘头的。战国第一大傻瓜楚怀王下令释放张仪，并以礼相待。

楚怀王召见张仪时脸色略显尴尬。眼前这位满嘴跑火车的家伙把自己骗得好惨，可惜心爱的女人为他求情，否则早就把他碎尸万段了。而张仪不愧是行走江湖多年的纵横家，吃了几天牢饭，结果面对自己曾经欺骗过的楚怀王，竟没有一丝愧疚。

张仪面上波澜不惊，而心中其实已经在思忖着如何进行下一轮忽悠："楚王，您最好与秦国重归于好。楚军主力已全军覆没，如果秦国再次联合韩、魏两国进攻楚国，楚国将危若累卵。秦国备足兵马粮草，乘船顺江而下，不出十日便到楚境。船上装足够五十人吃三个月的粮食，一天可行三百里，即使路程再长也不花什么力气。如果秦国再引一路兵马从武关出击，那么楚国北部将落入秦国手里。届时，楚国只需三个月就会灭亡。大王，我真的是为您担心啊！"

楚怀王默不作声，他心里也怂了。楚国与秦国相比，确实没有多少可以博弈的资本，况且秦国还可以两路出兵攻打楚国，就如同两把利剑时时悬在楚国头上。事实上，张仪也没有夸大其词，后来秦国的拔郢之战走的就是这两条路线。

无奈之下，楚怀王也只能认怂："张先生，之前是我做得不对。请您回去之后代我向秦王转达我的修好之意，楚国愿与秦国永结兄弟之邦。"

于是，张仪平安地离开了楚国。楚怀王安心了，郑袖放心了，靳尚舒心了。唯独一个人揪心了，这就是楚国的三闾大夫屈原。

屈原刚从国外出使回来，他听说张仪被放走了，差点喷出一口老血。屈原立马求见楚怀王，要求抓回张仪："大王，放张仪回去那是放虎归山。不如将张仪攥在手里，要挟秦国。"

楚怀王这才如梦初醒，终于找回正常人的思维，下令追回张仪，可惜张仪早就跑回了秦国。

张仪这一趟去楚国虽然没有骗到任何利益，但是却探明了楚国的虚实。楚国面对强大的秦国绝不敢轻举妄动，于是日后秦国攻打他国时可以肆无忌惮，根本不用担心楚国掣肘。

但百密终有一疏。从未算错的张仪还是没有算得过老天爷，当他完成胜利大逃亡，兴高采烈地来到武关时，收到了一个晴天霹雳般的噩耗："国君已经病死，你被开除了！"

余生很长

哪怕从未惧怕过任何事情，但张仪的身体此刻就像被放空的气球的一样，一下子瘫倒在地上，一动不动。

在医疗技术极其落后的古代，一个健健康康的人指不定哪天就突然暴毙。张仪万万没想到，四十四岁正值壮盛之年的秦惠文王会突然撒手人寰。自从离开鬼谷子后，张仪自以为凭着盖世才华，可以成为历史大浪中的弄潮儿，万事万物尽在自己的掌控之中。他的确做到了这一点，可是他却忽略了秦国君主专制机器的可怕。

这是伟大的商鞅一手打造的机器，新君王如果感觉这台机器的操纵杆不顺手，可以直接换掉，完全不影响使用体验，就连这台机器的制造者商鞅本人也被无情地替换掉了。即使是张仪这样的天纵英才，在秦国专制机器面前也只不过是一个随时可以被替换的零部件而已。张仪最后才明白过来，原来自己也在被历史无情地左右着。

公元前311年，秦国太子嬴荡继位，这就是素有“秦国第一健美先生”称号的秦武王。他继位后要给自己选一个新相国，于是张仪只能靠边站。

张仪回到故乡魏国，并被聘为相国。他就像一头垂死的大象，孤独地跑到自己的墓地，等待末日的到来。第二年张仪便去世了，战国第一纵横家就此陨落。

在张仪之前，战国已经有了布衣卿相，但是这些平民出生的人都是给君王打工的。而张仪的出现，却让那些高高在上的君王成为被平民戏耍的对象。即使张仪使用的手段不道德，他也是平民挑战王权的佼佼者。

秦国不相信眼泪，只相信权力。

秦国自从商鞅变法以后，老板秦君给自己找副总时是有规律可循的，那就是找同类。

这一点看起来非常有趣。中国古代，绝大部分封建王朝的君主在给自己找副总时，必须要一物降一物，生怕自己的副总不听话，把自己架空了。而秦国虽然是高度的君主专制，但在国君与相国之间的关系却像是朋友、师生，相对比较平等。

毕竟天下没有统一，外部市场竞争激烈，主副手必须打好配合，才能应对一场场艰险挑战。所以秦君历来都要给自己找一个用得顺手的副总，比如秦孝公找了商鞅，秦惠文王找了张仪，秦武王找了甘茂，秦昭襄王找了范雎，秦庄襄王找了吕不韦，秦始皇找了李斯。

秦武王虽然年纪轻轻又肌肉发达，但是想得也很细。他心里清楚，自己才十九岁，太嫩了，甘茂政治经验也不足，秦国大事小事还是要依靠智囊樗里疾。可是嬴荡对樗里疾也时时提防，毕竟樗里疾是自己的叔叔，万一哪天他大权独揽，来一场杀侄政变，也不是没有可能。

怎么办呢？秦武王采用了最常用的一条管理法则——分权。大臣手中的权力被削弱了，自然对国君的威胁就减少了。

从此时起，秦国的相国之位将分成左丞相与右丞相，右丞相职位略高于左丞相。樗里疾担任右丞相，甘茂任左丞相。想削权的秦武王高兴了，想当相国的甘茂也高兴了，还有另一个人也很高兴，她就是惠文后。

惠文后熬了多年，终于熬到自己主宰后宫的这一天。秦惠文王活着的时候，惠文后有一个死敌，就是嫔妃芈八子（八子是嫔妃的称号）。芈八子是楚国的公主，天生丽质，深得秦惠文王的喜爱，更要命的是芈八子还生了一个儿子嬴稷。虽然嬴稷长得没有嬴荡壮，但是他比嬴荡更加聪明。

世间最强大的恨莫过于后宫女人之间的恨，这恨如同毒酒一样，随着时间的流逝，毒性一步步增强。

现在，后宫是惠文后说了算。芈八子从先君那里抢走了太多的宠幸，让惠文后空虚寂寞冷，现在惠文后也要让芈八子感受到什么叫孤独的煎熬！

于是惠文后找了自己的儿子秦武王，秦武王顿时明白了老妈的心思。

有一天，突然一群人马来到芈八子与嬴稷面前："为增强秦燕两国友谊，大王命公子稷前往燕国做人质！"

母子两人蒙了。燕国是战国七雄中离秦国最远的国家，压根儿不与秦国接壤，几乎就是天下的边缘地带，去燕国就和流放一样。

此时只有十六岁的嬴稷来不及反应，直接就被送上了马车，朝燕国驶去了。芈八子什么也做不了，只能望着儿子随马车远去。她很愤怒，从那一刻起，芈八子暗下决心一定要让惠文后母子付出代价。

嬴稷这个当了人质的公子和曾经威震天下的纵横家张仪一样，遭到了秦国的抛弃，却也踏上了属于自己的旅程。

嬴稷到了燕国后，寄人篱下过了三年。这三年的经历却成为嬴稷一生的财富，让他从一个少年迅速成长为一个有志青年。更重要的是，他的余生真的很长。嬴稷后来成为秦国在位时间最长的国君，长达五十六年。

“撸铜”毁一生

嬴稷之所以能成功逆袭，关键还要感谢他那热爱健身的哥哥嬴荡。

秦武王嬴荡打从娘胎里出来，就食量惊人，而且力大无穷，于是年少的嬴荡走上了健身这条不归路。

嬴荡作为一国之君，在健身方面唯一需要考虑的就是健身器材与教练。

如今健身房里常见的铁质器材比如杠铃等，在缺乏健身器材的战国时代通通是没有的。没铁可撸的秦武王就把眼光瞄准了当时常见的青铜器，有事没事就举个鼎玩。

为了科学健身，秦武王还聘请了三位“私教”，分别是任鄙、乌获、孟说。在三位私教的认真指导下，秦武王突飞猛进。如果秦武王有微信朋友圈的话，一定天天晒自己的健身器材与健硕肌肉。

健身是爱好，治国理政才是君王的正业。秦武王虽然热爱健身，但是心存远大志向，一心想入主中原。他的政绩也还算马马虎虎，即位不久就在甘茂的帮助下平定了蜀地的叛乱，还在公元前307年攻破韩国的宜阳，斩首六万。

韩国的宜阳是秦国进入中原的必经之路。攻破宜阳后，秦人可以毫无顾忌地出入中原，中原大地也就成了秦人的游乐场，周王室的洛邑也将成为秦人可以随时劫掠的对象。

一收到攻破宜阳的消息，兴高采烈的秦武王立马动身前往洛邑，要去亲眼见见天子居住的都城。而周天子听说秦军攻占宜阳后浩浩荡荡地行军直奔洛邑而来，躲在洛邑城内瑟瑟发抖，感觉世界末日就要到来。

秦武王在动身前，先派右相樗里疾率百乘战车打头阵，去洛邑看看周天子是什么反应，自己随后再率大部队跟进。此时的周天子是周赧（nǎn）王，这位仁兄是东周最后一位天子，没有实权不说，家里穷得吃了上顿没下顿。可能是因为贫穷，他吃不上大鱼大肉，只能吃绿色食品，这让他“待机时间”超长，在位时间长达五十九年。

东周自从平王东迁以后，周天子这个天下诸侯的老大就仅仅是个摆设而已，然而周王室就靠着洛邑周边巴掌大的地皮，居然从春秋活到了战国。

要问周天子周王室长寿原因的话，他会回答：“那是我们历代周天子心态好，我们就是历代王朝里的阿Q。”当年老家镐京被犬戎攻破，就当送温暖，我们搬到洛邑就是；被小霸王郑庄公欺负，就当是儿子打了老子，自我安慰一下就行了；楚庄王兵临洛邑，大言不惭地问九鼎重量，就当是朋友在开玩笑；赵、魏、韩想从打工仔变成大老板，要到我这里来注册，一概批准，这是助人为乐；现在秦王想到洛邑里来参观，我家大门常打开，欢迎你来参观。

没过几天，周赧王在王宫里听到城外传来雷鸣般的声音，连脚下的大地都在轻微地晃动。他明白，秦王来了，活了几百年的周王室将在自己的手里终结。

是福不是祸，是祸躲不过。“被迫营业”的周赧王只能挤出一丝笑容去面对秦军。此时的他感觉不到自己作为天子的尊严，只觉得自己像一只待宰的可怜羔羊。

周赧王怀着忐忑心情来到城门口，并且看到了虎背熊腰的秦武王和他身后一眼望不到头的秦军。他明白，秦王拥有天下最强大的军队，而自己拥有的洛邑城和九鼎相比之下显得多么微不足道。

傲慢的秦武王跟随着导游周赧王，开始了古都洛邑一日游。洛邑是七百年前的周成王时期建成的，每一栋建筑甚至每一块砖都是历史文物。秦武王饶有兴致地看着即将属于自己的洛邑，最后还跟着周赧王来到了周王室的太庙，见到了天下一级文物——九鼎。

传说九鼎是大禹铸造的，象征着天命。只有占有九鼎，才是天命所归，天下主宰。也正因如此，九鼎曾被多少人惦记，它渗透着人们的欲望与贪婪。

秦武王一边端详着九鼎，一边抚摸青铜铸造的鼎身。突然间，秦武王脑子抽风了。

作为秦国第一健美先生，青铜器就是秦武王的健身工具。好久没有健身的秦武王，看见青铜铸造的九鼎，突然产生了条件反射，手痒了起来。正巧健身教练孟说也在身边，于是秦武王指着九鼎说：“孟说，我一路上坐在车里，好久没有健身了，我们来举鼎吧！”

君要臣举鼎，臣不得不举。孟说很快按照老板的要求完成了漂亮的挺举，周围秦军将士不停地叫好。

秦武王不甘示弱，走到一只鼎前，要和孟说比赛。

我们看奥运会举重比赛时，运动员要先称体重，分公斤级比赛。选手在举重之前都要做热身运动，然后举重的杠铃逐级增加重量。而秦武王没有做这些准备，这就为灾难埋下了伏笔。

在众人的注视下，秦武王完成了一连串漂亮的举鼎动作。然而就在秦武王把鼎举到空中时，灾难发生了！由于秦武王没有抓牢，只听“哐当”一声，鼎砸落在地，秦武王膝盖以下的部位被砸成了肉酱！

周围的人赶紧把鼎挪开，并且对秦武王进行急救，然而在医疗条件极端落后的战国时代，断肢、大出血就等于宣判死亡。二十二岁的秦武王在众人的注视下闭上了眼睛，自己的伟大前程就被自己的健身爱好给彻底毁了。

从此也诞生了“举鼎绝膑”的成语，意思是能力小、不堪重任。秦武王的死也对后世众多健身者起到了警示作用，比如力能扛鼎的项羽就绝对不会去举超过自己举重极限的鼎。

周赧王在一旁被吓得昏死过去，好在周围人又是掐人中，又是泼冷水，终于让他苏醒过来。他醒来后以闪电般的速度把仪仗队换成身穿白衣素服的送葬队伍，还亲自为秦武王披麻戴孝，哭得像泪人似的，比亲爹死了都难过。他只求秦国对自己宽大处理，毕竟秦武王是自己作死，和周赧王可没有关系。周赧王最终躲过了一劫。

远在咸阳的惠文后与武王后收到噩耗后哭得死去活来，这两个女人的荣华富贵都拴在了秦武王身上，秦武王的死对她们来说就是晴天霹雳。更让她俩感到绝望的是，秦武王天天忙着打卡健身，把传宗接代的大事耽误了，继位三年却没有生出儿子，空缺出来的王位必将成为诸多公子觊觎的对象。

惠文后与武王后并没有做错什么，但是无论她俩如何歇斯底里地哭泣，依旧换不回来秦武王的性命与自身的荣华富贵。因为秦国不相信眼泪，只相信强者！

拾叁

中国第一太后

芈八子

咸阳城内即将刮起一阵腥风血雨。

健身狂人秦武王把自己活活作死后，秦国宫廷云谲波诡。隐忍多年的芈八子抓住时机，开启了不同寻常的人生。

芈八子是楚国的公主，后嫁给了秦惠文王，原本她只想做大王心中的小女人，然而在残酷血腥的宫廷斗争中，她硬是把自己活成了比大王还厉害的女人。她干掉了自己的政敌，把自己的儿子扶上了王位，天下最强大的秦国被她一手主宰。她就是中国历史上第一位干政的后宫女人——宣太后。

在女独裁者中，宣太后比历史上另外两位干政的女人活得滋润多了。

女皇帝武则天辛辛苦苦熬到大权独揽，可惜娘家人武氏全是饭桶，女皇只能完全靠自己。而宣太后的兄弟能文能武，都是能独当一面的。慈禧太后垂帘听政虽然威风八面，可是她作为寡妇，独守空帏数十年，空虚寂寞冷。而宣太后在老公死后依然风流快活，不仅光明正大地给自己找了一个情人，还生了两个儿子。直到死前，宣太后身边情人一直不断。

有的电视剧为了收视率，把宣太后塑造成人见人爱、花见花开的玛丽苏女主。可实际上，她是手段残忍、作风泼辣、令人胆寒的“黑寡妇”人设。

这位“黑寡妇”后来扩大了秦国的势力范围，成为山东六国的梦魇。每次山东六国使者前来秦国朝拜，当他们看见大殿中央坐着这位穿着黑色大礼服（秦人尚黑）的寡妇时，内心都充满了敬畏与恐惧。

此前，芈八子在咸阳城内收到秦武王死讯后，立刻把自己的亲戚都叫来。

芈八子嫁到秦国，不是自己一个人来的，她还带来了同母异父的弟弟魏冉和亲属向寿。这两位亲人虽是楚国人，可是跟随芈八子来到秦国后加入了秦国军队，并且立下战功，成为秦国的高级将领。尤其是魏冉，逐渐成为秦国军界冉冉升起的一颗新星。

更重要的是，魏冉和向寿在军界多年，都与老将樗里疾有交际。俗话说，多一个朋友多一条路，樗里疾和芈八子都与秦武王母子有过节，在秦武王意外死亡之后，此时秦国最有权威的樗里疾和芈八子就成了天然盟友。

此时，咸阳城气氛异常紧张。城内，芈八子俨然成为实际的主宰；城外，魏冉、向寿、樗里疾各自统率着军队向咸阳城集结。他们四人组成复仇者联盟，要向秦武王遗孀讨回原本属于自己的东西。

惠文后与武王后两个无依无靠的女人十分清楚，女人一旦狠起来比男人都可怕，只要芈八子的外援到了，自己就要和秦武王会合了。为了活命，这婆媳俩只能逃出咸阳。

没几日，咸阳城外数十万大军云集。咸阳城门被缓缓打开，芈八子从城门走出来，隆重地迎接属于自己的军队。将士们都匍匐在先君秦惠文王的遗孀芈八子面前，不管是达官贵人还是平民百姓此刻都明白，秦国如今不姓嬴，改姓芈了。

芈八子在军队簇拥下回到了王宫，坐在大殿之上。这时，人们发现了一个巨大的问题：

新任国君呢？

楚国外戚

秦国作为一个高度君主专制的国家，所有权力都是集中在国君手中的。芈八子之所以能登上秦国政治巅峰，就是因为她是公子稷的母亲，她的权威来自儿子的国君身份。说直白点，她就是狐假虎威。

然而此时，嬴稷尚不知道自己已经成为秦国国君，他还在燕国当人质。老虎不在，狐狸还怎么逞威风？芈八子赶紧派使者前往燕国，接回自己的宝贝儿子。

燕国当时的国君是燕昭王。燕昭王有个脑回路异常的老爹，头可能是被驴踢了，竟然把国君之位禅让给了相国，造成燕国大乱。齐国趁势攻打了燕国，经过数年战乱，燕国被打成拆迁工地。燕昭王这位新任国君家里被强拆了，自己连个拆迁安置房都没有。

在吃了上顿没下顿的窘况下，燕昭王没有等来国际援助，却等来了个秦国公子稷。燕国跟秦国八竿子打不着，没有任何利害冲突，秦国却送来一位公子当人质。对燕国来说，送个人质还不如送头猪来有用。

嬴稷在这个时候到燕国当人质，也只能受苦了，因为燕国实在太穷。没办法，就当是来体验生活吧。

嬴稷就这样在苍茫的燕国大地上开始了苦难的生活。

对于普通人来说，苦难是命运套在脖子上的枷锁，只会让人感到绝望与痛苦。可对于有志向的人来说，苦难却是老天赐给自己磨炼意志的机会，等到痛苦化作铠甲，苦难成为宝剑，就能乘风破浪，纵横天下。

穷得只能吃土的燕昭王就像一名丐帮帮主，带领他那些穷得像乞丐一样的百姓，重建了一个新国都。在苦难的磨砺下，越发坚韧的嬴稷也从燕昭王身上学到了如何做一名好国君。

嬴稷就这样在燕国度过了苦难的三年。他本以为自己会在燕国了此残生，所以当秦国使者匍匐在他身前，口中大喊道“国君”二字时，嬴稷有些恍惚。命里有时终须有，老天给他的礼物终于到货了。

燕昭王欢天喜地地送走了吃白食的嬴稷。嬴稷途经赵国，此时在位的赵武灵王是战国历史上最特立独行的君主，更是贵族时尚界最靓的仔，因为他搞了胡服骑射。

在老顽固眼中，赵武灵王穿异域风情的胡服，直接骑在马上，简直是大逆不道。而赵武灵王却不管这些，对他来说，只要打仗时有用，这就是好东西，因此他打造了战国战斗力第一的骑兵军团。

嬴稷此时内心十分忐忑。三年前他路过赵国时，自己还只是一个被秦国抛弃的人质，如今自己却是秦国的国君。如果赵武灵王要花招，把自己抓起来当作肉票来要挟秦国，也不是没有可能。

可事实证明嬴稷完全是多虑，他进入赵国境内后受到隆重接待，一路畅通无阻地来到邯郸。在邯郸城内终于饱食一顿的嬴稷询问赵国官员："你们大王去哪里啦？我怎么一直没看到他呀！"

赵国官员笑道："我们也很少在邯郸看见国君。他经常待在北方的边疆，不是和胡人交战，就是养育战马。不过国君已经交代了，如果新任秦王路过赵国，一定要隆重款待，并且派兵护送回国。"

吃饱喝足的嬴稷坐上车，一路向西朝秦国开去，车上装满了赵武灵王送的土特产。平安到达秦国境内后，护送嬴稷的赵军就此告别。

不要小看赵武灵王护送嬴稷的这番善举。赵武灵王这番操作让嬴稷欠了他一份人情，日后，赵武灵王在位的日子里，嬴稷始终没有找赵国的茬，这也为赵国赢得了宝贵的发展时间，甚至发展成秦国统一天下之路上最恐怖的对手。

公元前306年，嬴稷进入咸阳王宫后，举行了隆重的登基大典。

尴尬的是，这场大典冷清得可怜，会场里基本只有里三层外三层负责安保的士兵，没有多少与会嘉宾，除了樗里疾以外都是嬴稷母亲这边的亲戚。母亲身后站着舅舅魏冉和向寿，还有自己的两个弟弟公子芾（fú）与公子悝。其他宗室成员寥寥无几，与嬴稷同辈的公子连个影都没有。

人气不旺，可仪式还是要举行的，登上王位的嬴稷就是大名鼎鼎的秦昭襄王。他在位期间，发动战争频率之高，歼敌数量之巨，在中国古代战争史乃至世界古代战争史上都很罕见。在天下诸侯眼中，这位暴打山东六国的秦昭襄王就是冥界的主宰，他麾下秦军所到之处皆是修罗地狱。

因为儿子当了国君，芈八子就不再适合用"八子"的称号了，于是她给自己想出了一个霸气的尊称——太后。由于她死后谥号为"宣"，所以她又被后世称为宣太后。"太后"这一称谓被后世王朝一直沿用，成为守寡的先君大老婆的专有称呼。

虽然秦昭襄王后来实力逆天，但此时他只有十九岁，毫无政治斗争经验，所以大事小事全由老妈包办了。成功上位的宣太后要回报樗里疾，在秦武王死后，手握重兵的樗里疾就是秦国地位最高的政治巨人，他的站队成为决定胜负的关键因素。

宣太后任命樗里疾为新任相国，甘茂识相地逃离了秦国。樗里疾终于得到梦寐以求的相国职务，实现了自己的人生目标。得到相国之位后，樗里疾也很识趣，没有掺和即将到来的宗室内斗，而是搞起了风水研究，变成著名的神棍。

经历过多年宫斗的宣太后修炼得比狐狸还精，在儿子的登基大典上她就觉察到，那些没来的宗室成员必然有不可告人的秘密。一场腥风血雨即将到来，敌人在暗处，自己在明处，一定要做好万全之策。

越是宗室内斗，就越要重视用人。宗室彼此认识，私下关系盘根错节，所以血缘越近的人越可靠。彼时，樗里疾沉迷于分金定穴、阴阳八卦，宣太后清楚自己指望不上他了。

作为一个远嫁秦国的楚国人，相比那些土生土长的宗室子弟，宣太后唯一可以相信和依靠的就是娘家人。历史上，宣太后虽然生活作风不好，但是对家人那真是好得挑不出毛病。

咸阳是秦国的政治中心，宣太后就任命弟弟魏冉为将军保卫咸阳。同时，为了提防山东六国趁火打劫，宣太后又任命族人向寿驻守宜阳，还把另一个弟弟芈戎从国外招来，协助自己处理政务。

不经意间，宣太后一手组建了中国历史上第一个外戚集团。

一提到外戚，很多人就会想到“外戚干政”，其臭名程度和宦官干政不相上下。宦官在政治权力角逐中扮演着反面角色不难理解，但外戚可不一样。

外戚和君王不是一个姓，还会借助太后的势力为非作歹，架空君王权力。典型如西汉王朝，被外戚王莽篡位。更夸张的是东汉末年，宦官与外戚轮番祸害朝廷，最后东汉王朝直接倒闭关门。

这么一看，外戚确实像是一个政治毒瘤，但其实凡事都有其两面性。

君王专制就是要把所有大权集中到君王一人手中，全国上下就只有他一人说了算。高处不胜寒，专制君王是真正的孤家寡人。如果主少国疑，专制君王根基未牢，无法有效地行使手中大权，此时至高无上的王位就会诱惑各路野心家，其中与君王血缘最近的兄弟、叔叔便成为最具威胁的人物。

为了保护年幼的君王，震慑那些觊觎王位的宗室成员，君王母亲家的人便当仁不让地站了出来，成为君王唯一可以信赖并依靠的政治力量。

年轻的秦昭襄王只有十九岁，他所面临的是远远超出他的年纪与能力所能承受的挑战。

宣太后：“儿子，你放心！谁敢动你的王位，我和舅舅们组成的外戚天团就让他转世投胎，重新做人！”

宣太后一手打造的外戚天团成为中国历史上实力最强的外戚，不但保护了秦昭襄王，更为秦国鲸吞天下立下了汗马功劳。

毒辣的“黑寡妇”

公元前305年，秦昭襄王继位的第二年，他成年了。

一天夜里，一颗硕大而明亮的彗星拖着长长的尾巴划破秦国上空，就像一把扫帚一样。全国都目睹了这次天文奇观。可是在那个迷信成灾的年代，彗星的出现绝不是一个好兆头，人们都相信这预示着将有灾难发生。

宣太后仰望着夜空中不祥的彗星，内心有些忐忑。可她早已习惯了如履薄冰，早就想好了万全之策。

要巩固自己的地位，光靠身边的娘家人还不够，还要给自己寻求外援以扩充自己的实力。自己的儿子还是光棍，可以娶一个外国公主来与外国结盟。

虽是九五之尊的君王家，但除了不愁吃穿，家长里短与寻常百姓无异。宣太后考虑到将来可能存在的婆媳矛盾，聪明的她借鉴了死对头惠文后的做法，让儿子娶娘家的闺女。儿媳妇是自家的亲人，亲上加亲，婆媳矛盾不就解决了吗?

于是宣太后向楚怀王抛出了橄榄枝，向楚国提出了婚约。

楚怀王震惊了。楚国在战争中被秦国反复暴击，如今相当于重病在床，没想到老芈家的闺女竟然成为秦国的实际主宰，把秦国变成楚人开的分店了，再想想自己的未来女婿将是秦国国君，楚怀王做梦都要笑醒。

宣太后让儿子娶了楚国公主，这位新王后史称叶阳后。秦楚为了各自利益，化干戈为玉帛，再次走到了一起。

宣太后原本只想规避婆媳矛盾，却意外地制造出了一个有趣的现象：此后秦国后宫的历代最高权力者一直是楚国公主。秦昭襄王的儿子秦孝文王后来也娶了一位楚国公主，就是后来的华阳太后。就连鞭笞天下、威震四海的秦始皇，见到华阳太后也要恭恭敬敬地说声：“奶奶好！”

这时，彗星预示的灾难就要发生了，秦惠文王的另一个儿子公子壮造反了！

公子壮是庶子，母亲只是父王的小老婆，也没有外戚的支持。本来与王位无缘的他，却在秦武王死后意外地走上了历史舞台，因为他手握重兵。

公子壮在地方担任庶长，领兵打仗经验丰富。可造反毕竟是一件风险极高的创业项目，要么成功登基，要么失败杀头，手里有兵只是初步具备造反的资格。要想成功，必须有人支持，更要站在道义的制高点。而在这两点上，公子壮做得很成功。

公子壮不是一个人在作战，他身边聚集了除樗里疾以外的秦国宗室子弟，这些宗室子弟都痛恨以宣太后为首的夺走嬴姓江山的芈姓外戚集团。之前人间蒸发的惠文后与武王后此时也出现在公子壮的阵营里，惠文后作为秦惠文王的大老婆，她指定公子壮当国君，具有极强的合法性。

绝不允许外戚变更秦国的产权，秦国只姓嬴，不姓芈！一场嬴姓宗室对芈姓外戚的自卫反击战正式打响，造反大军浩浩荡荡地杀向咸阳。

宣太后作为楚人，充分发扬了楚人骨子里的蛮霸精神。她让魏冉在咸阳做好了防备，结果不费吹灰之力就把造反大军围剿了。公子壮战死，被俘的秦国宗室子弟不计其数。

当魏冉问姐姐如何处置这些宗室子弟时，宣太后做了一个杀头的动作。

渭水河畔，一大群被俘的秦国宗室子弟跪在河边，里面有大人、小孩，还有一位贵妇人，正是惠文后。站在河岸边的魏冉一声令下，刽子手将他们的人头砍下，尸首抛入河中，渭水一时被鲜血染成红色。

从这场对秦国宗室的大屠杀，可以看出宣太后手段之残忍，下手之狠毒，实在是名副其实的“黑寡妇”。

在秦国宗室子弟被集体毁灭后，国内再也没有人能对宣太后母子构成威胁。唯一一条漏网之鱼武王后逃到了娘家魏国，从此销声匿迹。

公元前304年，宣太后在荡平秦国内部敌对势力的第二年，为儿子举行了盛大的加冠礼。

精明的宣太后明白，搞定了内部敌对势力之后，她还需要一个和平的外部环境，方便自己的外戚天团像树根一样深深地扎在秦国的土地里。

作为一个外嫁的姑娘，需要寻求帮助的时候，第一个想到的自然是远在老家的亲人，于是宣太后派使者要求与楚国结盟。

楚怀王感觉自己转运了，之前遇到秦国总是厄运连连，现在不但秦王成了自己的女婿，秦国还要主动结盟，他二话没说立马答应：“都是自家人，跟我客气啥？会盟的主会场就设在楚国的黄棘，这里靠近秦国，方便秦王与太后出门。我楚王肯定百分之百尽好地主之谊。”

于是宣太后带着秦昭襄王像小弟拜码头一样，来到了黄棘。黄棘会盟由楚怀王与宣太后共同主持，双方在和平友好的气氛中，就如何加强秦楚两国同盟深入交换了意见，同时也回顾了秦楚十八代的同盟合作关系，并表示将继续保持加深友谊的通婚关系。双方都对之前惨绝人寰的丹阳之战、蓝田之战绝口不提。

秦楚两大巨人再次携手，天下将没有任何人敢在他们面前造次。宣太后回国后也忠实履行了黄棘会盟的条款。

有一次楚国攻打韩国，韩国派使者来向秦国求救。使者向秦昭襄王与宣太后阐述唇亡齿寒的道理，说如果韩国被楚国削弱，将出现一个强大的楚国，对秦国是不利的。

由于秦楚关系不断升温，再加上楚国是自己的娘家，宣太后不想出兵救援韩国，于是她讲了一个黄段子来回绝韩国使者。

黄段子一般是无聊的男子私下聊天解闷用的，难登大雅之堂。然而宣太后作为一个贵族妇女，不但在神圣的朝堂上堂而皇之地说了，更让人错愕的是，这个黄段子的女主角就是她自己。

宣太后露出坏坏的笑容："昔日我侍奉先王时，先王一条腿压在我身上，我感觉到很沉、很不舒服；但等到先王整个身子压在我身上，我就不觉得沉重了，这是为什么呢？因为这对我有好处，能让我感觉到舒服。我们秦国劳民伤财出兵帮韩国对付楚国，这对我们没有任何好处！"

在场的人全都惊呆了，谁也没想到宣太后作为国君的母亲竟然毫不顾及场合，讲这么低俗的段子。而且讲就讲吧，代入感还那么强，说得那么生动，自己还扮演女主角……

蛮横的宣太后就是这样的人，什么纲常礼法、颜面道德那都是狗屁！老娘就是活得率真，活得潇洒！

接着，宣太后干了一件更让秦国上下乃至天下诸侯都直呼毁三观的事——再婚。

事情是这样的：有一天，义渠再次进犯秦国，这让秦昭襄王与大臣很是头疼。领头的义渠王从秦惠文王时期就是秦国的"老朋友"，隔三岔五带着人到秦国边境骚扰，放把火、打个劫之类的。即使秦国把他打跑了，没隔多久他又回来了。义渠王就像是附着在秦国身上的牛皮癣一样，让秦国又疼又痒，却又无可奈何。

就在秦昭襄王与大臣没日没夜商量如何针对打击义渠王制订军事计划时，宣太后来了："你们这些男人，脑子里只有打打杀杀，一点儿都不灵活！看我怎么用美色征服义渠王！"

秦昭襄王和大臣的下巴都惊掉了，要知道宣太后此时已不是黄花大闺女，而是连儿子都加冠成年了。在人均寿命极短的先秦时代，宣太后已经可以归为老年妇女了。

然而宣太后就是这么不走寻常路，她派了使者向义渠王求婚。

义渠王也一把年纪了，从秦惠文王一直打到秦昭襄王，一辈子都与秦国交战。当他听说秦国使者前来求见时，还以为秦国是被骚扰烦了，派人来和谈，于是接见了使者。

使者："我们太后说，先王去世后她很寂寞，想和大王在一起！"

站在一旁的义渠将领怒斥道："那个老女人癞蛤蟆想吃天鹅肉！她孩子都成年了，竟然还想占我们大王的便宜！"

义渠王却站了起来，指着将领生气地说："休得无礼！秦国太后是我的梦中情人，我要和她相爱到永远！"

使者："太后想请大王去咸阳，共享人间繁华。"

义渠王："没问题，我马上收拾行李，跟你走！"

是什么驱使义渠王画风转变如此之快，难道真是为了爱情吗？那肯定不是，毕竟义渠王连宣太后长什么样都没见过。其实，还是因为义渠王太穷。

义渠如此偏僻，属于鸟不生蛋的蛮荒之地，主要创收模式就是打劫秦人，谁知道哪天就被秦人干掉，再也回不来了。谁愿意天天过这种刀尖舔血的生活呢？义渠王虽是义渠的领袖，可是跟战国七雄一比，他就是一个穷小子。在这个穷小子看来，当一个坐拥广袤国土与数不尽财富的富婆主动追求自己时，什么年龄、容貌、身材，那都是浮云，攀上富婆脱贫致富才是正道。

秦国群臣与全国百姓都在宣太后背后指指点点，但她丝毫不在乎。为了自己的儿子，为了完全掌控秦国，自己牺牲一下色相，没关系。

爱一个人需要勇气，来面对流言蜚语。

从此义渠王与宣太后在咸阳城过上了同居生活，尽管没领证也没办仪式，宣太后还为义渠王生了两个儿子。

义渠王在咸阳过着花天酒地的生活。从没有领教过宣太后毒辣手段的他，以为宣太后嫁给自己，秦国就是陪嫁的嫁妆，从此义渠与秦国就都是自己的了。然而，宣太后也在想同样的事情。

宣太后借义渠王情人的身份，一点点地向义渠渗透秦国势力。很多年过去后，因为义渠一直由宣太后打理，义渠王都忘记老家长什么样了。

对宣太后来说，义渠王只是自己养的一头猪，养肥了就该杀了。有一天，宣太后骗义渠王到甘泉玩，甘泉靠近义渠，义渠王也很想回家看看。

到了甘泉后，宣太后笑着对义渠王说："我们俩在一起这么多年，有时候我真想锤死你！"

义渠王以为这是情人之间的打情骂俏："亲爱的，难道你想用小拳拳捶我胸口吗？"

宣太后脸色一变："不是！"

宣太后话音刚落，义渠王身后的秦兵就挥动战锤砸了下来，将义渠王的头击得粉碎。只见脑浆四溅，鲜血也像喷泉一样溅到了宣太后身上。

看着昔日情人血肉模糊的身躯，宣太后略微有点怅然。或许自己曾爱过眼前这个男人，但相较之下，她还是更爱权力。

宣太后没有继续思索，她下令秦军开赴近在眼前的义渠，秦国不费吹灰之力就占领了义渠，将其变为新的疆土。从此秦国可以专心征战山东六国，再无后顾之忧。

平心而论，宣太后是一个彪悍的女性，她建立起的以自己为核心的芈姓外戚集团掌控了整个秦国的权力。但她爱权却不专权，身为"黑寡妇"，只对敌人下黑手，对自己的儿子嬴稷则是付出了全部。

当儿子嫌老妈和舅舅们烦的时候，宣太后和外戚集团就乖乖地消失了，在此期间没有出现任何政治动乱，仿佛这个集团从不曾出现过一样。而后来的武则天，为了攥紧自己手中的权力，将两个亲生儿子都杀了。

拾肆

逍遥游

漆园吏

天下纷争之际，在宋国有一位哲人正在上演传奇的一生，他就是庄子。

庄子原名庄周，他的名气实在太大了，中国古代思想史上有个四大名人组合，就叫孔孟老庄。如果把中国古代思想比作一栋大楼的话，这四个人就是这栋大楼的地基。

虽然庄子排在四个人的末尾，但是他的文学造诣却是四人里最高的。如果要给战国文坛弄一个排行榜，诗歌第一是屈原，散文第一就是庄子。

庄子的散文，瑰丽诡谲，汪洋捭阖，仪态万方，意出尘外，担得起任何华丽的赞词。庄子学术主攻方向是哲学，他的散文很多都是富含哲学思想的寓言故事。普通人很难理解哲学思想中的奥义，而庄子却能用文辞优美的寓言故事把哲学思想讲得通俗易懂。因此他也有多个头衔：文学家、哲学家、思想家、寓言大王、段子手、抬杠运动员……

如果庄子在天有灵，知道后世对他有如此高的评价，一定会不屑地说道：“我就随便写写散文玩，搞得我像得道升仙似的。”天才的庄子对什么都看得很淡，甚至不屑。对于看不顺眼的人，他就会挖苦与讥讽，堪称战国第一毒舌，这样的人注定难以合群。

但是，由于庄子的才学实在太高了，他的毒舌、不合群也阻止不了大家对他的喜爱，以至于人们在庄子死后让他成仙了。庄子在道家里被尊奉为“南华真人”，他写的《庄子》被道家尊奉为《南华真经》。

作为战国时的文坛翘楚，庄子在历史上却没有留下详细的身份信息，连生卒年都无从知晓。新中国第一任教育部部长马叙伦曾进行考证，推测庄子生活在公元前369年至前286年的范围内。

虽然生卒年不详，但庄子的家庭住址与职业却很明确。他住在宋国蒙城，年轻时是一名管理国营漆园的小吏。这个工作单位非常好，在当时是能获暴利的国有企业，很多人挤破头都想进。

漆园的利润之所以这么大，是因为漆园里有能产漆的漆树。漆器在当时属于奢侈品，工艺复杂，制作时间长。通常，要先把木头做成想要的形状，俗称“胎”，然后在上面刷漆，干了之后就再刷一层，做普通的漆器也要几十道工序。

一般种植普通水果的果园，国家只会征收“二十而一”的税，但对于种植漆树的漆园，国家会征收“二十而五”的重税。

庄子从一开始就在比较稳定、待遇又好的单位上班，也娶了老婆。换作普通人，也许就浑浑噩噩地过一辈子了。然而天天和树打交道的庄子，竟然从树中悟出了哲理。

庄子在自己的文章里写下这么一句话：“桂可食，故伐之；漆可用，故割之。人皆知有用之用，而莫知无用之用也。”意思是：桂树皮可以吃，于是桂树被人砍伐；漆树可以产漆，于是漆树被人割开树皮。世人只知道有用的好处，却不知道无用的好处。

看似无用的东西，往往免遭迫害，反而能在这残酷的世间活下去。在这乱世之中，如果不愿被污秽沾染，不如保全自己，做一个看似无用却又充满智慧的人。有句话说得好：“木秀于林，风必摧之！”无用之用，方为大用！

《庄子》里有一篇文章叫《人间（jiàn）世》，标题的意思是人处在世间，内容讲的则是如何应对纷繁复杂的人际关系。根据这篇文章，真正能在乱世之中保全自己的方法，就是“无用之用，方为大用”。

放到现在，对职场运行规则谙熟于心的庄子完全可以当一名培训师，给新员工做入职培训，教他们如何快速无缝地融入职场。

然而，本可以在职场爬得很高的庄子，现实生活中却很痛苦。因为他已把人世间看得很透，却又生活在体制之内，被各种条条框框束缚着。他想要的不是功名利禄，自由自在的生活才是他的心之所向。

最终，宋国内部爆发的乱局，让庄子义无反顾地砸了铁饭碗。

追求精神自由

庄子刚工作没几年，宋国就发生了一场内乱。公子偃把做国君的哥哥赶走了，自己篡位成功，他就是宋国末代国君宋康王。

史书这样描述宋康王："面有神光，力能屈伸铁钩。"意思是他脸上有神光，力气又很大，能把铁钩掰直了。这样一个更适合做健身教练的人，偏偏当上了国家领导人。

宋康王精神实在不正常，他给人的印象是有妄想症。如果用两个字来形容他的执政风格，那就是"找死"。哪个国家厉害，他就打哪个，觉得这样才能彰显自己的实力。

宋康王还是一个阿Q式的人物，精神胜利法玩得炉火纯青，整天幻想巴掌大的宋国可以雄霸天下。

天下诸侯看不起宋国？没关系，宋康王把诸侯的国君塑成像，在他们头上拉屎撒尿。就连老天爷在宋康王眼中也什么都不是。他命人将皮袋子装满血挂在高处，然后用箭射穿皮袋子。看着血从皮袋子飞溅出来，宋康王就开心地高喊道："我射天啦！"

齐魏两国在徐州相互称王后，宋康王也急不可耐地自己称王了。然而天下诸侯不承认他的身份，还给他取了一个绰号叫"桀宋"。桀是夏朝末代的暴君，桀宋就是说他是宋国的暴君。不过，在暴君里，宋康王算是待机时间极长的一位，在位竟长达五十二年，宋国最后也是被周边诸侯联合起来才瓜分掉的。

这么一个该接受治疗的人管理着宋国，可想而知，宋国的国情也好不到哪里去。庄子每天都能看到魔幻般的政治闹剧在国内上演，最终，性格孤傲的他毅然辞去了稳定的工作。

才华横溢的庄子在辞职后并没有去找工作，确切地说，他成了一名社会闲散人员。他居住在陋巷之中，靠编草鞋为生，靠钓鱼补贴家用。他也收学生，但是收的学生就几个，根本不可能靠学费来养活自己。更要命的是，庄子还特别爱游玩。

庄子厌恶肮脏的政治，他不愿意被世俗所累，只想追寻灵魂的逍遥。自从砸了铁饭碗之后，庄子安贫乐道，过自己逍遥自在的日子。他和底层百姓交起了朋友，船夫、工匠、屠夫、农民都愿意与庄子来往。

庄子虽然不愿意当官，可是他的名气实在太大了，成了新时代道家思想的风云人物，楚威王听说他的大名后都请他去楚国做官。

战国时，道家思想在楚国成了主流文化，楚国从上到下都对道家文化推崇备至。一直被中原文化视为蛮夷的楚国，在接触老子的道家思想后，就迈入了一个全新的精神世界。

老子去世百年之后，庄子成为道家新时代的领军人物。他如果到了楚国，一定会刮起一场新的学术风潮。

楚威王派了两位大夫，驾着马车从郢都出发，足足走了六百多公里，终于到达睢阳城下。两位大夫多方打听，才在贫民窟里找到了庄子的家，结果庄子不在家。邻居说庄周可能是去濮水边上钓鱼了，于是两位大夫又驾着车来到濮水边，好不容易找到了正在钓鱼的庄子。

两位大夫顾不得旅途劳顿，直奔主题说："大王想请先生去楚国，把国家大事都交给您来办，您以后就是楚国的二把手！"

高官厚禄主动送到面前来，凡人都会欣喜若狂。可庄子不为所动，依旧拿着鱼竿，连头都没回一下，反而又开始说寓言故事了："我听说楚国有一只神龟，活了三千多岁。神龟死的时候，楚国用锦缎把它包裹好，供奉在楚国太庙里。如果你去问这只神龟的话，它是愿意自己的尸骸被供奉在庙堂上，还是宁愿活在烂泥里拖着尾巴爬行呢？"

楚国大夫回答："那当然是拖着尾巴爬行自在呀！"

于是庄子说："你们俩回去吧，我也宁愿在烂泥里拖着尾巴，自由自在地生活。"

两位楚国大夫连庄子的正脸都还没有看到，就打道回府了。

错过一次位极人臣的机会，庄子却连眼皮都不抬一下，依然沉浸在自己宏大的思想世界里。人活在世间有太多的困苦与无奈，庄子知道如何去应付，可在他看来，与其把精力用在应付尘世间琐碎的事情上，还不如去追求自己的精神自由。

鲲鹏之志

虽然庄子的精神很自由，可是他的肉体却不自由，因为他肚子饿。

秦琼卖马，杨志卖刀，英雄好汉也有周转不灵的时候，而庄子是一直周转不灵。砸铁饭碗是一时爽，可没有稳定收入就是一直惨。哪怕庄子嘴巴再毒再硬，也不得不放下身段出去找吃的了。

庄子辞官后认识的都是平民老百姓，他们的饭自己都不够吃，哪还有余粮借给庄子。庄子无奈之下，想起了住在附近的一位监河侯，他有国君赏赐的封地，可以享受封地上的赋税。找他借米，兴许能给点。

没想到，监河侯看到庄子前来，却是一脸嫌弃。监河侯知道“救急不救穷，帮困不帮懒”的道理，庄子空有盖世的学问，把公务员的工作辞了却又不去做官，还不肯找份正经工作。这样又穷又懒的人，绝对不能借米给他；即使借了他也还不了。

于是监河侯用嘲弄的口气说：“庄周，你可是位大才子。借米给大才子那是亏待你了，我要借给你黄金！”

庄子不相信监河侯会如此豪爽。果然，监河侯接下来又说：“不过你要等一等，等我收到封地的赋税后，我就给你三百金！”

从来都是庄子嘲弄别人，哪有人能嘲弄庄子的。毒舌的庄子立刻开启了嘲讽模式：“我在来的路上听见了求救声，我下车一看，原来车辙里有一条鲤鱼。这鲤鱼竟然成精了，会发出求救声。我去问鲤鱼：‘鱼儿，你从哪里来？’鲤鱼说：‘我是东海龙王的大臣，我现在没有水，快死了，赶紧给我弄点水！’我说：‘没问题！等我去找吴王和越王，让他俩掘开江水来救你。’没想到鲤鱼急了：‘我失去水马上将会死！我明明只需要不多的水就能活下去，你还去找什么吴王、越王，不想救就不救，讲什么屁话呀！’”

话说完，庄子就拂袖而去。监河侯面带冷笑，自己在官场混迹这么多年，什么人没见过？你庄周要嘲讽就嘲讽吧，你也就只能过过嘴瘾了。我依然富有，你始终贫困，等着饿死吧！

回到家，庄子伸出空空的两手，庄子的老婆彻底暴发了：“嫁汉嫁汉，穿衣吃饭！我当年真是瞎了眼，嫁给你这个穷光蛋！你把漆园吏辞了就算了，楚王请你去当大官，你又推辞了。全天下就你清高，就你牛，牛得让一家都没饭吃！”

天才与疯子往往只有一线之隔，在外人眼里庄子是个天才，可在家人眼里庄子是个疯子。天才心气再高，最后也会败给生活。

难得向现实低头的庄子只得去找工作，问题是，去哪儿呢？在宋国找？算了吧，自己本来就是把宋国的工作辞了，现在又回去实在丢不起这人。去楚国？也算了吧，之前楚王主动派人上门来请自己都没去，现在也就没脸再去。

想来想去，庄子决定去魏国，因为那里有自己的铁哥们儿惠施。听说惠施在魏国已经混成高官，现在如日中天。庄子相信这位曾经的同学与挚友会帮自己一把。庄子打好行囊，准备奔赴魏国。

“清高的庄周要去魏国找工作啦！”这个大家眼中不食人间烟火的孤傲天才，竟然会为了世俗的功名去魏国。这一爆炸性新闻在天下传开了，而且跑得比人腿都快。庄子还没有到达魏国，他来魏国找工作的消息就先到达了大梁。

惠施收到庄子要来的消息，顿时慌乱了。他十分清楚，这位老朋友虽然看上去不着调，但是他的智商才学远在自己之上。万一庄周来到大梁后，受到国君的赏识，说不定就把自己取而代之了。

惠施越想越怕，赶紧命人在交通要道与旅馆查找庄子的踪迹，一旦碰到庄子就把他抓起来。但是庄子一路上避开了搜捕，直奔大梁城惠施的府邸。

“大门口有位叫庄周的人，说是您的好朋友，想见您！”仆人对惠施说。惠施满脸黑线，但也只能勉强挤出一丝微笑：“赶紧让庄周进来，他是我的铁哥们儿！”

见到多年不见的老友，惠施故作热情，摆出一桌好酒好菜。

庄子现场编了一个寓言故事说给惠施听："南方有只凤凰，从南海飞向北海，非梧桐树不栖息，非竹子果实不吃，非甘泉不饮。这时，一只猫头鹰正在野地里啃食死老鼠。它抬头看见凤凰从头顶飞过，以为凤凰要来和它抢死老鼠，于是立马发出凄厉的叫声，想吓唬凤凰。"

讲到这里，惠施面露尴尬，他听得出庄子的言外之意是不想与自己争夺名利。惠施毕竟不是像庞涓一样的狠毒之人，此刻良心发现，决定将庄子推荐给魏惠王。

惠施在魏惠王面前大肆称赞庄子的才能，魏惠王听得心动不已："世间竟有如此奇才，赶紧给我招来。"

但是当庄子出现在魏惠王面前时，魏惠王惊讶得眼珠子都快掉了。只见庄子穿着打满补丁的破衣烂衫，脚蹬一双破草鞋，如果再给他一根打狗棒，活脱脱一位丐帮帮主。

魏惠王笑道："先生，我看你的打扮，像是在外风餐露宿久了，一副疲惫不堪的样子。"

庄子回答："是穷，不是疲惫不堪！有识之士的道德理想没有得到推行，这才是疲惫。衣服鞋子坏了，不过是贫穷而已，不是疲惫，这对于有才华的人来说是生不逢时。"

魏惠王听完后心中有些不快，因为庄子这是连自己也一起怼了。

"既然先生觉得生不逢时，那又为何来我魏国？坊间有一些关于先生的传闻，说您恃才傲物。我认为，纵使先生有盖世的才华，也得学有所用，不然白白辜负了自己。"

"唉……"庄子仰天长叹了一声，随即就向魏惠王告辞。

庄子也明白魏惠王的一番好意，得到权势，既能满足家人的期望，又能摆脱贫困的生活。可是庄子还是犹豫了，因为世间万物都遵循着等价交换的原则，魏惠王给他荣华富贵，他就得受制于魏惠王，就像一只被魏惠王囚在笼中的小鸟一样。为了自己的自由，庄子最终放弃了唾手可得的功名。

离开大梁后，庄子就近去赵国邯郸穷游了一趟。

庄子在邯郸看到邯郸人走路特别好看，就像模特走T台一样。此时一个燕国的少年引起了庄子的注意。这位少年四肢健全，可他不用两条走路，却靠四肢在地面上爬行着，吓得周围人都跑开了。

庄子与这位爬行的少年攀谈了起来。少年说，自己来自燕国，看见邯郸人走路特别好看，于是就照着学，结果不但没学好，连自己原来是怎么走路的都忘记了。

听完后，庄子哈哈大笑了起来。多少人在追逐名利的过程中，丢弃了自己的本心。

离开赵国后，庄子又来到了儒学的大本营鲁国。儒家思想是鲁国的官方思想，孔子更是鲁国人心目中的文化明星。当时儒道两家还能够和谐共处，友好往来。毕竟相传儒道两家的开山老祖孔子与老子是好朋友，并且孔子非常崇拜老子。

然而庄子来到鲁国后，却把儒家的场子给砸了。

庄子作为当时的文化明星，刚到鲁国的首都曲阜就受到鲁国国君的热情接待。可是鲁君以前没与庄子接触过，根本不知道在庄子面前千万不能嘚瑟。

鲁君一脸骄傲地说道："孔子是我国人，全天下儒学属鲁国最正宗，鲁国遍地都是儒士。先生您远道而来，是来学习儒学的吗？"

庄子听完冷笑了一下，正式开启了毒舌模式："我来的路上，感觉鲁国街头都是假冒伪劣的儒士，没有看到多少儒士呀！"

鲁君脸拉得老长了："你看我们鲁国人，喜欢穿儒服，谈论儒学，怎么说我们国家缺儒士呢？"

庄子冷笑道："穿儒服、谈儒学的，未必就是真儒士。我们不妨来做个试验！"

鲁君好奇地问："什么试验？"

"请您发布一道命令，规定国内只有精通儒学的人才能穿儒服，否则一律处死！"

不服气的鲁君发布了这道命令。结果，全鲁国穿儒服的人为了自己的小命，都以闪电般的速度回家换了身衣服。他们纷纷表明，自己之前只是一名肤浅的儒学爱好者，根本不了解博大精深的儒学思想。即使真正熟读儒家经典的儒士也换了衣服，生怕万一国君考自己，自己有答不上来的地方，搞不好就人头落地。

数日之后，鲁国街上没有一个穿儒服的人了。就在鲁君深感难堪的时候，终于有一位穿儒服的儒士，为了捍卫儒家信仰，冒着生命危险敲开了鲁国宫殿的大门。

鲁君当着庄子的面召见了这位儒士，向他提问了数个儒学问题，这位儒士都能娓娓道来。

在一旁的庄子笑道："我说的吧，鲁国真正的儒士很少，目前只有这一个！"说完，庄子就起身告别了鲁君，返回宋国。

魏惠王与鲁君都是尊贵的一国之君，却都被庄子无情地嘲讽。放到现在的企业招聘面试里，庄子绝对是面试官第一个淘汰的人。

庄子没有见过大海，可是他却十分喜欢大海，因为庄子曾经读过一本叫《齐谐》的神怪书籍。书里说，大海里有鲲鹏，可以自由自在地翱翔于宇宙之中！

传说，北海有一条叫作"鲲"的大鱼。这条鲲实在是太大了，不知道有几千里。它还会变化成名叫"鹏"的鸟，鹏的背也不知道有几千里。奋而起飞时，鹏展开的翅膀就像天上的云朵。这只鸟在海里翻腾时，可以借势飞翔到南海。

大鹏向南迁徙时，拍打翅膀能将水击打至三千里远的地方，然后扶摇而上可达九万里的高空，顺着六月的大风而去。

地上有两只小动物，分别是蜩（tiáo蝉）与学鸠（小鸟），它俩看见大鹏飞向远方的场景，开始嘲笑大鹏："我们如果想高飞，有时候连树梢都飞不到。既然飞不到，落到地面便是了。何必飞到九万里的高空，又飞向南海呢？"

庄子觉得这两只小动物既可爱又可笑，小动物怎么能理解鲲鹏的志向呢？这就像小智慧不能理解大智慧、寿命短的不能理解寿命长的一样。

尘世中的人在庄子眼中，就像蜩与学鸠一样，无法理解庄子这样的鲲鹏。庄子虽然过得苦，但是他一直在构造自己庞大而自由的精神世界。在这个世界里，他在追寻自己的"道"，并且在过程中享受着逍遥。

在回宋国的路上，庄子回想起这一路上的所见所闻，更加坚定了自己的志向。

想得透彻的庄子越走越轻快。他忽然想到了列子，列子生于老子之后、庄子之前，虽然没有老庄的名气大，按辈分也算得上道家长老之一。列子可不得了，传说他能以违反空气动力学原理的方式御风而行。在不加油的情况下，他可以持续飞十五天，堪比无限巡航的核动力。

然而，列子的特异功能在庄子看来简直是弱爆了，因为列子飞行靠的是空气。而庄子则认为，一个凡人只要忘却自我和功名，将品德修炼到最高境界，然后顺应万物，掌握六气（风、寒、暑、湿、燥、火）的变化，就可以冲破大气层，摆脱地心引力，遨游在宇宙之间。

能达到这种境界的人，往往会被冠以至人、神人、圣人的称呼。其实这三种人都一样，他们遇到森林大火时不会被烧伤，遇到江河冻结时不会感到寒冷，遇到电闪雷鸣、地动山摇时不会受到伤害，大海的巨浪也不能让他们惊恐。他们可以驾着云气，乘着日月，遨游四海之外！

如何修炼到这一高深的境界？庄子总结了一句："至人无己，神人无功，圣人无名。"当一个人做到无己、无功、无名，他就能像鲲鹏一样，翱翔在自己宏大的精神世界里。

每当悟到如此玄妙的奥义，庄子都会写下来，这在当时是一个非常好的习惯。先秦时，很多著名思想家都"述而不著"，也就是说，他们给学生上课时全凭口述，却不写成文字，全靠学生自己把课堂上记的笔记收集起来变成著作。最典型的就是儒家开山老祖孔子。孔子修订了《诗》《书》《礼》《乐》《易》《春秋》六本经书作为儒家教科书。然而门下有三千弟子的孔子竟然从未编写过一本教材，于是孔子的学生们就把课堂笔记编成了著名的《论语》。

庄子也收徒弟，虽然徒弟不多，不足以靠学费维持自己的生活开销，但是他还是认认真真地写了教材。在庄子死后，他的弟子也在对教材进行增补。庄子和弟子共同创作的传世作品《庄子》文辞非常优美，读起来荡气回肠。

老子的《道德经》像是一名老教师在对学生谆谆教导，而《庄子》则像朋友间的促膝长谈。

《庄子》原版有五十二篇，内容多达十余万字。先秦时，大家都是在竹简上书写，一支竹简长二十多厘米，可以写二十个字左右，十余万字的书就需要写五千多支竹简，所以一本《庄子》得好几辆车才能拉。后来晋代的郭象删除了其中的十九篇，我们现在看到的《庄子》就是郭象删完后的版本。

现在，我们会把一本教材分成几个单元，郭象也干了类似的事。他把《庄子》分成三个单元，分别是《内篇》《外篇》《杂篇》。《内篇》有七篇文章，都是庄子自己创作的。《外篇》有十五篇，《杂篇》有十一篇，有的可能是庄子写的，有的可能是庄子的弟子写的。

从国外回来后，庄子一边写书，一边靠编草鞋、钓鱼维持生计。直到惠施前来，才改变了庄子的生活模式。

子非鱼

张仪从秦国回到魏国后，被魏惠王任命为相，惠施就此下野。下野后，惠施首先想到的就是去找庄子好好聊聊学术。

惠施直奔庄子家，结果一进门，看到庄子坐在地上，一边敲盆一边即兴欢唱，气氛搞得十分活跃。

惠施以为庄子家里有什么大喜事，好奇地问道："庄周，我的好兄弟啊，好久不见！今天你看起来很开心嘛，家里有啥大喜事呀？"

庄子满脸笑容回答道："我老婆死了。"

惠施无语。庄子的老婆是一个伟大的女性，对这个看似疯子般的天才，一生都不离不弃。换作任何一个正常人，对妻子的离去，应该都会发出痛彻心扉的哭号。

可庄子不是凡人，他对老婆的离去表现得兴高采烈，还搞起了个人演唱会。庄子的老婆要是泉下有知，一定会气得活过来。

惠施气愤地说道："庄周啊，年轻的时候轻狂也就算了，可是你都人至中年了，怎么还是这么不着调呀！你的妻子跟你过了一辈子苦日子，什么福都没享到。现在她死了，你不哭，还唱起歌，简直是畜生啊！"

庄子长叹一声："老婆死的时候，我是非常伤心的。可是我想了一下，在她出生之前，这个世界上本来是没有她的；她死后，一切又恢复到原来的状态。人活着是因为气聚，人死了是因为气散。生死是一种自然现象，没必要纠结。"

惠施听完后，半天说不出一句话。我和你谈生死，你和我谈哲学，双方的境界完全不一样呀！

古希腊哲学家苏格拉底说过："哲学就是预习死亡。"而庄子作为一个哲学家，不但早预习了死亡，还直接参透了生死。

事后，惠施与庄子又一起愉快地玩耍起来。

能入庄子法眼的人不多，惠施就是其中一个。惠施是战国时名家学派的代表人物，逻辑思维极其严谨，两人经常互为对手展开激烈辩论。这世上最懂你的人往往就是你的对手，对手与你相爱相杀，共同成长，他了解你的所有长处，也了解你的所有短处。才学高如庄子，在与惠施辩论时也占不到半点便宜，只能靠诡辩取胜。

这哥儿俩最有名的一次辩论，史称"濠梁之辩"。有一天，庄子与惠施两人在濠水的桥梁上游玩，两人看见桥下河里的鱼很多。庄子于是说："鲦鱼出游从容，是鱼之乐也。"

听到这句话，惠施立马抓住了庄子的逻辑漏洞，问道："子非鱼，安知鱼之乐？"

庄子听完微微一笑。他也来了兴致，说道："子非我，安知我不知鱼之乐？"

惠施听完后皱了皱眉头："我非子，固不知子矣；子固非鱼也，子不知鱼之乐，全矣。"

庄子哈哈大笑道："请循其本。子曰'汝安知鱼乐'云者，既已知吾知之而问我，我知之濠上也。"意思是，这又回到你开始提的问题，你问我为什么知道鱼的快乐，说明你已经明白，我知道鱼的快乐，你只不过是问我在哪里知道的而已。我就是在濠水的桥上知道了鱼的快乐。

讲到这里，聪明的惠施无话可说了。

按照惠施的理解，人与人之间都无法知道对方在想什么，更何况人与鱼这两个截然不同的物种，所以一个人是不可能了解鱼的想法的。可庄子才不管什么逻辑，在庄子的世界中，他可以变成各种生物，有时是大鹏，有时是巨鲲。濠水桥下的鱼就是庄子，庄子就是鱼，同为一体。

于是聪明的惠施不再与庄子纠缠了。他明白，庄子早已脱离了物质的世界，在庄子自己营造的精神世界里，任何生灵都是彼此相通的，毫无隔阂。

看着眼前嬉笑得像个孩子的庄子，惠施说道："辩论可以明辨是非，一决高下，其结果必然有胜负。庄周，你却用看似不符合逻辑的诡辩，瓦解了我的世界观！"

庄子笑道："惠施呀，你们这些名家，非要辩论出个对错、成败，就像你我比身高一样，比出个谁高谁低，有意义吗？秋天动物毛发的末端是无比渺小的，和它相比，泰山无比巨大；可是泰山与天地相比，又会显得无比渺小。夭折的婴儿是短命的，和他相比，活了几百岁的彭祖无比长寿。可是彭祖的岁数在宇宙中也只是一瞬间。天地与我同时存在，万物与我浑然一体。"

惠施听完也笑了。

可是快乐的时光总是短暂的。惠施只与庄子相处了短短几年，一封从魏国大梁寄来的信件就把惠施叫走了。临行前，惠施一脸兴奋地对庄子说："魏王把张仪赶走了，召我和公孙衍回国，商议如何对付秦国。"

望着惠施远去的背影，庄子再次陷入孤寂之中。你是一个入世的人，我是一个出世的人，相濡以沫，不如相忘于江湖。

然而，庄子下一次见到惠施时，已是阴阳两隔。

梦蝶

庄子晚年虽然很穷，但是活得很惬意。每天就写写书，教教学生。

有一天，一位叫东郭子的人前来拜访庄子。见有人前来唠嗑，庄子也很高兴地接待了。然而东郭子一坐下来，就问了一个终极问题："所谓的'道'，它到底在哪里？”

庄子听后，沉思了片刻。

世人都知道，老子对于“道”的解释太玄乎，他说：“道可道，非常道。”意思是，“道”如果能用语言说出来，那就不是“道”。老子的“道”，给人的感觉是看不见摸不着，很空灵。

而庄子作为当时的道家明星，很多人想从他这里听到新的解释。

庄子认真地说：“无处不在！”

东郭子：“能更具体点吗？‘道’到底在哪里？”

庄子：“在蝼蚁之中。”

东郭子愣住了：“‘道’这么玄妙的东西，怎么会在蝼蚁这种低贱的动物中呢？”

庄子又说：“‘道’在杂草之中。”

东郭子无语了。

庄子看着东郭子一脸惊骇的表情，接着说：“‘道’在砖瓦之中。”

东郭子更加无语。

庄子：“‘道’在屎尿之中。”

听到这句后，东郭子彻底气愤了：“先生，你这是在玩我啊！我大老远过来求教，你却拿我开涮！”

看到东郭子如此生气，庄子连连摆摆手，示意让他不要激动：“哎呀，是你问的问题没有问到根上。就像管理市场的监市，如果他要检查猪的肥瘦，会摸猪的脊背、看肚子、抓后腿，往下看才能切中要害。‘道’存在于自然万物之中！”

老子的“道”是先天地生的玄妙之物，超出于自然之外，而庄子的“道”则融于自然万物之中，看上去不怎么高大上，却非常地接地气。而庄子继承了“道”，又发展了“道”。

人近黄昏，庄子身边的人也一个个离他而去。惠施死了，遗体运回了宋国，庄子去哀悼了自己的老友。

庄子本来是一个看穿生死、脱离物质世界的人。在他看来，人的生死是自然规律，没有什么值得悲伤的。然而，站在惠施坟前，庄子突然难过了起来。

在自己的精神世界里，庄子是逍遥自在的。可在现实生活中，庄子却是无比孤独的，唯一懂他的人只有惠施。惠施死后，他再也找不到对手了。

告别了老友，生活还得继续。

这一天晚上，庄子做了一个有趣的梦。在梦里，庄子化成蝴蝶翩翩起舞，感觉自己快乐极了，甚至忘记自己是庄周了。直到庄子忽然醒来，他才意识到自己是庄周。于是庄子想到一个问题：究竟是蝴蝶做梦变成庄周，还是庄周做梦变成蝴蝶。

其实谁变成谁都不重要，蝴蝶就是庄周，庄周就是蝴蝶。

然而，再美的蝴蝶也有消逝的一天。终于有一天，老年的庄子也走到了生命的尽头。

庄子的弟子打算把老师厚葬。庄子却问："为什么要把我埋入土里，为什么要厚葬我？"

弟子们很迷惑："老师，您的意思是？"

"我死后，就把我的尸首扔到野外。让天地做我的棺椁，日月做双璧，星辰大海做珠玑，世间万物都是我的陪葬品。"庄子用力地说道。

"老师，您的遗体在野外，会被老鹰、乌鸦吃的呀！"

庄子看着弟子，笑了一下："在地上有老鹰与乌鸦吃，在地下也有蝼蚁吃，这有什么区别呀？何必厚此薄彼呢？"

说完没多久，庄子就死了。

但是庄子死的只是肉体，他的灵魂化成了大鹏，化成了巨鲲，化成了蝴蝶，化成了世间万物。

起初庄子修道只为求得心灵的解脱，想摆脱尘世的束缚，可是最终庄子达到了无己的境界，他自己的肉体与精神幻化成万事万物，正所谓"方生方死，方死方生"。一个生命在诞生的同时，也在逐渐走向死亡；而一个生命在死亡的同时，另一个生命也就此诞生。

拾伍

强拆队长齐宣王

奇葩的禅让

此时，战国时代已经走了一半。

秦昭襄王即将在母亲芈八子的支持下，对东方诸侯开启屠杀模式，秦国也即将获得新的称号——诸侯粉碎机。

战国时期，诸侯通常都无法应对两个诸侯国的联手攻击。然而，恐怖的秦国却不在此列。对秦国来说，敌军来一个我揍一个，来一对我揍一双，来一群我就让你团灭。不把你打得满脸血，你都不知道花儿为什么这样红！

在战国的后半段时光里，秦国踏上了吞并六国的辉煌之路。

公元前320年，齐威王去世了。他曾一手开启轰轰烈烈的齐国变法运动，并任用军师孙膑，于马陵之战中一举歼灭魏国大军，终结了魏国的霸权。

齐威王死了，儿子田辟疆继位，他就是齐宣王。齐宣王就是《滥竽充数》故事里爱听人吹竽的君王，因为这个故事，很多人以为齐宣王是一个不务正业的音乐发烧友，可实际上他的能力甚至远超他老爹。

齐宣王在位期间，齐国吞并了燕国。要知道，在秦始皇统一六国前，唯一一个能灭掉七雄级别国家的君主就是齐宣王了。

有人会说这是因为燕国实力弱小，被齐国灭掉很正常，但这样想就大错特错了。齐国虽是大国，可国力与超级大国秦国、楚国相比，根本不是一个量级的。但是齐宣王偏偏能找超级大国练手，秦、楚两个超级大国都曾是齐宣王的手下败将。

齐宣王的老婆钟无艳奇丑无比，是中国古代“四大丑女”之一。据说她身体健壮，皮肤黑，脖子又粗又有喉结，额头还凹下去一块，活脱脱一个“金刚芭比”。钟无艳虽然长得很丑，但是温柔贤惠，还经常在政事上劝谏齐宣王。

公元前315年，齐宣王正在想怎么抢地盘扩充实力，北面的燕国给他送来了千载难逢的好机会。这一年，燕国发生了内战。

燕国从春秋到战国一直是一个存在感极低的国家，史书记载的篇幅也不多。这是为什么呢？还不是因为燕国位置偏。燕国位于冀北、辽东一带，建都于蓟，就是现在的北京市。不过那时蓟可不是一线城市，在先秦时代，那里就是天下的尽头、文明的边缘，是地地道道的蛮荒之地。

所以无论燕国如何发展，它都是七雄里最弱的。《战国策》里就有这么一句话："凡天下之战国七，而燕国处弱焉。"燕国远离中原文明核心区，始终属于"老少边穷"，就连附近的中山国都看不起它。它能从春秋活到战国，实属不易。

要是战国其他六雄知道，后世竟将燕国与自己并列，一定会指着燕国国君的鼻子骂："我呸，就你燕国这㞞样，还能和我们并列？你就是七雄之耻！"

这么个积贫积弱的国家，还偏偏出了一个脑子不正常的国君，他就是燕王哙。如果说同时代的楚怀王是战国第一大傻瓜，那燕王哙就是战国第一疯子。

细心的人会发现，"燕王哙"三字中的"燕王"表明他是燕国的君王，"哙"则是他的名，那他的谥号呢？君王死后都会有谥号，即使是昏君、暴君，死后也会有恶谥。比如把西周王朝搞破产的周幽王，死后就被追封了恶谥"幽"。而燕王哙竟然连个恶谥都没有，可见他在昏君中也是极品了。

一般来说，昏君都是沉迷于酒色、不理朝政的，而燕王哙在昏君界是一股清流。韩非子曾这样描述燕王哙："不安子女之乐，不听钟石之声，内不堙污池台榭，外不弋田猎，又亲操耒耨以修畎亩。子哙之苦身以忧民如此其甚也，虽古之所谓圣王明君者，其勤身而忧世不甚于此矣。"意思是，燕王哙不沉迷于女色，不爱好音乐，不在宫内建高台，不在野外打猎，又自己带头种地，即使古代的圣明君王，他们勤政的程度也比不上燕王哙。

这样勤勉的君王，是怎么变成导致国破家亡的昏君的呢？

答案是变法。

变法是让国家增加收入从而提高综合实力的捷径。战国时，每个诸侯国都开展了如火如荼的变法运动，疯狂抢占市场，谁不变法谁就可能会被淘汰出局。一时间，诸侯国纷纷成为上市大公司。

燕国作为位于天下边缘的国家，一向后知后觉。等别人都完成变法，成为“氪金玩家”了，燕国才反应过来。面对自燕国建国七百年未有之大变局，燕王哙也决定走上变法的道路。

历史的经验教训告诉我们，一旦开展改革运动，必有一群反动势力跳出来阻碍历史的进程。面对反动势力的阻挠，燕王哙很是头疼。此时的他已是位老人，唯一可以信赖的人就是相国子之。

子之在变法运动中，一直勇往直前，能力突出。按理说，这应该是一对贤相与明君的完美组合，然而事实上，子之是一个老奸巨猾的政治骗子，燕王哙又是一个傻乎乎的君王，所以这是一对大灰狼和小绵羊的组合。

狼是一种智商极高的野兽，它会通过集体协作，一步步将猎物逼入自己的口中。子之这只大灰狼，和他的同伙联手给小绵羊燕王哙挖了一个大坑，让燕王哙傻傻地往里跳。

这个大坑就是禅让。

禅让是指君王活着的时候主动把王位让给别人。最著名的禅让要数上古时代的尧、舜、禹三王，传说这三位都是大公无私的君主，把国家领导人的位置像击鼓传花一样禅让出去，尧禅让给舜，舜禅让给禹。

子之和其党羽三班倒不停歇地向燕王哙灌输禅让的好处，把燕王哙骗得一愣一愣的：“国君，你不是在变法中遇到阻力了吗？相国子之是变法的急先锋，不如将国君之位禅让给相国子之，让他以国君的身份操盘燕国变法，看谁还敢阻拦！”

年迈的燕王哙思考了很久。燕国是一个偏远落后的诸侯国，要让愚昧无知的国民接受新生事物，其阻力之大可想而知。让子之担任国君，他就可以凭借国君的身份推行变法，而自己高居太上王的位置，遥控指挥，何乐而不为呢？

于是，公元前318年，一场轰动天下的政治闹剧上演了。燕王哙举行了盛大的禅让仪式，将国君之位禅让给了相国子之。相国子之将三百石以上的官位全部收回，任命忠于自己的人。

燕王哙高兴了，他觉得自己这一番神操作，肯定能将燕国变法推向成功；子之也高兴了，他终于兵不血刃，以零成本登上了国君之位。唯独一个人有了世界末日来临的感觉，他就是燕王哙的儿子、后来燕昭王的哥哥——太子平。

太子平无法接受父王的禅让行为。自己作为燕国未来的国君，本该属于自己的江山，为什么被父亲拱手送人？愤恨、嫉妒如同烈火一样在太子平心中熊熊燃烧。

于是，太子平与将军市被悄悄谋划了三年，最终于公元前315年正式起兵造反。燕国这场内战持续了数月，太子平与将军市被战死，手段老辣的子之最后赢得了胜利。

内乱虽然平息了，但是燕国却被打成了废墟，死者数万。有人认为，战国战乱频发，死个几万人并不稀奇。不过，这里的“死者数万”没有包括在内战中遭殃的老百姓，全都是燕国的军人。

1966年，燕国首都原址河北易县附近发现了数座战国古墓。里面没有奇珍异宝，只有数不尽的人头。这些人头有的下巴没了，有的枕骨没了，还有的头上插着箭镞，让人看得毛骨悚然。这些人头至少有三万颗，而且都是青壮年男子的人头。经过考古学家推测，这些头骨就是子之与太子平交战中战死的将士。

燕国是一个小国，更是一个弱国，精锐军人都战死了，哪还有什么国防力量去抵御外敌？

螳螂捕蝉，黄雀在后，齐宣王对大乱之后的燕国伸出了魔掌。

齐国灭燕

齐宣王吞并燕国前，经过了一番心理斗争。毕竟他想吞并的不是城邦小国，燕国再弱，地盘好歹也有两千余里。如果一口吞下去，可能消化不良，弄不好最后还得吐出来。

为了慎重起见，齐宣王先见了两个重量级人物。

第一位就是将领匡章。别看他名气不大，在战国时却是神一般的存在。论军事才能，匡章与战神吴起不相上下，仅次于“杀神”白起。

匡章的最强技能就是攻坚。再强的防御工事，在他面前都是纸糊的。他的威力比拆房子用的定向爆破都厉害，堪称行走的炸药包。在没有火炮的冷兵器时代，匡章就是个神人。

楚人的方城筑成数百年，从未被人从正面攻破过，就连当年兵圣孙武率领吴军伐楚时都是翻越大别山，绕开方城的。而擅长攻坚的匡章竟能直接攻破方城，杀入楚国境内。

秦人自从拿下崤函道后，修建了世纪工程函谷关，合纵联军多少次来到函谷关前只能铩羽而归。而擅长攻坚的匡章竟能直接攻破函谷关，让秦人大为惊悚。

匡章不光擅长攻坚，还是一位性情中人。匡章的父母不和，父亲杀了母亲，将母亲埋在马厩下面，匡章不满父亲的所作所为，一直仇恨父亲。当时人们不晓真相，都觉得匡章仇视父亲，是一个不孝子。而匡章毫不介意别人对他的误解，该怎么过日子就怎么过。

齐宣王问：“你觉得有机会拿下燕国吗？”

匡章：“燕国内乱空虚，齐国作为一个万乘之国，五十天就能征服燕国！”

齐宣王听完极其高兴。不过，占领燕国容易，要让燕国百姓归顺齐国，却不是光靠武力就能解决的。关于如何统治燕国，齐宣王咨询了孟子。

孟子作为儒家门派的二号领军人物，素有“亚圣”之称。他现在正在齐国的稷下学宫教书，匡章就是孟子的弟子。孟子作为齐国高薪引进的学术巨擘、国家战略咨询顾问，齐宣王想听听他的意见。

齐宣王问：“我想吞并燕国，想听听先生的意见。”

孟子回答：“燕国现在处于内乱之中，如果齐国吞并燕国后能救燕国百姓于水火之中，那就可以吞并。只要能让老百姓逃脱苦海，他们一定箪食壶浆以迎王师！假使吞并燕国后，不施行仁政，燕国百姓必然反抗，那吞并燕国就没有任何意义了。”

两次咨询都让齐宣王得到了自己想要的答案，匡章解决了获胜概率的问题，孟子解决了统治合法性的问题。

就在燕国内乱平息的同一年，齐宣王命匡章率领大军伐燕，同时联合中山国，让其从侧翼袭击燕国。

悍将匡章所向披靡，攻打燕国仿佛武装散步一般轻松。齐军攻到燕国城池下，城门根本不上锁，因为戍守的士兵全部逃亡了。即使偶尔野战，燕军也是一触即溃。

就这样，齐军仅用五十天就毫无悬念地占领了燕国全境。燕王哙这个大脑被驴踢了的国君和子之这个充满野心的相国都被齐军处死了。这俩人自编自导了一出禅让闹剧，不仅害死了自己，更祸害了无数燕国百姓。子之的尸体被齐军进行了二次加工，用刀剁成肉酱。

战事如此顺利，连齐宣王自己都惊呆了，心想燕国你好歹顽强抵抗一下啊，早知道灭燕这么轻松，就不用拉上中山国了。

可是战争结束后，齐宣王没有扮演好解放者的角色。他没有把孟子的劝诫记在心里，反而变成了一个施暴者。

燕国人之前之所以不抵抗，是因为他们厌倦了内乱，希望齐军能结束燕国的乱象，还他们以和平。但是齐宣王却命令匡章竭尽所能地从燕国掠夺财富。匡章作为燕国占领军的总司令，正因为没有在战争中大打一场而手痒呢，正好借此机会搞起强拆工作。

齐军在所到之处大肆烧杀抢掠，不但搬走了许多奇珍异宝，还拆毁了燕国的太庙。燕国百姓怨声载道，于是掀起了轰轰烈烈的反抗运动。他们组建游击队，隔三岔五摸个哨、放把火，齐军就此陷入燕国人民战争的汪洋大海之中。齐国占领燕国三年，税没收上来不说，光是占领军的军费开支就快让齐国破产了。

齐国在为占领燕国大放血，而赵、魏、韩、秦、楚五国则分外眼红。在他们看来，齐国一口吃掉了燕国，领土迅速扩张，俨然从一个地区性强国进化成威震天下的超级大国，这是他们绝不允许的。于是赵、魏、韩、秦、楚五国先后派使者前往齐都临淄，发出最后通牒："如果齐国不撤出燕国，五国联军将出兵伐齐！"

齐宣王失眠了。在没有安眠药的时代，失眠让齐宣王痛不欲生。放弃燕国吧，自己之前出的血都白费了；继续占领燕国吧，齐国又扛不住五国群殴。没办法，齐宣王又召见了孟子。

齐宣王见到孟子后，诚心地问道："一群诸侯要打我，怎么办？"

孟子笑道："大王您应该立即下令，释放被抓的燕国百姓，停止掠夺燕国的财宝，与燕国百姓商议重新推立新君，最后体面地撤离燕国！"

让齐国撤军，如同在齐宣王破裂的心脏上又插一把尖刀。齐宣王在撤军问题上一直犹豫不决，直到有一天，从国外传来一条重磅消息：赵武灵王从韩国接走了做人质的燕国公子职，公子职在赵军的保护下正前往燕国继位。

燕国百姓听说公子职即将回国，反抗运动更加激烈了。齐军将士经常会莫名其妙地失踪，以至于最后只能龟缩在城内，大门不出二门不迈。匡章还一个劲儿地向齐宣王写信，要兵要粮。事情发展到这一步，明眼人都知道，齐宣王这次兼并燕国的计划是彻底失败了。

齐宣王无奈下令，齐军全部撤回国。

公子职在赵军的护送下来到燕国易都。他沿途看到城镇都化为瓦砾废墟，无数百姓暴尸街头，无人收殓。在一片破壁残垣中，公子职即位，成为燕国历史上唯一的杰出君主——燕昭王。

燕昭王坐在破烂的王座上，面向南方下定决心，将用自己的一生去换取齐国的毁灭！

封君的生存法则

齐国并不知道燕国的目标，此时的齐宣王正在谋划如何伐楚揍秦。只有把这两个超级大国揍趴在地上，让自己成为战国最霸气的君王，才能挽回自己的颜面。

齐国虽然也是一个大国，但离超级大国还差了"超级"两个字，这是一道始终迈不过去的坎。齐宣王做梦都想让齐国吃得更胖，在战国乱世中拥有傲视群雄的资本。

可惜，齐国一口吞了燕国之后，却由于消化不良，最后连本带利全部吐了出来。

齐宣王一直处在重度抑郁中。而原本就急需心理疏导的他，又在公元前306年的一天收到了一则让他想去跳楼的爆炸性消息：楚国吞并越国，设置江东郡，越王无疆战死。

楚威王给儿子楚怀王留了一个空前强大的国家，虽然楚怀王打了不少败仗，但是基本盘仍在。而春秋末期称霸天下的越国，一进入战国，国力就像坐过山车一样，从顶峰一路坠入低谷。

打不过秦国，我还打不过越国吗？楚怀王发兵轻轻松松地就把越国给灭了，也过了一把吞并诸侯国的瘾。

齐宣王如鲠在喉。楚国灭了东面的越国，以后从侧翼包抄齐国就完全没有后顾之忧了。更要命的是，齐国南面无险可守，相当于大门敞开，欢迎楚国大军常来做客。

吞并越国后，楚怀王混得风生水起。老芈家的人把持了秦国朝政，秦王又是自己的女婿，自己又在黄棘之盟上当起了老大哥。楚怀王虽然傻，但是他把天下霸主的气质拿捏得死死的。

齐宣王一想到楚怀王就无比气愤。当年这个大傻瓜上了张仪的当，派个骂街高手到齐国把自己臭骂一顿，现在又把刀刃抵在自己的脖子上。不好好教训一下这个傻瓜，他还真把自己当成天下第一霸主了！

就在齐宣王咬牙切齿想找楚国复仇时，大傻瓜楚怀王的儿子却干了一件惊天动地的傻事，给齐宣王送来了求之不得的痛打楚国的机会。

这个干傻事的正是楚国的太子，叫熊横，一听这名子就知道这熊孩子有多横。黄棘之盟后，秦楚两国像热恋的小情侣一样，感情迅速升温。恋人之间要交换定情信物，熊横作为太子，就被楚国当作定情信物送到秦国当人质去了。

背井离乡的熊横在秦国极其不安分。公元前302年，当了一年人质的熊横与一位秦国大夫发生了争执，失手把这位大夫给打死了。熊横杀了人之后生怕遭到秦国惩罚，于是逃跑了。

原以为要乔装易容、昼伏夜出才能躲避搜查，没想到熊横在逃亡路上竟然畅通无阻，就连投宿客栈都没被要求出示秦国政府开具的凭证。熊横到了武关，负责边检的官兵也没有检查，直接放行。

事出反常必有妖！

要知道，秦国自从商鞅变法后，社会监管体系异常发达，秦国群众个个都是举报小能手。只要犯了事，就算是只苍蝇都飞不出秦国。

其实秦国高层早就知道熊横逃跑的事，他一路上的所作所为也都被全程监控。只不过秦国高层生怕熊横逃不出秦国，一路上给他大开方便之门。

宣太后作为秦国实际的掌权者，虽然身体里流的是楚国王室的血，可楚国这个故乡她永远也回不去了，如今，秦国才是她和秦国外戚集团赖以生存的家园。之前，自己和儿子在秦国根基未稳，需要楚国娘家帮一把。现在宣太后在秦国扫光了一切障碍，再也不需要别人帮忙，楚国反而成了秦国一统天下路上最大的敌人。

为了自己，为了儿子，更为了随自己来到秦国的娘家人，秦国必须打垮楚国。

开战是需要理由的，熊横在秦国杀人，然后逃回楚国，不正是秦国最合理的借口吗？熊横逃回楚国后，秦、楚两国交恶，楚国在国际社会被彻底孤立。

公元前301年，齐宣王开始了紧锣密鼓的伐楚准备。

虽然楚国是孤家寡人，但也并不意味着好打。打架这事当然是人越多越好，不管打得过打不过，得先从人数与气势上压倒对方。齐宣王首先瞄准了中原腹地的两个冤大头——韩、魏两国。

韩、魏两国夹在秦、楚两个超级大国中间，生存得异常艰难，整天不是被秦国揍，就是被楚国打。即使他们想与秦、楚做好朋友，也要么被秦国骗，要么被楚国放鸽子。这对被超级大国各种坑蒙拐骗的难兄难弟，很容易产生联手讨回公道的维权意识。这两国实力虽然弱，可总比没有强。

齐宣王打算派人去拉拢韩、魏两国，于是他把相国田文找来。田文的名字大家可能不熟悉，但他的称号，很多人都如雷贯耳。田文就是孟尝君。

孟尝君是光耀战国的四公子之一，这四位公子分别是齐国孟尝君、魏国信陵君、赵国平原君、楚国春申君。这四位公子各有各的优点，信陵君讲义气、平原君长得帅、春申君能力强，而孟尝君则是四公子里人缘最好的。

这四位公子不光家里有无数不动产，还都当过各自国家的相国。而孟尝君虽是一人之下万人之上的相国，可他更看重的是封君的身份。

战国时代的封君，只有封地的使用权，在自己的封地上还必须奉行国君的法令，征兵的权力也被国君收走了。等到封君一死，如果子孙人品不好的话，封地也很有可能被收走。

不过，封君虽然享受的权力并不多，可是福利却是很好的。封君可以享受封地上的赋税，可以经商，还可以从事暴利的高利贷。而孟尝君不光是一名外交奇才，更是一位厉害的封君，他把自己的封地经营得风生水起，成为战国封君学习的楷模，封君里的经营奇才。

对于封地的经营理念，孟尝君总结了三点：人缘、养士、放贷。

孟尝君行走江湖多年，深知多一个朋友多一条出路的道理。越是站在权力的高峰，生命安全系数就越低，广结善缘就是在权力场角逐中谋求生存的根本。

每当有宾客来孟尝君的府上做客，孟尝君就会在屏风后面安排一位记录员，负责记录宾客的住址、喜好。当宾客离去回到住地后，孟尝君就安排人将宾客喜好的东西送到住处。吃人家的嘴短，拿人家的手软，与孟尝君交往过的人都把他当自己的哥们儿。

作为一名富有的封君，产业那么多，需要有人打理；公务那么多，需要有人参谋；钱那么多，需要有人看家护院，这都需要人手。放在春秋时代，卿大夫把部分土地分给士，士拿到土地后就给卿大夫打工。可是到了战国时代，就不行了，封君只有手中土地的使用权，而兵权、行政权都在国君手里攥着。封君想要人，只能公开招聘。

所以战国的士混得比春秋的士要惨，春秋的士手里还有土地，战国的士只能拿工资，唯一的好处就是人身自由，想跳槽就跳槽。因此战国的士又被称为“游士”。

孟尝君收编了三千多游士，收编的游士就被称为“门客”。孟尝君的门客里既有高素质人才，也不乏鸡鸣狗盗之徒。门客那么多，孟尝君为了方便管理，就将他们分成上客、中客、下客三个等级。每个等级的待遇也不同，上客每顿都有肉吃，中客每顿可以吃鱼，下客每顿只能吃蔬菜。

招呼宾客、养三千门客，这都需要大笔的花销，于是孟尝君在自己的封地搞起了高利贷业务。

孟尝君放贷规模很庞大，一次得到的利息就有十万。而且孟尝君在发放高利贷方面也很有创意。他把借贷合同写在竹板上，然后一分为二，借贷人拿左券，孟尝君派人上门合法讨债就拿右券。一不留神，孟尝君成为全球最早玩金融的大鳄，熟练地玩着钱生钱的游戏。

齐宣王召见了在国内混得风生水起的孟尝君，要派他前往韩、魏两国，好凭借孟尝君的影响力，将韩、魏绑上齐国的战车，一起攻打楚国。

孟尝君到达韩、魏后，凭借自己良好的人脉对两国施加影响。加上韩、魏两国本来就一直对楚国怀恨在心，于是同意与齐国结盟痛打楚国。

秦国听说齐、韩、魏三国结盟后并没有表态，老奸巨猾的宣太后要在诸侯混战的时候挑选最佳时机，为自己谋得最大利益。

由齐宣王编织的巨型绞索已经套在了楚怀王的脖子上。

垂沙之战

公元前301年，齐宣王正式向楚国宣战，誓要强拆楚国。齐宣王化身强拆大队大队长，孟尝君扮演联络人，匡章是强拆用的炸药包，韩、魏两国都是强拆队员。

匡章作为主将，魏将公孙喜、韩将暴鸢（yuān）作为副手，齐、魏、韩三国联军直逼楚国方城。

三国联军的总指挥匡章看着身后数十万大军，内心并没有太过得意，因为他深知，自己接下来的任务其完成难度是史诗级的。

方城作为楚国通往中原的重要门户，其战略地位等同于秦国的函谷关。要知道，方城是从春秋时的楚成王时代开始修建的，方城修完后，楚国还围绕它修建了一套庞大的防御体系，这就是楚长城。历代楚王化身基建狂魔，以方城为起点，围着南阳盆地修建了一圈儿长城。

无论谁想攻入楚国腹地，从大门方城硬闯都只能撞得头破血流。想绕开方城，周边又都是延绵不绝的楚长城。可以说，想拿下固若金汤的方城绝非易事。

有人不禁会问："难道没有办法攻入楚国腹地了吗？"

两百年前的兵圣孙武就回答过这个问题。当时，孙武作为吴国主将，率领吴军发动灭楚之战。面对铁桶一般的楚国防御体系，孙武选择绕开楚长城，翻越大别山，来了一场让楚国措手不及的奇袭。

但是对于匡章来说，想绕开楚长城攻入楚国腹地，可能性几乎为零。所谓的奇袭战术只能使用一次，想再打第二次就不可能了，因为敌人早就有防备了。

既然绕不过去，就只能寻找楚长城最弱的点作突破口。

匡章反复看地图，最后决定将楚长城东南段作为突破口。这段是楚长城与大别山的结合部，远离重兵把守的方城。如果把楚长城比作皮糙肉厚的鳄鱼，那么这个地段就是鳄鱼最柔软的腹部。

三国联军朝着方城虚晃一枪，随即直奔楚长城东南段。匡章不愧为行走的炸药包，成功率领三国联军强拆了楚长城东南段，杀入楚国腹地。

楚国举国震惊！

楚长城作为楚人引以为傲的旷世杰作，竟然被匡章给攻破了。匡章如同一头凶猛的巨兽，在平坦的南阳盆地里横冲直撞，走到哪儿拆到哪儿。惊慌失措的楚怀王急令将军唐昧率军迎战。

此时的楚军已不是当年让天下诸侯闻之色变的擎天巨人。十一年前的蓝田之战，楚军精锐全部战死，整整一代年轻人全都葬送在关中沃野。从那之后，楚国一直没有恢复过来，再也无力参与天下大事。楚国空有超级大国的体格，元气早已消失殆尽。

唐昧率领的楚军，很多士兵都是临时征召来的少年。看着眼前这些稚嫩的脸庞，唐昧心里很忐忑，带着这样一群毫无作战经验的娃娃兵上战场，能有多少胜算呢？

既然打不过，就只能利用主场优势慢慢消耗了。面对士气正旺的三国联军，理性的唐昧选择了在沘（bǐ）水（今河南省泌阳一带）与敌军隔河对峙。

汹涌的河水挡住了联军的去路，匡章只能命令部队就地驻扎，这一对峙就长达六个月之久。

最先撑不住的不是前线交战的军队，而是后方吃紧的齐宣王。打仗是要烧钱的，每天的军费开支都是天文数字。再这样无休止地耗下去，齐国就要破产了。齐宣王熬不住了，派使者催促匡章速战速决。

面对齐王派来催战的使者，匡章硬气地回答道："杀了我，免了我，灭我全家，这都是国君一句话的事。然而战机不成熟，贸然出战只会一败涂地。无论大王如何命令，我都要断然拒绝！"使者只能灰头土脸地回去了。

前线局势瞬息万变，一个杰出的将领绝不能指望千里之外的上级做出最正确的决定。毕竟上级不了解局势，往往只看重眼前的结果，而交战中任何一个指令都会影响战争最终走势，牵一发而动全身。优秀的将领要做的就是保持冷静的头脑，发出最正确的指令。

在与楚军对耗的六个月里，匡章并没有闲着，而是当上了水文专家。他一直在对沘水进行水文监测，以便观察哪里河水最浅，最适合军队过河。可惜，每次齐军刚要进行水深测量，对岸的楚军就开弓放箭，让齐军没有测量的机会。

不过，在重金悬赏下，还是有一位樵夫告诉了齐军沘水的秘密："河水最深的地方，防守的楚军最少；河水最浅的地方，防守的楚军最多。"

夜晚，匡章找准楚军防御兵力最多的地方，集中兵力进行了突袭。因为六个月没有交战，楚军放松了警惕，结果一触即溃。

唐昧收拢了溃逃的楚军，并在垂沙与三国联军决战，垂沙之战正式打响。结果楚军全军覆没，唐昧战死。

战后，匡章望着不远处的南方。楚国郢都与富庶的江汉平原摆在自己眼前，只要率领大军继续杀过去，郢都唾手可得。自己可以建立不世功勋，更可以与兵圣孙武并列，名垂青史。

所有齐军将士都等待匡章下令攻打郢都，没想到匡章却说了一句让所有人大跌眼镜的话："班师回国！"

齐军上下沸腾得如同一锅开水，将士们刚打出了气势，结果却要撤军，这是为什么？

其实道理很简单，攻灭楚国，捡便宜的是挨着楚国家门口的魏、韩两国。把魏、韩两国喂肥了，害的是齐国自己。齐国打垮楚国的目的已经达到，没必要再纠缠下去。

韩、魏两军眼见带头大哥匡章带着齐军回国了，自己也就见好就收，把楚国南阳盆地北部的领土瓜分掉也就算了。楚国消耗数代君王的心血、用无数将士性命换来的南阳盆地，就此成为他国领土。

连年战败，楚国青壮年都战死沙场。为了躲避征兵征粮，百姓纷纷逃亡，楚国民不聊生。一个名叫庄蹻（qiāo）的楚人揭竿而起，楚国百姓纷纷响应，起义的大火烧遍了楚国各地，造成楚国疆域四分五裂。

楚怀王家里正在起火时，秦国大军又来了。

秦昭襄王明知老丈人家里遭灾，不但没有送来人道主义援助，反而奉行"一方有难八方捅刀"的作风落井下石。

公元前300年，秦国攻打楚国，斩首两万，抢占新城（今河南省襄城县）。

公元前299年，秦国再次出兵伐楚，夺取八座城池。

楚国现在烽火连天，国内到处都是暴走的农民起义军，国外又都是强取豪夺的诸侯。楚怀王接二连三地遭受重创，精神处在崩溃的边缘。

这时，他又收到了一封让自己焦躁不安的信。写信的不是别人，正是专坑老丈人的秦昭襄王。

信上是这么写的："当初秦、楚两国在黄棘结为兄弟之国，楚国太子到秦国做人质，两国关系十分融洽。然而楚国太子杀了我国重臣，没有道歉就跑了，我很生气，所以派兵侵占了您的土地。现在我听说，您竟然把太子送到齐国当人质，与齐国修好。秦楚两国接壤，相互通婚，睦邻友好，已经数百年历史了。可惜现在两国关系恶化，无法一起号令天下诸侯。我希望与您在武关会盟，重修友好！”

楚怀王把这封信给身边的人看。有人说，去了就回不来了，应该加强边境防御。也有人说，如果不去，秦国会有理由出兵攻打楚国。

楚怀王凝视着眼前这封信。与其说它是信，不如说是命令。一个深不可测的大坑摆在面前，稍微有点理智的人都不会跳。楚怀王也不想跳，可是他如果不跳，秦国打来怎么办？楚国已经处在四分五裂的边缘，到哪里去找军队防御秦国？

向前一步是深渊，向后一步是火海。已经是知天命之年的楚怀王，似乎已经知道自己的命运，也只能闭着眼跳入女婿挖的大坑里。

楚怀王率领外交团队来到武关城下。此时武关大门敞开，楚怀王透过城门洞看到了里面君王打扮的人，心想那应该就是自己的女婿秦王。

但是楚怀王刚一进入武关，大门突然关闭，假扮秦王的人脱去衣服露出铠甲。他一声令下，无数秦军从角落里涌出，将楚怀王与随行的大臣团团围住，全部押送到咸阳。

楚怀王到达咸阳后，秦昭襄王命令他以藩臣的礼节来朝见自己，还要让他签署割让巫郡与黔中郡给秦国的协议。楚怀王在自己人生快要结尾的时候，终于硬气了一把：“老子就是不签字！”

“不签是吧！不签就别想回国！”

“那我就赖在秦国了，反正你们也得养我！”

于是楚怀王被扣押在秦国，成了一个高级肉票。这个大傻瓜后来还成功越狱，可惜没能逃出生天，又被秦国抓了回来，最后死在了秦国。

回顾楚怀王的一生，实在是生得豪横，死得窝囊。

楚怀王被抓后，太子横继位，也就是楚顷襄王。无论秦国如何蚕食楚国，楚国毕竟是百足之虫，死而不僵。

直到年轻的秦昭襄王与齐国开展外交联盟，酿成了一场惊天灾祸。

攻破函谷关

秦国与齐国，一个在最西边，一个在最东边，相互不接壤，本来毫无瓜葛。可是诸侯为了各自的利益，纵使彼此远隔千山万水，也会一起组队，玩君王版“权力的游戏”。

垂沙之战之后，秦昭襄王着实被齐国惊人的战斗力吓到了，于是决定与齐国结为战略合作伙伴。他把自己的弟弟泾阳君公子芾送到齐国当人质，同时邀请齐相孟尝君来到秦国，指导秦国工作。

战国时，经常会出现某人同时兼任好几国相国的现象，这种身兼数职的奇特现象也只有在战国乱世中才能看到。

去他国担任相国，既是他国对本国的信任，同时，相国本人在他国也能扮演本国驻外大使与联络员的角色。

秦昭襄王之所以点名孟尝君来秦国，就是看中这家伙的人脉资源。孟尝君在东方诸侯心中，那就是人见人爱花见花开的香饽饽，秦国将孟尝君拉入自己的阵营，就能大搞连横战略，灭亡楚国。正好，此时樗里疾刚去世不久，秦国的相国之位空缺。

齐宣王同意派孟尝君前往秦国当相国。公元前299年，孟尝君带着自己的门客，浩浩荡荡启程前往咸阳。

齐秦结盟，最惴惴不安的不是楚顷襄王，而是赵武灵王。

赵武灵王作为战国时期赵国最伟大的君主，一手推动了赵国史无前例的军事改革——胡服骑射。赵国急匆匆地搞军事改革，就是为了吞并中山国。但中山国是齐国的小弟，齐国又与秦国结盟，打中山国就等于向秦、齐两国宣战。赵国再怎么搞军事改革，也无法抵御齐秦联盟的进攻。

于是赵武灵王想出了一条离间计。

孟尝君能在诸侯之间八面玲珑，而赵武灵王其实人缘也相当不错，他也与众多诸侯国广结善缘。

赵武灵王派使者求见秦昭襄王，提议赵国大臣楼缓和仇郝分别到秦国和宋国做相国，组建秦、赵、宋联盟，让秦国当大哥。

秦昭襄王细想，这是一件好事啊。再说赵王当年一路护送自己回秦国继位很仗义，于是就答应与赵结盟了。

在秦国认真工作的孟尝君，突然有一天就被带出了办公室，圈禁在府邸。

要我来秦国上班的是你，开除我的还是你。孟尝君知道，按照秦国一贯喜欢坑蒙拐骗的特性，自己这样一个具有国际影响力的人，想平安离开秦国是不可能的，搞不好就要被撕票。

孟尝君立刻开始准备逃跑计划。

孟尝君跟谁都处得来，甚至还认识秦王身边的宠妃。于是他派人向宠妃求助，希望宠妃能对秦王吹吹枕边风，让秦王放了自己。宠妃愿意帮助孟尝君出逃，条件是孟尝君用白色狐皮裘来交换。

放在平时，别说一件白色狐皮裘，就是一百件，对于财大气粗的孟尝君来说也不是事。可是，孟尝君刚来秦国时已经把白色狐皮裘献给了秦王，身边再也没有了。

孟尝君正在为此事发愁，一个身形奇特的门客站了出来："不要紧，我可以去偷出来。"

眼前这位不起眼的门客善于偷盗，孟尝君此前一直没看得起他，没想到他竟然会在此时派上用场。

夜黑风高时，这位门客乔装成狗潜入秦国国库，成功盗取了白色狐皮裘。孟尝君立刻将其献给了秦王宠妃，于是，宠妃每晚都会在睡前给秦昭襄王吹吹枕边风。

秦昭襄王经历了数天枕边风的洗礼，最后也觉得扣押孟尝君只会让齐、秦交恶。既然现在还没有到两国翻脸的时候，那就释放孟尝君吧。

孟尝君拿到出境文件后，以火箭般的速度向函谷关奔去。过了几天秦昭襄王才反应过来，自己把外交奇才孟尝君放走，搞不好他回到齐国后就会组织一个声势浩大的合纵联盟来攻打秦国。不能让孟尝君离开秦国！

孟尝君一行人正星夜兼程，此时刚到函谷关脚下。秦国规定，只有清晨鸡叫的时候才能打开函谷关，让人通行。可是如果等到天亮，追兵可能就追上来了。

十万火急之际，一位下等门客站了出来。他惟妙惟肖地学起了鸡叫，函谷关的守军听见公鸡打鸣，就打开城门核验出境文件，放孟尝君出关了。

胜利大逃亡的孟尝君感慨良多。曾经给予众多优厚待遇的上等门客，在危难之际根本没什么用，反而是自己平时看不起的鸡鸣狗盗之徒在关键时候救下了自己。

孟尝君在途经韩、魏两国时进行了一番政治串联，再次组建了合纵联盟。公元前298年，也就是孟尝君逃离秦国的第二年，齐、魏、韩三国再次组织了声势浩大的强拆大队，“行走的炸药包”匡章再次担任统帅。这次强拆的目标就是天下第一超级大国——秦国。

强拆大队经过三年苦战，于公元前296年杀到函谷关脚下。

函谷关可是秦国的旷世杰作，是为百年一遇的大仗预备的。只要有重兵设防，任何人想从函谷关正面突破都无异于以卵击石。在秦昭襄王看来，三国联军敢打函谷关，真是狂妄嚣张，不自量力。

秦昭襄王本以为三国联军会在函谷关铩羽而归，没想到一则十万火急的军情传到咸阳：“函谷关破，联军直奔咸阳而来！”

函谷关竟然被强拆了！秦昭襄王顿时感觉天都塌了，只能无奈地割地求和。

打不赢秦国不是新闻，打赢了才是新闻，曾经只进不出的秦国竟然同时向三国割地求和，匡章从此登上了人生顶峰。匡章见打击秦国的战略目的已经达到，就班师回国了，韩国得到了武遂，魏国得到了封陵。

秦昭襄王吃了一次大亏，开始进行复盘。他认为，这都怪当初听信了赵武灵王结盟的鬼话。在关键时刻，赵国眼看着秦国被揍，却连个屁都不放，这是什么联盟！

的确，赵武灵王一直奉行着不掺和六国事务、闷声发大财的金科玉律。当几个大国打成血葫芦时，赵国在赵武灵王的统治下完成了完美逆袭，一度成为秦国统一天下征途上最恐怖的角色。

拾陆

中国第一雄主

少年英主

公元前326年，赵肃侯死了，儿子赵雍继位，也就是赫赫有名的赵武灵王。

老爹赵肃侯留给赵雍的家底并不殷实。此时赵国的境况已是风雨飘摇，摇摇欲坠。西有虎狼一般的秦国，东有强悍的齐国，更要命的是“战国第八雄”中山国嵌入自己的腹地。中山国只要一闹腾，赵国就得跟着闹肚子。

这种烂摊子，还被诸侯觊觎。就在赵国办丧事的时候，秦、楚、齐、燕、魏各国都派人前来吊唁，他们不光带着慰问品，还带来了军队。十五岁的赵雍才刚刚束发，离成年加冠都还有五年，在这些诸侯眼中，这样一个乳臭未干的小子，有何畏惧?

赵国此时处于主少国疑的危险境地，然而赵雍显露出了超越年龄的成熟与稳重。朝堂之上，一身素服的赵雍下令全国戒严，边境进入战备状态，随后调集精锐保卫邯郸。

五国大军来到赵国边境，看到边关守备森严，俨然一副打仗的架势。接着，五国使者收到赵雍的命令，只准使者进入赵国，如有军队进入即为宣战。五国看到赵国早有准备，占不到任何便宜，也只能让使者前往邯郸吊唁了事。

越是危机，越是能看出一个人的能力。这个十五岁的少年英主，让赵国上下看到了新的希望。

赵武灵王即位后，任命阳文君赵豹为相国辅佐自己。赵豹能担任相国，只因为他是王室成员，资历较老，而真正对赵武灵王起到关键帮扶作用的人是肥义。肥义是赵肃侯时的重臣，也是赵武灵王最信赖的人，此人忠肝义胆、眼界开阔，每逢大事，赵武灵王都会把肥义叫来商量。

战国时代，各国都开展了轰轰烈烈的变法，赵武灵王不甘人后，也要对赵国开展变革。任何改革都需要有稳定的环境，而赵武灵王很会做人，把外交环境稳定得很好。

赵武灵王娶了韩国公主做老婆，扶持了燕昭王继位，又在秦昭襄王回国继位的路上保驾护航，让这位战国时期破坏力最强的秦王也欠了自己一个大人情。赵武灵王在位期间，秦国始终未对赵国下手。一番操作下来，各诸侯都不再为难赵国。

外部安定了，就要对内部进行改革，变大变强是其终极目标。

胡服推广运动

公元前307年，赵武灵王在举行完朝会后，就离开了首都邯郸，沿着赵国边境线展开调研。

调研的结果让赵武灵王非常不满意。赵国拥有漫长的边境线，可是守备力量非常薄弱。如果有强敌从一处突破，赵国的整个防线都会被撕开一个大口子。

赵国必须要有一支强大的机动部队！

什么是强大的机动部队呢？就是骑兵，像胡人那样，来无影去无踪的骑兵！

要组建骑兵就要脱去有碍骑马射箭的宽袍大袖，穿上短衣窄袖的胡服。于是，公元前306年，一场轰轰烈烈的胡服推广运动在赵国拉开序幕。

穿着什么样的衣服，就表示认同什么样的文明。在中原人的眼中，胡服就是野蛮的象征和死亡的代名词。想要打破人们心中根深蒂固的华夷之辩，比登天还难。

中原文明圈的人一般都穿上衣下裳的宽袍大袖，虽然费布料，但是看起来很美，有气场。一个人要换掉平时穿习惯的衣服，肯定很难适应。比如以前中原人下半裳里面穿的是无裆裤，现在赵国人为了骑马方便，就要穿有裆裤了。

最让中原人晦气的是，胡服是左衽！为了方便开弓射箭，胡服的衣襟都是左掩的，因为如果身着右衽，射箭时手肘容易钩住衣衽。而在中原文化中，只有死人穿的寿衣才是左衽。让赵国人改穿原本只有死人才穿的左衽寿衣，换谁也无法接受。

做事风风火火的赵武灵王立刻把大臣楼缓与肥义招来议事："赵国北面有燕国，东面有东胡，西面有楼烦、林胡、秦国、韩国，还有个中山国在赵国腹心。如果没有强大的机动部队，赵军无法四处驰援，敌人一旦进攻，赵国就危险了。只有骑兵才能救赵国，为了国家，我愿意穿起胡服！"

楼缓很赞同赵武灵王的提议。

赵武灵王看了看旁边默不作声的肥义，又问他的意见："想要建立功勋，就要学习胡人的长处。但是如今我要背弃传统习俗，穿起胡服叫百姓骑射，必遭世人唾骂，我该怎么办呢？"

肥义："做事犹豫就不会成功，行动犹豫就不会成名。既然您愿承受世俗的责难，那就大胆地去实现自己的理想。"

看到身边的重臣都同意了，赵武灵王也就下定了决心。

他首先把目标锁定在自己身边的王族身上。王族都穿起胡服，不就便于推广了吗？赵武灵王打起了叔叔公子成的主意，公子成是赵国王室里资历最老的人，只要他穿起胡服，王室就没有敢不穿的了。

一天，赵武灵王派人将胡服送到公子成的府上，请他在上朝的时候穿。

已经上岁数的公子成收到国君送来的新衣服，非常高兴。然而，当公子成兴冲冲地打开衣服时，脸色"唰"地就变白了："国君为什么让我穿寿衣？难道他觉得我这把老骨头还会威胁他的王位，想让我早点死吗？"

使者赶紧解释："国君为了方便赵人骑马作战，打算推行胡服。国君希望公子能起带头作用。"

公子成长舒了一口气，这才缓过神来："大王抛弃原来的服装，改穿胡服，这违背传统，偏离人性，希望大王慎重对待此事！"言下之意，我公子成就是不穿!

赵武灵王只得亲自登门请叔叔为胡服代言："我们四周强敌环绕，如果不练习骑马射箭，怎么能守得住我们的国土呢？如果家都没了，穿什么衣服还重要吗？所以我们必须改穿胡服，学习骑射，才能抵御强敌！"

经过一番软磨硬泡，公子成终于答应改穿胡服。

第二天一上朝，赵武灵王与公子成身着胡服现身，像超模T台走秀一样，在群臣面前来回展示。朝堂的大臣直呼辣眼睛，开启了疯狂吐槽模式，朝堂变成吐槽大会。

被溅得一身口水的赵武灵王怒斥道："以书为御者，不尽于马之情。以古制今者，不达于事之变。"意思是，照书本上的教条驾车，不能掌握马的情况。墨守陈旧的制度，就无法适应当今的天下。

眼看国君发火了，赵国的贵族也就都不情愿地穿起了胡服。不过这些人也不会亏待自己，每个人的胡服都是貂皮做的。

服装好改，要建立骑兵部队却不是一件易事。

先秦时，人要翻身上马开弓射箭，无异于玩高难度杂技。现在拍影视剧，需要演员提前苦练骑马技术，骑得不好的可能直接摔下马来。其实，这些演员已经很幸福了，如果让他们看看先秦时的马具，估计它们会立马罢演。

如果去参观秦陵兵马俑坑，在看到骑兵俑时，你肯定有巨大的疑问：怎么没有马镫与马鞍呀？马镫方便了骑手上下马，而且骑马的时候也有支撑点；马鞍则可以让人固定在马背上，不容易摔下来。

先秦时，马镫和马鞍还没有发明。骑兵俑的马背上安装了一个所谓的软马鞍，其实就是一块软垫子。所以先秦的骑手那是在用生命骑马，不但上下马困难，而且很难坐稳。如果奔跑的马儿突然停下脚步，骑手就得飞出去。

因此，先秦在选拔骑手时非常严格，必须是身体灵活的青壮年，身高要在一米七以上。没有马镫与马鞍的辅助，骑手就要靠两条腿夹持马肚子。只有通过长期练习，才能夹得稳，直到两条腿变成了罗圈儿腿，才说明你骑马技能已练到家了。

学会基本的骑乘技术后，你还要学会在骑马颠簸的过程中开弓放箭。

古代的弓可不是现在弓道馆里轻轻松松就能拉开的弓，古代的弓对臂力有一定的要求，而且光有力量还不够，张开弓后你还得能瞄准。

有人会问，射箭只能进行远程火力输出，万一敌人近身了怎么办？不要怕，骑兵是有佩剑的，敌人近身后，他们可以用剑来劈砍敌人。

骑马的难度已是常人难以企及的了，而骑兵在飞驰的马背上，既要能开弓射箭，又要能近身使剑，可以说，最后能练出来的骑兵都是精锐的特种兵。

为了培养这些马背上的特种兵，赵武灵王可谓操碎了心。他要解决人和马的两大来源问题。不是每个赵国百姓都适合骑马射箭，农民长时间种地，使粪叉特别熟练，干步兵还行，但是让他翻身上马他铁定不适应，吃的饭都能颠吐了。

所以，赵国的骑兵有两大来源：第一个来源是胡人。他们本身就会骑马射箭，不需要培训就可以直接上岗。而且胡人来赵国上班，都是自备马匹与弓箭，赵国连买装备的钱都省了。第二个来源是赵国的边民。胡人毕竟是拿钱上班的外援，万一哪天效益不好人家说走就走，能依靠的还是自己的子民。边民顾名思义就是在北部边疆生活的居民。由于居住地靠近边疆，隔三岔五就有胡人越境打劫，治安环境极差。边民为了自身安全，个个习武练剑，民风彪悍。当敌人闯入自己家园时，他们扔下碗筷，抄起家伙立马就能开打。

解决了骑兵兵源问题，就要解决马匹来源问题。

骑兵骑的马与拉驷马战车的马完全是两个品种。驷马战车的马是挽马，专门用来挽驾驮载，单匹马力不足，可以增加拉车马匹的数量。而骑兵所用的马是乘用马，马力不能叠加，所以对乘用马的性能要求非常高，不光要跑得快，要能跳跃沟壕，还要能长途跋涉。相比之下，挽马像一个老实本分的孩子，而乘用马则像一个野性十足的汉子。

一方水土养育一方人，同样，一方水土养育一方马。在农业密集的中原地区，没有新鲜的嫩草，也没有供乘用马驰骋的开阔地带，北方一望无际的大草原才是孕育骑兵战马的最佳地，只有这样水草丰美的地方才能用于骑兵训练。

赵国决定在北疆代地建立牧马场，同时再向胡人大量购买马匹。

兵源与马源的问题都解决了，就要开始战术训练了。

战术训练是根据兵种的自身属性来的，赵武灵王训练出来的骑兵都是轻骑兵。可以说，不光是赵国，整个先秦时代，全中国的骑兵都是轻骑兵。

我们在影视剧里看到的那种身着重甲手持长枪的骑兵都是重骑兵，重骑兵组成密集阵型后可以像坦克一样撕开地方军阵的缺口，碾压步兵。而轻骑兵装备轻便，功能以袭扰、追击为主，战术就是一边放箭一边游击，就喜欢看着你追不上我又干不掉我的样子。不到万不得已，轻骑兵绝不近身作战。

轻重骑兵的地位没有高低之分，只要指挥者使用得当，轻骑兵也可以取得不逊色于重骑兵的战术。横跨欧亚的蒙古帝国就是靠着轻骑兵一路杀到欧洲，将欧洲装备齐全的贵族重骑兵射死于马下。

赵武灵王选择原阳（今内蒙古自治区呼和浩特市）作为轻骑兵的训练基地。在这里训练的骑士，不光要能在马背上熟练地开弓射箭，还要能前后左右应战自如，进退娴熟。要能越过沟壑，翻过山丘，冲过险阻，横渡河水，追逐敌人，打乱敌人部署。

看着眼前这些生龙活虎的轻骑兵，赵武灵王决定将他们集中管理与使用。赵国的生存环境不同于中原诸侯，赵国北方有绵长的边境线，那里有旋风般的草原骑兵，两条腿的步兵根本追不上，驷马战车的机动性也远不如骑兵。只有将骑兵统一编排使用，才能爆发出强大的作战能量。

战国兵书《六韬》曾这样描述骑兵的威力：在适合骑兵机动的平原地带，一个骑兵的战斗力抵得上八个步兵；即使是在不适合骑兵的险要地带，一个骑兵的战斗力也抵得上四个步兵。

可惜其他诸侯当时并未重视骑兵。骑兵早在春秋时代就出现了，身为牧马小能手的秦人早就有了骑兵部队，可是当时谁也没有重视。到了战国时代，中原战场都是步兵为王，车兵、骑兵都属于辅助兵种。

虽然我们不知道赵武灵王具体如何使用骑兵，但是可以从其他案例中大致了解到。战国末期的赵国名将李牧在爆锤匈奴时，一次性出动了一万三千名骑兵；而作为对比，秦国在倾国而出打长平之战时也只集中动用了五千名骑兵。

经过这一系列的折腾，赵国的骑兵军团颇具规模，建立起威震战国历史的“赵边骑”。赵边骑的出现让天下诸侯看得直流口水，纷纷跟着学了起来。

手握有当时天下机动性最强的骑兵军团，赵武灵王想不搞些大事都不行！

脑洞大开的突袭构想

公元前305年，也就是赵武灵王推广胡服骑射的第二年，赵国倾全国之力攻打中山国。

面对赵国的进攻，中山国也是有底气的，中山国的底气来自铁制装备。

中山国有冶金工业，可以制造出铁甲与铁兵器。要知道，当时铁器还主要用于农耕。后来统一天下的秦国，大部分士兵身上穿的还是皮甲，手里攥着的也还是青铜兵器。

铁甲的防护要比皮甲好，铁兵器也要比铜兵器坚硬，所以有铁制装备的中山国士兵，防护力与攻击力要超出赵国士兵一个时代。

面对这么一个小而强的敌人，赵国也使出了吃奶的劲儿。据史书记载："赵氏攻中山，中山之人多力者曰吾丘鸩（yù）。衣铁甲操铁杖以战，而所击无不碎，所冲无不陷，以车投车，以人投人也。几至将所而后死。"意思是，赵国攻打中山国，中山国军队里面有好多力大无穷的战士，其中一个叫吾丘鸩。他身着铁甲，手拿铁杖进行战斗。铁杖所到之处，敌人的身躯都被击碎，敌人的军阵都被攻陷。他打到兴头上，可以直接把敌人的战车和士兵举起来扔回去。他直到最后才壮烈战死。

中山国这些力大无穷的勇士身着铁甲，手拿铁器，简直就是战国版的钢铁侠，给赵军造成极大的精神压力。谁知道如果自己遇到这些人，会不会被他们当成铅球一样扔飞出去。

赵国一口吃不下中山国，只能慢慢吃。这一吃，就足足吃了九年时间。从公元前305年到公元前296年，赵国持续不断地向中山国发动大规模战役。中山国虽然强，但是毕竟体量小，架不住赵国这么无限次的疯狂进攻，最后终于灭亡。

得胜回国后，赵武灵王论功行赏，大赦全国，全国上下连续举行五天五夜的大聚餐。然而对赵武灵王自己来说，吞并中山国只是为了增强实力，这位像烈马一样放荡不羁的男子，他的心始终在北疆的草原上驰骋。

就在中山国战事结束之后，赵武灵王又开始酝酿一场惊天的军事计划。

赵武灵王在攻打中山国的同时，在北面联合楼烦、林胡向胡人发动了大规模战争，大片牧场落入赵国人手里。为了守住这些新得的国土，赵武灵王在北疆搞起了巨型防御工程——赵长城。

一提到长城，在很多人印象中，这是个劳民伤财的工程，搞不好就得来个农民起义。然而赵武灵王在修建长城的同时还在进行着烧钱的对外战争，国内却没有反对之声。不得不说，赵武灵王不光军事素质过硬，统治能力也相当高明。

赵长城是沿着阴山山脉修建的，从东边的代地一直向西修建到高阙，全长达一千三百多里。赵长城修建完毕后，赵武灵王沿着赵长城设置了四个边郡和一座要塞，分别是云中郡、雁门郡、五原郡、九原郡和高阙要塞。这四个边郡不光在战国时期战略地位极高，到了秦汉时期也是边关重镇。尤其是高阙要塞，正是汉代霍去病北却匈奴的出发点。

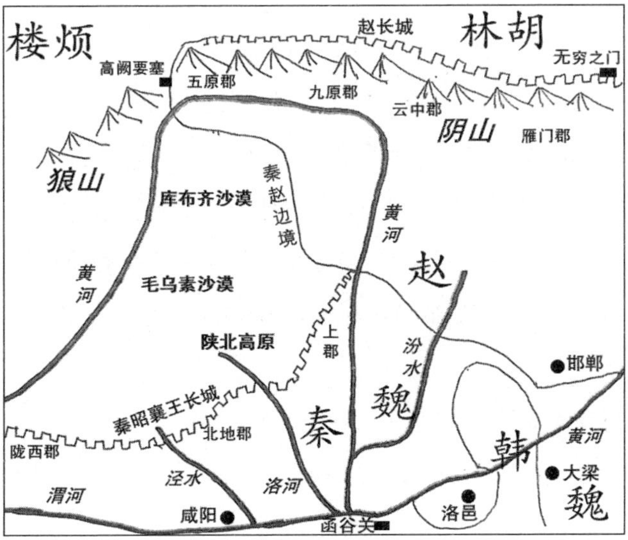

赵长城

赵武灵王平时不是在中山国前线就是在北疆四郡巡视，由于两头跑太累，赵武灵王就把王位传给了小儿子王子何，让大臣肥义辅佐。这样，自己就可以腾出手来专注一项宏大的战略计划。

纵观天下格局，赵武灵王敏锐地发现秦国已经成为天下无人能撼动的巨无霸。虽然秦昭襄王欠了赵武灵王的情，但不代表未来两国不会兵戎相见。

秦赵两国必有一战！

这是赵武灵王对未来局势的正确判断。如果任由秦国做大做强，将来赵国在强秦面前将毫无还手之力。为了避免这一灾难出现，赵武灵王决定先发制人，抢先给秦国致命一击。

打开地图，可以发现赵国北部长城西段有三个郡，从西向东依次是五原郡、九原郡、云中郡。这三个郡北靠阴山，南临黄河，形成一个狭长地带，不光水草丰美适合养马，也适合农业耕种。而这三郡的正南方正是秦国的心脏——关中平原！

讲到这里，读者可能猜到赵武灵王的意图了。没错，赵武灵王就是要从正北方给秦国雷霆一击！

要想攻入秦国本土，常规路线要经过让人闻之色变的函谷关。要想攻下固若金汤的函谷关，光凭一个诸侯国实力是远远不够的。即使能攻破函谷关，秦国也能从各地调集兵马回援咸阳。唯一的办法就是兵行险招，出奇制胜。

秦国关中平原的北方是一望无际的陕北高原，再往北走，直至阴山脚下，这一片是广袤的鄂尔多斯高原，没有崇山峻岭。虽然秦国在陕北高原上修筑了要塞，但是防备的主要是义渠人。由于宣太后与义渠王打得火热，秦国北方的战略威胁减轻，秦国所有主力都部署到了东方前线。整个秦国北部赤裸裸地暴露在外。

只要从北部突袭秦国，就能杀入秦国心脏，一刀毙命！

不过，我们看地图就会发现，赵国如果要突袭秦国，有两个巨大挑战摆在面前。

第一个挑战就是距离。赵国离秦国最近的边郡是云中郡与九原郡，但即使从这两个最近的边境出发，到咸阳的路程也长达一千六百多里。这对赵国的后勤负担是巨大的考验。

第二个挑战就是驻守函谷关的秦军。秦国的主要军事力量皆部署于东方边境，尤其函谷关是重镇，而函谷关到咸阳的距离仅有短短的四百六十多里。就算赵军成功袭击咸阳，一旦秦军主力从函谷关回师，赵军就要面对主场作战的虎狼秦军，胜算微乎其微。

换作别人，从北方突袭秦国无异于痴人说梦，可是赵武灵王却有实力去实现这一伟大的战略构想，因为他手里有战国第一轻骑兵军团。轻骑兵最大的特点就是速度快，所以突防能力很强。汉代的霍去病率领骑兵重创匈奴时曾六天疾驰两千多里，蒙古骑兵横扫欧洲时曾日行一百八十里。

赵武灵王作为马背上的国君，军事思想在当时已是遥遥领先。在他看来，两条腿、速度慢、补给消耗巨大的步兵，哪能和骑兵相比？骑兵不光跑得快，而且后勤负担小，一个骑兵可以带上好几匹马换着骑，一路上可以通过劫掠获得补给。马饿了还可以就地吃草，连粮食都省了。

现在我们来对赵武灵王突袭秦国的计划做一个推演。

当赵国发动对秦国的突袭时，赵国骑兵将从云中、九原两郡集结出发。这两郡是赵武灵王苦心经营的军事重镇，那里有充足的马匹与补给，而且靠近秦国。赵国骑兵将在赵武灵王率领下，经过三天的飞驰，抵达秦国边境上郡。

如果运气好的话，赵军当天就能突破秦军防线，接着可以再用六天时间急速抵达咸阳城下。

而秦国高层对这一切还浑然不知，在赵国骑兵抵达城下前一两天，他们才会收到突袭警报。这时，咸阳才会立刻派快马向函谷关驻军发出回师救援的急件。

快马将在两天时间内到达函谷关。当函谷关守军收到消息，准备出发救援咸阳时，赵国骑兵很有可能已经包围了咸阳城。

函谷关守军是步、骑、车混编的部队，其中以步兵为主。步兵以最快的急行军速度到达咸阳城，也要花费五天时间。即使骑兵、车兵脱离步兵率先赶往咸阳，也要花费两天。而且，当秦国的骑兵与车兵到达咸阳城后，将面对赵国恐怖的骑兵军团。骑兵与车兵在秦军中只能算是辅助兵种，他们在装备精良、训练有素的赵国骑兵面前只有被吊打的份儿。

消灭完了秦国机动力量后，赵武灵王会一直包围咸阳城吗？显然是不会的。

他知道，不光函谷关秦军在朝咸阳一路狂奔，各地驻扎的秦军也会展开生死时速，回援咸阳。只要赵武灵王的数学不是很差，就会知道面对秦军数十万兵力的优势，自己毫无胜算。

秦军留给他围攻咸阳城的时间只有五天，如果五天内攻不下咸阳，自己的骑兵就要被回援的秦军反包围。而赵军都是清一色的轻骑兵，在没有重型攻坚设备的情况下，想要五天之内攻下咸阳城无异于痴人说梦。

赵武灵王辛辛苦苦培养出来的骑兵军团可不是来千里送人头的，他才不会傻到一直硬攻咸阳，让自己被秦军包饺子。

轻骑兵最大的优点就是机动性强，赵武灵王会利用轻骑兵的机动性，在关中平原进行大规模的破坏与劫掠。赵国庞大的骑兵军团将会像漫山遍野的蝗虫一样，来到一地就将其夷为平地，然后又以闪电般的速度飞向另一个地方。而追击赵军的秦国步兵将会连赵军的影子都看不见。

当赵国骑兵军团把关中沃野变成一片废墟之后，赵武灵王又可以在秦国北部漫长的边境线上任意选择一个突破口，从秦国全身而退。

所以我们可以推测出，赵武灵王突袭秦国，不是想毕其功于一役。他没法靠一场战役来灭掉秦国，所以这次突袭也不是以拿下咸阳为目的，而是想破坏秦国的经济，让其慢慢失血，最后失去发动对外战争的实力。

如果战术能够成功，赵武灵王就会多次实施这样的突袭计划，直到秦国的血彻底流干。

历史上，这种绕开敌人重兵设防的关隘，在薄弱防线寻找突破口，深入敌人腹地，大肆扫荡的战术，用得最好的就是后金的皇太极。明朝末年，皇太极率领骑兵部队绕开重兵设防的山海关，五次从明朝北方长城突破，深入明朝腹地，包围北京，劫掠山东、河北。这种打了就跑的战术让崇祯皇帝苦不堪言，却又无可奈何。

为了实现这一脑洞大开的突袭构想，赵武灵王也是拼了。作为一国之君，他竟然干起了间谍勾当。

有一天，秦昭襄王在咸阳收到了赵国大使前来友好访问的消息。可是这次赵国大使走的来访路线却和往常不一样，以前赵国大使都是从东边的函谷关进入秦国，这次大使却是从北方的上郡而来。要知道，赵国首都在邯郸，没必要从北方绕一大圈到咸阳呀?

虽然一肚子疑问，秦昭襄王还是热情地接待了赵国大使。可是在接待过程中，秦昭襄王却发现这位大使气度不凡，怎么看都不像是一个当臣子的，反而更像是一位君王。

赵武灵王觉察出了秦王的怀疑。外交访问一结束，他赶紧骑马一溜烟儿地逃出了秦国。一直处在疑问之中的秦昭襄王派人多方打听，最终才得知来访的大使不是别人，正是赵国国君赵武灵王。

秦昭襄王心里一惊，自己当年回国继位时得到了赵武灵王的帮助，但是一直没有见到他本人，没想到两人竟然会以这种方式见面！赵君果然不是凡人，竟然亲自前来刺探军情。

秦昭襄王让人呈上地图，结果被惊出一身冷汗。赵武灵王入秦的路线，分明就是赵国从北入侵秦国的预演!

望着秦国北方漫长的边境线，秦昭襄王陷入了恐惧。他听说过赵国骑兵军团厉害，如果赵国骑兵集中兵力于一点突破，秦国关中沃野就要陷入一片战火之中。

然而秦国的主角光环实在是太强，遇到任何危机都能平安化解。赵武灵王虽然想出了伟大的灭秦战略，但是由于他没有处理好家务事，结果提前在历史舞台下线了。

沙丘之变

大家是否注意到，赵武灵王这么一个不世出的英主，他的谥号却很奇怪。“武”字是称赞明君的美谥，意思是克定祸乱；但“灵”字又是形容昏君的恶谥，意思是乱而不损。

这么奇葩而又分裂的谥号组合，的确高度概括了赵武灵王的一生。他是一个治国奇才，可惜在处理家务事方面，他又是个旷世蠢材。他不顾嫡长子继承制，擅自废立太子，结果酿成了惊天政变。

赵武灵王继位第四年时迎娶了韩国公主，生了长子赵章。太子章作为赵国未来的国君，一直被赵武灵王精心栽培。然而，赵武灵王又因为一场荒诞的梦，最后毁了太子章的前途。

赵武灵王有一次外出游玩，梦见一个美女鼓琴而歌："美人荧荧兮，颜若苕之荣。命乎命乎，曾无我嬴。"意思是：美人长得光彩荧荧，容颜向苕花一样好看。命啊，命啊，竟然无人知道我嬴娃。

第二天，赵武灵王和大臣聚餐时提起了这个梦。席间一位叫吴广的大臣立刻拍马屁说："我有个女儿孟姚长得和大王梦里女子相似。"

赵武灵王一听便来了兴致，让吴广赶紧把女儿送过来。孟姚来了，赵武灵王一看，姑娘长得真漂亮，便把她立为王后，即惠后。

惠后深受赵武灵王的喜爱，还给他生了一个小儿子赵何。不幸的是惠后红颜薄命，生下儿子后没几年就去世了。

痛失爱人后，赵武灵王把对惠后所有的爱都寄托到了小儿子赵何身上。于是，在公元前299年，他干了一件轰动全天下的事——传位。41岁正值壮年的赵武灵王将国君之位传给了10岁的幼子赵何，自称"主父"。赵何就是历史上的赵惠文王。

由于赵惠文王年纪太小，赵武灵王又忙于对外战争，国家大事就都交给了大臣肥义。

而22岁的赵章被废除太子之位，分封于代地，成为安阳君。

年轻的赵章想不明白，父亲为何要如此对待自己？他在当太子的时候是很勤勉的，也很有人气。在16岁的时候，他就担任中军将出征中山国，并且屡立战功。如今遭到父亲的不公正待遇，赵章越想越气，心想："既然父亲废了我的太子之位，那我就废了父亲与弟弟！"

就在此时，赵武灵王又给赵章送来了一位帮手，他就是田不礼。

田不礼被安排担任赵章封地的国相，这人生性残忍，而且极不安分。当田不礼与赵章接触后，两人天雷勾地火，手拉手地走上了造反的道路。

此时一个叫李兑的大臣跳了出来。这个人心忧赵国安危，他断定赵章与田不礼迟早要造反，于是一个人搞起了串联。他在重臣肥义和公子成那里大肆宣扬赵章即将造反的可能性，希望所有人联合起来，对赵章的造反阴谋早预防、早发现、早消灭。

李兑这边忙着搞串联，赵武灵王那边又开始大脑抽风。有一次，赵武灵王让赵惠文王朝见群臣，自己躲在幕后观察小儿子的表现。这时，有一幕让他动了恻隐之心：长子赵章北面称臣，垂头丧气地向弟弟行礼。

赵武灵王看见赵章的脸，顿时觉得有些对不起他，毕竟是自己从长子手中夺走了本属于他的一切，况且长子没有做错任何事情。赵武灵王越想越觉得对不起长子，于是想出了一个自以为两全其美的办法——让长子赵章在代地称王，幼子赵何在邯郸称王，一人一半。

赵武灵王把这个奇葩的想法跟大臣一说，群臣都觉得国君疯了。国家从来只有开疆拓土，哪有自个儿分裂一说？这又不是老百姓家里分家产，每个子女都有份儿。

赵武灵王被群臣喷得满身口水，也只能收回自己的想法。这样一来，赵章最后当王的机会也没有了，要想当王只能靠他自己了。

机会很快就来了。

公元前295年，赵武灵王与赵惠文王一起去邯郸外的沙丘游玩。

赵章终于盼来了老爹和弟弟一起离开重兵护卫的邯郸城的机会，于是与田不礼率领造反大军向沙丘扑来。

田不礼是一个非常狡猾的人，他主张派人去往赵惠文王的行宫，诈称赵武灵王要见赵惠文王，等赵惠文王离开行宫的时候趁机将其干掉。

夜深时分，赵惠文王下榻的行宫门外，传来一阵急促的敲门声。卫戍的士兵打开门，一个自称使者的人喊道："主父请国君去他那儿一趟！"

收到消息后，赵惠文王准备穿衣前往时，辅政大臣肥义一把拦住他："国君要小心！此时已是深夜，主父突然召见您，您不觉得反常吗？赵章与田不礼密谋造反，您的身边危机四伏，主父既然把您托付给我，我就要对您的安全负责到底。让我先去，如果我平安回来，您再去不迟。”

说完，肥义义无反顾地随使者离去，消失在茫茫黑夜之中。

赵章与田不礼没有骗来赵惠文王，反而骗来了肥义。二人恼羞成怒，立马宰了肥义，随即率兵攻打赵惠文王的行宫。好在赵惠文王带的护卫将士人数众多，拼死抵抗之下，叛军始终无法攻入行宫内，战斗呈现胶着状态。

李兑与公子成闻讯立刻从邯郸调集重兵，同时发动沙丘周边的驻军围剿赵章与田不礼。

赵章望着四周源源不断的救援军队，明白自己大势已去。人在危急关头总会迸发出强烈的求生欲望，赵章突然想到可以去老爹那里，或许他能看在父子情面上饶自己一命。

想到这里，赵章丢下了田不礼与军队，快速逃往赵武灵王的行宫。

赵武灵王在行宫内已经收到赵章造反的消息，但他只能无可奈何地看着骨肉相残，谁都帮不了。

一切祸乱的根源都怪自己废长立幼。

就在赵武灵王自责的时候，行宫的大门响起了震耳欲聋的敲门声。卫戍将士打开宫门，发现门外站着的是已成血人的赵章。将士不敢私自放赵章进来，决定向赵武灵王禀报。

赵武灵王得知长子还没死，不禁欣喜若狂，赶紧让赵章进门：“孩子，都是爹不好！让我跟你弟弟说说，让他不要追杀你了，你们兄弟俩摒弃前嫌，重归于好！”

可是赵武灵王想错了。君王的家庭纠纷，可不像老百姓家里那么简单。君王家里一旦骨肉相残，往往只有一方能存活，这是亘古不变的道理。

很快，李兑与公子成率领大军包围了赵武灵王居住的行宫。杀红了眼的李兑毫不顾及赵武灵王的尊严，下令全军突入赵武灵王的行宫，击杀赵章。

赵武灵王对着突入宫内的士兵喊道：“我是主父，所有人给我住手！”可是无论赵武灵王如何咆哮，都没人理睬他。很快，赵章被搜了出来，当场被砍了人头。

赵武灵王没想到小儿子的军队会下此狠手，看着长子身首分离，这个铁骨铮铮的汉子彻底崩溃了，号啕大哭起来。

行宫外的李兑看到士兵呈上来赵章的首级后满意地笑了，接着，他又做了一件震惊全国的事。

李兑转过脸对身旁的公子成说道："我们率军突入主父行宫，杀死赵章，如此大罪，等我们撤军回去，必定被主父满门抄斩。"

公子成听完汗珠子都下来了，他万万没想到自己竟然莫名其妙地走上了谋逆的道路。

"那你说我们该怎么办？"公子成焦急地说道。

李兑阴沉着脸："包围行宫，让除主父外所有人出来，让主父自己饿死在里面，免去我们弑君的罪名。"

公子成为了自己能活命，也只能无奈地点头了。

赵武灵王一直守在赵章的尸体旁。他看着身边的人一个个离他而去，心里明白自己也将难逃一死。困在行宫里的赵武灵王就像孤魂野鬼，他在宫内四处寻找食物，能吃的都吃完后，就只能爬树捕捉幼鸟吃。

最后，实在找不到食物的赵武灵王艰难地爬到了床上。他躺在床上回忆起了自己往昔的光辉岁月。自己本是马背上的英雄，没想到竟会死得像丧家之犬一般。

赵武灵王渐渐地闭上了眼睛，灵魂飞向了北方的辽阔草原。公元前295年，熬了三个月，45岁的赵武灵王饿死了。

李兑急忙向赵惠文王汇报赵武灵王的死讯。赵惠文王正式发丧，向全天下诸侯发布赵武灵王的死讯。

李兑作为一名大臣，竟然突入赵武灵王的行宫斩杀公子赵章，还冒天下之大不韪围困死赵武灵王，如果没有幕后老板的支持，借他十个胆子他也不敢。而他幕后的大老板正是赵惠文王。

别看赵惠文王此时只有15岁，可他已经具有杀伐决断的魄力，可惜全用在了自己的父亲与哥哥身上。而李兑事后也担任了赵国相国，权倾朝野。

赵武灵王死了，但他留给赵国一支空前强大的军队，成为秦国一统天下征途上最可怕的敌人。

远在千里之外咸阳城内的秦昭襄王长舒了一口气，这样一位强大的竞争对手死了，自己也就少了几分压力。

拾柒

『亚圣』孟子

人之初，性本善

就在天下诸侯忙于发展与斗争的时候，一位儒家重量级人物正在慢慢崛起，游走于诸侯之间，传播自己的思想。

公元前372年，邹国（今山东省邹城市）的一户人家生下了一个男孩，这个孩子叫孟轲，正是大名鼎鼎的孟子。孟子在儒家的地位极高，仅次于孔子，被后世封为“亚圣”。

孟轲3岁的时候，他老爹死了。孟轲虽然失去了父亲，但是他的母亲在家庭教育上却丝毫不松懈。

孟母可以说是中国“虎妈”的始祖。作为“虎妈”的孟母，遇到的第一个挑战就是“学区房”。

话说孟轲慢慢长大了，也到了该读书的年纪。可是孟轲家住在郊区，离墓地不远，是“坟地房”。由于挨着墓地，孟轲经常会看到别人办葬礼。小孩的模仿能力是极强的，孟轲经常和邻居家的孩子跪在墓前，学着哭泣、磕头。

孟母一看，孩子这是要往殡葬业发展，这哪行啊，赶紧换房子！于是孟母把家搬到了市区。

搬到市区后，由于房子靠近街上的店铺，孟轲又学起了做买卖。孟母一看，这也不行啊，孩子以后是要做大事的人，怎么能做小买卖呢？再换！于是孟母又把家搬到了学官旁。

搬到学官旁，孟轲看到很多认真学习的人，自己也就模仿人家，学习礼节。孟母觉得这才是适合孩子成长的地方，于是在此定居，给孟轲报名上学。换房子是要钱的，孟母前后换了两次房子，说明孟母家里还是有点底子的。不过孟母自己也没想到，自己的儿子将会在诸子百家纷争的战国时代，凭一己之力扛起儒家的大旗，笑傲天下！

孟轲在母亲的成功教育下，品格高尚，在学习方面突飞猛进，迅速成为老师和长辈眼中的优等生。孟轲所学的是儒学正宗，孟轲所拜的老师是子思的学生，孟轲也称自己为孔子的私淑弟子。

子思自己是孔子的孙子，老师也是孔子的高徒曾子。曾子、子思师徒二人不光继承了孔子的儒家思想，还将其发扬光大。曾子写了一本《大学》、子思写了一本《中庸》，在未来，孟轲会续上第四本《孟子》，加上孔子弟子编纂的《论语》，就构成了儒家“四书”。

学成之后，孟轲开始了收徒讲学的生涯。孔子招学生是有教无类，乞丐来了也收，而孟子的招生条件却异常苛刻。凡是认为自己地位高贵的，认为自己贤能的，认为自己岁数大的，认为自己有功劳的，认为自己有交情的，对不起，这五类人不要到我这里来求学，我不会收的。

这样狂妄的招生标准，竟然挡不住人们来孟轲门下求学的热情。

由于名气大，孟轲被邹国的国君邹穆公看中了，请他出来做官。

邹穆公是一个勤勉节俭的国君，深受老百姓爱戴，邹国在他的治理下，路不拾遗，夜不闭户。在兼并成风的战国时代，邹国这样一个巴掌大的小国，受到了大国国君的尊重，从未遭到战火的荼毒。

可是孟轲感觉邹国实在太小了，不适合自己传播儒家的仁爱思想，他需要更大的舞台来施展自己的盖世才华。此时的齐国处于齐威王统治之下，百姓富庶，文化昌明。靠家近，出行又方便的齐国成为孟轲实现人生抱负的首选地。

让孟轲没想到的是，自己这一走，竟开始了一场堪比孔子周游列国的生涯。

如果说孟轲四十岁以前的人生是顺风顺水，那么四十岁之后，孟轲就是在为自己的理想而抗争。不惑之年的孟轲，将被现实打击得困惑无比。

理想很丰满，现实很骨感。孟轲像无数找工作的人一样，碰壁了。

齐王听说邹国的大名人孟轲来了，想请孟轲到王宫里来聊一聊。换作一般人，肯定会梳洗打扮一番，准备去见国家领导人。结果孟轲见到齐王派来的使者后，干脆拒绝前去。

弟子万章急了，忙问老师：“老师，您不去见齐王是什么意思啊？”

孟轲严肃地回答道：“在城里的叫市井之臣，在郊野的叫草莽之臣，都被称为庶人。庶人没有经过官方授予的职位，是没有资格去见君王的。”

齐威王好歹也是一代英主，看到孟轲摆这么大的谱，不见也罢。孟轲也就被晾在了一边。

不过齐威王看着孟轲在临淄城内瞎转悠，觉得也不是个事儿，毕竟人家在邹国是个牛人。既然孟轲觉得自己牛，那么是骡子是马，拉出去遛一遛就知道了。

于是齐威王给孟轲开了一封介绍信，让手下人交到孟轲手里。孟轲按照介绍信的地址，来到了传说中藏龙卧虎的稷下学宫。

当孟轲带着介绍信来到稷下学宫的那一刻起，他的思想已经脱胎换骨，迎来质的飞跃。

战国时，读书人最喜爱的是三个职业：公务员、军官、教师，其他职业在他们眼中就是不务正业。

孟轲在齐国没有官职，自己一介书生又不会带兵打仗，去稷下学宫当教师也算是不错的选择。

战国是中国古代历史上群星闪耀的时代，而这些星辰都无法抗拒稷下学宫的引力。稷下学宫是齐国的公办学校，因为位于临淄的稷门附近而得名。在一百五十多年的时间里，稷下学宫是全天下的学术中心，聚集了诸子百家的精英人才，最高峰时师生人数达到数千人，堪称中国古代的综合性大学。

在稷下学宫教书的老师被称为稷下先生，待遇参照政府官员。如果你学术水平高超，甚至可以拿到与上大夫差不多的丰厚待遇，还能分配豪宅。稷下先生还可以直面齐王，对国家建设建言献策。

稷下学宫里面有无数学术大牛，他们开班教学，宣扬自己学派的思想，天天都开百家讲坛。各学派为了一较高下，隔三岔五举行辩论大赛，输了的人不用学宫开除，自己就卷铺盖走人了。

孟轲来到稷下学宫后，见到的第一个大咖就是齐国学术泰斗——淳于髡（kūn）。

淳于髡原本是个赘婿，也就是倒插门女婿，这样的人在古代是没有地位的，可是淳于髡凭自己深厚的学术功底，成为稷下学宫里资历最老的先生。孟轲见到淳于髡之后，也得恭恭敬敬地向他行礼。

淳于髡：“听说你很有学问，想在稷下学宫立足，必须要过我这一关。过几天，稷下学宫会举行期会，届时你要与我辩论。”

隔了几天后，稷下学宫举行了期会，也就是让稷下先生演讲辩论的大型真人秀。孟轲与淳于髡登场，会场周边坐满了人。

淳于髡率先提问：“男女授受不亲，这是礼吗？”

孟轲：“是礼。”

淳于髡：“那嫂嫂落入水中，要伸手救援吗？”

孟轲：“嫂嫂落入水中不去救援，这是豺狼的行为。男女之间不亲手传递东西，这是礼。嫂嫂落入水中去救援，这是变通。”

淳于髡：“现在天下诸侯纷争，如同落入水中。先生不去救援，这是为什么呢？”

孟轲：“救天下需要‘道’，嫂嫂落入水中需要用手，难道我要用手去救援天下吗？”

这是一场精彩的辩论，淳于髡先是让孟轲承认男女授受不亲是儒家的礼，然后再用嫂嫂落水这一特殊情况来攻击儒家的礼。孟轲却用在特殊情况下人要学会变通的说法来化解淳于髡的攻击。

接着淳于髡将辩论焦点上升到政治高度：现在天下大乱，孟轲为何不去凭借自己的盖世才华平定天下呢？

孟轲则提出了一个宏大的政治解决方案，那就是“道”。孟轲眼中的“道”不是老子玄而又玄的“道”，而是先王之道，简称王道！如果统治者能学习尧舜这些贤明的古代先王，对老百姓施行仁政，那么自然会天下太平。

辩论结束后，淳于髡脸上露出了满意的微笑，决定让孟轲进入稷下学宫上班。

然而孟轲进入稷下学宫后，才真正感受到什么叫压力，因为他面临的就是无休止的辩论。每位稷下先生都是“抬杠”运动员，只要他们发现你的论点有问题，就会咬住不放，穷追猛打。

有一次，孟轲的学生公都子问他："外人皆称夫子好辩，敢问何也？"意思是别人都说老师爱辩论，这是为什么？

孟轲无奈地说道："予岂好辩哉？予不得已也！"意思是自己并不是真的喜好辩论，而是不得已。

稷下学宫就像一个大型的学术市场，孟轲到来时，这里已是一片红海，里面是各路神仙在打架。

在长期的辩论中，孟轲发现对手为了赢得辩论，经常会利用言辞进行诡辩。孟轲将这些言辞进行了总结：偏颇的言辞讲得很片面；浮夸的言辞讲得很失实；邪恶的言辞偏离正道；搪塞的言辞说明对方已经理屈词穷。

在稷下学宫当先生这几年，孟轲凭借着善于雄辩的能力，傲视稷下学宫。可是有人的地方就有江湖，江湖少不了刀光剑影，学术圈也不例外。

孟轲发现在稷下学宫乃至民间都流行着杨朱与墨子的思想。

杨朱是战国中期炙手可热的思想家，他的招牌思想就是"贵己"，主要思想是人的一生很短暂，来也匆匆，去也匆匆，不要活得那么累，要多以自我为中心。他有一句名言："古之人损一毫利天下，不与也；悉天下奉一身，不取也。人人不损一毫，人人不利天下：天下治矣。"意思是，古代的大人物不会拔下一根毛而利天下，而让天下所有人都侍奉他，他也同样不愿意。人人为自己，而不侵犯他人，天下就太平了！

如果说杨朱的思想是为了个人，那么墨子的思想就是为了普天下的百姓，追求大爱，人人平等，反对一切不义战争。

在战乱频发的战国时代，杨朱与墨子的思想，无疑是治疗百姓痛苦的良药。可在孟轲看来，这些堪称解放人性的思想却与儒家严格的等级观念相违背。儒家讲究君君、臣臣、父父、子子，要求每个人要扮演好自己的角色，决不能逾越，否则会天下大乱。

因此孟轲怒斥杨朱与墨子的学说："圣王不作，诸侯放恣，处士横议，杨朱、墨翟之言盈天下。天下之言不归杨，则归墨。杨氏为我，是无君也；墨氏兼爱，是无父也，无父无君是禽兽也。"意思是，圣王不出现，诸侯们肆无忌惮，人们横加议论，杨朱与墨子的思想在天下流行。世间的言论不是杨朱这一派就是墨子这一派。杨朱主张一切为自己，是无视君王；墨子主张兼爱天下人，这是无视自己的父母。不爱自己父母与国君的人就是禽兽。

孟轲认为，人与禽兽之间唯一的区别就在于人是有人性的。孟轲想要批驳杨朱、墨子的理论，于是试图回答关于人性本质的问题。但是，当他在儒家经典里寻找真相时，却发现了一个问题：孔子作为儒家创始人，竟然没说过人性是好还是坏！

孔子只说了一句：“性相近也，习相远也。”那么，人最初的天性是善还是恶呢？孔子没有说。这就导致了后世儒家思想的分流。

孟轲选择了性善论，而战国末期儒家的另一位大咖荀子选择了性恶论。

孟轲选择性善论后，迎来了第一场论战，这次的对手是告子。告子是集儒、道、墨三家思想于一身的复合型人才，极其善于辩论。

在一次期会上告子率先发难：“人性就像杞柳，仁义就像木头做的杯盘。人性本来是没有仁义，无所谓善恶的，让人变得有仁义，这需要对人性有一个塑造的过程，就像把杞柳的木头制造成杯盘一样。”

告子认为最初的人心本无善恶，而善恶只是由外部环境塑造而成的。

孟轲反驳道：“你是顺着杞柳的天性制作杯盘，还是损毁杞柳的天性制作杯盘？如果是后者，那不就相当于损坏人的天性变得仁义吗？让天下人祸害仁义的，就是你这种学说！”

孟轲抓住了告子的漏洞。他认为人的天性不应该被外力塑造，而应让其自由发展。如果强行塑造，那就是对人天性的破坏。所以，人的天性是善良的，仁义也是人性自然发展的结果。

告子接着反驳道：“人的本性如同急而萦回的湍水，东面有缺口就往东流，西面有缺口就往西流。人性本没有善与不善，就像水没有东西流向的区别。”

孟轲：“水的确没有东西流向的区别，可是它有上下流向的区别。人性本善，犹如水往下流一样。如果水受到拍打而飞溅起来，能使它高过额头，这难道是水的本性吗？这是情势所迫。人性天生向善，而有的人不善，也是受到外力的逼迫。”

从此，孟轲的性善论一炮打响，后来也就有了《三字经》的开头：“人之初，性本善。性相近，习相远。”

人性既然是善的，那如何应对战国乱世呢？

孟轲给出了一个看似完美的解决方案——施仁政，行王道。

孟轲认为，上古的先王，比如尧舜，都生性善良，对百姓充满了仁爱之心，颁布的都是对百姓有利的好政策。所以一个君王要想治理好国家，就要学习上古先王的治国之道，对百姓实施惠民的好政策。

在稷下“疯人院”里，学术辩论的压力竟然在无形之中打通了孟轲的任督二脉。孟轲亲手打造的性善论成为他与其他学派较量的神兵利器。此后，孟轲对性善论不断完善发展，逐渐开启儒家思想的新纪元，他也当之无愧地拥有了“子”的尊称。

就在孟子在稷下学宫用性善论与杨朱、墨子思想厮杀之际，他的母亲去世了。作为儒家弟子，不管在外面混得怎么样，父母死了，都必须回家守孝三年，孟子只能回邹国处理母亲后事。孟子祖上是孟孙氏，孟孙氏的祖坟又在鲁国。于是孟子把母亲棺椁送往鲁国安葬，并在那里守孝三年。

不过，孟子在母亲的葬礼上还是风光了一把。虽然他没有做官，但是他在稷下学宫的待遇可以参照上大夫。在母亲的葬礼上，孟子用了五个鼎来祭祀。

尽管如此，但哪怕是火透半边天的明星，一两年不露面立马就会过气，学术市场也是这样的。等孟轲守孝三年，再次回到齐国时，他感觉自己已经不再属于那里。四十多岁的他，虽然可以继续在稷下学宫混，可自己在那里已经无法实现治国平天下的理想。

跳槽吧！

孟子想走的消息传到了齐威王的耳中。齐威王虽然不喜欢孟子对君主的狂妄，但他毕竟也是一个爱才之人，于是特意派人给孟子送去黄金。没想到孟子对黄金看都不看，拍拍屁股周游列国去了。

寡人之于国也

孟子和弟子们走在前往大梁的路上。虽然已经到了知天命的年纪，可孟子依然觉得自己的命运有无数种可能，也还有实现推行仁政的理想的可能。

孟子游历各国的队伍规模远胜于孔子。孔子周游列国时，那是风餐露宿，食不果腹，如同丧家犬一样。而孟子的队伍则浩浩荡荡，弟子彭更还问了孟子一个非常可爱的问题：“几十辆大车跟着您，几百号人追随您。咱们从一个诸侯国吃完，再到另一个诸侯国去吃。这样不太好吧？”

在弟子眼中，孟子师徒成了一群走到哪儿吃到哪儿的吃货大军。

孟子哈哈笑道：“如果这样做不好的话，那诸侯给的饭，我们连一篮都不应该接受。其实这样做是符合道理的，你看舜不就是从尧手中接过了天下，这过分吗？不过分呀！”

公元前320年，孟子来到了大梁城，与魏惠王相见，此时年迈的魏惠王已经如同风中残烛。要知道，在他年轻时，魏国可是天下小霸王，而今在马陵之战中，魏国主力被全歼，太子战死，西边的河西郡又被秦国抢夺，南边的楚国还在趁火打劫。一落千丈的魏国再也无法找回昔日的荣光。

魏惠王：“先生不远千里而来，可以给我们国家带来什么利益吗？”

孟子：“大王不要讲利益，有仁义就足够啦！如果大王只考虑如何有利于国家，大臣也会考虑如何有利于自己的封邑，士和百姓也会考虑如何有利于自身。上下争夺利益，那国家就危险了。一个拥有万乘之国的国君被弑杀，那一定是拥有千乘战车的大夫所为；一个拥有千乘之国的国君被弑杀，那一定是拥有百乘战车的大夫所为。如果轻义重利，人就会不知足。有的人会丢弃自己的父母，有的人会不顾自己的君主。大王要讲仁义，千万不要谈利啊！”

史书上虽然没有写到魏惠王的反应，但是我们可以猜到，他一定在心想：“难道你是从几百年前穿越过来的？”

自从天下诸侯齐刷刷地迈入战国时代，时代的主旋律就是变法图强、中央集权，而且魏国就是第一个带头搞变法的。在战国时代，大臣都是只拿工资没有股份的打工仔，即使有封邑，也没有兵权与行政权。哪怕你位极人臣，国君要你死你就不得不死，所以战国时期国君的非正常死亡率断崖式下跌。春秋时的臣弑君现象对于战国时期的国君来说，那只是遥远的传说。

年迈的魏惠王明白，自己遇见了一位可爱的理想主义者。这样的人倒是没有坏心眼，可以留在身边聊聊学术。

年迈的魏惠王回顾自己的一生，觉得自己执政也算勤勤恳恳，为什么到了晚年，魏国会不复当年的辉煌呢？于是他又把孟子拉过来唠嗑，就有了我们中学课文里背的一篇课文《寡人之于国也》。

魏惠王问："寡人治理国家，已经很尽心了。河内发生大饥荒，寡人就把受灾群众迁移到河东，把河东的粮食运到河内去。当河内发生饥荒时，寡人也是这样做的。而别国国君再没有这样尽心尽力的。可是邻国百姓没有投奔我，我国的民众也不见增多，这是怎么回事啊？"

孟子："大王曾经喜欢打仗，那我就用战争来做比喻。战鼓一旦敲响，战斗就打响了，士兵贪生怕死，丢盔弃甲，拖着武器逃跑，有的跑了一百步，有的跑了五十步。然后，跑了五十步的人嘲笑跑了一百步的人。大王，你说这样对吗？"

魏惠王："不对，他只不过没有跑到一百步，其实还是逃跑。"

孟子笑道："大王如果明白这个道理，就可以让本国的百姓比邻国多。不违背农时，老百姓种的粮食就吃不完；网孔小的渔网不入池沼，鱼鳖就吃不完；按照树木的生长季节进入森林砍伐，木材就用不完。老百姓生活富足，他们的生死也就没有遗憾了，这是王道的开端。五亩宅田周边种上桑树，五十多岁的人可以穿上丝绸；鸡猪狗鸭养殖不失时节，就可以让七十多岁的老者吃上肉；一百亩的农田按照时节耕种，数口之家就不会挨饿。注重乡村学校的教育，强调尊敬长辈的道理，当须发斑白的人在道路上负重时就会有人帮忙。如果能把上述所讲的全部做到，必然在天下称王！"

这就是孟子理想中的王道政治。

所谓王道，就是像尧舜那样的先王的统治之道，就是推行仁政。可是这些明君都是上古的人，他们是怎么实施仁政的，谁都没有见过。为此，孟子就解释了一番，要让老百姓过上小康日子，还要对老百姓进行道德教化。

魏惠王听完后觉得有道理，于是谦虚地说：“我愿诚心诚意地接受先生的指教。”

孟子：“杀一个人，用木棒和用刀剑，有何区别？”

魏惠王：“没有区别。”

孟子：“同理，用政治手段和刀剑杀人有何区别？”

魏惠王：“没有区别。”

孟子：“厨房里有肉，马厩里的马吃得膘肥体壮，而百姓却面带饥色，野外有饿死的人，这如同是放任野兽去吃人。野兽吃人尚且令人憎恨，国君作为百姓的父母，自己治理下的百姓处于生死边缘，国君的意义何在？”

稍微有点理智的人都能听明白，孟子是在炮轰魏惠王。如果孟子是在魏惠王年轻的时候这么说，早就被推出去砍了。可现在的魏惠王是一位晚节不保的垂暮国君，如今只想在临死前给自己一次救赎，救救这个千疮百孔的魏国。所以魏惠王听后只是长叹了一口气。

魏惠王说：“魏国曾是天下最强大的国家，到了我这一代，东面被齐国打败，太子战死；西面被秦国侵吞了七百里疆土；南面还被楚国羞辱。我很愧疚，我想替死去的将士洗刷屈辱！”

孟子：“如果大王能施行仁政，轻徭薄赋，减轻刑罚，重视农耕，让青壮年能学习孝悌忠信，在家孝敬父兄，在外侍奉长者。那么魏国人即使手里拿着木棒，也能打击秦、楚两国的重装步兵。有的国家压迫百姓，让百姓家人受苦受难，大王可以去讨伐他们，必然没人敢对抗您！所以‘仁者无敌’，希望大王不要犹豫！”

魏惠王听完后如醍醐灌顶，原来这世界上还有不需要打仗就能让国家富强的方法啊！

虽然魏国衰落，但好歹是七雄之一，瘦死的骆驼比马大。孟子仿佛看到了自己推行仁政的希望。可惜，就在第二年，魏惠王死了。

魏惠王死后，魏襄王继位。孟子见到魏襄王后，感觉眼前的这位大王一点儿君王气质都没有，一看就是不靠谱的人。

新继位的魏襄王跟他父亲一样，对魏国的局势忧心忡忡。他一见到孟子就抛出了一个宏大的问题："天下能安定吗？"

孟子回答道："统一就能安定！"

魏襄王感到惊愕。现在的魏国不被他国揍就已经谢天谢地了，孟子竟然还提什么统一天下，难道他手里有让魏国逆袭的方法吗？

"谁能一统天下？"魏襄王急忙问道。

孟子："不嗜杀的人就能一统天下！"

一统天下，对于战国诸侯来说就是个遥不可及的梦，敢做这个梦的也只有秦、楚、齐三个重量级大国。孟子认为，在乱世之中，百姓惨遭屠戮，所以都渴望施仁政的国君，如果这样的国君出现，必然民心归顺，实现天下一统。

现实总是让理想主义者啪啪打脸。孟子说完这句话的一百年后，最终是虎狼般的秦国灭了六国，一统天下。

不过，从表面上看秦国使用武力实现统一，是孟子错了，可秦帝国只存在了短短十余年便灰飞烟灭。而汉代才子贾谊这样解释秦帝国灭亡的原因："仁义不施而攻守之势异也！"

在现实社会中，理想主义者看似做的是以卵击石的傻事，可是在漫长的历史长河里，他们最终会成为胜利者，其思想化为亘古不变的真理。

孟子是一位清高的人，他看不上的人，一刻也不愿与之多交谈。很快孟子和弟子的车队浩浩荡荡地离开了大梁城。

大梁城位于中原腹地，曾经是魏惠王造的天子之都，但经历多次战火，如今大梁城已经变成"战区房"。中原是一个肥美之地，而在诸侯眼中，更是适合打仗的战场。孟子一路上经常看见战火纷飞的战场遗址，多少城市已经破落凋敝，多少白骨兵器裸露在蔓草之中。

争地以战，杀人盈野；争城以战，杀人盈城。多乱的世道呀！

孟子发出了对时代的怒吼："天子不仁，不保四海；诸侯不仁，不保社稷；

卿大夫不仁，不保宗庙；士庶人不仁，不保四体。今恶死亡而乐不仁，是犹恶醉而强酒！”意思是，天子不仁不能保全四海；诸侯不仁不能保有国家；卿大夫不仁不能保有宗庙；士人与庶民不仁不能保有自身性命。如今人们憎恶死亡却喜欢干着不仁的事，如同厌恶酗酒却偏要喝酒。

天下必须靠仁义才能一统。孟子想来想去，符合条件的也只剩齐国了。

秦国如同豺狼虎豹一样，楚国又崇尚道家，而齐国开放包容，国力昌盛，正是自己思想最好的试验田。如今，和孟子不对付的齐威王已死，现任齐宣王是一位雄心勃勃的国君，也礼贤下士，那就回齐国吧！

民为贵

齐宣王是一个比他老爹更有作为的国君，听说孟子回到齐国，立刻封孟子为客卿。

可是齐宣王只是把孟子当作一个装点门面的摆设。被齐宣王当成摆设的孟子很无奈，只好再次来到自己曾经战斗与成长过的稷下学宫。

在自己离开齐国的这段时间，稷下学宫有故人离去，也有新人进来。孟子将要在这里继续完善自己的学说“性善论”。

孔子看重“礼”与“仁”，他说过：“克己复礼为仁。”子思则给儒家思想加上了“义”字，他在自己的著作《中庸》里写道：“仁者，人也，亲亲为大；义者，宜也，尊贤为大。亲亲之杀，尊贤之等，礼所生也。”意思是，心中有仁爱的人才是人，爱护自己的亲人是最大的仁；义就是做事得当，尊重贤能的人是最大的义。爱亲人要分亲疏远近，尊重贤人要有贵贱等级，以上两者都源自礼。

而孟子作为新时代的儒家旗手，将要把仁、义、礼的来龙去脉解释得清楚，还要再加上自己的原创，最终为我所用。

于是孟子在仁、义、礼后加上了一个“智”。

仁、义、礼、智是人从一出生就具有的善心。为了解释仁、义、礼、智，孟子创设了一个思想实验：人们突然见到小孩将要掉入深井里，都会有惊惧同情之心，想要上前拉一把。这个举动并非要与孩子父母拉关系，并非为了在邻里亲友之间沽名钓誉，也并非因为厌恶孩子的哭泣声，所以说，恻隐之心是人固有的。

没有恻隐之心的人，没有羞耻之心的人，没有谦让之心的人，没有是非之心的人，根本就不是人！

恻隐之心是仁的端倪，羞耻之心是义的端倪，谦让之心是礼的端倪，是非之心是智的端倪。因此仁、义、礼、智又被称为“四端”，成为性善论的四大基石。

君王如果将“四端”发扬光大，就可以称王天下；假如丢弃“四端”，连父母都难以保全。

孟子在齐国待了很久，就是不受国君重视，自己也只不过是个装裱门面的稷下先生。如果受到国君重视，那临淄就是他施展自己盖世才华的大舞台，可如今，临淄仅仅是一座平常的城市。孟子最终决定离开临淄。

走着走着，孟子来到了一个叫昼的地方，这里离临淄城不远，他选择在这里暂时歇脚，而这一歇就是三天。

孟子为什么不走呢？因为他在等一个人——齐宣王。

齐宣王第一时间就收到了孟子不辞而别的消息。他本想派使者挽留孟子，可是自己主动挽留孟子，无异于向臣子承认自己之前不重用孟子的错误，那太没面子了。

孟子在昼停留了三天，就是给齐宣王一个台阶下，可惜齐宣王却无动于衷。等了三天，还是没有使者来，孟子就收拾行李准备走人了。

孟子很难过，要说对齐国没有感情，那是不可能的。齐国是他游历生涯中居住时间最长的国家，可以说是孟子的第二故乡。他正是在临淄历经了学术大碰撞，才构建了自己的思想圣殿。

弟子充虞看见老师一路上表情沮丧，问道：“老师，您看起来很不高兴。您曾经教导过我们，君子不能怨天尤人呀！”

孟子没想到弟子看出了自己的内心，不禁愣住了。他停下马车，把众弟子叫到面前，开始了现场教学：“此一时，彼一时。历史是一个轮回，每隔五百年将有一个王者兴起，同时还会出现圣贤人物。从周代开始，已经过了七百多年，从年数上来说，也应该出现圣贤了。”

弟子怀着恭敬的心情看着眼前情绪激动的老师。

孟子对着上天喊道：“夫天未欲平治天下也，如欲平治天下，当今之世，舍我其谁也？”

话音刚落，孟子又长叹了一口气。看着周围和他一样愤愤不平的弟子，他沉下声音说道：“回邹国，我们著书立说，哪儿也不去了！”

公元前312年，耳顺之年的孟子回到阔别已久的家乡邹国，他在这里一住就是二十余年，直到生命的尽头。

孟子生平最崇拜的就是孔子，《论语》是他的枕边读物，一有空就会翻翻看看。所以，他回到邹国后就效仿《论语》，与弟子公孙丑、万章一起编书，后世将这本书称为《孟子》。

我们都知道《孟子》是儒家“四书”里的一本，而其文学性也是“四书”里最高的，用四个字来形容，那就是磅礴大气。

相比于都是片言只语的《论语》，《孟子》里经常出现大篇幅的散文，更有逻辑严谨的辩论文章。在先秦散文大家中，能与孟子一较高下的也只有庄子。可惜的是，孟子一生游历列国，不光要宣传自己的学说，还要教学，更要与人论战，忙得不可开交，所以闲云野鹤般的庄子才能在文学造诣上压孟子一头。

孟子放下执念后一边写书，一边授徒，过上了属于自己的闲散日子。

据考证，孟子活了84岁，这在当时绝对是超级寿星！很多人会向老寿星请教长寿秘诀。孟子也没有告诉人家他吃什么保健品，做什么健身项目，而是说了一句玄而又玄的话：“我善养浩然之气！”

孟子的弟子公孙丑不理解，向老师求教。孟子回答：“这个有点难解释。浩然之气既宏大又刚强，如果用正义来培养它，就可以让它在天地之间无处不在！浩然之气必须与‘义’和‘道’相结合，没有它们，浩然之气就没有战斗力。浩然之气是正义在人的内心长期积累而成的，不是从外界获得的。如果做了亏心事，浩然之气就会消失。”

打个比方，每个人的心中都有浩然之气的种子，这颗种子必须以正义为土壤，用“道”做肥料来滋养。浩然之气茁壮成长后，就充满了正能量，让人无所畏惧，敢于与邪恶势力作斗争。正所谓“浩然之气，至大至刚”！

浩然之气成为无数文人修炼内心的终极目标，更成为现在无数民间养生机构的一大卖点。唐代大诗人孟浩然的名子就取自“浩然之气”。

孟子晚年一边养生一边著书，他与弟子合著的《孟子》成为流传千古的著作。这本书也成了儒家经典里最光芒万丈的一本，因为这本书中有让专制君王畏惧的“民本”思想，为底层百姓发出了呐喊。

孟子说过这么一句话：“民为贵，社稷次之，君为轻。是故得乎丘民而为天子，得乎天子为诸侯，得乎诸侯为大夫。诸侯危社稷，则变置。”

意思是，老百姓是最重要的，其次是土地神与谷神，而国君的地位最轻。想要名正言顺地当天子，必须赢得万民的拥护；想要成为诸侯，就得获得天子的承认；想要当大夫，就得获得诸侯的承认。诸侯不好好治理国家，就得换人来干。

这话不光是在战国，在整个中国历史上都让历代君主听得浑身不舒服。作为国家的统治者，怎么地位还不如老百姓了？

如果说“民为贵”只是让统治者听得不舒服的话，那么下面一句直接让统治者炸雷了：“君之视臣如手足，则臣视君如腹心；君之视臣如犬马，则臣视君如国人；君之视臣如土芥，则臣视君如寇仇。”

意思是，如果国君把臣子当作自己的手足，那么臣子则把国君当作自己的腹心；如果国君把臣子当作犬马，那么臣子就会把国君当作不相识的路人；如果国君把臣子当作粪土草芥，那么臣子就会把国君当作不共戴天的仇人。

这句话如同一道划破暗夜的闪电，把历代统治者惊出一身冷汗。在孟子看来，君臣之间，没有绝对的服从义务，你对我好，我就对你好；你对我不好，也别怪我对你不客气！我是否服从你，完全看你对我好不好。

受到惊吓最大的是明太祖朱元璋。朱元璋当过乞丐，做过和尚，文化程度不高，一边造反一边学习。朱元璋最害怕的就是别人威胁自己的帝位，他要的就是臣民的绝对臣服。我让你死你就得死，你生是我老朱家的人，死也是我老朱家的鬼，就算化成灰也得拿到田里当肥料。

当了天子后的朱元璋，靠着自己那点文化水平翻阅《孟子》一书。他一看到“君之视臣如手足”这段话，马上开启了狂怒模式：“这是要教坏臣子谋反啊！《孟子》分明是一本谋反教科书呀！”

彼时，孟子已经死了一千多年，而朱元璋依旧没有放过孟子。他要禁了《孟子》，罢免孟子在孔庙中的配享！

这消息一出，朝中大臣哗然。文臣都是考科举步入仕途的，哪个不是熟读《孟子》？这些官员为了维护偶像，抱着必死的决心向朱元璋发起炮轰。

明朝皇帝极为专制，经常把大臣的裤子脱了打板子，将他们打死打残都不是新闻，但这反而造就了明朝大臣极强的抗击打能力。朱元璋害怕了，他实在没想到，一个死了一千多年的人，竟然可以让满朝手无缚鸡之力的文臣冒着生命危险去挑战至高无上的皇权。

孟子死后数十年，秦帝国靠武力统一天下，又以惊人的速度崩塌。血淋淋的教训告诉世人，倚靠暴政，把人们当牛马的政权，只会死得很难看。一个政权乃至于一个文明的长久，靠的就是“仁”。百姓要有仁义之心，统治者要施以仁政，对外要怀柔远人。只有仁者才能无敌于天下，永恒于世界！

宋朝知识分子从孟子的思想里发展出了程朱理学。在当时，孔子只是儒家的精神领袖，而孟子在儒家的地位已经超越了孔子，成为实际主宰。到了元朝，来自蒙古高原的统治者追封孟子为“亚圣”。

孟子的思想看似是一碗政治鸡汤，不能让战国统治者填饱肚子，但鸡汤毕竟营养丰富，远非一碗米饭所能媲美。

孟子生前很失意，可他的思想却渗透到中国人的骨髓里，影响了中国人的世界观。活着的时候不得志，死后却影响数千年，改变了人世间，这才是圣人。任何名垂青史的君王，在圣人面前都显得那么微不足道。如果把历史的维度拉长，最后的胜利者往往都是孟子这样的理想主义者。

拾捌

被穿越的苏秦

头悬梁，锥刺股

齐宣王死后，齐湣王继位。新继位的齐湣王，手里有点资本就开始浪。殊不知，他会将齐国推向深渊。

而推波助澜的人，正是大名鼎鼎的苏秦。

如果有读者读过《史记》，会感到好奇："苏秦怎么现在才出场，他不是和张仪是同时期的死对头吗？"

的确，《史记》里的苏秦是一个励志传奇。他努力奋斗，最终成了与张仪齐名的纵横家。

然而，在真实的历史中，苏秦与张仪并不是同一时期的人物。苏秦生于张仪之后，是战国乃至中国古代"第一坑神"，更是王牌间谍，他通过一己之力毁灭了一个数百年历史的老牌强国。

在讲真实的苏秦故事前，我们要先回顾一下《史记》，才能找出一些破绽。

在《史记》的记载里，苏秦正是"头悬梁锥刺股"故事的主角。而且他不光认真学习，更是一位成功学大师。现在的成功学大师，经常会吹嘘自己年纪轻轻就出任CEO，管理上万人的公司，带领团队创造数百亿的产值。而苏秦的故事是任何成功学大师想都不敢想的。《史记》里记载，苏秦最后身佩六国相印，担任六国相国，震慑强秦，号令天下，俨然是一个典型的普通人逆袭的故事。

苏秦出生于东周洛邑，祖上曾是辅佐周王室的高官。到了苏秦这一辈，家道中落，苏秦一家只能靠种田为生。不想过面朝黄土背朝天生活的苏秦，选择了出去求学。

在苏秦看来，要想成名快，必须找一个牛气冲天的老师。苏秦瞅准了名震天下的鬼谷子，拜入其门下。

苏秦学成之后，没有急着找工作，而是先选择了外出游历。在行万里路的过程中，他不但了解了风土人情，更了解了每个诸侯国的国情。可是游历是要花钱的，没有收入来源的苏秦只能穷游。漫长的穷游结束后，苏秦回家看了看。

让苏秦万万没想到的是，别人回家都是亲人盛情款待，而他回家却碰了一鼻子灰。

由于多年的风餐露宿，苏秦如今像个乞丐。当苏秦推开家门时，等来的不是殷切的问候，而是亲人错愕的表情。他们原本以为苏秦出去数年一定已经飞黄腾达，位极人臣，没想到怎么反而成了个乞丐？甚至连苏秦的老婆都不肯正眼看他，而是摆出一副冷战的姿态。

亲人说："我们住在洛邑的人，都会置办自己的产业，努力经营工商，追求丰厚的利润。而你却选择耍嘴皮的事，穷成这样，完全是活该！"

苏秦没有去辩驳。他体会到了什么叫人情冷暖，没钱没势的人在所谓的亲人面前，只不过是有血缘关系而已，哪有什么亲情可言？苏秦决定关起门来好好读书，读出个名堂！

读书是件苦差事，为了时刻认真学习，苏秦打起了疲劳战。他完全不顾自己是否会脱发，把自己的头发系在房梁上。为了避免瞌睡，他还用锥子扎自己的大腿。通过这种自残式的学习方法，苏秦达到了满意的学习效果。

经过一年闭关学习，苏秦已经脱胎换骨，对天下的认知也已经上升到了一个全新的境界。打开房门后，对于亲人投来的鄙视眼神，苏秦并没有生气，因为他的志向是要操纵天下。

苏秦背起行囊，头也不回地朝西方秦国奔去。

此时，秦惠文王刚即位。苏秦对秦惠文王说道："秦国是四塞之地，东有关河，西有汉中，南有巴蜀，北有代马，这里是个丰饶的府库。秦国凭借众多的人口，训练有素的士兵，足以建立帝业，一统天下。"

可惜苏秦的运气不好，秦惠文王继位的第一件事就是处死商鞅，可见他对外来的人才很不感冒，所以并没有重用苏秦。

找工作嘛，不是一次就能成功的，一次不行就两次，苏秦又跑到了赵国求职。此时赵国在位的是赵肃侯，他的弟弟赵成担任相国。赵成看不上苏秦，苏秦面试再次失败。

事不过三！

苏秦又跑到了燕国求职。在燕国等了一年，他终于收到了总裁的面试邀请。

此时在位的是燕文侯，终于见到大Boss的苏秦凭借三寸不烂之舌，开始拍了一通马屁："燕国东有朝鲜、辽东，北有林胡、楼烦，西有云中、九原，南有滹（hū）沱（tuó）、易水，国土地域两千多里，兵力雄厚、粮食充足。这是天然的府库啊！"

燕文侯听后感觉很高兴。苏秦又接着说："大王您是否知道，百姓为何能够安居乐业，国家为何能远离战火呢？"

燕文侯："愿闻其详。"

苏秦："燕国之所以太平无事，是因为赵国替燕国挡了枪。秦国向赵国发动数次战争，秦、赵两国互有死伤，这就是燕国不受侵略的原因。秦国如果攻打燕国，要长途跋涉上千里，即使打下来也未必能守得住。而赵国攻打燕国，只需跨越百里，不出四五天就能兵临城下。大王应该与赵国结盟，这样既能让赵国替燕国抵挡秦国，也能减少赵国对燕国的战略威胁。"

燕文侯："先生说得很有道理，为了燕国的安全，我愿倾国相从。"

苏秦收到了燕文侯的巨额赞助。从此他不再是之前那个遭人嫌弃的穷小子了，摇身一变成为燕国大使及主导天下诸侯合纵的策划者。

苏秦代表燕国出使赵国，这时曾经看不上他的相国赵成死了。苏秦趁机向赵肃侯谏言："赵国幅员辽阔，兵多将广，国力强盛。临近的燕国是一个弱小的国家，不值得畏惧，所以赵国最大的敌人是秦国。秦国在攻打赵国时，最顾忌身后的韩、魏两国，所以韩、魏两国是赵国的天然屏障。秦国攻打韩、魏两国，会像蚕吃桑叶一样慢慢蚕食，等秦国蚕食完韩、魏两国，下一个遭殃的就是赵国。"

赵肃侯听完后，也表示同意。

苏秦又说："天下之中，诸侯的土地五倍于秦，兵力五倍于秦。如果六国同心协力攻打秦国，秦国就一定会被打败。"

赵肃侯："我很年轻，这还是第一次听到能使国家长治久安的对策。为了能使赵国太平，我愿倾国相从。”说完，赵肃侯赠送苏秦马车一百乘、黄金一千镒、白璧一百双、绸缎一千匹。

苏秦来到韩国，又开始向韩宣王游说自己的合纵策略：“韩国有坚固的要塞，地域九百多里，出产全天下最好的弩、甲、剑。韩国士兵穿着坚固的铠甲，手持强弩，身佩宝剑，打起仗来，以一当百。大王有这么强大的军力，却要向秦国俯首称臣，这是让国家蒙羞，被天下人耻笑呀！”

韩宣王边听边惭愧地低下了头。

苏秦趁机说：“大王向秦国屈服，秦国只会贪得无厌，不停地向韩国索要土地。土地是有限的，可是秦国的贪欲是无限的。‘宁为鸡口，不做牛后’，现在韩国臣服于秦国，就等于是当牛的屁股！”

韩宣王听完义愤填膺地按着宝剑，说道：“是寡人没出息，以后韩国决不会再臣服于秦国。我愿将国家托付于先生，听从您的安排！”

随后，苏秦又来游说魏襄王：“大王的国土虽然狭小，但是人口稠密，交通发达，来往的人络绎不绝。魏国是如此强盛的国家，竟然有人建议大王与秦国连横结盟。秦国是虎狼之国，魏国一旦遭受秦国的侵害，天下没有一个诸侯国肯施以援手。魏国是一个强大的国家，大王是一个贤明的国君，现在却向秦国屈服，自称秦国的属国，我真为大王感到羞耻啊！大王应该听从我的建议，采取六国合纵的策略，团结起来对付秦国！”

魏襄王：“是寡人没出息。我从来没有听过如此高见，我愿将国家托付给先生。”

把魏国拉上船后，苏秦又马不停蹄地奔向齐国，游说齐宣王：“齐国南有泰山，东有琅琊山，西有清河，北有渤海，地理条件优越，又兵多将广，粮食堆积得如同山一样。齐国大军进攻起来如同锋利的刀刃，打起仗来如同雷霆一般，撤退时如同烟雨一般消散。临淄的居民有七万户，每户不少于三个壮丁，齐国都不用征调其他地方的兵源，光靠临淄就可以征兵二十一万。临淄是一个繁华的大都市，主干道上经常会出现交通拥堵，人们摩肩接踵，挥汗如雨。大王拥有如此强盛的国家，却向秦国妥协，我私下都替大王感到羞愧！”

齐宣王越往下听，表情越发凝重。

苏秦接着说："秦国之所不敢攻打齐国，就是害怕自己攻打齐国时身后的韩、魏两国偷袭自己。大王不如采用合纵的策略，与诸侯联合起来共同对抗秦国。"

齐宣王听完后立刻表示："寡人不是一个聪明人，居住在靠近大海的偏僻地方，从未听过如此高深的见解。我愿与全国百姓听从先生的安排。"

说服了齐国，苏秦就奔向最后一站楚国，《史记》里记载当时在位的是楚威王。

苏秦对楚威王说："楚国是天下的超级大国，西有黔中、巫郡，东有夏州、海阳，南有洞庭、苍梧，北有陉塞、郇（xún）阳，地域五千多里，带甲百万，库存的粮食可供十年，这是建立霸业的资本。秦国是楚国争霸路上最强劲的敌人，秦、楚两国是零和博弈，只有一个胜者。只要大王采用合纵的策略，反秦诸侯一定听从大王的号令。"

楚威王听完后乐开了花："先生说得很有道理！秦国是虎狼之国，秦国对楚国的威胁经常让我睡不着、吃不香、精神恍惚。先生现在有团结诸侯、对抗强秦的策略，我愿恭恭敬敬地将国家托付给您！"

苏秦利用六国对秦国的恐惧，空手套白狼，将六国结成合纵同盟，自己还担任纵约长，身佩六国相印。

苏秦北上回复使命时，路过老家洛邑。

曾经，自己失魂落魄地离开洛邑，而今随行的车队浩浩荡荡，身边跟随着诸侯的使者，气场比周天子都要强。周显王听说苏秦要回洛邑，立马下令清扫马路，派使者大老远迎接。

苏秦在洛邑受到周天子的隆重接待。回到家时，苏秦的兄弟、妻子、嫂子都匍匐在地上，不敢正眼看他。苏秦要吃饭，家里人都恭敬地伺候他。

苏秦问嫂子："以前你对我那么傲慢，现在为什么如此恭顺？"

嫂子很实在地回答："现在您地位高，又有钱！"

苏秦感叹道："这个世界太现实了，富贵时，亲人就敬畏我；贫贱时，亲人就嫌弃我。"

苏秦回到赵国后，被赵肃侯封为武安君。

为了震慑秦国，苏秦派人把合纵盟约书送到秦国，吓得秦国十五年不敢东进。接着，发生了一个戏剧性的故事——张仪来找苏秦了。

张仪原本和苏秦是同学，苏秦出道早，混得好，张仪混得比较惨。他听说苏秦身佩六国相印，风光无比，决定找老同学帮帮忙。

但张仪来到赵国后吃了闭门羹，他求见苏秦，可苏秦连续好多天都没有见他。

终于有一天，苏秦接见了张仪，但苏秦请张仪吃的都是粗茶淡饭。

随后，苏秦又对张仪说："老同学，你可是有经天纬地之才，怎么混得如此落魄？看来你根本就不值得推荐。"

张仪深感受辱，不禁怒火中烧，头也不回地走了。

苏秦身边的亲信不明白他为什么对老同学如此刻薄寡恩，苏秦意味深长地回答道："张仪有旷世之才，才能远在我之上。他出身贫穷，我怕给了他小小的恩惠他就会满足。如今我故意羞辱他，就是想激发他的上进心。我现在是六国纵约长，他只能投奔秦国。张仪投奔秦国，会让秦国如虎添翼，实力暴增。六国惧怕虎狼秦国，就会越发团结，我纵约长的地位就会更加稳固！"

负气出走的张仪在奔往秦国的路上遇到了一个热心肠的好人。他想张仪之所想，急张仪之所急，要钱给钱，要车给车。后来张仪被秦国聘任为相国，想感谢这个好心人，这个好心人却说："不要感谢我，要感谢苏秦，是苏秦安排我来帮助你的！"

张仪这才恍然大悟。后来，张仪不负苏秦期望，大搞连横战略。两人一横一纵，天下诸侯尽在他俩的操纵之下。

燕文侯死后，燕易王继位。齐宣王趁燕国发丧之际，攻占燕国十座城池。刚继位的燕易王连忙把苏秦找来，毕竟苏秦曾是六国纵约长，在六国中还是有着不少的人气。

燕国是苏秦的第一个天使投资人，看着自己的老东家被齐国欺负，苏秦也很不好意思，于是答应帮助燕国夺回失地。

到达齐国后，苏秦对齐宣王谏言："燕国虽然弱小，但是燕易王娶了秦王的女儿为妻，有秦国作为后盾。齐国侵占燕国十座城池，秦国迟早会报复大王！”

齐宣王惊恐起来，忙问：“该如何应对？”

苏秦：“把侵占燕国的土地还给燕国！”

齐国立刻把侵占的土地退还给了燕国。苏秦凭借三寸不烂之舌搞定齐国，回到燕国，受到隆重礼遇。

没多久，苏秦竟然与燕易王的寡母私通了起来。苏秦再怎么厉害，终究是个打工的，与老板的妈厮混在了一起，这成何体统！天下没有密不透风的墙，苏秦与燕王母亲私通的消息很快传了出去。苏秦生怕被燕易王报复，选择逃亡齐国。

苏秦逃到齐国后，齐宣王去世，齐湣王继位。苏秦由于曾经是纵约长，在齐国威望极高，深得齐湣王宠幸，而很多大臣却受到齐湣王的冷落。所谓嫉妒是魔鬼，这些受冷落的大臣组建了刺杀同盟，派杀手刺杀苏秦。

苏秦身负重伤，只剩下一口气。齐湣王派人去捉拿刺客，可是刺客早已逃之夭夭。苏秦临死前，想出了一个能找出仇人的法子：“大王，等我死后，请在闹市区将我的尸体五马分尸，就说我是燕国的间谍，祸乱齐国，大王要奖赏刺杀苏秦的人！”

齐湣王照着苏秦的法子做了，果然，凶手主动站出来要求奖励，结果被齐湣王绳之以法。

后来，苏秦的弟弟苏代、苏厉相继登场。他们效仿哥哥，大力施展纵横术。尤其是苏代，后来投靠了燕昭王，又潜伏到齐国，一边窃取情报，一边规划错误的战略，活生生地把齐国推向万丈深渊。

《史记》版的苏秦故事讲完了。在这一版的故事中，苏秦完美地实现了人生逆袭。六国国君看起来全都不谙世事，不晓利害关系，苏秦仅靠一张嘴就为六国国君指点迷津、拨云见日。而六国国君对苏秦也表现出相见恨晚的样子，只恨自己当初面对强秦不够勇敢，纷纷要把国家交给苏秦打理。

但是，苏秦是人不是神，他再怎么伪装也逃脱不了凡人的属性，终究会露出破绽。

时空穿越者

《史记》里，苏秦比张仪出道时间早，他的主要活跃期也有明确的时间记载，开始于秦惠文王刚继位，结束于齐宣王去世，即公元前337年至公元前320年。请读者一定要注意这个时间段，这是苏秦最辉煌的时期。

我们回忆一下之前讲秦惠文王的故事章节。

据《史记》记载，苏秦是于秦惠文王刚继位时来到秦国，在游说秦惠文王时就说秦国“南有巴蜀”。

破绽来了。在真实历史中，秦惠文王继位是公元前337年，而秦国发动吞并巴蜀的战争是公元前316年，也就是说，秦国发动吞并巴蜀的战争，是秦惠文王继位二十一年后的事。苏秦怎么会在秦惠文王刚继位的公元前337年，就说秦国拥有巴蜀呢?

说完了秦国的问题，我们再来说燕国的问题。

据《史记》记载，苏秦对燕文侯说“燕国拥有云中郡与九原郡”，但请读者翻看前文讲赵武灵王的章节。在真实的历史中，云中郡与九原郡是赵武灵王后期设置的，在公元前300年至前295年之间。而苏秦游说燕文侯是在秦惠文王继位后不久，也即公元前337年后不久。那么这个玩笑就开大了：苏秦不光把云中与九原两郡的设置时间提前了三十多年，还张冠李戴地把赵国的土地送给了燕国。

下面再来说说赵国。据《史记》记载，苏秦第二次游说赵国时，曾经看不上他的相国赵成死了，苏秦才趁机向赵肃侯谏言。而在真实的历史中，相国赵成并没有死于赵肃侯在位期间，反而一直活到了赵武灵王时期，还参与沙丘之变，害死了自己的侄子赵武灵王。

最后就是苏秦的功绩问题。据《史记》记载，为了震慑秦国，苏秦派人把合纵盟约书送到秦国，吓得秦国十五年不敢东进。而苏秦是离开秦国后去的燕国，又等了一年才见到燕王，随后开始搞六国合纵，那么，最后结成盟书的时间最快也是公元前335年。

然而，在真实的历史中，公元前335年以后的十五年，秦国不仅没有像《史记》记载的那样不敢东进，反而是在拼命向东扩张。正如前文所说，秦惠文王向魏国疯狂进攻，占领了魏国黄河以西全部土地。

现在，我们从《史记》的苏秦故事里跳出来，去看另外两本书，一本是《孟子》，一本是《竹书纪年》。

孟子游历过很多诸侯国，与很多国君见过面，其中，他在齐国待的时间最长，在齐威王时期担任稷下先生，在齐宣王时期担任客卿。孟子在历史上活跃的时间与《史记》里的苏秦大致相同。奇怪的是，在齐国交际面极广的孟子，竟然从未在自己的《孟子》一书里提及苏秦这个人。这难道不诡异吗？

根据《史记》记载，苏秦可是兼任齐国相国，深得齐宣王宠信的。如果苏秦在齐国与孟子是同事关系，这么重要的人物，孟子是不会不记载的。

更诡异的是，孟子不提苏秦，却提到了另外两个重量级的纵横家——张仪、公孙衍。

有一次，孟子的弟子景春说："公孙衍、张仪岂不诚大丈夫哉？一怒而诸侯惧，安居而天下熄。"根据《史记》的记载，苏秦与张仪是同时期合纵派与连横派的杰出代表，他俩将天下诸侯操纵于掌心，两人既是敌人，又是朋友。然而，孟子的弟子景春没有提到苏秦，却把公孙衍与张仪并列在一起。

在之前的章节里我们讲过，公孙衍原是魏国犀首，后来跳槽去了秦国，接着被张仪挤走，就又回归魏国，倡导合纵，搞出了五国伐秦的大戏。从景春的话中我们可以发现，在当时的人们眼中，公孙衍与张仪才是同时期的死对头。苏秦的名字，从来没有人听说过。

最让人感到惊愕的是，《竹书纪年》里也没有关于苏秦的记载。

《竹书纪年》对战国历史的记载也很详细，尤其是在记载魏国本国方面，是非常权威的。但奇怪的是，在《竹书纪年》里，魏惠王到魏襄王时期的部分中压根儿找不到关于苏秦的记载。

这让人不禁疑惑：历史上到底有没有苏秦这号人物？

这一千古谜团，直到1973年长沙马王堆汉墓出土了一批西汉初期的帛书才得以解开。这批帛书中，有一部分是战国纵横家们的书信，被考古学家命名为《战国纵横家书》，这是连司马迁都没有见过的珍贵史料。

根据《战国纵横家书》的内容，我们可以得出结论：历史上的确是有苏秦这个人，只不过被司马迁老先生搞穿越了。

死间

齐宣王在位时期曾占领燕国，后来因为消化不良，又全部吐了出来。

新继位的燕昭王看着被齐国蹂躏后破败不堪的燕国国土，内心燃起了熊熊的复仇烈火！虽然燕国很弱小，但是只要一息尚存，就要重整山河！

满怀家国仇恨的燕昭王向全天下发布求贤令。公元前295年，苏秦在洛邑听说燕国招人，立马怀揣简历，背上行囊踏上找工作的旅途。

此时燕国已经被齐国打回了石器时代，燕昭王实在没想到，就在燕国百姓过着原始人般的生活、大臣连工资都领不到的情况下，竟然真的有人主动找上门来。

燕昭王亲切地接见了上门求职的苏秦。国家穷成这样，还有人主动上门，这让他非常感动，所以他对苏秦也很真诚，自己有什么吃的穿的都与苏秦分享。

虽然燕国能给的待遇不怎么样，可是苏秦却被燕昭王感动了。士为知己者死，苏秦决定用自己的生命去报答燕昭王。于是苏秦与燕昭王谋划了一场灭齐的大戏。

燕昭王："先生，请你谈谈，如何帮助本国渡过难关，并且发展壮大，干掉强大的竞争对手齐国。"

苏秦："齐国之前攻破楚国方城，杀入秦国函谷关，一时间风头正劲。燕国与齐国实力相差悬殊，根本无法独自对抗齐国。"

燕昭王："这个我知道，不然我也不会到处发招聘小广告。"

苏秦："我给大王三条良策：第一，向齐国假装屈服，结成联盟，让齐国放松对燕国的戒备；第二，因势利导，怂恿齐国去吞并宋国，惹怒天下诸侯；第三，秘密派使者前往对齐国不满的诸侯国，将他们串联起来一起对付齐国。齐国再强大，也抵抗不住多国的进攻！”

燕昭王问：“可是燕、齐两国刚经历一场大战，怎么才能让齐国相信我们呢？”

苏秦认真地说：“让我去吧！”

燕昭王：“先生可知，如果计划泄露，您在齐国将会死无葬身之地！”

苏秦：“大王与我赤诚相见，我愿‘信如尾生’，至死履行灭齐的计划。”

“信如尾生”其实是一个凄美又有些傻乎乎的爱情故事。说有一个男子叫尾生，他与女朋友约好相会。可是他俩选什么地方见面不好，偏要选在桥下面。结果女朋友约会迟到了，恰巧河里发大水，一根筋的尾生因为信守承诺，抱着桥柱子不肯走，最后被河水淹死了。

燕昭王被眼前的苏秦感动了。没想到苏秦为了诺言，竟然有不顾生死的勇气。

明知可能送死，苏秦却还愿去敌国担任间谍，这就是“死间”。《孙子兵法》里的《用间篇》提到了五种间谍，死间就是其中一种，就是指以自己的生命为代价换取敌国的信任，对敌国实施欺诈。

当间谍，本来应该隐蔽自己的真实身份，越低调越好，等到时机成熟时再行动。可是苏秦偏偏不低调，在获得燕昭王赐予的武安君称号后，带着一百五十乘马车，浩浩荡荡地奔向齐国。

此时的齐国国君是齐湣王。齐国经过齐湣王的祖、父两代人的经营，已然成为东方强国，取代了春秋时代“千年老二”楚国的地位。

齐湣王一上位就借机铲除了眼中钉孟尝君。孟尝君是齐威王留给儿子的重臣，可是齐湣王对孟尝君很不感冒，借题发挥诬陷孟尝君造反。孟尝君为了活命，只能流亡魏国。

孟尝君离去后，齐国相国的位子空了出来。苏秦在来齐国的路上就不停地给齐湣王写信，把齐湣王比作齐桓公，把自己比作管仲，说不光燕王要拜齐王为大哥，自己也愿意帮助齐国称霸天下。

凡事太顺往往不是件好事，可惜齐湣王不知道纵横家的嘴是骗人的鬼。从未上当受骗过的齐湣王毫无防备地接纳了苏秦，让他接任齐国相国。

在战国时代，身为一流的纵横家要是不把一个诸侯国坑惨，都不好意思跟人打招呼。之前张仪把楚怀王坑得那么惨，可是没有多少人吸取教训，接下来，苏秦就会把齐湣王坑惨的。

被坑骗的傻瓜，一开始总觉得自己很幸运。公元前288年，一块大馅饼从天而降砸到了齐湣王的头上。秦国二把手魏冉来到齐国，希望齐、秦两国一起称帝。

能称帝的都是传说中上古时代五位半人半仙的君主，分别是黄帝、颛顼、帝喾、尧、舜。“帝”的称号叫起来比天子都霸气。可是，别以为称帝是件简单的事。齐国想要和秦国一起称帝，就必须付出一定的代价——帮秦国干掉赵国。

自从赵武灵王潜入秦国搞非法测绘，秦昭襄王就对赵国有了巨大的心理阴影。万一哪天赵国骑兵军团挥师南下，关中沃野将成为赵国骑兵撒欢的跑马场。秦昭襄王希望与齐国一起称帝，从东西两个方向攻灭赵国。

得到“帝”的称号，齐湣王感觉自己到达了人生的顶峰。在齐国担任相国的苏秦却觉察到了巨大的危机，一旦秦、齐联手攻灭赵国，齐国坐大，必然会对燕国造成更大的威胁。绝不能让齐、秦两国结盟！

苏秦火速向齐湣王陈述自己的意见：“两国称帝，齐国看上去赚取了名望，可是要消灭赵国，就帮秦国剪除了家门口的强劲对手。名都是虚的，而利才是实的。”

齐湣王：“先生说得在理，那该怎么办？”

苏秦趁机说：“废除帝号，这样就能赢得诸侯的爱戴。再领导诸侯攻打秦国，趁机攻灭宋国。宋国位于中原腹地，交通便利，国家富庶，吞并宋国会让齐国实力大增。”

公元前288年十二月，齐湣王废除帝号，号召韩、赵、魏、燕，五国共同伐秦。

燕昭王兴奋地派遣两万军队自备干粮随同齐军作战，而秦昭襄王心态崩了。十年前，齐国名将匡章就曾率领齐、韩、魏三国联军攻破函谷关，现在齐国又率领五国联军前来！

不过，五国联军人虽多，但是心不齐。五国大军直奔秦国之时，赵、魏两国觉察到了齐国的小动作。齐国向宋国方向增兵，明显是想让其他诸侯国往前冲，自己躲在后面独吞宋国。

赵、魏两国发现齐国原来这么阴险，立即失去了作战的欲望。秦昭襄王主动放弃帝号，割让之前侵占诸侯的土地，联军也就失去了伐秦的借口。赵、魏两国与齐国的梁子也从此结下来了。苏秦不费一刀一枪，就让赵、魏两国与齐国产生了嫌隙。

公元前286年，宋国发生大乱，此时在位的正是庄子讨厌的宋康王。宋康王是一个残暴的君主，他穷兵黩武，硬是在宋国拼凑出了拥有五千乘战车的军队。

此时，宋康王已到晚年，精力不行，控制力也就下降了。相国唐鞅夺权，赶走了太子，后来又被宋康王干掉了。宋国本来就是小国，经过这一番折腾，就更是奄奄一息了。

齐湣王瞅准时机出兵吞并了宋国，这一场兼并让齐国举国狂欢。

宋国虽是小国，却是具有八百年历史的公爵级国家，又位于中原核心区，工商业发达，交通便利。宋国之所以能在周边列强环伺的险境中活下来，就是靠着列强之间的相互制衡。谁都想一口吞下它，可是谁先吞了，必然被其他强国群起而攻之。

赵、魏两国看到齐国不和自己打招呼就独吞了宋国，非常气愤。此时，流亡魏国的孟尝君站了出来，以一己之力搅动了时局。

孟尝君原本是齐国相国，可是齐湣王看他不顺眼，诬陷他是田甲谋反的核心成员。为了活命，孟尝君只能背井离乡，所以他对齐湣王充满了仇恨，每天都遥望东方齐国，一心想手刃仇人。

孟尝君在诸侯中拥有良好的人脉资源，他开始在诸侯之间奔走，密谋策划攻打齐国。

当赵、魏、韩看到齐国把触角伸到了中原腹地与自己抢肉吃，三晋破天荒地团结在一起。

孟尝君又邀请燕昭王一同对抗齐国，燕昭王也欣然同意。燕国费那么大劲儿让苏秦给齐国挖坑，不就是等着痛殴齐国吗？

接着，秦国也主动参与进来。十余年前是齐国的匡章攻破了函谷关，数年前又是齐国组织五国伐秦，秦昭襄王早就想置齐国于死地。秦昭襄王不仅做起了带头大哥，还对天下诸侯宣称："有齐无秦，无齐有秦，必伐之，必亡之。"

苏秦不愧是高明的纵横家，他为齐国设计了一套自我毁灭程序，然后安装在傻乎乎的齐湣王身上，让其自行运转。所有的反齐诸侯行动计划，早就被写入了程序里，齐国的毁灭正在按照程序有条不紊地运转。

破鼓众人捶，墙倒众人推。五国结盟，以灭齐、瓜分土地为目的，浩浩荡荡地杀向齐国。因为燕国之前给齐国当小弟，又长期驻扎在齐国做仆从军，对齐国布防极其熟悉，所以联军主帅选了燕国将领乐毅。

乐毅的祖上正是魏国攻灭中山国的将领乐羊。燕昭王当年满天下贴招聘小广告，不光招来了苏秦，也招来了乐毅。乐毅因为是将门之后，被燕昭王拜为将军。乐毅继承了祖先乐羊能征善战的优良传统，率领联军连克数城，兵锋直逼临淄。

齐湣王命令全国紧急动员，并委任触子为将军。他此时心急如焚，如同热锅上的蚂蚁，而人在急躁的状态下很容易做错事。在触子出征前，齐湣王对触子说："如果不能取胜，就杀你全家，挖你祖坟！"

听到齐湣王如此失态的言论，我们只能惊叹于他的智商欠费。之前他盲目信任苏秦，就已经交了不菲的智商税。现在，触子率领大军出征，这是他唯一的救命稻草。而齐湣王作为君王，非但没说什么祝大将凯旋之类的激励之辞，反而还威胁、恐吓大将，实在是脑子短路了。

讲什么样的话是要看人的。如果是之前的战神匡章，只会把这样的话当成放屁，可惜触子却是心理抗压能力极差的一个人。当他率领齐军与联军对峙时，看到对方联军的人数远远超过自己，心态立即崩了。两军刚一交手，齐军一触即溃，主帅触子逃得无影无踪，齐军主力被歼。

首都临淄陷落是迟早的事儿，准备跑路的齐湣王在临走之前要杀掉苏秦。苏秦知道自己的骗局迟早要败露，但在劫难逃的他对于死亡没有丝毫的恐惧：“我位极人臣，纵横于诸侯之间，却始终恪守与燕王‘信如尾生’的约定，用毕生的才华，亲手毁灭了一个数百年的老牌大国。我死而无憾！”

当齐国王公贵族逃离临淄之时，苏秦也在大街上被五马分尸。

苏秦死了，齐国马上也亡了。齐湣王几经辗转逃到了莒，迎来了楚国的“援军”。其实，楚军哪是来帮助齐国的呀，分明是想通过齐湣王建立傀儡政府，从而控制齐国。齐湣王虽然傻，但是气节还是有的，坚决不愿意当傀儡，最后被楚军杀死了。

公元前284年，乐毅率领联军攻入临淄，将齐国留下来的数百年的财富瓜分干净。取得大胜后，乐毅并没有停下进攻的脚步。他在齐国待了五年，进行了疯狂的扫荡行动，先后攻下七十多座城池，除了即墨与莒两座城池还在坚守外，齐国已全部落入燕国手中。

齐国吞并的宋国领土被秦、魏两国瓜分。宋国最富庶的陶邑成为秦国二把手魏冉的封邑，剩下的土地被魏国占领。曾经被秦国打得丧师丧地的魏国终于也有回本的时候了。

在《战国纵横家书》里，我们读到了一个间谍用生命颠覆一个国家政权的故事。在这里，没有纵横家指点江山、挥斥方遒的快意，只有纵横家苏秦血腥的死法，以及诸侯间的相互倾轧。

现在，我们的苏秦故事有了两个版本。《史记》版是汉代中期的司马迁写的，他认为苏秦活跃于公元前337年至公元前320年，苏秦出道比张仪早，两个人是同一时期的人；《战国纵横家书》版出自汉代初期的帛书，这版认为苏秦活跃于公元前295年至公元前284年，张仪出道比苏秦早，两个人没有时空上的交集。我们认为这一版更接近真相。

那么，既然《史记》里的苏秦故事漏洞百出，难道司马迁不知道吗？

其实司马迁自己也知道，所以他在《史记·苏秦列传》里无奈地写了这么一句话：“世言苏秦多异，时事有类之者皆附之苏秦。”意思是市面上流传苏秦各种各样的传说，即便在不同时期发生的故事，只要和苏秦类似，人们全都说是苏秦干的。

如果有人问司马迁："既然你知道有问题，为什么还要写啊？"司马迁会摇摇头、摆摆手说："我太难了，这都要怪一个爱玩火的男人。"

无奈的司马迁

如果问"史圣"司马迁，倘若能穿越他最想干什么，司马迁绝不会回答说要与某位心仪的著名历史人物见面聊天，他肯定会抄上家伙，去秦朝痛揍秦始皇。

不光司马迁这样，在所有研究战国史的历史学家眼中，秦始皇都是"火云邪神"般的存在，因为他干了一件对先秦文化毁天灭地的大事——焚书坑儒。

"坑儒"其实坑的是江湖术士。术士干的都是骗人的勾当，秦始皇挖坑把骗子埋了，也算是为社会除去一害。但是，秦始皇统一天下后为了统一思想，又开始了大规模的焚书运动。

司马迁在《史记》里痛心地写道："秦既得意，烧天下《诗》《书》，诸侯史记尤甚，为其有所刺讥也。《诗》《书》所以复见者，多藏人家，而史记独藏周室，以故灭。惜哉，惜哉！独有《秦记》，又不载日月，其文略不具。"

意思是：秦国统一天下后，焚烧《诗》《书》和各个诸侯国的史书，就是因为里面有讽刺秦国的内容。《诗》《书》等儒家典籍之所以能重见天日，是因为很多藏于老百姓家里，而诸侯记载的史书因为藏在官府，全部被焚毁。可惜啊！可惜啊！现在只有秦国自己的史书《秦记》保留了下来，可是里面的历史事件不标注年、月、日，内容简略又不详细。

先秦时有三本著名的史书，分别是鲁国的《春秋》、楚国的《梼杌》（táo wù）和晋国的《乘》。由于《春秋》被孔子修订过，这本官方史书变成了儒家学生的教材，民间流传极广。而楚国的《梼杌》和晋国的《乘》等诸侯史书，都没有逃脱秦始皇的"三昧真火"。

牛顿说过："如果说我比别人看得更远，那是因为我站在巨人的肩膀上。"

司马迁也想看得更远，可是他没有可踩的肩膀，因为前代史书都被秦始皇给烧了。那该怎么办呢？

别忘了，司马迁不仅是史官，他还有另外一个身份——西汉皇家图书馆馆长。

西汉是一个非常重视文化建设的朝代。秦朝末年，刘邦先项羽一步攻入关中咸阳，他的重臣萧何干的第一件事就是抢救秦朝的律令与书籍。在刘邦集团看来，文化典籍才是一个国家的命脉所在。

秦始皇造的孽，西汉一直在替他救赎。西汉建立后，开展了大规模的书籍拯救运动。大量本以为失传的书籍得以重见天日，并收入皇家图书馆得以妥善保存。

西汉建立一百年之后，身为史官与皇家图书馆馆长的司马迁拥有了海量的文献资料。但是，他眼前的书籍都是杂乱无章地堆放到了一起。当时的书都是在竹简或者绢帛上用手抄写的，里面既没有标题，也不分章节，还错别字连篇。光是整理一本书，就要死伤无数脑细胞，掉不少头发，非常辛苦。

由于《春秋》流传于民间，再加上鲁国史官左丘明根据《春秋》扩充成了《春秋左氏传》，司马迁写《史记》时，写春秋内容是有权威参考文献的。可是在写战国的内容时，司马迁就极其抓狂了。

西汉接收了秦朝的图书，所以司马迁手里有《秦记》。可是秦人只注重耕战，不注重精神文明建设，记载历史时本着节省墨水的精神，能省一点是一点，《秦记》的内容实在太简略了。对于司马迁来说，战国史就是一团毛线，很难理清。

司马迁在堆积如山的书堆中找出了纵横家所著的小册子，这些是战国时期纵横家游说君王的书信与谈话内容，是纵横家用来学习与揣摩的教材。这些小册子就是司马迁手上除《秦记》以外最珍贵的战国史料。有总比没有好，司马迁就将这些内容写到了自己的《史记》里。

所以在《史记》里，司马迁采用史料时说了这么一句话："然战国之权变亦有可颇采者，何必上古。"意思是，虽然秦国为了进行思想控制，烧毁了很多典籍，但战国时那些灵活运用的对策也是可以采用的，何必一定要用上古的呢？这句话里的"权变"指的就是纵横家如何合纵连横、灵活应对的故事。

到了西汉晚期，著名的大文豪刘向出现了，我们所熟知的《山海经》就是他编辑整理的。刘向虽是汉室宗亲，却没有整日吃喝玩乐混日子。他是一个爱读书的人，经常光顾皇家图书馆，由于图书馆里的藏书太乱了，嗜书如命的他就把书分门别类地整理了，还顺带把之前司马迁看的那些纵横家所著的小册子编辑成了一本赫赫有名的畅销书——《战国策》。

由于司马迁与刘向都采用了相同的材料，所以《史记》与《战国策》很多内容是基本相同的，比如都认为苏秦与张仪是同时期的。

有了“史圣”司马迁与大文豪刘向的加持，很多人都认为战国史就是他俩所写的那样。

时光就这样过了上千年，史学界也没啥好争论的。在此期间虽然有《竹书纪年》出土，但也只是颠覆了上古历史。直到1973年，长沙马王堆汉墓出土了《战国纵横家书》，于是司马迁与刘向两千多年的棺材板要盖不住了。

马王堆汉墓是西汉初年长沙国丞相利苍的家族墓地。《战国纵横家书》是利苍儿子的陪葬品，总计二十七篇文章，有一万多字，里面百分之六十的内容是此前从未有人见过的，其余的内容则与《史记》《战国策》记载基本一致。

《战国纵横家书》随利苍儿子埋入土中后就失传了，所以那百分之六十的内容是西汉中期的司马迁与西汉末期的刘向都没有看过的珍贵史料。

《战国纵横家书》里的绝大部分文章主人公都是苏秦，并且书中明确地记载了苏秦活跃的时间是从燕昭王至齐湣王时期。那么，为什么在司马迁看到的纵横家的著作里，苏秦穿越了呢？

我们来做一个推理。

纵横家所著故事的最初版本，也就是历史的真相，我们称作1.0版本。在西汉初期，1.0版本里关于苏秦记载的那一部分被埋入马王堆，从此失传，所以1.0版本变得残缺了。

纵横家是靠着嘴上功夫游走于诸侯之间的，天下越乱，纵横家的市场才越大。可是到了西汉，天下已经统一，没有诸侯相争，纵横家唯一的市场就是刘姓的诸侯国。

于是纵横家们对残缺的1.0版本进行艺术加工。为了增加纵横家故事的戏剧性与冲突性，他们让苏秦穿越，把张仪的对手公孙衍换成他。而苏秦替燕国当间谍搞垮齐国的事，被放到了他弟弟身上，这就有了纵横家故事2.0版本。

举个例子，在1.0版本的故事里，苏秦第一次出场是在公元前312年齐、宋攻魏时，出自《战国纵横家故事》中《苏秦谓陈轸章》一篇。而2.0版本把故事里的苏秦换成了弟弟苏厉，把苏秦第一次出场时间提前到公元前337年，秦惠文王刚继位的时候。司马迁不清楚这背后的来龙去脉，于是原封不动地把这篇换角的文章放进了《史记・田敬仲完世家》。

2.0版本的纵横家故事在西汉被收入皇家图书馆，这些故事虽然颇具戏剧性，但也有一定的史学价值。司马迁与刘向本来也没有看过1.0版本，就只有把这些材料当作第一手档案来记录了。所以，我们看到《史记》与《战国策》里的纵横家个个都是逆袭的楷模，他们随便说几句话，诸侯就大彻大悟，心甘情愿地把国家交给纵横家打理。

总之，在苏秦的手下，齐国这个建立了数百年的老牌大国把自己玩崩了。而与此同时，楚国在楚怀王统治时期也江河日下，早已无力与秦国抗衡。战国时的老牌三大国，只剩下秦国一家独大。

秦昭襄王迎来了大好时机，他所处的时代再也没有一个强劲的对手。

拾玖

将才白起

伊阙之战

赵武灵王死后，对秦昭襄王来说，天下形势一片大好。

就在他摩拳擦掌、跃跃欲试之际，舅舅魏冉给他举荐了一个不世出的将才，这人叫白起。

白起如同从地狱里爬出来的“魔鬼”，走起路来都自带《亡灵序曲》的背景音乐。如果说杀人要偿命，那白起死一百多万次都不够，因为与他对阵的敌人都难逃一死，不是死于阵前，便是被埋于万人坑中，所以他也被冠以“人屠”的恐怖称号。梁启超先生曾做过一个估算，战国时一共有两百万人战死，其中有一半都是白起所杀。

白起是秦国郿（méi）地人，据史书记载，他“小头而面锐”，意思就是头小脸尖。能名垂青史的名将很多都是身材壮硕，力大无穷，像白起这样平平无奇的长相，扔人堆里估计都找不出来。

长相是天生的，战绩则是后天杀出来的！

白起出生在秦国。变法的商鞅虽然死了，但是所有秦人都活在商鞅制定的二十级军功授爵制度下。过得好不好，全取决于能在战场上砍下多少人头，既公平又合理，完全不用走后门、托关系。

刚开始，白起只是一个小兵。随着自己斩下的人头越来越多，白起的爵位也逐步提高，最后引起了掌控秦国兵权的魏冉的注意。魏冉发现白起不光杀敌厉害，还有自己的想法。他有时为了胜利，会不顾上级的命令，虽然有点不听话，但是展现出了难得的将才。

公元前296年，魏襄王和韩襄王相继去世，两国遭遇大丧。别人家的丧事对于秦国来说就是喜事，秦昭襄王觊觎中原腹地的韩、魏两国已有多年，两国新君初立，根基未稳，正是秦国鲸吞中原的大好时机。

此时，秦昭襄王已经继位十余年，手上的秦国已经比上一代更加强大，天下没有一个诸侯国具有单挑秦国的实力。要是不趁此时拿下两国，秦昭襄王都对不起列祖列宗付出的辛勤汗水。

公元前294年，秦昭襄王发兵攻打韩国，想要夺取三川郡。只要拿下三川郡，秦国就能将周天子的洛邑揽入怀中，到那时，天子就成了自己的提线木偶。

由于魏冉的拼命举荐，白起担任了秦军统帅，并被授予左庶长一职。白起率领十二万秦军出函谷关，杀向韩国，夺取武始、新城。获得胜利后，白起的爵位被提升为左更。

韩国每次遭受秦国的攻击时都有末日到来的恐惧感，毕竟自己的地盘在七雄中是最小的，万一哪天秦国嘴张得太大，一口吞了韩国都是有可能的。韩厘王天天活在恐惧与焦虑之中，心想与其坐以待毙，不如鱼死网破，竟然主动进攻秦国。

不过，韩厘王并没有丧失理智，明白自己与秦国根本不是一个公斤级的，重量级的秦国可能不用出招，一屁股就能把轻量级的韩国坐扁了。不想给秦国送人头，就得拉上一位小伙伴。

韩厘王找来找去也只能找魏国。魏国长期被秦国暴揍，也丧失了大片国土，与韩国唇亡齿寒，魏昭王与韩厘王同病相怜。

韩厘王："兄弟来帮我一把！"

魏昭王："好的，没问题！"

公元前293年，韩、魏两国砸锅卖铁凑了三十万大军，浩浩荡荡地直奔白起的营地。

秦国收到韩、魏两国联合反扑的情报后，决定进行反制，双方在伊阙遭遇。

伊阙这个名字取得很有诗意，"伊"是伊水的意思，"阙"是门的意思。伊水两边各有一座山，分别叫龙门山与香山，这两座山把伊水夹在中间，就像门一样，所以这里被称为伊阙。北魏时建成的国家5A级风景区龙门石窟就位于伊阙的龙门山。

双方的战场是伊水西侧狭长的小路，这条小路左边是龙门山，右边是伊水。白起的进军路线早就被韩、魏联军的统帅计算在内。在这种狭窄的区域，秦军就像一位施展不开手脚的大侠，只能和敌军硬碰硬。由于韩、魏联军兵力超过秦军一倍，战争胜利的天平开始向韩、魏联军倾斜。

这两位老谋深算的统帅正是韩国名将暴鸢与魏国名将公孙喜。这两位名将曾经与齐国战将匡章一起入楚长城、破函谷，都是见过世面的。史诗级的关隘都被自己强拆过，区区十二万秦军，他们根本不放在眼里。韩、魏两国是主场作战，而秦军的补给要通过漫长的崤函道，只要耗下去，秦军后勤供应不足，韩、魏两军就可以凭借远超秦军的兵力，获得战争的胜利。

可是这两位老将万万没有想到，对面的秦军将领根本不能用常理来推测。这个将领即将把这两位老将踩在脚下，开启属于自己的时代。

与敌军对峙期间，白起并没有闲着，而是一直在侦察战场。韩国十多万大军阻塞在伊阙的小路上，秦军正面出击几乎没有胜算，不如绕到敌人背后。白起绕着龙门山转了一圈，终于绕到了敌人背后，可是又发现这里驻守着十多万魏国大军。

不愧是两位功勋老将，无论是防线正面还是背面，都防备得完美无缺。

换作一般人，面对敌人的优势兵力，为了保险起见，会选择等待援军。等到兵力与敌人差不多时，才与敌军决战。然而白起不是一般人，他的第一大潜质就是善于找出敌人的弱点，敢于以劣势兵力打出让常人难以想象的逆天战绩。

白起在前线观察的过程中，发现了一个有趣的现象：韩、魏两国联军挡在秦军面前，却从来没有进行过试探性的进攻，完全是一种龟缩的防御姿态。看来韩、魏两军将领一定相互推诿，配合不够默契。

白起做出的判断非常正确。当年韩、魏之所以能攻入楚国长城、秦国函谷关，是因为有带头大哥齐国，更有匡章打头阵。现在没有带头大哥，韩、魏两军谁都不愿当出头鸟。

克劳塞维茨在《战争论》中说："最好的防御就是进攻。"白起虽然没读到过《战争论》，但他也知道变守为攻的道理。与其客场作战被韩、魏联军耗死，不如主动出击。

没错，白起就是这么"不自量力"，敢以十二万人去鲸吞敌方三十万大军。

打仗讲究虚实结合，先虚张声势迷惑敌人，再用自己的实力来攻击敌人的命门。在一个伸手不见五指的深夜，白起留下一小部分秦军作为疑兵迷惑敌人，自己则率领秦军主力绕着龙门山，按照事先侦察好的路线，绕到了敌人后方。

到了清晨，天空还微微泛着星光。经过一夜急行军，秦军已经迂回到魏军背后。过了一会儿，太阳升起来了，阳光照亮了世间万物，也照亮了韩、魏两军的不归路。

留在伊阙与韩军对峙的少量秦军对韩军发动佯攻。秦军士兵能扛旗的都扛上了旗，一时间秦军阵中旌旗招展。韩军看见对面阵中如密林一般的大旗，第一反应是秦军发动总攻了。

暴鸢组织韩军做好防御的准备，并向公孙喜发出求援信号。公孙喜喜出望外，秦军向韩军发动进攻，韩军成为肉盾，自己只需要打助攻。于是公孙喜召集大军，开始向堵在伊阙的韩军增援。

躲在不远处的白起瞅准时机，向正在整队行进的魏军发动袭击。魏军丝毫没有防备，连阵势都没有拉开，就被秦军冲得七零八落。除了一小部分人成功突围外，绝大部分魏军被秦军朝伊阙方向压缩。

韩军此时正在伊阙与秦国疑兵交战，身后却突然出现了十几万溃散的魏军。恐惧如同瘟疫一样，迅速在联军中间蔓延开来。溃散的魏军与韩军搅混在一起，联军变成无脑的巨人，在狭窄的伊阙到处乱撞。

秦军将伊阙的南北两头堵死，慢慢地向中间挤压，无数魏、韩将士死于乱箭之中，还有不少人被挤落水中。

随着时间一点一点流逝，战死者的鲜血如同瀑布一样，流向旁边的伊水。伊水变成滚滚血河，奔流向黄河。被挤在伊阙的韩、魏联军已经放弃了生的希望，不做无意义的抵抗了。

到了傍晚，血红的太阳缓缓落下，伊阙的韩、魏联军绝大部分主力已被歼灭，魏军主帅暴鸢战死，韩军主帅公孙喜被俘，南北秦军实现了胜利会师。

鏖战一天的秦军并没有休息，他们不顾劳累，兴奋地割下敌军的人头。夕阳映照下，万物身上仿佛都是血的颜色，活着的人身上是血色，死人和伊水里也都是血色，让人完全分不清到底哪是夕阳，哪是鲜血。白起制造了一个人间炼狱。

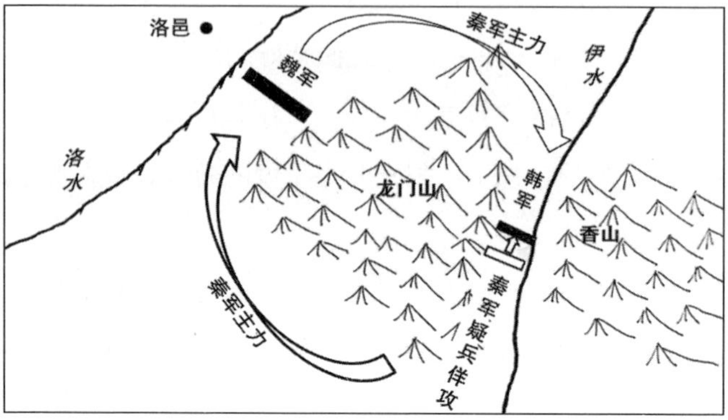

伊阙之战

第二天，秦军稍作休整就开始了记功统计工作。十多万秦军井然有序地排好队，手里拿着敌人的人头，开始登记自己的军功。有的战斗英雄杀敌太多，手里已经拿不下，就将多余的人头挂在腰带上。

经过周密严格的统计，秦军共斩杀了二十四万敌军，白起也凭借此军功晋升为国尉。韩、魏两国拼了血本凑出来的大军几乎全被白起送上西天，从此以后两国再也无力对抗秦国，只能苟延残喘。两条曾经驰骋中原、参与天下角逐的巨龙，硬生生地被屠龙勇士白起放干了鲜血。

此后两年，白起不断地率军进攻毫无招架之力的韩、魏两国。迫于秦军的兵威，韩国割让武遂（今河北省保定市徐水区）附近二百里土地，魏国割让河东（今山西省西南）四百里土地。而白起并没有就此罢休，他接着又率军攻取魏国河内（黄河以北）六十一座城池，大有一举吞并魏国之势。

然而，天下局势的发展超出了秦昭襄王的想象。

狠人蔺相如

秦国想要统一天下，只有两条路可走：一条是东出函谷关，进而夺取中原；另一条是从蜀地出发攻占楚国，消除侧翼威胁，迂回攻占中原。

中原是全天下最繁华的地方，是华夏文明核心中的核心。韩国首都新郑，魏国首都大梁，赵国首都邯郸都集中在中原腹地，中原的好位置都被这三晋占了。要想夺取中原，就必须干掉三晋。

秦昭襄王面临的形势一片大好：楚国自蓝田之战、垂沙之战后已经跌落成二流大国；伊阙之战后，韩、魏两国被秦国打成了高位截瘫；齐国遭遇五国团战，惨遭灭国。秦国已经成为全天下唯一的超级大国，大有一统天下之势！

可是，表面看来，秦国已经天下无敌，其实已经触发了沙丁鱼效应。沙丁鱼效应指的是渔民打鱼回来，船上的沙丁鱼容易在途中窒息而死。为了提高沙丁鱼的存活率，渔民往往会放一条鲶鱼在沙丁鱼中间。鲶鱼生性好动，来到沙丁鱼群后不停地游来游去，激起了沙丁鱼的求生意识，导致沙丁鱼四处躲避，加速游动，这就解决了缺氧的问题，船里的沙丁鱼就可以活到渔港了。

秦国就像一条鲶鱼，诸侯国就像一群沙丁鱼。诸侯国因为秦国的搅动而充满了求生欲，赵、魏、韩、燕四国也因此紧紧团结在一起。击其尾，其首救；击其首，其尾救；击其中身，首尾皆救。

经过胡服骑射改革的赵国成为四国抗击秦国的领头羊。秦国每次进军中原，赵国就会率领联军抗击，气得秦昭襄王牙痒痒。既然东进中原这条路暂时受挫，那就南下攻打楚国吧。

秦国在进攻楚国之前，先要与赵国搞好关系，避免腹背受敌。公元前279年，一场心怀鬼胎的国际会议正式拉开帷幕，会议地点选在了渑池。

渑池原是韩国的领土，秦武王夺取宜阳后，就将渑池收入秦国囊中。秦国的会议地址安排在渑池，也是经过深思熟虑的。

开会地点如果选在咸阳，相当于要赵王当小弟来拜见大哥秦王，搞不好赵王就不来了；如果选邯郸作为开会地点，那秦王又要给赵王当小弟，太没面子；在第三方国家开会，又实在不安全。

只有渑池最合适。它位于秦国的东方边境，而又靠近赵国，秦王、赵王都要车马劳顿赶过去，就没有谁拜见谁这一说。另一方面，渑池位于秦国境内，秦王作为主办方，地位要稍稍高于赵王。

此时赵国国君正是饿死自己父亲的赵惠文王。虽然他逼死了老爹，但是赵国在他手上人才辈出，国力持续增强，成为全天下唯一一个能与秦国一较高下的国家。

赵惠文王收到秦国的邀请函，有点为难。去吧，万一被绑票，像楚怀王一样客死秦国怎么办？不去吧，又是不给秦国面子，秦国想揍自己都不用找理由。

就在赵惠文王无比纠结的时候，我们熟知的廉颇、蔺相如出场了。他俩都劝赵惠文王前往秦国，说如果不去就显得赵国惧怕秦国，会陷入政治被动。

廉颇率大军护送赵惠文王到达赵国边境，内心无比忐忑的赵惠文王问道：“万一我被秦王扣押，回不来怎么办？”

廉颇严肃地说道：“大王，您放心地去吧！我都想好了，您此去渑池，来回路程加上开会时间，应该不超过三十天。如果超过三十天您还没有回来，我们就立太子为王，斩断秦国的妄想！”

赵惠文王听完气得差点把血喷在廉颇脸上。这场会议本来就风险很大，你们非得让我来开不可，结果做的应急预案不是如何解救我，而是把我当作赠品送给秦国。

可是既然已经到了边境，秦王也快到渑池了，赵惠文王也不好中途反悔。赵惠文王觉得自己身边的大臣真是个个比猴精，自己完全是被他们架着往前走的。

赵惠文王告别了廉颇。马车驶出了赵国边境，前途生死未卜，唯一可以依靠的只有身边一同出访的文臣蔺相如。而蔺相如此时坐在车内，一副气定神闲的样子。

蔺相如是一个社会人，行走江湖多年，什么手段都会使，什么阵仗都见过。很多自以为了不起的人，遇到蔺相如都要被他狠狠教训一番。被蔺相如教训得最惨的就是秦昭襄王。两人再次相逢，简直是冤家路窄！

多年之前，赵惠文王突然收到臣子进献的和氏璧，这可是让历代君王魂牵梦萦的稀世珍宝啊！

春秋时期，有一个楚国人卞和，在砍柴时发现了一块璞玉，也就是包裹在石头中尚未雕琢的玉。卞和打算将这块璞玉献给楚王以获得奖赏，于是他就成为中国历史上的“赌石”第一人。

玉藏在石头里，你不知道好坏，只有切开后才能知道品质。如果切开发现是块好玉，可能就一夜暴富。只不过普通人是拿财富在赌石，卞和则是拿生命在赌石。

卞和把璞玉献给当时的楚厉王，楚厉王一看，这明明是块破石头，于是砍掉了卞和的左脚。

卞和赌石失败，变成了残疾人。但他不甘心，等到楚武王继位又去献给楚武王。楚武王一看，这就是块破石头嘛，于是又砍去卞和的右脚。

两只脚都没了，卞和仍是不死心，天天抱着璞玉哭。楚文王继位后，由于卞和已经哭成了名人，楚文王很好奇，就派人来鉴石。结果一剥开石头，果然看到里面是块稀世宝玉。这块宝玉就被叫作和氏璧。

经过岁月流转，和氏璧到了赵惠文王手里。此消息一出，秦昭襄王立刻修书一封给赵王，说愿意割让十五座城池以换取和氏璧。

得不到和氏璧的秦昭襄王内心躁动不安，而得到了和氏璧的赵惠文王内心一点都高兴不起来。秦国是全天下著名的诈骗之乡，把和氏璧给秦国基本上是肉包子打狗有去无回。可要是不给吧，秦国因此攻打赵国怎么办?

此时，宦官令缪贤将自己的门客蔺相如推荐给了赵王，蔺相如被委以重任，作为赵国大使出使秦国。

秦昭襄王接过蔺相如呈上来的和氏璧，大喜过望，兴奋地把和氏璧传给周围人看。

眼瞅着秦王把和氏璧从嫔妃传给侍卫，明显有拿了不还的意思，蔺相如冷笑了一声，心说今天就让秦王见识见识什么叫无赖中的无赖。

蔺相如灵机一动，对秦昭襄王说：“大王，和氏璧上有一个小瑕疵，让我指给您看。”于是秦昭襄王把和氏璧交给了蔺相如。蔺相如拿到和氏璧后突然脸色一变，立刻抱着和氏璧跑到最近的柱子旁。

蔺相如大义凛然地说：“我作为赵国使节来到秦国，但是秦王态度极其傲慢，将稀世珍宝传给姬妾看，我看秦王是没有给赵国十五座城池的打算，所以和氏璧也不能给秦王。如果秦王硬抢，我的头将与和氏璧一同撞碎在柱子上。”

秦昭襄王傻了，耍无赖耍习惯了的他还是第一次看到有人在自己面前耍无赖：“有话好好说，千万别弄碎了宝玉！我马上把十五座城池划给你。”

蔺相如：“这还不够，和氏璧是稀世珍宝，赵王送和氏璧来之前斋戒了五日，秦王也应该斋戒五日，举行大典，我才能将和氏璧交给秦王！”

秦王为了得到和氏璧，只能一口答应。

蔺相如猜到秦王绝不会真心割让十五座城池，等回到住处后，他就让人走小路，偷偷把和氏璧送回赵国。

秦昭襄王斋戒五日后，喜出望外地想要把和氏璧拿到手。可是在典礼上，蔺相如并没有把和氏璧带来。

气急败坏的秦昭襄王动了杀意。

蔺相如看着满脸怒火的秦王，淡定地说：“秦国信用极差，我怕大王不履行承诺，所以让人把和氏璧送回了赵国。秦王不如先割让十五座城池给赵国，秦国比赵国强大，赵国拿到城池后不敢不把和氏璧献给秦王。如果我敢欺骗大王，就让我下油锅。”

普天之下，能治秦昭襄王的除了宣太后，恐怕也只有这个蔺相如了。秦昭襄王虽然是无赖，但也只是图利。现在就算杀了蔺相如，也只会让秦、赵结下梁子，无利可图，那还是保持脸面吧。无可奈何的秦昭襄王只能放蔺相如回去，这就是完璧归赵的故事。

言归正传。赵惠文王一行到达渑池之后，受到了秦昭襄王的隆重接待。不过秦昭襄王看到赵王身边的蔺相如后，脸色顿时阴沉了下来，心里的阴影面积在以光速扩展。

有蔺相如在，秦昭襄王一直对赵王客客气气。双方在平等友好的气氛中进行了数天的外交磋商，达成了广泛共识，并签署了两国和平友好条约。

会议结束后就该聚餐了，结果记吃不记打的秦昭襄王在宴席上又被蔺相如狠狠治了一番。

宴席上，秦昭襄王喝大了，又想逞大国威风。他开始戏谑赵王：“寡人听说赵王是个音乐发烧友，请赵王弹琴为大家助助兴！”

本来，宴席上搞个小节目活跃活跃气氛挺好的，可是秦昭襄王做了一件出格的事。赵惠文王弹完琴，秦国的史官在旁边记了下来：“某年某月某日，秦王与赵王一起聚会，赵王为秦王弹琴！”

此话一出，赵国君臣都愣住了。本来双方是平等的地位，怎么一下子赵王就矮了秦王一级！

就在赵国君臣不知该如何应对之时，社会人蔺相如再次出马。

秦王你敢在我面前豪横，我就跟你玩命！蔺相如径直走到秦王跟前，秦昭襄王一看是老冤家来了，酒立马醒了一半。

“赵王也听说秦王喜爱音乐，今天也想听秦王演奏。”说完蔺相如递给了秦王一个缶。

秦王自认为老子天下第一，怎么能让别人命令自己呢？看到秦王愤怒的表情，蔺相如按着身上的佩剑说道：“秦王如果不弹奏，五步之内，我蔺相如脖子上的鲜血将飞溅到大王身上。”

俗话说，愣的怕横的，横的怕不要命的。秦王不想让宴会变成命案现场，只好无奈地举起了缶，象征性地敲了一下。

蔺相如吩咐赵国史官记下：“某年某月某日，秦王为赵王击缶。”

秦昭襄王两次被蔺相如治得服服帖帖，再也不敢对赵国动什么坏心思。此后一直到赵惠文王去世，秦昭襄王都没有对赵国发动大规模进攻。

渑池之会后，蔺相如被赵王封为上卿，一时如日中天，职位比廉颇还要高。廉颇知晓后，大为恼火。他认为自己为赵国立下汗马功劳，而蔺相如只靠嘴上功夫就爬到他的头上，他不能忍受。

廉颇决定，以后遇见蔺相如一次就要羞辱他一次。蔺相如听说后故意躲着廉颇，外出的时候看见廉颇的车子，就让车夫主动避开。

一位门客看不下去了，他对蔺相如说：“我来追随您，是因为您有高尚的气节。您比廉颇级别更高，廉颇恶语伤人，而您却总是避让他，您怕得太过分了吧！我打算就此告辞。”

蔺相如听完笑了笑，说道："廉颇与秦王相比，谁更厉害？"

门客："当然是秦王厉害。"

蔺相如："我在渑池之会上敢于呵斥秦王，既然我连秦王都不怕，还怕廉颇吗？秦国之所以不敢对赵国用兵，就是因为赵国有我和廉颇在。如果将相失和，赵国就会处于危险之中。为了赵国的安危，个人荣辱又算得了什么呢？"

蔺相如这番发自肺腑的感言让门客大为感动，后来这番话又传到了廉颇耳中。廉颇深感自责，主动上门负荆请罪。将相和，赵国安。

而秦昭襄王这边，虽然在渑池会上丢了面子，但是也与赵国达成了和平协议，确保了中原四国暂时不会与秦国为敌。秦国也就可以从中原抽出身来，屠戮楚国这条南方的巨龙。

拔郢之战

一个单位，新领导在上任后往往会推翻上一任的决策。因为如果延续上一任的决策，干出来的成绩算谁的呢？

可是秦国却不一样。从秦孝公到秦昭襄王，历经四代君王，一直坚定不移地施行商鞅制定的法令，国家GDP快速增长。

公元前279年，渑池之会刚结束不久，白起率领数十万大军杀向楚国。

此时，楚国领导人是楚顷襄王。他老爹楚怀王是战国第一大傻瓜，他也继承了老爹的"优秀"基因，智力低下到了极致。这样的混账领导手下自然少不了混账员工。楚顷襄王的手下都是酒囊饭袋，朝堂上都被黑恶势力完全把控，少有的正常人屈原被逐出了政坛，只能搞文艺创作了。

以楚国的现状，秦国想不灭楚国都不行啊。

数十万秦军怀揣着砍人头升爵位的梦想，来到了建造数百年的楚长城脚下。没多久，秦军就攻破楚长城，深入南阳盆地。

闯入南阳盆地的秦军如同一头不受控制的巨兽，爆发出惊人的破坏力。白起下令秦军抢掠楚地的粮食财富来作为补给，南阳盆地如同人间地狱一般，无数生灵惨遭涂炭。

南阳盆地是楚武王、楚文王两代国君花了毕生心血才拿下的，结果在楚顷襄王手上，一眨眼就被秦人毫不费力地夺走了。如果他俩在天有灵，一定会从墓里面爬出来用陪葬品砸死楚顷襄王。

秦军在南阳盆地肆虐完，兵锋直指楚国核心区江汉平原。大军迅速挺进到江汉平原的门户——鄢城（今湖北省宜城市）。鄢城是楚国必保之地，新征调来的数十万楚军已经在此摆好阵势，就等着秦军进攻。

白起看到武装到牙齿的鄢城以及周边数不清的防御工事，下令全军就地安营扎寨，与楚军对耗了起来。

打仗是要计算成本的，最划算的莫过于以最小的代价获得最大的胜利。秦军客场作战，如果和楚军硬碰硬，即使赢了，也只能是杀敌一千自损八百的惨胜，搞不好就是两败俱伤。不到万不得已，白起不会贸然与楚军决战。

楚军背靠富庶的江汉平原，拥有充足的补给。他们有理由相信，随着时间的流逝，胜利的天平会倾向于楚国。这样慢慢地耗下去，到最后秦军必然不战自溃。

可是楚军低估了白起。白起不光打仗打得好，还是一个优秀的水利工程师。

在对峙期间，白起自己不停地侦察地形，最后发现鄢城旁边宽阔的汉水可以当作消灭楚军的神兵利器。

随着白起一声令下，数十万秦军化身为基建工人，开始修建水坝。但白起搞的可不是什么功在当代、利在千秋的事，他是要把楚国军民全部送往冥界。

堤坝修好了，水也蓄满了。汉水即将变成冥河，白起即将化身冥河摆渡者。

一天夜晚，白起下令毁堤。堤坝被秦军掘开口子，汹涌澎湃的江水将势能转化为动能，冲向鄢城。躲在防线后的楚军听到北方传来的震天巨响，还以为是打雷了。直到巨响从营地近处传来，楚军才看清，这是海啸般的惊涛骇浪！

这时，一切都晚了。

鄢城被水淹没了，数十万楚国军民的尸体黑压压地漂浮在水面，尸体的恶臭笼罩四周。他们顺着水流进入汉水，漂向下游。楚国上下都被汉水上游飘来的尸体震惊了。

白起没有停下来，而是掉转枪头向西攻打夷陵，切断郢都与巫郡的联系，进而打通秦军从三峡进攻楚国的路线。

公元前278年，秦军攻下夷陵，白起面前只剩下郢都了。

楚国君臣被白起打出了恐惧症，早已跑路。楚国毕竟曾经家大业大，这次被秦军大肆劫掠，东部还有一半国土。楚顷襄王带着大臣逃到了陈，在那里建都，也称为郢陈。

秦军顺利地攻占郢都。白起下令焚毁楚国历代先王的陵墓。拔郢之战，白起完胜！

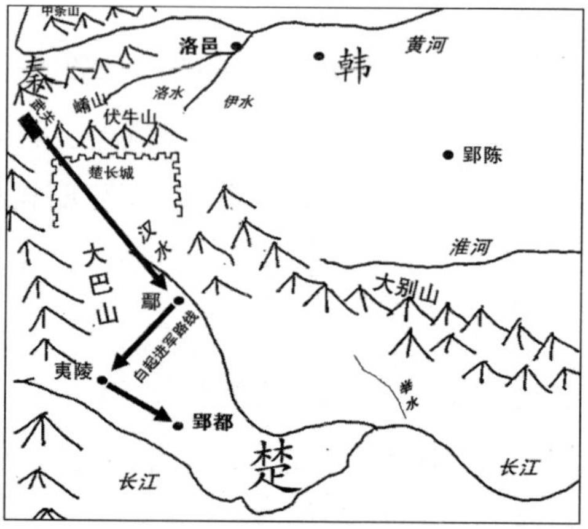

拔郢之战

白起回到秦国后，成为秦人心中不可取代的战神，秦昭襄王封白起为武安君。

不过，以武功治世、威信安邦的武安君，听起来好听，可是这个称号是被诅咒的。战国时，有三位仁兄先后获得过武安君的称号，分别是苏秦、白起、李牧。这三人能力超群，却没一个善终。

秦人狂欢之际，楚人却正在哀伤，因为就在这时，一位诗人在汨罗江投江自尽了。

贰拾

诗人死了

生于国兮，长于原野

汨罗江边，有一位披散着头发的老者。衣着破旧却整洁的他，抱着一块大石头，跳入了汹涌的江水中。他，就是大诗人屈原。

屈原死了，战国的诗坛也死了。

如果说庄子是战国第一散文家，那么屈原就是战国第一诗人。战国散文家里除了庄子，还有很多大咖，比如排名第二的是孟子。而在屈原面前，没有人敢自称诗人，因为屈原独霸战国诗坛，堪称“诗霸”。屈原死后，战国时代还有人在写诗，但都是在对屈原的作品进行模仿。

公元前340年夏历正月初七寅庚，楚国郢都一个屈氏贵族家里，一个小宝宝出生了。这个小宝宝出生的时间可是大吉大利。这年正月，木星与太阳交会，所以这一年被称为“摄提格”，就是正年的意思。木星在夜空中的亮度仅次于金星，在楚国人眼中木星就是尊贵天神的化身，所以他们把木星称为岁星。

在父亲看来，这个出生于正年正月的小宝宝必定是大富大贵之命，于是他给孩子取名为“平”，就是“正”的意思，史书上也就称他为“屈平”。后来屈平长大后，又以“原”为字，所以后世也叫他屈原。

屈原的父亲叫伯庸，是一个落魄贵族，虽然家境不怎么样，但是老屈家祖上和楚王是亲戚，都姓芈。从春秋到战国，老屈家担任国家级领导的人不计其数。屈氏也是当时楚国政坛的三巨头之一，与景、昭两个大氏族共同把控了楚国朝堂。

虽然家里穷，但由于出身高贵，再加上老屈家在楚国有盘根错节的关系网，年少时的屈原被保送到贵族学校，接受了国内超一流的教育。

屈原上学时，诗是楚国贵族的必修课。楚国人对“诗”的痴迷已经达到了走火入魔的程度，在楚国，一个不会背诗的贵族绝对不是好贵族！

为什么会这样?

还不是因为自卑!

楚人从西周时期就被中原人视为蛮夷，没文化、野蛮、落后成为他们身上怎么撕都撕不掉的标签。

如果只是一时的误解，心理承受能力强的人忍忍就过去了。楚人被中原人这么黑了几百年，哪怕再心如磐石，也要被黑出心理阴影。

楚国人说话有浓重的南方口音，被中原人讥笑是南蛮鴃（jué）舌之音，意思是就像鸟语一样。为了改变自己的口音，获得中原人的认同，楚国人也是拼了。当时齐国口音最优美动听，楚国贵族就从齐国请老师来教孩子学“中原音”，学不好就用棍子打，一定要练就一口标准流利的“中原音”。

光改变口音不行，还得提升自己的文化修养。楚人家里也不差钱，就拼命加大教育投入，想在文化领域奋起直追。

如何让中原人认为自己有文化呢?

读诗!

腹有诗书气自华，读诗不光能陶冶情操、提高文化修养，懂诗的人，遇到良辰美景也能吟诗一首，展现自己的格调。楚国学校的课堂上，老师会对学生说：“你们不好好背诗，就会被中原人看不起，被叫作南蛮。”

于是在《左传》《国语》里出现了有趣的一幕：楚人走到哪都会大发诗兴，随即赋诗一首，生怕别人不知道自己有文化。据统计，《左传》里楚人赋诗的场景多达22次。

学诗就要有教材，但市面上的教材太杂太乱，良莠不齐。直到孔子整理了一本标准教材——《诗经》，楚人如获至宝，立马引进国内。

《诗经》是儒家的教材，屈原学习《诗经》后，也被深深地打上了儒家的烙印。不过屈原虽然受儒家思想影响，但是他并不循规蹈矩，内心如同一匹桀骜不驯的烈马。屈原，乃至于所有楚人，都是放荡不羁热爱自由的。玄而又玄的道家思想在楚国异常流行，屈原也一直在追寻那种超然物外的境界，想要摆脱时空的束缚。

西汉大文人东方朔说：“平生于国兮，长于原野。”“平”是屈原的名，意思是说屈原生于国都，而又在原野中成长。

屈原虽然出生在郢都，受到了良好的教育，但他上完课后不用上补习班，也不用写作业，属于放养的状态。放养的小孩容易养成无拘无束的天性和亲近大自然的美好品德，不像现在有些孩子，读到大学还是五谷不分。

郢都城外是广袤的江汉平原，更有烟波浩渺的云梦泽，所以屈原小朋友家门口就是一个巨型植物园，他可以在里面快乐地游玩。小屈原也慢慢变成了一个植物学家，认识了兰花、蕙花、申椒、菌桂、江篱、辟芷、木兰、杜若。

这些植物不光长得美好，还可以用来祭祀神明。郢都城外有一座祭祀天帝的东皇太一庙。有时候，小屈原在外玩耍时还能看见楚王主持祭祀活动。每逢重要节日，就有一群巫师施展巫术，男女齐声高歌迎送各路神仙。这在当时不是什么封建迷信，而是极其庄重的宗教仪式，更是楚人与神灵交流的活动。

忠君的儒家、玄幻的道家、神秘的巫术构成了屈原精神世界的三原色。懵懂少年屈原对自己的未来一无所知，他正享受着人生中最无忧无虑的时光。

很快，屈原到了加冠成人的年纪。屈原创作了中国第一首咏物言志诗——《橘颂》，作为献给自己的成年礼。橘树只能生长在南方，如果生长在北方就成了枳，结的果子不好吃，所以屈原赞美南方的橘树。

这首诗的格调还是很轻快的，寄托着一个年轻人对未来的美好畅想：

后皇嘉树，橘徕服兮。
受命不迁，生南国兮。
……
嗟尔幼志，有以异兮。
独立不迁，岂不可喜兮？

意思是，天地之间有一棵好树，它叫橘树。橘树的天性不外迁，它只生长在南方。它的志向，从小就与众不同。这样性格独立、品德卓绝，怎么不叫人佩服？

青年的屈原无意间开创了一种伟大的文体——楚辞。楚辞就是楚人的文辞，屈原和其他楚国诗人的作品都收纳在《楚辞》中。

就此，先秦诗歌分成南北两大派别。

北派的镇派之宝是《诗经》。相传，《诗经》收录了从西周初年到春秋中期长达六百多年的诗歌精华，作者不计其数。《诗经》后经儒家开山老祖孔子重新修订后，学术地位大增，是天下读书人提升文学修养的必备秘籍。其文风和谐含蓄，有道是“天下诗歌出中原，中原《诗经》数第一”。

南派的镇派之宝便是《楚辞》。屈原吸收了《诗经》之精华，从此打通了任督二脉，开创楚辞文体。《楚辞》文风奇崛铺张、绚丽浪漫，可以说屈原是以一人之力对抗《诗经》无数作者，堪称“诗界万人敌”。

如果把《诗经》比作一位端庄贤淑的大家闺秀，那么《楚辞》则像一个热情奔放的浪漫少女。

此时的屈原才华横溢，未来可期。

洞庭波兮木叶下

由于成绩好，老屈家在朝中又有影响力，成年后的屈原很快被推荐为三闾大夫。

三闾大夫是掌管宗庙祭祀与贵族子弟教育的清闲职务，算是文化教育系统的工作岗位。屈原在这个岗位上正好发挥自己的文学才干。

祭祀时是要有巫师唱歌的，而唱歌的歌词就一定不能差。如果唱得不好听，神灵就会怪罪楚人。于是一组气势恢宏的祭祀诗歌横空出世，这就是《九歌》。

《九歌》里的“九”到底是什么意思，这个问题争议了很多年。有的人认为九是实数，表示有九章；也有人认为九是虚数，表示有很多篇；更有人认为“九”是“九天之歌”的意思。

《九歌》有十一篇，依次是《东皇太一》《云中君》《湘君》《湘夫人》

《大司命》《少司命》《东君》《河伯》《山鬼》《国殇》《礼魂》。除了《国殇》是屈原停职期间创作的以外，其他十篇因为节奏极其欢快、色调艳丽，被郭沫若认为是屈原在早年春风得意时创作的。

在《九歌》里，神仙也和普通人一样有七情六欲，个个都是恋爱高手，甚至还很不正经。在屈原的眼中，神就是人，人就是神。

到了国家举行祭祀大典的时候，屈原创作的《九歌》正式上演。诗歌由专业的男巫、女巫吟唱出来，宛如天籁之音，让楚人的精神世界与上天成功对接。

祭祀圆满结束后，楚怀王作为重要嘉宾，亲切接见了主创人员。楚怀王对诗歌创作者尤其青睐有加，经过交谈，更是被眼前这位年轻人的盖世才华所折服。屈原因此一炮而红，仕途崛起。

纯良、正直的屈原向往的是《九歌》里“洞庭波兮木叶下”的生活，在他看来，自己只是一个文艺青年。可惜，这种生活只存在于美好的诗歌里，而对于喜欢捉弄人的命运之神来说，一个普普通通的文艺青年实在是太无趣了。它更想聆听惊艳世间的诗歌，这就需要一位百年难遇的诗人来创作。只有让诗人的肉体经历沉重的磨难，心灵被反复摧残，才能写出惊世杰作。

命运之神想让内心纯净如孩童般的屈原遭受现实的打击，经历苦难的洗礼。

想成就一个人，就让他去从政，他可能位极人臣，光宗耀祖；想毁灭一个人，也让他去从政，他可能被削职贬谪，惨遭迫害。

诗坛翘楚屈原逐渐在政坛崛起。但他不会知道，命运之神是如此的冷酷无情，它早已在暗处给他安排好了崎岖坎坷的人生，同时还要夺走他的幸福与快乐，让痛苦、抑郁、愤怒伴随他一生。

路漫漫其修远兮

楚怀王看中了年轻的屈原，任命他为左徒。

左徒的地位可不得了。楚国最高的官职是令尹，相当于现在的国家总理。而左徒是令尹的副职，相当于现在的国务院副总理。

落魄贵族出身的屈原万万没想到自己竟然一步登天，他对楚怀王感激不尽。

可是吃亏要趁早，年轻人一帆风顺可不是好事，因为后面肯定有大坑在等着。屈原顺得像是开了挂似的，而前方也有一个陨石坑正在等着他。

年轻的屈原不负楚怀王的期望，表现出了卓越的政治才能。起草文件，接待外宾，制定政策，他样样干得出色。

当屈原在自己的岗位上干得风生水起的时候，楚国也走到了历史的十字路口。当时的楚国，可以说有天下最大的地盘，国富民强，带甲百万。然而，西边的秦国如同坐了火箭一般快速崛起，成为楚国最大的威胁。

要想救楚国，只能变法。

当年，吴起在楚国变法，让楚国国力大振。可是数十年过去，楚国已历经四代楚王，原先制定的法令早已废弛。必须实施第二次变法，让楚国再次走向辉煌。

屈原向楚怀王请求变法。大傻瓜楚怀王既没有同意，也没有反对，而是说："你先起草变法的法令，写好之后给我看看。"

得到国君的同意后，屈原开始认真起草法令，而这也成为他悲剧人生的开端。

"屈原要变法啦！"

这一消息迅速传遍了楚国大街小巷。贵族老爷听说后，年轻的血压升高，年老的直接脑溢血！数十年前，从魏国来的狠人吴起到楚国搞变法，刮起了血雨腥风，贵族手中的奶酪被他抢走，还被发配到偏远地区去开荒种田。

贵族们好不容易干死吴起，结果七十多个大家族也跟着陪葬。能活到楚怀王一朝的贵族都是侥幸活下来的，要是再来一次屈原变法，贵族恐怕就要绝种了。

决不能让屈原再搞变法！贵族老爷要开始反击。

第一个冒头的是上官大夫。上官大夫是与屈原平级的官员，他对屈原说："都是同事，你起草的法令让我看看，我来帮你修改修改，减少你的工作量，怎么样？"

没想到屈原具有极强的保密意识，怒斥道："法令是让楚国富强的利器，在经过大王确认前，这是国家机密，不能给别人看！”

上官大夫：“你给不给？”

屈原：“不给！”

上官大夫：“不给我就抢了啊！”

屈原：“有本事你就抢啊！”

话音刚落，上官大夫就如一头饿虎般猛地扑向屈原。

屈原抱着文件跑，上官大夫在后面追。上官大夫长期伏案工作，年轻的屈原体力要比他好得多，没让他追上。

上官大夫累得上气不接下气，指着屈原怒吼道：“你给我等着！看我们怎么整死你！”

不死心的反对派贵族天天在楚怀王面前诋毁屈原。他们人多势众，轮番劝说楚怀王，楚怀王实在架不住。楚怀王本就是一个傻瓜而不是一位英主，他只想快点消停，还自己一个清净的世界。

终于，被反对派搞得神经衰弱的楚怀王下令“疏屈平”。“疏”不是疏远的意思，而是将官员免职，但仍然保留原有职务的待遇。

屈原现在无事可干，却又不用为工资发愁。他满腔怨恨无处发泄，只好在郢都四处转悠，写诗成为他唯一排遣郁闷的方法。于是一部旷世杰作诞生，这就是《离骚》。

司马迁认为“离骚”的意思是离愁。《离骚》有373句，2477个字，是中国文学史上第一首长诗。

这首长诗给人的感觉就像是看了一部仙侠剧。爱恨情仇，尔虞我诈，仙人神兽，奇幻幽深，仙侠剧该有的元素，《离骚》里应有尽有，故事情节更是跌宕起伏，一波三折。

按照故事情节，《离骚》可以分成上下两篇。

上篇讲的是主角在凡间历劫。在仙侠小说里，主角虽然是凡人，但是可以通过修炼得到法力。

屈原作为诗里的主角，其出身就不得了。他祖上是古帝高阳氏，高阳正是五帝之一颛顼（Zhuān Xū）的称号。主角的名字一定也是仙气飘飘，所以他以“正则”为名，以“灵均”为字。

作为半人半仙的主角，穿着也不能普普通通的。他身披江离和白芷，又编织秋兰作为配饰，一出场就惊艳四座。主角生活同样不落俗套，春天他去攀折山上的木兰，冬天则去收揽水边的青藻。

日月交替不停，春秋往复更新。看到草木凋零，恐怕美人也要渐渐老去。而主角不愿就此落寞，他愿乘上骏马，在凡间为众人引路。

如此完美的主角，本应该是楚国的救世主，可是，他却在楚国政坛被撞得鼻青脸肿。楚国政坛上那些坏人结成党羽，导致国家前途晦暗不明。可惜君王受到奸臣蛊惑，反而听信谗言，迁怒于主角。主角知道正直就会遭恶人报复，可是他宁可忍受悲惨的命运，也不愿放弃原则。

主角为了提高情操，早上饮木兰花上的清露，秋天吃菊花瓣上的红霜。因为这样做能摆脱庸俗，所以哪怕为此饿瘦了，主角也不在意。

主角的内心如此痛苦，所以一边叹息，一边哭泣，悲叹凡间生活竟然如此悲惨！

凡间混不下去了，但主角是半人半仙，下凡只是来历劫，最终还得回到天上去。

主角在凡间历经了悲伤，而对于一个青年男子来说，最好的解决悲伤的方法就是谈恋爱。一段不行，就来三段。《离骚》的下篇就是讲主角天界求爱的故事。

主角不想在污浊的凡间待下去，决定返回天界。于是他召唤出神龙，驾着凤车，摆脱地球引力飞向了天界。前方的路程又长又远，但主角将在天上地下寻找自己的理想。

经过长途跋涉，主角终于在早上渡过白水。他把白龙系在阆山山巅，向四周眺望，却发现这天界之中竟然没有美女可以追求。

为了追逐美好的爱情，主角又召唤雷神丰隆，替他驾着彩云，去拜访洛水女神宓（fú）妃。可是宓妃自恃长得漂亮，非常孤傲，一天到晚卖弄风骚。既然这位仙女对凡人没有礼数，那么主角不如去另寻适合自己的爱情。

可惜对象实在不好找，主角在四海八荒周游了一圈，最后从天而降。他看到远处的平地上耸立着百尺琼楼，有娀氏的美女简狄就在那里。

看到美丽动人的简狄后，主角心脏扑通扑通直跳。他想当面向简狄求爱，又怕不合礼数，于是派凤凰去送聘礼。没想到高辛氏抢先一步追到了简狄。

主角又看到虞国有两位阿娇还没有嫁人。她俩原本是许给夏朝国君少康的，由于少康还年少，主角就有了追求的计划。可是他派去说媒的人口才不行，没有说成这门亲事。

三次找对象都没有成功，主角也就不找了。他打算趁自己的玉佩还壮美之时到天地之间游玩。

在皇天的光耀中升腾的时候，主角低头看到凡间的故乡。国内没有人能理解自己，他又何必留恋故乡呢？自己伟大的政治理念，也没有人能和他一起推行。主角想起商代有位叫彭咸的贤臣，因为昏君不听他的谏言，他就投水自尽以明志。主角心想，如果自己死了，就去寻找彭咸的住处。

这就是《离骚》的主要故事。故事里的主人公就是屈原自己的化身，他打扮华美，生活不落俗套，就是为了表明自己不愿与世俗同流合污。故事里的主角追求完美的爱情，其实就是屈原本人在追求真理。

《离骚》的最后一句，屈原说自己要追随投湖自尽的忠臣彭咸，后来也一语成谶。

《离骚》恢宏大气，文辞华丽。由于《离骚》写得太好了，所以这个“骚”字在后来不仅可以代表楚辞，甚至直接成为诗的代称，诗人也因此被称为“骚人”。

不过，《离骚》虽是震古烁今的好诗，但是它对现代人不够友好，因为现代人读起来不够朗朗上口，也不容易背诵。其实这也不能怪屈原，屈原写作的时候使用的是楚国口音，不仅诗句押韵，还能吟唱。而我们现在说的普通话与古音有很大差别，所以，今天我们吟诵《离骚》才会有困难。

屈原领着工资搞了一段时间的文艺创作，楚王终于将他官复原职。

众人皆醉我独醒

公元前312年，秦楚之间爆发了两场史诗级大战，分别是丹阳之战和蓝田之战。两场战役都以楚国完败告终，屈原听说楚军惨败的消息后，写下了一首荡气回肠的《国殇》。

被“疏”没两年的屈原被楚怀王火速召回来。屈原之前负责过外交事务，所以楚怀王委任他为大使出访齐国，去修复齐、楚两国的关系，共同对抗秦国。

就在屈原出使时，诈骗犯张仪来到了楚国，对楚怀王一阵忽悠，随后还大摇大摆地走了。大骗子前脚刚走，屈原后脚就回国了。得知楚怀王被忽悠的事后，屈原赶紧劝楚怀王杀了张仪。可惜张仪还是跑得太快，楚怀王派的追兵没有追上。

楚怀王毕竟是个大傻瓜，即使有屈原辅佐，也免不了被骗的下场。

公元前306年，秦昭襄王嬴稷继位，他的老妈宣太后正是楚国的公主。

宣太后：“都是楚国人，肥水不流外人田。秦楚联姻多好呀！”

楚怀王：“好呀好呀！”

于是狼与羊走到了一块儿，秦昭襄王迎娶了楚国公主，又在公元前304年与楚怀王举行了黄棘之盟。秦楚关系再度升温，整个楚国沉浸在和平的氛围之中。

唯独屈原头脑依然冷静。屈原判断秦国这只是缓兵之计，秦国新君初立，政局不稳，宣太后急需稳定国外环境，好集中精力剿灭反对派。等宣太后的外戚集团在秦国站稳脚跟，下一个目标必然是自己的娘家。

屈原不停地在朝堂上宣传秦国威胁论，可是楚怀王和群臣只想过太平日子，他们被屈原说得烦了，最后决定放屈原于汉北！

屈原震惊了，之前自己只是被免职，仍保留原有级别待遇，而这次竟然是被“放”了。“放”是下调到地方当官的意思，类似于后世的贬官，这就比较严重了。

无奈的屈原背起行囊，沿着汉水来到了汉北。如果把先秦的学术名人拍成电影，经常周游列国的孔子、孟子，他们的人生会是公路片，而被赶到野外的屈原，他的人生会是自然风光片。

在流放的路上，屈原创作了一首《抽思》。

“抽”是抒写，“思”是思绪，意思是把心里的思绪抒写出来。在诗里，屈原把自己比作一只从南方来的小鸟，虽然在汉水以北落脚，但无时无刻不在思念着南方的郢都。

当诗人在汉北孤独地徘徊时，规模宏大的垂沙之战爆发了。楚国被齐、韩、魏三国联军痛扁一顿，“行走的炸药包”匡章突破了坚固的楚长城，杀入楚国腹地。接着，秦国趁火打劫，抢占楚国城池。楚怀王痛定思痛，再次把屈原召了回来。

屈原在汉北待了两三年，这里的生活虽然苦，但有益于养生。然而，生性正直纯良的屈原还是再次回到浑噩污浊的朝堂，而他面对的挑战只会更加严峻。

公元前299年，秦国诈骗集团的头目秦昭襄王为了把业绩再提高到一个新台阶，决定来一个“杀熟”的骗局。

秦昭襄王作为楚怀王的女婿，请老丈人来秦国做客。听说此消息后，屈原立刻劝楚怀王，千万不能再上当受骗。但和如今许多遭受诈骗的老人一样，无论旁边人怎么劝说，楚怀王就是执意要给骗子汇款。果不其然，楚怀王一到秦国就被绑票了。

秦国拿着楚怀王这张大肉票要挟楚国，楚国人也不吃这一套，直接拥护楚怀王的儿子楚顷襄王继位。对楚国人来说，三条腿的蛤蟆不好找，两条腿的国君还不好找吗?

平心而论，楚怀王虽然是个大傻瓜，但是对屈原还是不错的，虽然没有重用，但也没有像有的君王那样，直接把臣子弄死。而且，正是楚怀王提拔了屈原，才给了屈原登上政治舞台的机会。如今，没有楚怀王的庇护，屈原即将遭受敌人群攻。

老爹楚怀王不靠谱，儿子楚顷襄王想正常也难。昏君身边自然会簇拥一群奸臣，偌大的楚国就这样被这些蛀虫使劲地啃噬。

楚顷襄王一继位，就任命自己的弟弟子兰担任令尹。子兰曾极力劝说老爹楚怀王前往秦国诈骗窝点。屈原对这位导致前任老板陷入诈骗窝点不能脱身的令尹非常愤恨，一心想把楚怀王迎回来。而子兰清楚地知道，前任老板一旦回来，自己连同现任老板就都该下课了。

于是子兰向楚顷襄王告屈原的状：“决不能让老爹回来，老爹的死党也要赶走！”

楚顷襄王：“迁屈原于江南！”

“迁”的性质就严重了，这是开除公职，流放外地。别人的官是越做越大，而屈原是直接没了编制。更要命的是，屈原要去的江南那可不是我们印象中的鱼米之乡。屈原要去的楚国江南在现在的湘西，当时属于楚国的黔中郡，偏僻荒凉不说，还有彪悍的蛮夷，盘踞在秦国蜀郡的秦军也对黔中郡一直虎视眈眈。与其说屈原是被流放，不如说他是去开荒打野，随时有丢命的危险。

流放的路上，屈原渡过江水，途经溆浦山。望着四周国家5A级原始丛林，他写下了一首《涉江》，感慨前路迷茫。

几年之后的公元前296年，屈原听说了楚怀王客死秦国的消息。楚怀王对屈原有知遇之恩，屈原也把自己的一生托付给了楚怀王。君王死了，按照传统就要举行招魂仪式。屈原写了《招魂》算是缅怀自己曾经的老板。

韩国古装剧里，国王一死，太监就要爬上屋顶，拿着死去国王的衣服，大喊“上位复”。这就是一种招魂仪式，而且是从中国学来的。

人断了气，不一定是真死了，古人为了让人活过来，就会搞招魂仪式。在古人眼中，人是由魂与魄组成的。魂是精气，魄是肉体，魂一旦离开人，人就只剩下躯壳，所以一定要把魂给召唤回来。

招魂的时候需要专用工具，俗称“招具”。招魂的招具是竹子做的小箱子“箧（qiè）”。巫师把死者的衣服装在箧里，然后把招来的魂附在衣服上，再把衣服盖在死者身上。如果死者还没有复活，那就说明是真的死了。

屈原在楚国南方边境荒野求生十余年，这种生活是对人毅力的极大考验，创作伟大的诗歌成了屈原活下去的动力。

公元前278年，郢都被秦国攻陷，62岁的屈原彻底被击垮了。

郢都是他的故乡，更是他的精神家园。他在那里学习、成长，获得创作的灵感。他所创作的楚辞是楚人文化的瑰宝，而楚人文化的根基则深深扎根于拥有数百年历史的郢都。郢都没了，楚人的根就没了；没有根的楚人，就成了四处漂泊的流浪汉。

悲痛至极的屈原写了《哀郢》，其中有一句“鸟飞反故乡兮，狐死必首丘”，意思是鸟儿最后还是会飞回自己的故乡，狐狸死的时候会把头朝向自己的故乡。屈原以这种方式表达了自己对故土的怀念之情。

郢都被攻破后，楚国君臣搬家到了陈，楚国西部一半的国土陷落。而原本被流放的屈原，也就没有人来管了。

没人管的屈原开始漫无目的地漂流，走到哪儿是哪儿。他离开湘西，来到了长沙，再往北走，又来到了汨罗江。

江边一位渔夫看到了一位边走边吟唱的怪人。渔夫仔细看了看这个披头散发、形容枯槁的怪人，突然惊呼：“这不是三闾大夫吗，怎么到这里来了？”

屈原看到有人认出了自己，说了一句千古名言：“举世皆浊我独清，众人皆醉我独醒，是以见放。”

渔夫：“你为何不随波逐流，非要落得如此下场呢？”

屈原愤愤地说道：“我宁愿跳入江水，葬身于此，也不愿精神被污染！”

屈原接着孤独地走下去。效忠的君王死了，梦里的故乡没了，屈原看着滔滔江水，突然意识到，这个肮脏的世界已经没有值得自己留恋的东西了。

屈原写了一篇《怀沙》，意思是怀里抱着沙石。五月五日，诗人抱着石头，跳入汨罗江中。

诗人死了，战国的诗坛也落幕了。他用自己的诗歌给残酷的战国时代增添了一抹绚烂的色彩。他一走，战国又回到血色之中。

但屈原不会想到，在后世，汨罗江会成为一些朝圣者心目中的圣地。

在一百多年后的西汉时代，汨罗江边会有一位后生，满含深情地诵读着自己写的《吊屈原赋》。读完后，他会将文章抛入江中。

这位后生就是汉赋大家贾谊，也就是语文课本里的《过秦论》的作者。贾谊作为屈原的狂热粉丝，满脑子都是屈原的作品，他创作的汉赋作品深受楚辞影响。

又过了数十年，又有另一位屈原的狂热粉丝来到汨罗江边，望着滔滔江水潸然泪下，他就是“史圣”司马迁。

后来司马迁惨遭宫刑，精神与肉体受到了极大摧残。可是有着伟大追求的司马迁强忍着痛苦和耻辱，创作出了“究天人之际，通古今之变，成一家之言”的皇皇巨著《史记》。而司马迁能完成这一巨作，其精神支柱正是来自屈原。

屈原在遭受打击时，始终不忘自己的志向，完成了众多伟大的诗歌。有了屈原的精神感召，司马迁哪怕经历再大的磨难，也要完成《史记》。

诗人死了，但是他的精神永垂不朽！

屈原原本向往《九歌》般的生活，但丑恶的政坛让他“离骚”，悲惨的命运让他最终“怀沙”。

木心先生说过一个怪现象：诗人一般寿命短，哲学家大多很长寿。

随着孩子慢慢长大，他们纯洁的内心开始沾染世间的尘埃，最后变得世俗与功利。而诗人的内心却始终如孩童一般纯洁，他们是一群没人呵护又长不大的孩子。当现实充满功利与欲望时，诗人那颗如水晶一般的心就会被现实敲碎，撒落一地。古往今来，好多诗人难逃这一魔咒，比如海子、顾城等，都是如此。

愿死亡如春风般温柔，能让诗人们在另一个世界找到属于自己的精神家园，不再受世俗的困扰。

贰拾壹

激流涌动

田单复国

公元前279年，天下风云变幻。

秦国向楚国开战，拔郢之战取得辉煌战绩。楚国西部领土全部落入秦人手中，楚国这条巨龙几乎被腰斩。只剩半条命的楚人只能在东部国土苟延残喘。

同一年，一代英主燕昭王死了，儿子燕惠王继位。一朝天子一朝臣，燕惠王一上任，就把燕国驻齐国占领军总司令乐毅换成了自己的心腹骑劫。

虽然齐国主力已亡，但是战国时代，想要彻底灭亡一个国家是很难的。遗老遗少时不时就会来一场轰轰烈烈的复国运动，占领军不经过几番折腾，休想彻底统治被占领国。

此时的齐国仍有两座城池在负隅顽抗，一座是莒，另一座是即墨。即墨的反抗军头领叫田单，是齐国宗室。

田单这个人很有头脑。之前燕军攻打临淄城，城内达官贵人争先恐后往城外跑。田单预料到，这么多马车挤在城门口必然会造成交通大拥堵，于是田单开始了改装马车的工作。为了提高马车的抗撞击性能，他把车轴过长的部分截掉，并用铁皮包裹车轴。果然，到了城门口，很多马车撞击在一起，唯独田单的马车顺利通过了。

田单逃到即墨扛起了反燕大旗。名将乐毅攻破齐国七十多座城池，愣是没有把即墨攻下，只能改为围困。

就在即墨军民被燕军围到绝望的时候，死对头乐毅竟然被燕惠王调走了。田单由衷地感谢燕惠王，乐毅前脚刚走，他后脚就顺利开展了复国大业。

一天，田单派人向城外燕军递交降表，表示愿意第二天出城受降。燕军为了庆祝胜利，全军当晚开怀畅饮，喝得烂醉如泥。

而田单收集了上千头牛，在牛角上绑着利刃，在牛尾上绑着涂满油脂的苇束。

晚上，齐国军民点燃苇束，上千头熊熊燃烧的火牛组成了一道火线，朝燕国军营扑来。

重度烧伤的火牛发了疯似的在燕国军营狂奔，无数燕军死于牛蹄之下。齐国军民紧随其后，跟着火牛冲入燕国军营，展开了复仇。燕国将领骑劫战死，田单反抗军大胜。

田单乘胜追击，齐国百姓受到田单的感召，掀起了如火如荼的复国浪潮。在短短的时间内，齐国复国成功。

战国七雄再次凑齐了。不过现在的齐国只能说是勉强活着，再也无法回到昔日的大国地位了。

狭路相逢勇者胜

拔郢之战后，秦国接着把矛头指向中原，围攻魏国大梁。天下震动，魏国只得割地求和。

秦国顺手又向北方的赵国发动试探性进攻。

公元前270年，秦昭襄王任命胡阳为将，率军越过太岳山，攻打赵国阏与（今山西和顺县）。阏与一旦得手，秦军就可以毫无顾忌地越过太行山，进攻无险可守的邯郸城。

赵惠文王面对来势汹汹的秦军着急上火，连忙召开御前会议："秦军进攻阏与，我们是否派军前去救援？"

廉颇："不能！"

"何出此言？"赵惠文王生气地问道。

廉颇："阏与距离邯郸路程遥远，当地都是崇山峻岭，道路又险又窄，大军团很难展开作战！"

赵惠文王听完后无奈地低下了头。的确，没有一个诸侯国敢单挑秦国，况且阏与地形复杂，胜算不大。

这时，突然有人说："大王，我愿带兵去迎战秦军！虽然那里道路又险又窄，但这就好比两只老鼠在狭窄的洞里相遇，狭路相逢，勇者胜！"

赵惠文王定睛一看，主动请战的正是赵国著名的狠人——赵奢。

一提到赵奢，赵国肆意妄为的权贵就浑身直打哆嗦。赵奢是掌管征收租税的官员，他执法严格，专治各种权贵不服。权贵们一看见赵奢，就立刻收敛气焰，表示自己是奉公守法的好公民。

有一次，赵奢在赵王弟弟平原君的封地上收租税。平原君的家仆仗着平原君的显赫身份，就是不向国家交租税。于是赵奢按照律法，当场斩杀了九个抗税的家仆。

平原君听说自己的家仆被赵奢斩杀，气得带人抄起家伙，杀气腾腾地奔向赵奢的官邸。赵奢看到平原君前来，从容地说："您贵为赵国的公子，如果您不奉公守法，纵容自己的家仆不交税，就是在削弱赵国的律法。赵国的律法被削弱，赵国就会被削弱，秦国就会趁机攻打赵国。赵国如果没了，您的家财也就没有了。如果公子奉公守法，做好表率，赵国就会井然有序，自然就不会遭到别人的欺负。"

平原君听完觉得赵奢是个人才，就将他推荐给赵王。

这么一个敢在太岁头上动土的人，自然也敢跟秦军硬碰硬。赵惠文王立刻委任赵奢率军对抗来犯秦军。

赵奢率领着赵军，刚出邯郸城就收到前方探报：秦国先头部队已越过太行山，挺进到离邯郸六十多里的武安。

换作一般人，会选择直接灭掉这支人数不多的先头部队，而赵奢却打起了这支部队的主意。他故意让赵军在武安安营扎寨，做出赵军只想保卫邯郸不愿救援阏与的架势。

其间，有一位将领觉得赵奢不去救援阏与，实在太窝囊，于是主动请战，结果被赵奢下令处死。

对于前来刺探情报的秦国奸细，赵奢也是好酒好肉地招呼着，表示自己慑于秦军兵锋，不敢前往阏与。秦军先头部队就这样傻呵呵地与赵军主力对峙了起来，还向围困阏与的秦军主力发出了“赵军不敢救援”的情报。

赵军在武安驻扎了二十八天，在此期间赵军不断修筑堡垒。直到一天晚上，赵奢下令全军轻装简行，趁着夜色向阏与急行军。

训练有素的赵军仅仅用两天一晚就翻越了太行山，来到距离阏与五十里的地方。秦将胡阳此时正在阏与指挥围城，突然收到赵军主力出现在阏与附近的消息，不禁大惊失色。为了避免腹背受敌，胡阳立刻下令解除对阏与的包围，与赵军主力展开决战。

来到阏与地区后，赵奢看着四周的崇山峻岭，决定打一场山地争夺战。山地争夺战是一种利用山头制高点给来犯敌人重大打击的战术。赵奢让善于射箭的士兵在营地修筑堡垒，保护好己方的后勤补给，自己则带着随从漫山遍野找适合固守的山头。

一个叫许历的军官发现北面的山头易守难攻，向赵奢建议在此驻防。赵奢采纳了他的建议，分出一万人固守北面山头，剩下的大部队则等秦军久攻不下时再发动反攻。

秦军发现赵军出现在北面山头，从不把赵军放在眼里的秦军立刻对其发起猛攻。赵军借助险峻山势向秦军射出箭雨，随后无数巨石圆木也滚落下来。

秦军又要爬山，又要防备高空抛物，又要向山上发动进攻，实在是太难了。进攻几次之后，山坡上已经铺满了秦军的尸体，秦军士气大跌。

突然，一阵“隆隆”的击鼓声响起，一直处于休息状态的赵军主力从山上向下反扑。秦军陷入绝望之中，赵军一下子就冲散了秦军。

整个阏与之战中，赵奢表现出色，不仅把握住了机遇，还总能牵着秦军的鼻子走。在这个时代，谁能打赢秦军，那可是爆炸性新闻。上了头条的赵奢立即成为赵国耀眼的明星，被赵王封为马服君。

而避战的廉颇也并没有被处理，赵惠文王依然信任他。

战国时，各国君主都会充分尊重将领的作战意见，很少会直接干预。毕竟自己离前线那么远，只有前线指挥的将领最了解实时的局势。如果君王起用一名将领，就要尊重他的作战方式，否则就不要用他。

之前，赵惠文王征询廉颇与赵奢两个人对秦的作战意见，赵奢主战，而廉颇避战。但并不表明廉颇就是个胆小鬼，或赵奢不怕死，这只是体现了两人截然不同的作战风格。

廉颇是一员多次为赵国立下战功的老将，他根据多年的战争经验形成的打法就是稳扎稳打，在没有形成绝对优势的情况下绝不贸然出击，作战风格偏保守。赵奢资历没有信平君廉颇高，但他却是一个敢于兵行险招的人。他能在自己处于绝对劣势的情况下，瞅准稍纵即逝的战机，以难以想象的勇气，在关键时刻给敌人致命一击，所以赵奢的作战风格偏激进。

八年之后，在一场史诗级的大决战中，廉颇与赵奢这两种截然不同的打法先后上演，最终决定了赵国的生死。不过那时赵奢已死，沿用他策略的人正是他的儿子赵括。

秦国虽然在阏与之战中大败，但是这点损失对于体量庞大的秦国来说只是挠痒痒。此时，秦国关注的重点不是国外的战争，而是国内正在进行的权力大洗牌。

青云直上的范雎

公元前273年，被秦国打怕了的韩国主动倒向秦国。赵、魏两国决定惩治韩国，于是派出大军围攻韩国华阳，韩国紧急向大哥秦国求援。白起再次出场，一仗歼灭赵、魏两国十五万大军。

此时的白起如日中天，成为全天下都畏惧的战神。然而最兴奋的倒不是白起本人，而是魏冉。白起是魏冉提拔的，自己提拔的人成为明星，魏冉脸上也很有光。

魏冉是秦昭襄王的舅舅。俗话说，舅舅为大。魏冉这个国君的舅舅，现在的日子过得不能更滋润了。作为秦国名副其实的二把手，魏冉为了自己的大外甥也算是鞠躬尽瘁，尽自己所能去辅佐了。魏冉掌权期间，秦国国力可以说是高开高走。而在秦国发展的关键时刻，魏冉还会客串一把相国。他断断续续担任相国长达二十五年之久，是秦国历史上在位时间最长的相国。

由于魏冉劳苦功高，被秦昭襄王封为穰侯。后来五国灭齐的时候，秦国从齐国手中抢来的宋国旧地陶邑也成了魏冉的封地。

不光魏冉位极人臣，以宣太后为首的娘家人垄断了秦国权力的核心。宣太后的弟弟芈戎被封为华阳君；秦昭襄王的两个弟弟，公子芾被封为泾阳君，公子悝被封为高陵君。

穰侯、华阳君、高陵君、泾阳君被人称为“秦国四贵”。

如果这些外戚本本分分做自己封地上的封君，那这一辈子将有享不尽的荣华富贵，可是他们偏仗着自己是宣太后的至亲，不把秦王放在眼里，垄断朝政，贪敛财富。

秦昭襄王看着他们这样，也只能睁一只眼闭一只眼。毕竟自己能登上王位，靠的就是母亲娘家人的舍命帮助。直到舅舅魏冉的一次出征，才让秦昭襄王有了要动他们的想法。

公元前270年，魏冉下令穿越韩、魏两国，去攻打复国不久的齐国，最后还将攻占的齐国城邑并入自己的封地陶邑。陶邑曾是宋国的大邑，交通便利、经济发达，可是并不与秦国接壤，是秦国在东方的一块飞地。

魏冉之所以要扩大陶邑的地盘，其实是要实现自己的野心。在秦国国内，他混到死也只是臣子的身份，可是到了自己的封地陶邑，他便可以利用当地丰厚的资源组建万乘之军，从而成为一个小诸侯。还可以仗着自己秦国二把手的身份，让周边诸侯都对自己俯首称臣。

魏冉用国家的资源为自己谋私利，而秦昭襄王看破没说破。

任何一个企业，一旦搞成了家族制，内部以权谋私，这个企业离死也就不远了。秦昭襄王急需一个能帮助自己除掉外戚集团的帮手。

这时，一个外援来到了秦国，他叫范雎。

范雎，字叔，魏国人。他满腹才学却又出身贫寒，只能在魏国大夫须贾手下当门客，可惜他找错了老板。

有一次，须贾出使齐国，范雎也随同。魏国使团在齐国待了几个月，在此期间齐襄王发现范雎很有才华。出于对人才的尊重，齐襄王派人送给范雎十斤黄金和牛肉、美酒。

手下居然混得比自己还要好，须贾知道后大为恼火。他想来想去，认为肯定是范雎向齐国出卖了魏国的情报，于是只让范雎收下牛肉、美酒，把黄金退了回去。

满怀嫉妒的须贾回到魏国后就向相国魏齐告发了此事。魏齐听说后，立马严惩“卖国贼”范雎，让人把范雎打成了重伤。受伤的范雎装死，魏齐就命人用席子把范雎卷起来扔进厕所，让人在他身上拉屎撒尿。

只剩一口气的范雎从粪坑里爬了出来，在朋友郑安平的帮助下，化名张禄躲了起来。内心充满屈辱的范雎发誓要报仇。

在当时，只有去比魏国更强大的国家，才能完成自己复仇的心愿。说来也巧，秦国大使王稽正好出使魏国，郑安平就带着范雎前往王稽的住处。一番交谈下来，王稽对范雎的才华惊为天人，于是就把范雎带回了秦国。

不得不说，秦国之所以能打败天下诸侯，就是开了“重用外国人才”的外挂，而这些外国人才的主力就来自魏国，商鞅、张仪、范雎都在魏国混过。只要秦国需要人才，魏国人才批发部就会送货上门，于是出现了搞笑的一幕：魏国人混到秦国的上层，带着秦人来攻打魏国。

范雎来到秦国后，得到了王稽的举荐，但秦昭襄王并没有在意他，范雎就在宾馆混了一年多。直到魏冉率军穿越韩、魏去攻打齐国，将夺得的土地并入自己的封地陶邑，嗅觉灵敏的范雎判断出，秦王内心肯定有动宣太后娘家人的想法。

秦国作为一个高度中央集权的大国，秦国所有的东西都是秦王的，一个权臣敢在自己的封地上开疆拓土，这分明是不把秦王放在眼里。范雎瞅准时机上书秦昭襄王。

信中内容是：“我听说，明君管理国家，有功劳的必给奖赏，有才能的必给官位。功劳大的给的待遇就高，功绩多的爵位就高，能力突出的官位就高。我还听说，秦国有人抢夺其他诸侯国的土地来中饱私囊。如果是君王获得其他诸侯国土地，则对国家有利；有的人虽是臣子，却是蛀蚀国家的害虫。高明的医生知晓病人的生死，伟大的君王能洞悉国家的成败。请大王给我一次见面的机会，我有一些治国之策想说给您听，如果我说的没有效果，我愿负罪受死。”

秦昭襄王读完信后，立刻就理解了信中传递的两条重要信息：

第一，外戚集团长期霸占权力核心，并阻碍其他人进入，造成了权力的垄断，从而威胁王权。

第二，魏冉仗着国君舅舅的身份，用秦国的武装力量为自己谋取疆土，这种以公谋私的情况必须杜绝。

信中所说的，正是秦昭襄王所想的。秦昭襄王马上派人去接范雎进宫。

范雎来到秦王宫后，直接往里面走，正好碰到前来迎接的秦昭襄王。太监看到范雎这么不懂礼数，立刻呵斥道：“大王来了，赶紧让开。”

范雎想激怒秦王，故意说道：“秦国没有王，秦国只有宣太后和穰侯魏冉。”

秦昭襄王此时已是55岁的人了，他听到范雎的话，内心顿感凄凉。继位三十六年以来，虽然外戚帮了他不少忙，但是自己竟一直活在他们的阴影下。

秦昭襄王屏退其他人，让范雎谈谈他的想法。

范雎：“秦国占据地利优势，武力强盛，之所以没有成就霸王之业，就是因为穰侯、宣太后这些外戚对国不忠。他们只顾自身利益，家里的财富已经超过了王室。更重要的是穰侯的对外扩张路线不正确。”

“请先生说说，哪里不正确？”秦昭襄王来了兴致。

范雎：“穰侯越过韩、魏进攻齐国，这一做法完全是为了扩大自己的封地陶邑，对秦国来说却很不明智。倘若新得的土地不与本土连接，即便秦国在外辟地千里，也迟早会落入敌人手里，是为他人做嫁衣。”

秦昭襄王：“那应该怎么做呢？”

范雎：“大王不如搞远交近攻，这样得到一寸土地，也是大王得到的一寸；得到一尺土地，也是大王得到的一尺！”

“什么是远交近攻呢？”秦昭襄王疑惑地问道。

范雎要来一张地图，铺在两人面前。他用手指着位于地图中间的韩、魏两国说：“秦国先与位于天下中枢的韩、魏两国交好，然后威逼楚、赵两国屈服，进而震慑远方的齐国。等到远方的齐国与秦国交好后，韩、魏两国就没有了后援，这时秦国就可以放手兼并韩、魏两国。”

秦昭襄王：“韩、魏两国，优先打哪一个？”

范雎：“韩国！因为秦、韩两国边境犬牙交错。韩国如果嵌入秦国领土中，就像大树被虫蛀了一样。”

秦昭襄王对范雎的战略构想表示了高度赞同。

从此，秦国开始和自己不接壤的国家搞好关系，然后向韩、魏两国大举进攻，占领了不少土地。得到秦昭襄王赏识的范雎也一路平步青云。

在此期间外戚集团并没有收敛，反而越来越放肆。范雎再次劝谏秦昭襄王：“宣太后独断专行；穰侯魏冉出使外国从来不上报；华阳君、泾阳君不顾法律，随意处置他人；高陵君任免官员从不向秦王汇报。”

秦昭襄王听完后阴沉着脸。范雎又接着说：“树上结的果子太多，会压断树枝；如果树枝断了，树也会跟着受损！”

听到范雎的比喻，秦昭襄王意识到是时候动手了。

秦昭襄王派人把郎中令和卫尉叫到身边。郎中令率领的郎卫是秦王贴身的中央警卫团，人数为一千五百人。卫尉率领的卫士是负责王宫安全的守备部队，也就是人们常说的禁卫军，人数为两万人。

秦昭襄王下令：“今晚，你们就将宣太后、穰侯、华阳军、泾阳君、高陵君五人软禁起来。郎中令负责寡人在宫内的安全；卫尉留下一部分兵力戍守王宫，封锁咸阳城城门，其余人包围上述五人宅邸！”

接着，秦昭襄王又拿出虎符：“范雎，我把虎符给你。你带上我的调令，前往负责保卫咸阳城的中尉处，再调集中尉军五万人在咸阳外围布防，封锁咸阳城外各个关口。”

当晚，以宣太后为首的外戚集团全部被控制起来。他们死活都想不到，在秦国国内呼风唤雨的自己会在一夜之间失去自由。要怪只能怪他们实在太恣意妄为了，秦王不发威，还真当他是病猫了。

虽然商鞅已经死了数十年，但是秦人仍然活在他设计的操作系统里。这套系统具有强大的中央集权功能，可以让君主拥有绝对的操控权。就连商鞅自己在内，只要敢挑战君主权威，都统统会被放进回收站，等待格式化。

秦国的虎狼之师就靠秦王手里小小的虎符来控制。无论你怎么战功卓著、威震朝野，打完仗都得上交兵权，变成一个无力反抗秦王的普通人。

不过，对秦昭襄王来说，外戚集团毕竟都是自己的亲人，又曾帮助过自己，也没必要赶尽杀绝。于是秦昭襄王在软禁母亲宣太后之后，只是罢免穰侯魏冉的相位，把他和华阳君、泾阳君、高陵君赶出关外，但是没有进一步处理。

魏冉虽然没了权，但依然享有荣华富贵。他把家里值钱的东西全部装车，足足装了几十辆，然后带着这些金银财宝浩浩荡荡地离开了咸阳，去了陶邑。

公元前266年，秦国外戚集团被扫荡光了，相位空了出来。秦昭襄王自然就把信任的范雎扶上了相位，封他为应侯。

范雎虽然已经位极人臣，但是他使用的仍然是自己的化名张禄，以至于全天下人都以为秦国的相国叫张禄。此时，不知情的魏国派须贾作为大使出访秦国。

范雎知道自己报仇的机会来了。过去被你戏弄、羞辱，今天我就来个以其人之道还治其人之身。

范雎故意穿着破烂衣服来到须贾居住的宾馆。须贾看到范雎愣住了，没想到自己会在秦国遇见这个老熟人，而且对方还如此落魄。

须贾动了恻隐之心，请范雎进入房间一同吃饭，还拿了一件粗丝绸衣服给他穿。

吃饭的过程中，须贾对范雎说："我此次出使秦国，想认识秦国新任张相国。如果能认识他，我后面的事就好办了，可惜没有人帮我引荐。"

范雎："没问题，我认识张相国，我可以为您引荐！"

吃完饭，范雎就带上须贾前往自己的相府。到了门口，范雎对须贾说："您等等我，我去向张相国禀报一下。"

须贾在相府门口等了很久，始终没有看到范雎出来。于是他就问门房："范雎进去这么久，怎么还没出来？"

门房回道："这里没有叫范雎的人，刚进去的人正是张相国。"

须贾感到遭受了晴天霹雳。

须贾立刻向范雎请罪。而范雎历数他的罪行之后，看在他之前给自己一碗饭、一件粗绸衣服的分上，放了须贾一条生路。

不过，他还是要对须贾羞辱一番。晚上范雎大宴宾客，故意让须贾坐在堂下，给他面前放草豆拌的饲料，还让两个囚犯在他旁边喂他吃。

看到须贾受到羞辱，范雎感到非常痛快。他指着须贾吼道："回去让魏王把魏齐的人头献来，否则日后秦军必屠平大梁。"

须贾回到魏国后把此事告诉了魏齐，不可一世的魏齐感觉世界末日就要到来了。他赶紧逃到了赵国，躲在平原君家里。

曾经帮助过范雎的王稽与郑安平都得到了秦王重用。

范雎并不是一个光明磊落的君子，而是一饭之德必偿，睚眦之怨必报。范雎报复仇人是天经地义，有句话说得好："未尝他人疾苦，莫劝他人大度。"但是，在家国大事上就绝不能掺杂任何个人恩怨。数年之后的长平之战，正是因为范雎心胸狭隘，才给秦国造成不可估量的损失，更间接导致白起之死。

历史就像走马灯一样，人物换了一茬又一茬。公元前265年，宣太后即将走完自己的一生。

这位在秦国叱咤风云的楚国女子，原本只是秦惠文王的小老婆，自己的儿子也与王位无缘。没想到时来运转，这个外来的女人竟然带着娘家人干翻了秦国王室，扶持了自己的儿子坐上秦国王座。

为了自己的儿子，也为了秦国，她做了义渠王的情人，与这个单纯的男人生了两个儿子，最后还终结了他的生命。义渠纳入秦国版图，她对秦国的贡献居功至伟。

宣太后晚年原本想过属于自己的日子，却被儿子软禁起来。不过，虽然软禁之后没有自由，但宣太后还是又找了一个情人陪伴自己，这人叫魏丑夫。临死之前，宣太后想让情人魏丑夫给自己殉葬。

魏丑夫吓得半死，他找了大臣庸芮为自己说情。庸芮对宣太后说："人死之后，能感受到世间的事情吗？"

宣太后："感受不到。"

庸芮："既然感受不到，那你为何要置自己喜爱的人于死地呢？如果人死后泉下有知，先王对您出轨的事一定恨之入骨。太后您弥补都弥补不过来，怎么能带着情人魏丑夫去黄泉呢？"

宣太后只能作罢。

宣太后死了，但是她爱找情人的作风在秦国后宫流传了下来，最后让她的太孙秦始皇吃了个大苦头。

秦国内部完成了权力洗牌。而对外，秦国按照范雎的远交近攻政策，重点攻击韩国。已经游走在死亡边缘的韩国为了求生，决定将一块巨型蛋糕献给秦国，那就是秦人梦寐以求的上党地区。

山雨欲来风满楼，中国古代史上空前绝后的史诗级大战——长平之战，即将打响！

贰拾贰

长平炼狱

飞龙上天

长平之战，还得从赵孝成王的一场梦说起。

公元前262年，继位四年的赵孝成王赵丹做了一个诡异的梦。梦里赵孝成王穿着左右颜色不一样的衣服，骑着一条巨龙飞向天空。可是飞到一半，他就掉了下来，还看到了金山银山。

梦是吉兆，还是凶兆？

为了解梦，赵孝成王专门把负责占卜的官员敢叫来。敢听赵孝成王诉说完梦境，开始了专业的解梦工作："人穿着的衣服一般是一种颜色，国君穿的衣服颜色却是左右不对称，象征着残缺；国君骑着飞龙上天，飞到一半掉了下来，说明有气势没实力；看到金山银山却得不到，说明有忧患。"

年轻的赵孝成王并没有当回事。梦里的场景这么荒诞，怎么能把梦当真呢？然而三天之后，赵孝成王的梦境竟然成真了！

韩国负责驻守上党郡的将军冯亭派人来传递了一条消息："韩国上党郡地区军民愿效忠赵王！"

赵孝成王震惊得要打自己几个耳光，来看自己是不是在做梦。

上党郡被夹在太行山与太岳山之间，从地图上俯看，这一地区就像一个长长的洗澡盆，又被称为上党郡盆地。虽然是块盆地，但是其地势极高，古人认为这块地与上天为党，故称其为上党郡。

上党郡地区有十七座城市。由于韩国就住在秦国家门口，上党郡地区成为秦国眼中的大肥肉。秦国隔三岔五就向韩国敲诈勒索，收取保护费。如果韩国忍无可忍，想要奋起反击，往往会被揍得很惨，家里的财产也会被抢个精光。

就在冯亭向赵国献出上党郡前不久，白起按照范睢远交近攻先灭韩国的思路，率军攻陷了韩国要害野王城（今河南省沁阳市）。

秦国对韩国多年鲸吞蚕食，硬生生把韩国版图咬成了一个数字“8”，而野王城就是数字“8”的中间点。野王城被秦国攻占，韩国这个数字“8”就会被分成上下两个不接壤的数字“0”，上党郡则是上面那个“0”，也是韩国一半的国土。

此时的韩国已经想开了，只能怪自己老祖宗没有前后眼，三家分晋时分到的领土靠着秦国太近了。遇到秦国迟早要死，还是别挣扎了。我摊牌了，不守了，秦国想要上党就自己拿去吧!

韩国上党郡的守将叫冯亭。他收到韩王让他把上党郡移交秦国的命令后非常悲愤。他作为韩国人，实在不想看到自己的国家被虎狼般的秦国一口一口吞掉。他心想，就算自己的祖国不要上党郡，也不能便宜秦国。

作为一名坚定的反秦斗士，冯亭干了一件疯狂的事——将上党郡地区献给邻国赵国。韩、赵两国同属三晋，心理认同方面没有隔阂。冯亭此举得到了上党郡地区军民的一致同意。

至于赵国是否接受上党郡，这看起来是一道简单得不能再简单的送分题，这么硕大的肥肉被人送到自己嘴前，不吃白不吃!

可是在有的人眼里，这却是道送命题。

为保险起见，赵孝成王还是征询了老臣的意见。此时，相国蔺相如已经病入膏肓，年轻的赵孝成王只能向王室里的两位重量级人物咨询，这两位分别是平阳君赵豹和平原君赵胜，都是赵孝成王的叔叔。

平阳君赵豹反对赵国接管上党郡：“秦国费尽心机攻占野王城，就是为了得到上党郡。如果赵国接受上党郡，必然与秦国交战。我看是韩国是故意将祸水引向赵国。”

赵孝成王皱了皱眉头，说道：“如果赵国出动大军夺取上党郡，打个一年半载都未必能拿下。现在上党郡送上门来，对于赵国那可是一本万利呀！”

平阳君赵豹听完后不再说话，行礼告辞了。

接着，赵孝成王又把平原君赵胜叫来。赵胜对接管上党郡的想法高度赞成。

后世很多人都说，如果赵孝成王与平原君两人不接受上党郡，就不会有长平之战的惨败。这完全是拿结果倒推，来显示自己作为事后诸葛亮的高明之处。

上党郡是多山的盆地，东侧就是雄伟的太行山。一旦上党郡落入秦国之手，秦国不但能壮大实力，而且可以轻松越过太行山，此后摆在秦人面前的则是一马平川的华北平原，而无险可守的邯郸城正位于华北平原的南部。如果让秦国拿下上党郡，那么赵国将会面临和老邻居韩国一样的窘境。

战国时代，诸侯玩的就是绝地求生的游戏，最后只能有一个人活下来。在这种零和博弈的环境中，敌人越强大，自己生存的概率就越低。要想活下来，唯一的信条就是不断地壮大自己。所以赵国必须拿下上党郡，壮大自己，哪怕上党郡真是祸水，赵国也得接住。

那么，赵国有没有信心守住上党郡呢？

答案是：有。

上党郡地区多是山地，赵军可以利用山地打防御战。而且上党郡就在赵国邯郸家门口，补给也方便，赵军等于是进行有利的内线作战。虽然名将赵奢已死，但是老将廉颇依然健在。廉颇打法偏保守，总是会把坏的方面全都想到，可以防得无懈可击，很适合打防御战。

为了抢在秦军前面接管上党郡，赵国进行了紧急动员。赵孝成王安排平原君赵胜负责此事，又任命廉颇为将军，率军进驻上党郡，修筑防御工事，准备与秦国交战。

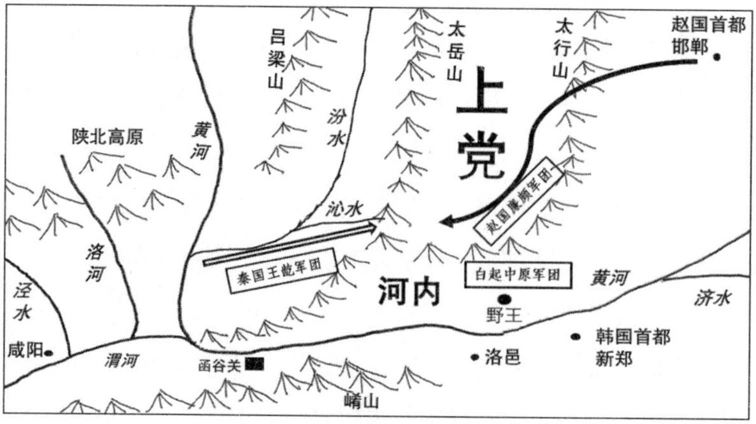

长平之战　战前局势图

冯亭看到数十万赵军浩浩荡荡地开进上党郡，自己悬着的心终于放了下来。他见到前来负责接收的平原君后，把早已准备好的地图、户籍等文件全部移交给了对方。

平原君恭敬地向冯亭行礼，客气地说道：“敝国国君封您为万户侯，封您手下的县令食邑千户，世世代代都为侯。官吏与百姓的爵位全部晋升三级。”

但对于冯亭来说，功名利禄只是浮云：“如果我接受封赏，那我就处于三不义的境地了。我本是上党郡守将，却没有固守上党郡，这是第一个不义；我本该按照国君的命令，将上党郡交给秦国，却擅自把上党郡交给了赵国，这是第二个不义；我如果得到封赏，就等于是我出卖土地换取利益，这是第三个不义。”

平原君被眼前的冯亭感动了，他没想到这竟然是一位义士。

冯亭留在上党郡，与赵军共同抗击秦军。老将廉颇率领赵军与上党郡的韩国军民同仇敌忾，修筑了坚固的防线。他坚信秦军是攻不下上党郡的。

大纵深防御

我们先来看看廉颇是如何布防的。

上党郡地域辽阔，要想守住上党郡，就要在关键地区布防。

廉颇围着地图转了一圈又一圈。经过反复研究、仔细比对，他最后选择了长平作为驻防地点。

长平就是现在的山西省高平市，现在整个高平市所辖区域都是长平之战的古战场。廉颇之所以选择长平，是因为它东、西、北三面环山，境内有众多高山可以固守，其丘陵也不阻碍大部队行动，甚至可以起到隐蔽的作用。这里还有数条河流可以运输辎重，方便部队饮水。更重要的是，长平靠近邯郸，后勤补给方便。

那么，秦军会从哪里来呢？

秦军想进入长平地区，无外乎走两条路。

第一条是从野王城出发。白起刚攻下野王城，他麾下的秦国中原军团可以从野王城出发，由南向北穿越太行山的小路太行径，抵达长平。

老练的廉颇判断出白起不会来长平，因为如果白起挥师北上，必然会导致中原空虚，让东方诸侯有机可乘。秦国奋斗数百年就是为了逐鹿中原，中原一旦失手，后果不堪设想。所以白起不能动，更不能走。

第二条是从河东郡出发，由西向东沿着沁水，穿越太岳山，抵达长平。

廉颇判断，秦军进攻长平只有走沁水这条线，所以敌人必从西面来。为了防御西来的秦军，廉颇化身基建狂魔，在短短时间内修建了规模庞大的防御体系。

一般人修建一道防线就够了，廉颇却觉得不够，重要的事情要做三遍。

当你看到廉颇修建的防御体系后，你会惊呼："这是不是个追求完美的处女座啊？！"廉颇修了三道防线，每一道防线都是依山而建，就像铁桶一般坚固。秦军想突破其中任何一道防线，都得血流成河。

第一道防线是空仓岭防线。当秦军沿着沁水穿越太岳山后，挡在他们面前的是一座叫空仓岭的山脉，廉颇在此修建了防御工事。为了保险起见，廉颇在空仓岭后面的两条要道上修建了两座要塞，分别叫东鄣（zhāng）城与西鄣城，史称"二鄣城"。在鄣城后，还有一个修建在隘口的光狼城。

假使秦军攻破了第一道防线，也不要紧，后面还有更难啃的第二道防线。

第二道防线是丹河防线。丹河旁边有三座大山，分别是将军岭、韩王山、大粮山，海拔大都在一千米以上，是赵军观赏秦军阵势的最佳景点。廉颇在这三座山上依山修建了漫长的防御工事。其中，大粮山旁有小东仓河和大东仓河流过，是赵军重要的运粮通道，因此大粮山成为第二道防线的粮仓。。

第三道防线是丹朱岭防线，又被称为"百里石长城"。

廉颇在此就地取石，修建了绵延百里的石长城，把上党郡一分为二，这是赵军最后的生路。

从现代的眼光来看，这三道防线是完美的大纵深防御，能像三把刮刀一样，一层又一层地挖下秦军血肉，直到秦军的血流干为止。

然而，没多久，一位前来挑战的秦国二线将领就把廉颇打得大跌眼镜。

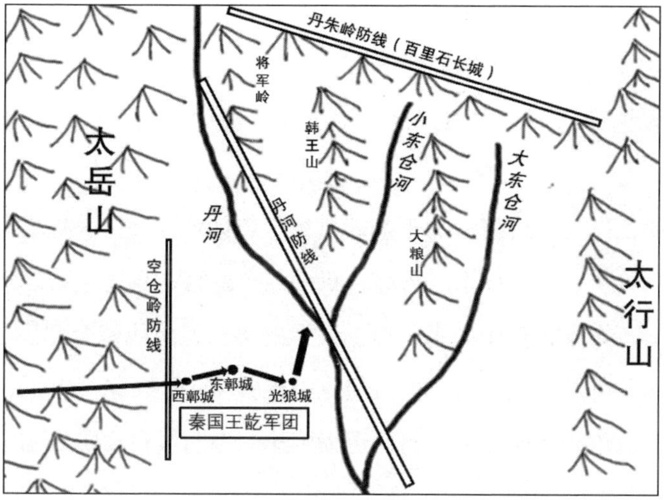

长平之战廉颇布防图

这位秦将叫王龁（hé）。

公元前261年，王龁率领秦军杀向长平。

在此之前，王龁在史书上没有留下什么记载，我们只知道他的爵位是左庶长。左庶长曾经是一个级别很高的职位，商鞅就曾担任此职，可现在这只不过是一个高级爵位。

王龁进军上党郡后，看到在长平早已修好的空仓岭防线。王龁作为秦国二线将领，没有主动进攻名震天下的赵国名将廉颇，而是先修建沁河防线，确保自己的后勤补给。

要注意一点：秦国之前打的是韩国，而并未与赵国宣战。后来韩国把上党郡送给赵国，秦国才为了上党郡而攻打赵国。秦、赵两国虽然都知道双方难免一战，但是目前双方仍保持着克制，还在为即将爆发的大战做准备。

秦军在修自己的防线，赵军则站在高高的空仓岭防线上细细欣赏。双方保持着默契，没有大打出手。直到四月，秦国一个前线侦察兵被赵军发现。

赵军把秦军侦察兵暴打一顿。打架的时候，一方的人被打，一定会回去喊人，等人多势众的时候再打回去；对方看到情形不对，也会回去喊更多的人。最后双方的人就会越喊越多。

秦军侦察兵看到自己人被打了，哪能善罢甘休，他们抄起家伙，把赵国前线一位叫茄的副将给杀了。赵军同样不肯善罢甘休，立刻对秦军侦察兵反击。

双方的人越喊越多，本来只是个别士兵的肢体冲突，最后终于演变成一场大战。

开战初期，作为二线将领的王龁却打得气势如虹。在冲突爆发两个月后，王龁突破了空仓岭防线，并攻下二鄣城，斩杀四个尉官，直逼重镇光狼城。

廉颇知道，如果光狼城失手，自己设置的第一道防线就全部丢了，所以一定要死守光狼城。可是王龁仅用一个月便攻下光狼城，还斩杀两个尉官。

赵国第一道防线土崩瓦解，赵军退缩到第二道防线丹河防线固守。

王龁不停地猛攻丹河防线。丹河防线有山有河，比空仓岭防线更加易守难攻。王龁为了攻下长平，不停地向秦国要兵要粮；廉颇为了守住长平，也不停地向赵国要兵要粮。

秦赵双方你攻我守，打成了和第一次世界大战一样的阵地消耗战。双方都在用添油战术，不断往战场增兵，最后比的就是双方烧钱的能力。长平变成了一个黑洞，把秦、赵两国的家底儿一点一点全吸了进去。

赵孝成王是最先被掏空的。到了公元前260年，赵国在长平硬扛了三年，已经快撑不住了。

要么战死，要么饿死。赵孝成王终于意识到，免费送来的上党，是一道送命题。

打破僵局，各自换将

赵孝成王多次下令廉颇火速出击。

老到的廉颇却不干冒险的事，他知道秦军巴不得赵军出击，好将赵军一举歼灭。廉颇不愿意给秦军送人头，所以选择坚守不战。面对赵王的命令，他基本就是“我不听我不听”的状态！

年轻的赵孝成王彻底暴怒了。你廉颇只顾在前线打仗，可是后勤补给都要我赵王来筹措。你主将无能，硬是把战争打成了消耗战，结果现在后方百姓已经到了啃树皮的地步。你再不打，四十五万赵军最后就将成为饿死鬼。

在气头上的赵孝成王想立刻撤了廉颇，换个主战派将领，去跟秦军结结实实地拼一场，赢得一线生机，总比大军活活饿死强。可是谁能接替廉颇呢？

于是，史书上出现了一条著名的反间计。秦国相国范雎派间谍前往赵国，散布流言："秦军不怕廉颇，只怕马服君赵奢的儿子赵括。只要赵括出马，秦军必败。"

赵孝成王听说赵括如此厉害，立刻撤掉廉颇职务，换赵括为将。相国蔺相如听说后，不顾重病在身，前去向赵孝成王劝谏："赵括只是死读兵书的人，跟他老爹赵奢简直不能比！"赵孝成王不听。

赵括的母亲也来劝谏赵孝成王："我家这个儿子，从小就很聪明。他熟读兵书，我夫君活着的时候，每次与赵括做战争推演，都赢不了他。可是事后我夫君总是说儿子不行，因为他总是把战争看得很简单，没有实战经验。如果让赵括当将军，赵军必败。"

赵孝成王无语。

赵妈接着说："当年赵奢活着的时候，大王赏赐给他的东西，他都分给下属。而赵括当了将军后，把大王赏赐的东西全拿回自己家。父子二人的心是不同的，大王还是不要委任赵括为将吧。"

赵孝成王接着无语。

赵妈最后又说了一句话："如果大王硬要派赵括为将，万一赵括战败，请不要让我们家属连坐。"

赵孝成王听完后哭笑不得，他哪见过有这样咒自己儿子的亲妈。赵孝成王最终同意，如果赵括战败，不牵连家人。

于是，毫无作战经验的赵括前往长平前线，替代驻守三年的廉颇。

赵孝成王换将，本应做好保密工作，可惜赵国在此方面一直很欠缺。赵括出任长平赵军总指挥的消息传到了秦国，秦国高层判断，赵国换人是因为三年的消耗战已经掏空了国力，所以必须转守为攻。

对于秦国来说，这一个千载难逢的好机会，因为秦国自己也快扛不住了。三年耗下来，秦国的存粮也快告急了。再不决战，秦国也要跟着破产了。

秦昭襄王立刻做出正确反应，调了一个人前往长平。

就在赵括上任不久，一位遮着脸的人径直走进秦军主将王龁的大帐内。

这人竟然不经通报就擅闯主将大营，王龁刚想怒斥这人不知礼数，他就露出了自己的脸。王龁看到对方的面容后，立即震惊了：“不知武安君前来，末将失礼了！”

武安君白起旁边站着秦王使者。使者说道：“国君有令：武安君白起为上将军，王龁为尉裨将。军中有谁敢泄露武安君身份者，杀无赦！”

史书上对于秦王这次秘密调动，是这样记述的：“乃阴使武安君白起为上将军。”注意史书中这个“阴”字。秦昭襄王玩了一辈子阴的，知道如何欺诈对手。白起作为秦国中原方面军司令，原本驻扎野王，震慑东方诸侯。如今将白起偷偷调走，东方诸侯误以为白起仍在中原，就不敢趁机袭击秦国，而赵括误以为对手还是王龁，也不会提高警惕。

秦赵双方均完成了换将，目的都是要打破僵局，速战速决。一场规模宏大的史诗级大战，即将打响。

修罗炼狱

佛教讲，世间有六道，其中有一阿修罗道。这一道里战火连天，只要步入此道中，就将饱受杀戮的痛苦，如同身处炼狱一般，所以又被称为“修罗炼狱”。

如果人世间真有修罗炼狱，那一定就在长平战场。

白起在丹河西岸眺望河对岸的赵军防线。此时，“西方必胜客”白起内心也不禁暗暗赞叹，廉颇这位“北方无敌手”实在太厉害了，秦军在长平打了三年也只攻陷了他修建的第一道防线，后面两道防线仍然屹立坚挺。

白起判断赵括即将发动进攻，因为赵国会率先没粮。虽然秦国也闹经济危机，但是家里还有点底子，能比赵军撑得更久一些。

七月，赵括的内心如同天气一般燥热。他手里有四十五万大军，兵力远超当年阏与之战时的父亲。父亲一直是他心中的榜样，这次他就要超越父亲。

赵括下令全军主力向丹河西岸的秦军全线出击。数十万赵军翻过丹河防线，如同乌云一般扑向秦军，秦军派出部队迎击。

短暂交手后，秦军立即后撤，赵军一路追击，一头撞向了秦军在丹河西岸修建的壁垒。

赵括知道，只要攻破这道壁垒，秦军必败无疑。于是他下令全军进攻，一时间丹河西岸杀得血流成河，静静流淌的丹河水也被鲜血染红了。

当赵军猛攻秦军壁垒时，白起意识到包饺子的最佳时刻到了。

他立即命令两万五千名精兵迂回到赵军后方。这只奇兵的任务是攻陷防守空虚的百里石长城，截断赵军后路。白起又命令另外五千骑兵突入赵军壁垒之间，切断赵军主力与大粮山的联系，封锁其粮道。

打着打着，赵括就发现自己被分割包围了！

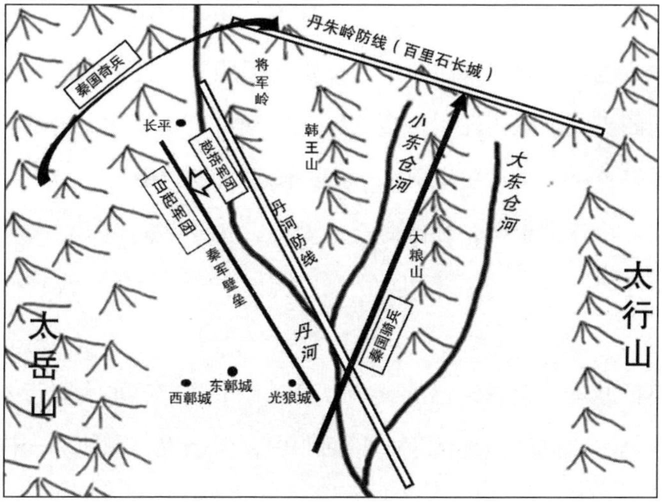

长平之战决战图

不过，秦军虽然把赵军包围了，但要想吃掉四十五万人的赵军，也绝非易事。《孙子兵法》说“十则围之”，意思是自己有十倍于敌人的兵力，才能围困敌人。而秦军的兵力没有压倒性优势，要想吃掉赵军，必须增兵。

白起写信向秦昭襄王请求增兵，好全歼赵军。

收到白起的信后，秦昭襄王一开始极度兴奋，可过了一会儿他就冷静下来了。国内哪还有余力给白起增兵呢？可如果不增兵，让好不容易围住的四十五万赵军跑了，怎么办？

关中的主力已经被王龁带走，长平附近唯一还有增兵潜力的地方就是河内（黄河以北太行山以南地区）。

秦昭襄王为了增兵也是拼了，他亲自跑到河内，征发该地所有十五岁以上的男子。要知道，秦国之前入伍的最低年龄是十六周岁，可见此时秦国已经打红了眼。秦昭襄王为了提高他们的积极性，还没等他们上战场，就把所有人爵位升一级。

最终，秦国在长平足足凑了六十万大军！

虽然秦军兵力没有比赵军多出十倍，但是白起利用好长平崇山峻岭的地形与攻占的赵国百里石长城，还是围死了赵军。赵军反复突围，最终都没能成功。

赵军不仅要望着同伴的尸山血海，还要忍受饥饿的折磨。赵军被围困了四十六天，军心也逐渐动摇。活着的人开始自相残杀，甚至吃起人肉。

赵括组织四支突围队伍轮番进攻秦军包围圈，可是每次突击都以失败告终。眼见包围圈越来越小，赵括决定孤注一掷，向秦军发起最后冲击。

他脱掉铠甲，赤膊上阵，怀抱渺茫的希望，带头冲向秦军。突然“嗖”的一声，一支流箭射中了他。赵括倒地不起，身边的一个老兵背着赵括来到一个山坡上。

年轻的赵括原本想超越自己的父亲，可是他最终把赵国大军带入了地狱。望着突围求生的赵军成排成排地倒下，赵括明白，自己也将和他们一样，再也站不起来了。

后世人们给这个战争小白创造了一个成语——纸上谈兵。

其实赵括未必是个只会说不会干的蠢材，他可能是被泼了两千多年的脏水。

纸是汉代发明的，离战国还有几百年，所以赵括是不可能“纸上谈兵”的。

另外，范雎实施反间计的桥段，与后世故事高度雷同。比如我们熟知的《三国演义》中有“蒋干盗书”的情节：周瑜故意让蒋干偷走伪造的书信，曹操看了信，误以为蔡瑁、张允二人是间谍，怒杀二人；明朝末年，后金努尔哈赤围攻北京，袁崇焕率兵来救。明朝的一个太监被后金俘虏，关押在屋内。被俘期间，他听到隔壁有人说袁崇焕早已和后金串通好了。后来太监被释放，回到宫里就向崇祯皇帝告发，最终袁崇焕被凌迟处死。

故事越是有戏剧性，杜撰的可能性越大。“纸上谈兵”的故事无非是想说赵孝成王刚愎自用，任用了一个毫无军事经验、只会夸夸其谈的赵括。但是，如果把你放在赵孝成王的位子上，你也会选用赵括。因为消耗战打了三年，赵国已经耗不起了，而廉颇死活不进攻，善于大胆进攻的赵奢又死了，后来的名将李牧此时还没有崭露头角，只有任用继承了老爹敢于进攻优良传统的赵括最合适。

赵孝成王任用赵括，也是希望能在他身上看见他老爹赵奢的影子，希望赵括能像他老爹一样逆风翻盘，重现阏与之战的辉煌。

那么，赵括的军事才能真的有我们想象的那么差吗？倒也未必！

赵括到了长平前线后，首先换掉廉颇原先的将领，提拔了和自己一心的将领。赵括这一措施并不是要在军中培植自己的势力，而是要确保基层将领能坚决贯彻、执行自己的命令。阏与之战中，赵括的老爹赵奢为了贯彻军令，就直接把不服从的人全部斩杀。从赵括的一系列操作看，他还是有一定军事才能的。只可惜，他的对手是战国时代名将排行榜上第一位的白起。

将上党献给赵国的韩国将领冯亭也和赵括一起阵亡。主帅死了，赵军没了头脑。此时，整个长平尸横遍野，如同地狱一般，空气中充满了令人作呕的尸臭味。在秦军的包围圈内，赵军四周全是由己方尸体堆积的人墙。

赵军看不到生的希望，最终放弃了突围。

白起发现赵军不再进攻，就做起了思想工作：“赵军的兄弟们，只要你们投降，秦军保证你们的生命安全。”

剩下的赵军眼见求生无望，觉得与其饿死，还不如投降，或许还有一线生机。于是赵军放下武器，脱去铠甲，排队朝秦军阵营走去。

长平之战打完了，秦军胜利了！

打赢了这场史诗级的战役，可白起却笑不出来。他纵横沙场数十年，不仅从无败绩，而且都是以完胜收场。然而在长平之战中，他不是完胜，而是惨胜。仗打了三年，秦国国力严重透支，前线六十多万大军死伤达到一半，国内的存粮也快消耗光了，数量惊人的赵军俘虏该如何处理呢？

给俘虏们粮食吃？不行，秦国存粮已经不多，给俘虏吃了自己就没得吃；放俘虏回赵国？也不行，把他们放回去，日后又是一支生力军，秦军那么多将士就白死了。

最后，白起决定将俘虏全部杀掉。

白起特意留下二百四十个年幼的赵军士兵放回赵国。这些年幼的孩子见证了长平地狱般的场景，他们幼小的心灵留下了不可磨灭的阴影，回去之后一定会大肆渲染秦军的恐怖。

史书记载，秦军将赵军俘虏全部活埋。可是赵军投降就是为了活命，他们难道会束手就擒，自愿被埋入坑中吗？

直到现代，真相才露出水面：赵军曾经被围困的地方在如今高平市西北丹河附近。这里的农民在田间干农活，经常会挖出长平之战时的尸骨坑。其中最著名的要数永录尸骨坑，里面有上百具尸体，死者都是青壮年，身边没有武器，反而还带着战国时代的钱币。这些死者有被砍死的，有被箭矢射死的，还有的没有脑袋。

由此可见，白起是将缴械后的赵军分到一个个小区域后集体屠杀，最后进行掩埋。之所以要掩埋，是为了避免战后瘟疫的暴发。长平是秦国的新疆土，秦军自然要爱惜。

《史记》记载白起埋杀了四十多万赵军俘虏，笔者认为没有那么多。因为秦军伤亡都已过半，被围困的赵军死伤不会比秦军少，所以最终投降的人数应在十万到二十万之间。

赵国虽然惨败，但是不表明赵括就是蠢货，他只是执行了赵孝成王速战速决的策略，然后当了替罪羊而已。换作其他人，做得未必有赵括好。

廉颇选择固守长平，虽然不会出问题，但是最后只会耗死赵国，导致赵军全部饿死在前线。秦军能以更小的损失拿下长平，从而进攻邯郸。

摆在赵孝成王与赵括面前的只有两个选择：要么主动出击，可能大获全胜，实现逆风翻盘，即使全军覆没也能给予秦军以重击；要么继续固守，最终被秦军拖垮，兵不血刃地输掉战争。他们会做哪种选择，结果是显而易见的。

可惜的是，年轻的赵括遇到的是“杀神”白起。这就如同青铜圣斗士遇到了黄金圣斗士。在各项数据不占优势的情况下，青铜圣斗士虽然战败，却还是把黄金圣斗士打成重伤，也很厉害了。

这场战争，秦、赵两国都倾了全国之力。战国时打的是全民战争，老百姓既是民也是兵，当时的动员效率在中国古代是最高的。财大气粗的秦国即便打赢，也出现了经济危机。

受了重伤的秦国，对于下一步该怎么走，不得不谨慎考虑。

长平之战结束后，白起将秦军兵分三路。一路作为先锋进军邯郸，一路进军赵国太原郡，白起则率主力坐镇上党，等待秦王派来的增援部队与粮食。

白起的战略目标很明确，就是要挟长平之战的余威，一鼓作气灭了赵国。

然而，白起只管前线打仗，对后方吃紧的事情根本不管。仗打到这个地步，地主家也没有余粮了！

白起不断要兵要粮，相国范雎陷入左右为难的境地。国库里已经没有粮，国内也已经没有兵。况且白起还是范雎的眼中钉、肉中刺，白起取得的成就越大，对范雎的威胁也就越大。绝不能让白起继续打下去！

范雎对秦昭襄王说：“即使白起灭了赵国，秦国的血也流干了。东方诸侯如果合纵攻击秦国，秦国必死无疑！”

秦昭襄王同样没有给取得长平之战胜利的白起五星好评，因为这场惨胜也让他心有余悸，感到后怕的他也认为持续三年的战事不能再打下去了。秦国再是超级大国，账户里也没多少余额了。这次还能动员河内的百姓上战场，下次就没地方动员了，不能靠透支国家的未来维持战争！

当白起还在调兵遣将、准备按照自己的计划灭掉赵国时，使者带来了秦王的命令："秦军停止进攻，就地转入防守。白起交出兵权，立刻回国！"白起无可奈何，只能交出虎符，随使者回咸阳。

从此，白起彻底告别了战场。

贰拾叁

邯郸保卫战

战神陨落

长平之战，秦国取得惨胜。秦昭襄王不敢贸然继续进攻，于是要求赵国割让六座城池给秦国。

赵孝成王满嘴答应：只要你秦国不打我，别说要六座城池，就算要整个银河系，我也给你。不过秦国得先等等，因为交接工作赵国要准备准备。结果秦昭襄王等啊等，等到公元前258年也没有等到赵国送来城池，看来是赖掉了。

秦昭襄王决定继续攻赵。秦国在长平之战中元气大伤，现在已经有所恢复，准备火力全开，完成之前没有完成的灭赵任务。

该年九月，秦昭襄王准备任命老将白起率军出征，结果白起病了。老将嘛，岁数大了，难免容易生病，不能老指望他力挽狂澜，还是要培养年轻人来接班的。于是秦昭襄王派遣五大夫王陵率军攻打邯郸。

很快，前线传来战报："邯郸久攻不克，五名军校阵亡！"

收到战报后，秦昭襄王坐不住了，看来还得老将出马。秦昭襄王赶紧把白起请到王宫："武安君，请您前往赵国，接替王陵的职务，替寡人拿下邯郸！一切就拜托您了。"说完，秦昭襄王向白起恭敬地行大礼。

"去不了！"白起却摇摇头。

秦昭襄王大吃一惊，白起竟然还有不想打仗的时候，这让秦昭襄王感到非常不可思议："武安君，您可是秦国百战百胜的战神，怎么会怯战呢？"

白起冷冷地说道："即使我去也打不赢，大王不如罢兵吧。"

秦昭襄王急切地问道："武安君何出此言？"

白起："长平之战时，秦国虽然损失惨重，可是赵国已经奄奄一息，而且诸侯国也见死不救。如果当时大王再多给些兵马粮草，想必邯郸早已拿下。"

秦昭襄王："过去的事就不提了。现在我给您备足兵马粮草，您为何不愿灭赵呢？”

白起：“此一时，彼一时。自长平之战大败后，赵国上下同仇敌忾，现在邯郸城坚粮足，诸侯又大有合纵抗秦之势。大王就算能补足军备，可是我们如今国内空虚。当大军远涉千里去攻打邯郸时，如果诸侯合纵抗秦救援邯郸，我军将在邯郸城下遭受内外夹击，必败无疑！”

秦昭襄王陷入沉思。白起说的话不是没有道理，这些被称为“战神”的人，都会根据战场的实际环境做出最理性的决策。如果战场环境对己方不利，他们就会选择撤出，以保存实力。他们不想打的仗，一般就是真不能打，如果硬打，也赢不了。

但秦昭襄王不想保存实力，因为他实在不甘心，他一定要成为全天下的主宰！

赌徒心态爆棚的秦昭襄王就是想赌一把，他坚信只要战神白起出马，没有打不赢的仗。自己请不动，就派能说会道的范雎出马。

白起对范雎非常不感冒，让范雎来劝，只会坚定他不出山的决心。范雎也知道自己劝不动白起，但是碍于老板的命令，自己又不得不来。

范雎见到白起，勉强挤出一脸灿烂的笑容：“武安君，您可是秦国的战神。伊阙之战中，您以敌人一半的兵力，全歼韩、魏两国二十四万大军，打得两国至今都自称是秦国的藩国。楚国幅员辽阔，兵多将广，您却能攻下郢都，摧毁他们的宗庙，让楚国君臣逃亡东方。您的战功威震天下！此次国君派您出征赵国，您为何不愿去呢？”

白起：“我当年之所以能打赢伊阙之战，是因为韩、魏各怀异心，所以我才能集中兵力逐个击破。至于拔郢之战能取胜，是因为楚王不修政治，百姓离心，武备荒废，而我们秦军上下一心，情同手足，所以才能深入楚地，打赢胜仗。说句实话，并不是我神机妙算。”

范雎：“武安君太谦虚了。”

白起突然用拳头猛击桌子，随后指着范雎的鼻子，怒吼道：“长平之战后，秦国未能乘胜追击，给了赵国喘息的机会，让赵国得以耕种粮食，储备食物，整顿兵甲，修补城池。我们此时再去打邯郸，不仅比之前更加困难，还要提防诸侯联军来救。一场注定要输的仗，我没必要去，秦国也没必要打。”

范雎被这位久经沙场的老军人的气场给震慑住了，他小声地说道：“武安君，您还没明白大王的意思吗？”

白起没理他：“当初若不是你掣肘，我早已拿下邯郸。现在我生病了，没法去前线，请你出去吧！”

范雎连忙退出屋外。他在秦国早已是一人之下万人之上，没想到白起是这么一个天不怕地不怕的人，不但不给自己面子，连秦王的面子也不给。

范雎回到王宫后向秦昭襄王汇报：“白起一副死猪不怕开水烫的样子，装病不愿意去前线。”

秦昭襄王动了杀意。两次请白起挂帅，都被他不留情面地拒绝了，这是对秦昭襄王的羞辱，更是对秦国的羞辱。但是由于白起在秦国威望太高，秦昭襄王暂时隐忍了下来。

秦昭襄王命令王龁接替王陵。王龁在长平之战初期发挥得很好，秦昭襄王很看好他。可惜王龁发挥很不稳定，他对邯郸围攻长达八九个月，邯郸仍岿然不动。

秦昭襄王被前线糟糕的局势惹得心烦，对战局陷入绝望的他只能放下身段，亲自前往白起的府邸请他出山。

秦昭襄王用哀求的语气说道：“将军虽然有病在身，还是请您勉强一下，为寡人带兵出征。有了战功，寡人一定会重赏您；如果您不去，我会怨恨您。”

白起恭敬地向秦王跪下叩头：“大王，我知道，只要我去了前线，哪怕没有战功，也可以免除罪过；我如果不去，即使没有罪过，也会被杀。可我还是希望大王听我一句劝，不要打赵国了。现在已经错过了最佳灭赵时期，东方诸侯随时会联合起来。秦国自长平之战后元气大伤，应该让百姓休养生息，避免不必要的伤亡。臣宁愿受罚，也不愿去打一场没有意义的战争。”

秦昭襄王可没有刘备三顾茅庐、礼贤下士的气度：“免去武安君爵位，贬为士伍，并迁之阴密（今甘肃省灵台县）。”他发出震耳欲聋的咆哮。作为秦国至高无上的王，竟然被一位将领连续三次拒绝，这无疑触犯了他的逆鳞。

小心眼的范雎故意落井下石，说白起离开咸阳城的时候“其意怏怏”。秦昭襄王本来心情就不好，听范雎这样说，决定派使者将白起处死。

使者在咸阳城外西十里的杜邮截住了白起，宣读了命白起自刎的命令。

白起看着使者交给他的剑，仰天长叹："上天啊，我到底犯了什么罪，竟然落得如此下场？"

过了一会儿，白起想明白了。长平之战，他欺骗了数十万赵军，把他们全部屠杀，犯下滔天大罪。这样的罪孽，是该死。

秦昭襄王五十年（公元前257年）十一月，白起挥剑自刎。

白起杀人如麻，但"秦人怜之"，秦国各地百姓都祭拜他。秦国是权臣的坟场，而白起不是权臣，只是一个职业军人。打完仗，交出虎符，他就是一个普通人。

作为职业军人，白起很成功。他虽然对待敌人狠，但是对待自己的下属却情同手足。只要是跟随他的军人，爵位不知道升了多少级，家里土地不知道赏了多少亩。面对无意义的战争，他也爱惜自己将士的生命，不愿送他们去死。百姓的感情是简单实在的，你对我好，我就认为你是好人。

白起本人虽然在军事指挥艺术上登峰造极，但是他过于纯粹，完全不懂政治，最终造成自己悲剧的结局。

用一句话来缅怀白起："老兵不死，只是慢慢凋零。"

毛遂自荐

白起死了，范雎赢了，范雎是导致白起自杀的幕后凶手。

白起的副将司马靳也被赐死，他就是司马迁的祖先。如果范雎只杀白起一人，说明这只是私人恩怨；如果范雎要连白起的副将也一同处死，说明这是政治派系的斗争，范雎想要除掉和白起一派的人。

白起这一派就是秦国的军功集团。

军功集团里，每个人都是靠着自己亲手砍下的一颗颗敌人首级加官晋爵的。

而范雎看似位极人臣，实则是孤家寡人一个，因为他是靠脑子和嘴皮子上位，没有丝毫军功。

白起死后，秦国百姓会自发地祭祀他，可见白起在秦人心中具有极高的人气。白起就是军功集团的代言人，只要白起在，他在军中就是一呼百应。现在白起没了，范雎可以趁此良机，在军中安插自己的势力。

范雎是一个外国人，在秦国没有根基，能依靠的只有自己当初的两个恩人，王稽与郑安平。

范雎通过运作，让王稽担任河东郡郡守，让自己的老乡郑安平出任前线总指挥。

正在前线围困邯郸的王龁，突然被一个陌生人空降成为自己的上级，不禁在心里发出三连问："这人立过军功吗？这人会打仗吗？这人不会是走后门的吧？"

王龁最后得出结论：这个郑安平来前线，一是要夺军权，二是要把自己拿下的战功据为己有。于是，王龁与郑安平产生了矛盾。将帅不和，想打胜仗很难。

邯郸已经被围困多时，如果长期围下去，即使秦军不攻，里面的人也得饿死。对赵国来说，当务之急是要求诸侯派援军。派谁去说服诸侯呢？

赵国人都想到了平原君赵胜。他是赵孝成王的叔叔，更是战国四大公子之一。四大公子领头的孟尝君已不在人间，剩下的赵国平原君赵胜、魏国信陵君魏无忌、楚国春申君黄歇成为时代的弄潮儿。

平原君赵胜在思考，该找谁来帮忙呢？韩国太小，自身都难保，更别说救助赵国；齐国外交政策就是不结盟，不会掺和进来；燕国对赵国虎视眈眈，想趁机抢占赵国土地；就只剩下魏国与楚国了。

魏国的信陵君是平原君的小舅子，楚国春申君和平原君是好朋友，也只有魏、楚两国能救赵国。

魏国率先表明愿意救助赵国，因为魏国离赵国太近。如果赵国被灭，下一个必然轮到自己。接下来，平原君打算带上自己的门客前往楚国，说服楚国出兵相救。

除大使平原君以外，使团成员的人数必须是二十。平原君想从自己的门客中挑选出二十个有勇有谋的人组成使团。可是他挑到最后还是差了一人，组不成二十人的大使团。

此时，一个门客径直走到平原君面前。由于家里门客太多，平原君对这人完全没有印象。看着一脸迷茫的平原君，这人主动介绍自己："我叫毛遂，知道您要去楚国请求楚国出兵救赵，而使团人数还差一人，那就让我来充数吧。"

平原君看得又好气又好笑，"先生在我门下有几年啦？"

毛遂："三年。"

平原君："三年啦！有才能的人在世上，就如同锥子放在口袋里，锋芒迟早会露出来。先生在我门下三年，我都没有听说过先生，先生还是不要去了。"

毛遂坚定地说："请把我放在口袋里吧，如果我早入口袋，锋芒早已露出来了。"

平原君拗不过毛遂，只能把他带上。

一路上，使团里另外十九个门客与毛遂聊了起来，并且都被毛遂的见识震撼了。他们没想到，这么个毫不起眼的人，竟然有这么高的才学，因此都对毛遂敬佩不已。

到了楚国后，平原君与楚考烈王进行了紧张的外交磋商。

楚国自从拔郢之战后元气大伤，丢失一半国土，骨子里也患上了恐秦症。会谈从早上谈到了中午，毫无进展。平原君的十九个门客鼓动毛遂："先生登堂。"

毛遂毫不客气，带着剑进入了楚国朝堂。带剑这一点值得注意。渑池之会上，蔺相如就上演过玩命式外交。他曾走到距离秦王咫尺之地，威胁秦王生命安全，一副不要命的样子。

燕赵之地多慷慨之士，他们最烦的就是只动口不动手的争论，行就行，不行就跟你玩命！显然，楚考烈王没有见识过赵人的玩命式外交。

毛遂来到平原君身旁，说道："谈判无非就是两个字，不是'利'就是'害'，从早上谈到中午，怎么还没有定下来，这是什么缘故？"

楚王愣住了："你是什么人？"

平原君立马打圆场："不好意思，这是我的门客。"

楚王立马怒斥："我跟你家主人谈判，你竟敢直接登堂？还不赶紧滚下去！"

毛遂面不改色心不跳，他手按着剑，一步步朝楚王走来。

"你……你要干什么？快把剑放下！来人啊！"楚王惊悚地喊道。

毛遂冷冷地说："大王刚才敢怒斥我，就是仗着楚国人多势众。现在我离大王只有十步，十步之内，楚国就是再人多势众也赶不及，大王就是叫破嗓子也没有用。大王的命在我的掌握之中，请您听完我的话。"

楚王看着毛遂手中的剑，不住地点头。

毛遂："楚国曾是南方大国，带甲百万，却被白起攻下郢都，焚毁祖上陵寝，这真是奇耻大辱啊！秦、楚两国有不可化解的仇恨！此次合纵，不光是为了援救赵国，更是为了楚国复仇！"

楚王看着毛遂一边唾沫星子直飞，一边又紧握着手中的剑，不禁又连连点头："先生所言极是，我一定履行合纵的义务，痛击秦国。"

毛遂走到楚王面前问："大王确定要合纵抗秦了吗？"

楚王："确定了！"

毛遂对大臣喊道："楚王同意合纵，快举行歃血仪式。"

于是楚王与平原君在朝堂上歃血为盟，缔结了盟约。楚国开始全国动员，要报秦国拔郢的大仇。

在回赵国路上，平原君对毛遂刮目相看，尊奉他为上宾。毛遂作为一个平凡人，正是他的爱国热情和敢于搏命的精神，让他挺身而出，成了英雄。

窃符救赵

楚国搞定了，可是魏国明明说好派兵来，怎么一直没有动静呢？

魏国知道，赵国一旦被灭，下一个被灭的就轮到自己了，于是魏安釐（lí）王派老将晋鄙率领十万大军救援赵国。

可是大军刚到邺城，魏王就命令大军按兵不动。邺城距离邯郸只有八十多里，急行军一天也就到了，为什么魏王要停止进军呢?

在魏王看来，现在还不是进军的最佳时机。魏军出现在邯郸城下的最佳时机，就是秦军与赵军打到筋疲力尽之时。那时赵国被极度削弱，秦军也死伤惨重，魏军再出击救赵，不但能以最小的代价打败秦军，同时也能削弱赵国，使其无法再对魏国构成威胁。

邺城是魏军最佳观战平台，魏军在这里可以天天直播观看秦赵厮杀，从而选择合适的时机出手。

平原君急得如同热锅上的蚂蚁，不停地给魏王和自己的小舅子信陵君写信，希望他们赶紧出兵。信陵君是一个讲义气的人，眼见魏王见死不救，他便带着自己的门客，凑了一百乘战车，准备去营救赵国。

信陵君救赵小分队路过城东门，碰见信陵君的老朋友侯生。

侯生觉得这么点人去打虎狼秦军，给秦军塞牙缝都不够。看不下去的侯生给信陵君想了一个办法："十万魏军由晋鄙指挥，晋鄙只听命于国君，而国君调兵遣将的信物就是虎符。只要拿到虎符，就能调动十万魏军去救赵。我听说大王的虎符都藏在自己的卧室里，大王最宠爱的妃子如姬经常出入大王的卧室，她可以帮公子取出虎符。"

信陵君一拍脑门："对啊，我怎么没有想到啊！"

侯生："如姬的爹被人给杀了，一直抓不到凶手，最后是公子您派人抓到了凶手，砍下凶手的首级交给如姬。您对如姬可是有大恩呀！"

信陵君立马去找如姬。见到恩人有求于己，如姬一口答应，随即偷出虎符交给信陵君。

信陵君拿到虎符后，立即准备前往魏军大营，结果在路上又被侯生拉住了。

侯生："将在外，君命有所不受。晋鄙作为前线将领，如果国君的命令不合军情，他是可以回绝的。如果晋鄙不交兵权，派人回去向国君请示，公子您就败露了。我身边有一位大力士叫朱亥，请公子带上他。如果晋鄙不听从公子调遣，就让朱亥击杀他。"

一个五大三粗的巨人出现在信陵君面前，他手里还拿着四十斤重的大锤。

侯生："我岁数大了，不能和公子一同前往。我已经算好了公子抵达邺城的日子，公子抵达邺城后，我就向北自刎而死。"

信陵君带着虎符来到了邺城。老将晋鄙核对虎符无误后，疑惑地问道："我在邺城统领十万大军，大王只派公子一人来替换我，我觉得事有蹊跷，需要派人回大梁确认一下。"

信陵君眼见不妙，连忙向朱亥使了一个眼色，朱亥立刻拿出四十斤大锤砸向晋鄙，晋鄙的脑袋瞬间崩碎。

晋鄙没有错，他只是在尽一个职业军人的本分，只可惜信陵君救赵心切，让他成了牺牲品。

干掉晋鄙后，信陵君向全军展示虎符，并且开始战前动员："军队里有父子的，父亲回家；兄弟同在军队的，兄长回家；是家里独子的，也回家。剩下的人跟我抗击秦军。"

符合条件的人回去了，还剩下八万精兵。信陵君带着八万精兵快速朝邯郸出发。此时，楚国大军也即将抵达邯郸。

公元前257年，邯郸城已经被围困长达两年。邯郸城内弹尽粮绝。就在所有人陷入绝望的时候，他们看到楚、魏两国大军出现在邯郸城外，决战的时刻到了！

看到楚、魏两国大军出现在自己身后，秦军陷入了绝望。经历长平之战、邯郸攻坚战，秦军兵力已损耗严重，如今人困马乏，军中也没有白起，已经无法对抗联军的优势兵力。

联军没有给秦军时间，迅速发动了内外夹击。其中，平原君组织的三千人敢死队在秦军大营中左突右杀。以往，楚国与诸侯联合抗秦时，每次团战总会乱放技能坑队友，而这一次楚军很给力，因为他们一心想报拔郢之战的大仇。

曾经傲视天下的秦军迅速崩溃了。王龁由于作战经验丰富，自己带着残存的秦军突围而去。只是来捞取资本的郑安平所辖的两万人被联军包围，吓破胆的他立刻投降。

联军气势如虹，乘胜追击，韩国也趁此良机出兵抗秦。联军不但夺回了上党，还将秦国占据的河东与太原两地抢到手里。

自从商鞅变法以来，秦国从未经历过如此惨败。秦国不但失去长平之战赢得的一切，还把之前吃的也吐了出来。

秦昭襄王看到此结果，无比抑郁。在他的经营下，秦国如同一家业绩优秀高速增长的大公司，股票市值一路高歌猛进。没想到，秦国公司在兼并对手赵国公司的过程中失败，股票一路狂跌，大量市值蒸发。

董事长秦昭襄王很懊悔自己没有听白起的神预言。总经理范雎更加难过，甚至想辞职。虽然打邯郸是秦昭襄王一意孤行，但是范雎没少在背后推波助澜。最让范雎不安的是，自己推荐的郑安平竟然临阵投敌！

按照《秦律》，如果被举荐的官员犯了罪，那么举荐的官员也要同罪处理。秦昭襄王用范雎用得很顺手，不愿意处理他，于是将这事冷处理。

可是令范雎没想到的是，自己刚被郑安平坑完，又被王稽坑。王稽私通外国被人举报，被秦王下令处死，尸体弃市。

自己保举的两个人先后叛变，算计了别人一辈子的范雎这下被自己人坑了。范雎觉得自己难辞其咎，选择主动辞职，离职之后不到一年就死了。

不过，秦国虽然暂时受到重创，但是只要给它一段时间，它马上能满血复活。

二十年后的统一战争，东方六国只能眼睁睁地看着身躯庞大的秦国将一个又一个诸侯国一屁股坐扁，却无能为力。

邯郸之战结束后一年，上演了一场魔幻的闹剧——礼乐征伐天子出。

这出闹剧的主角正是周赧王，在位五十九年的他如今已经是一位风烛残年的老人。虽然是周天子，可是他活得非常落魄。周平王东迁洛邑后，王畿地区只有巴掌大，在这块巴掌大的地方，老姬家的王室成员还搞分封，于是出现了两个小诸侯国：位于西边的西周国和位于东面的东周国。

周赧王年轻的时候，在自己家里看着健美先生秦武王因安全事故而死。他对着秦军又是痛哭又是哀悼，终于把瘟神送走了，暂时保住了小命。

可是现在，秦国大有一统天下的趋势，而周天子作为合法的天下共主，必然是秦国的障碍。他想不如趁秦国邯郸之战后元气大伤，以天子的身份，号召诸侯共同讨伐秦国，挽救自己的周王朝。

只能说，人越老越糊涂。秦国哪怕输得再惨，灭你周王室还不是像踩死一只蚂蚁一样容易吗。

打仗是要花钱的，穷得叮当响的周赧王为了筹钱，成为中国历史上非法集资第一人。他以九鼎作为信用担保，设立灭秦基金，开始向全天下募集资金。只要你投资，日后天子之师打赢了秦国，获得的利益大家一起分，到时你就能赚得盆满钵满。人们一看，有周天子的身份背书，这款金融产品一定安全性很高，于是纷纷出钱参与。

可能是周赧王非法集资搞得太大了，结果惊动了秦国高层。秦国派出军队攻打周王室，周赧王看到秦军来了，立刻解散军队投案自首，又派西周君到秦国叩头谢罪。秦昭襄王羞辱完西周君还要走了他所有的地盘和人口。

周赧王一回到家，就被债主追上门。这些债主对周赧王抱有无比的信任，没想到天子搞的金融产品也爆雷了，他们的投资血本无归。周赧王被众多投资人围堵得不敢出门，只能躲在宫里一处高台上。这就是“债台高筑”这个成语的由来。

公元前256年，伟大的周王室的最后一任天子周赧王，在自己的金融产品暴雷后抑郁而终。周王室没有新天子继位，也没人敢继位。

公元前255年，秦国拿下洛邑，顺道把周天子家里的传家宝九鼎搬回了咸阳。

九鼎在手，天下我有。

贰拾肆

吕不韦的风投

公子异人

卫国有一个商人叫吕不韦，他来往于天下各地，靠着投机倒把赚了很多钱。有钱人的生活就是枯燥乏味，除了钱还是钱，不满足于现状的吕不韦有了更高的追求，那就是权力。谁说商人不能做官？我就要做官给你们看，还要做大官！

作为商人，吕不韦能比别人提前嗅到商机。这次，他将敏锐的嗅觉用到了寻找可以进行政治投资的对象上。

公元前265年，吕不韦经商路过赵国邯郸，遇到了一个外表落魄、神情恍惚的秦国公子。这个公子叫异人，他的爷爷是秦昭襄王，爹是秦太子安国君。

这位公子背景这么显赫，为什么会落得如此田地呢？要怪就怪安国君太能生了，这哥们儿一共生了二十多个儿子，异人不是长子，异人的母亲夏姬又不是大老婆，所以异人成了家里最被忽视的孩子。

几年前，赶上秦、赵两国处于长平大战的前夕，空气中充满了火药味。为了避免两国擦枪走火，两国需要让王室成员去对方家里当人质，万一违背承诺，人质随时有被撕票的风险。

秦国高层决定把这光荣又危险的任务交给异人去完成：你作为王室成员，有为国分忧的责任，再说你又不是长子，你妈也是小老婆，反正你兄弟多，死你一个也无所谓。

被祖国抛弃的异人来到赵国后，不但整天过着担惊受怕的日子，生活待遇也极差，出门没马车，身上的钱也不够花。

吕不韦主动结识了困境中的异人，送给他大笔金银财宝。从来没有感受过温暖的异人觉得吕不韦比亲爹还亲。

简单相处之后，吕不韦惊呼：“奇货可居！”意思是，稀奇的货物可以囤积起来，日后可以卖个好价钱。吕不韦心中萌发出把异人打造成储君的疯狂想法。

如果异人继位，作为回报，吕不韦自己就能做秦国相国了。

虽然找到了宝藏男孩，但是吕不韦在对异人做天使投资之前，还是要征询自己父亲的意见的。毕竟要把异人扶到储君的位子，承担的风险极高，稍不留神就得倾家荡产。

吕不韦："父亲，耕田能获利多少？"

吕父："十倍。"

吕不韦："贩卖珠宝，能获利多少呢？"

吕父："百倍。"

吕不韦："拥立一个国家的君主，能获利多少呢？"

吕父震惊了："孩子你脑袋被门夹了吗？拥立国君的事，轮得着咱们商人干吗？明天我带你去看看医生。"

吕不韦："父亲，我跟你说的是正经事。"

吕父见儿子表情严肃，明白事有蹊跷："不可估量！"

吕不韦："我手上有一个拥立国君的项目，您这么一说，我决定干一票！"

这是人类投资史上最伟大的一次风险投资，任何风投高手在吕不韦面前都要喊声祖师爷。吕不韦的风投开局只有一张肉票，回报却是一人之下万人之上的相国之位以及数不清的财富。

此后，吕不韦隔三岔五就去异人住所送温暖，要啥给啥。

某一天，吕不韦又来异人住所送温暖，两人一边喝酒一边聊天。

吕不韦："公子，我可以光耀您的门庭。"

异人大笑道："你还是先光耀你的门庭，再来光耀我的吧。"

吕不韦："公子啊，我在跟您说正事！"

异人脸色一变，酒醒了大半。他明白吕不韦言外之意，眼睛也露出了希望之光。

吕不韦："我为公子量身打造了一个'储君养成计划'，公子只要按照我给您指明的方向走下去，一定能当上储君！"

异人此时酒彻底醒了。以他现在的处境，能保住小命就不错了，说能帮自己当上储君的，不是骗子，就是高人。

吕不韦："公子，你之所以备受排挤，就是因为你不是嫡长子！只要你成为嫡长子，就可以当国君。"

异人："可是我妈是我爸的小老婆，我爸的大老婆是华阳夫人呀！"

吕不韦："这还不简单，你认华阳夫人当妈呀！"

异人这下反应过来了：对啊，华阳夫人一直不孕，自己认她当妈，就能子凭母贵，成为嫡子了！

吕不韦："秦王已经老了，随时可能走。公子的父亲安国君是太子，而他对华阳夫人那可是集万千宠爱于一身。作为大老婆，华阳夫人一直没孩子，她也非常苦恼。安国君有二十多个儿子，子傒是长子，以后继位成为国君的人很有可能是子傒。但子傒不是华阳夫人的儿子，一旦子傒继位，华阳夫人必然失势。我吕不韦愿意拿出千金为公子去秦国游说，让安国君与华阳夫人立公子为太子。"

异人激动得手足无措，没想到自己在生死未卜的人质生涯中，还能遇到能改变自己命运的高人："先生，你要是能助我登上国君之位，我与你共享秦国国土。"

吕不韦："公子，我来赵国带了一千金，现在给你五百金，你拿去随便花。我拿剩下的五百金去购买一些奇珍异宝，送给华阳夫人。"

就这样，吕不韦带着购买来的奇珍异宝，前往秦国。

来路不明

吕不韦是个富甲一方的商人，可是他到了秦国，却处于鄙视链的最底端。因为秦国重农抑商，秦人最看不起的就是他这种投机倒把的商人。

虽然被瞧不起，但是吕不韦的野心一点不减。他选择一步一步来，先找华阳夫人的弟弟阳泉君。吕不韦来到阳泉君的府上，献上奇珍异宝。

阳泉君作为一名财大气粗的封君，只在乎自己的财富地位能否长久。对于吕不韦献上的宝贝，阳泉君都懒得用正眼瞧。他只是懒洋洋地看着吕不韦，不知道这个商人有什么来意。

商人吕不韦来往于各个诸侯国，早已见识过各种上流人物。他深知，财宝只是大人物家门口的敲门砖，真正能做成买卖的，是要抓住对方内心的需求。

“阁下，您可知道，您的好日子即将到头。秦王年事已高，一旦驾崩，太子安国君就要继位。新王要立太子，热门人选是他的长子子傒，而您的姐姐华阳夫人膝下无子。子傒以后成为秦王，您和您的姐姐就没了靠山，必定尽失荣华富贵。”

阳泉君听完后，脸色“唰”一下变白了。他明白吕不韦并没有夸大其词，姐姐华阳夫人没有儿子，以后子傒继位成为国君，自己和姐姐在秦国就没了政治靠山。

没了政治靠山，就没了荣华富贵，甚至整个家族都要玩儿完，因为他们是楚国外戚！

从宣太后开始，秦国王室就与楚国外戚深度捆绑。秦昭襄王虽然把自己母亲家的亲戚都赶走了，但也并没有下狠手，毕竟自己也是靠着他们的鼎力帮助才登上王位的。只要他们不干涉自己的政务，荣华富贵少不了他们的。

楚国外戚虽然离开了秦国权力核心，可是他们与秦国王室的关系依然是剪不断、理还乱。秦昭襄王的婚姻是母亲宣太后一手包办的，他娶的就是楚国公主叶阳后。

太子安国君的大老婆华阳夫人也是楚国人，她的来头可不小。曾经让秦昭襄王头疼的“四贵”中有一位是华阳君芈戎，他是秦昭襄王的舅舅，安国君见到他还得恭恭敬敬地喊一声舅爷，而华阳夫人正是华阳君的孙女。

说直白点，安国君与华阳夫人是表兄妹关系，结了婚之后算亲上加亲，安国君也非常宠爱自己的表妹，两人如胶似漆。如果让与自己半点关系都没有的子傒当上国君，那么楚国外戚的好日子也算到头了。

可是华阳夫人肚子不争气，一直不生育，这可把楚国外戚急死了。

吕不韦抓住楚国外戚的心理需求，给他们送来了一个儿子：“公子异人身处赵国，从来没有人疼爱，日夜思念祖国。如果让异人认华阳夫人为亲妈，等异人继位成国君，一定对华阳夫人感恩戴德。”

阳泉君意识到，吕不韦正是他们的救星，于是赶紧把吕不韦引荐给姐姐华阳夫人。

吕不韦见到华阳夫人后对她说："异人在赵国受尽屈辱，一直想得到母亲的关爱，他无时无刻不思念自己的亲妈华阳夫人！"

华阳夫人一惊："我一直没能生育，怎么冒出来一个儿子异人啊？"

阳泉君看到华阳夫人脸上写着大大的问号，立刻点醒她："老姐啊，你现在能得到太子的宠爱，就是因为你漂亮。可是等到你年老色衰，太子不再宠爱你，你膝下又无子，就彻底没了依靠。不如认异人为儿子，他就可以依靠夫人正室的身份成为嫡长子，以后成为国君，老姐的荣华富贵也能保得住。原本没有继承王位资格的异人，一定会对老姐感激涕零！"

华阳夫人也担心过自己以后的日子孤苦无依，现在有人主动送上门来当儿子，虽然不是亲生的，但总比没有强。

于是华阳夫人行动起来，主动找安国君哭诉，"我一直没孩子，想要异人当自己的儿子，以后也好有一个依靠！"

安国君一看大老婆向自己哀求，于心不忍，就立异人为自己的嫡长子。同时，他还赐给异人丰厚的财物，委托吕不韦带回赵国，照顾好异人。

一个朝不保夕的人质，一夜之间变成了秦太子的嫡长子，有可能成为秦国未来的国君。异人迎来了翻天覆地的变化，全天下的人都想来巴结他。

这时，吕不韦又对异人打起了新的主意——异人是个光棍。

亲子鉴定

有一天，吕不韦推开了异人的房门，笑嘻嘻地问道："公子，您要老婆吗？"

异人愣住了，不知道吕不韦唱的是哪出。

"只要您开金口，我马上给您送来。"

异人觉得吕不韦在开玩笑，随口回答："那你就送来呗！"

没想到，过了一会儿，一位肤白貌美气质佳的女子就推开了异人的房门。异人一看，这不是自己一直朝思暮想的美人吗？

之前有一次，吕不韦和异人喝酒，为了助兴，让自己的一位能歌善舞的姬妾现场表演，看得异人口水直流。他向吕不韦索要这个女子，吕不韦表示这可是自己最宠爱的姬妾，绝不能给。

其实吕不韦是故意吊异人的胃口，他在异人身上已经花了大笔的投资，怎么还在乎一个姬妾呢？现在时机到了，吕不韦就大方地表示，虽然这个女子曾是自己的姬妾，可是既然公子想和她好，自己就忍痛割爱、成人之美。

这个美若天仙的女子叫赵姬，正是秦始皇嬴政的亲妈。

根据《史记》记载，吕不韦将赵姬献给异人之前，知道赵姬已经怀上了自己的孩子，为了能让自己的儿子以后成为一国之主，故意把已有身孕的赵姬送给异人。

没想到赵姬肚子里的孩子也给力，推迟了两个月才出生，让异人误以为这是自己与赵姬相处后生下的孩子。

公元前259年，孩子出生。异人哪知道自己已经头冒绿光，他给这个孩子取名叫“政”，立赵姬为夫人。后来异人回到了秦国，继位成为秦庄襄王。赵姬和吕不韦的孩子嬴政就成了太子，后来他一统天下，成为中国历史上第一个皇帝。

这里要说明一下，秦始皇名叫嬴政，而由于他出生在赵国，有的书里也称他为赵政。无论哪种称呼，在当时都是不正确的。虽然到了战国时期，随着平民阶层的崛起，姓、氏混在了一起，但是王室的姓氏还是有所区分的。各国王室都是以国为氏，嬴姓只是秦国王室的姓。他刚出生时应该被称为王孙政，当了太子时被称为太子政，成为国君时被称为嬴政。而“嬴政”“赵政”的称呼都是后来姓、氏混在一起才会有的。不过大家习惯了把秦始皇叫嬴政，我们就按这个来称呼他。

那么，秦始皇嬴政究竟是不是异人的儿子呢？

在没有B超的情况下，吕不韦怎么知道赵姬肚子里一定是男孩？如果赵姬生的是女孩，那秦国王位最终只能传给异人其他的孩子，吕不韦的算盘就落空了，所以这一点逻辑上说不通。

《史记》里记载过另一个故事：楚考烈王一直没有孩子。有一天，赵国人李园想把妹妹献给楚考烈王，可又担心万一妹妹也没怀上楚王，日后必定失宠，自己也得不到荣华富贵。于是李园打起了春申君黄歇的主意。

李园把妹妹献给了春申君，没多久，李园的妹妹就怀上了孩子。李园趁机对春申君说："楚王多年没有孩子，如果他死后他的兄弟继位，您的荣华富贵就没有了。不如把我的妹妹献给楚王，孩子出生后就是国君，您本来就是令尹，又是国君的亲生父亲，我也是国君的舅舅。我们都是亲戚，您的地位财富依然可以保留。"

春申君听完后觉得很有道理，于是把已经怀孕的李园妹妹献给了楚考烈王。后来李园的妹妹生下一个男孩，继位成为楚国国君。李园生怕春申君把秘密泄露，于是派人暗杀了春申君。

异人与楚考烈王被"绿"的故事，情节高度相似，只不过主人公不同。而楚考烈王的故事里也有相同的破绽：李园的妹妹在生下春申君的儿子后，在楚王宫中再接再厉又生了一个儿子。如果楚考烈王真的不育，她怎么还会生下第二个孩子呢？要知道，当她进宫后，周边都是太监和宫女，天天都有人看着，哪有机会出轨？

李园妹妹的大儿子继位为楚幽王，在位十年后去世。二儿子继位为楚哀王，在位仅两个月就被公子负刍（chú）刺杀了。

负刍是靠弑君篡位，为了获得合法性，就必须造谣说楚幽王与楚哀王不是楚考烈王的儿子。同样，秦始皇一统天下，灭了六国，多少遗老遗少对秦始皇恨之入骨。除此之外，吕不韦的门客更是对秦始皇恨之入骨，因为吕不韦是异人一家的大恩人，没想到秦始皇亲政后却逼得吕不韦自杀。那么多人恨秦始皇，所以秦始皇自带招黑属性，脏水全泼到他身上了。

其实，最有发言权的就是异人。王室非常看重血统，孩子是不是足月出生，乃至是不是自己的，他心里最清楚。而他后来对赵姬与嬴政还是疼爱有加，这就可以看出端倪了。

异人成为历史上活得最滋润的人质。别的人质整天担惊受怕，生怕绑匪割自己一只耳朵、断自己一根手指头，而异人不但连老婆、孩子都有，还成为秦国王室的储君。

但是也不要忘了，他再怎么飞黄腾达，身份还是人质。而只要是人质，就有被撕票的危险。

贰拾伍

荣华富贵梦一场

巨额回报

儿子嬴政的出生并没有给异人带来好运。当后来的“千古一帝”降临人间时，并没有出现什么祥瑞，反而聚焦了赵人仇恨的目光。

长平之战刚刚打完，赵国大部分精壮男子被秦人埋入了坑里。异人一家作为秦国王室在赵国的人质，此时如履薄冰，因为所有赵人都恨不得食其肉、寝其皮。

吕不韦作为异人的幸运星，再次帮助异人逢凶化吉。

公元前257年，秦国大军兵临邯郸城下，惨烈的邯郸包围战正式打响。每天都有大量的军人战死，百姓饿死。亡国就在眼前，还要秦国人质何用，还不如把他们杀了，祭奠死去的赵人。

眼看自己花了血本投资的异人即将被赵人送上西天，为了避免血本无归，吕不韦决定孤注一掷，把异人送到邯郸城外的秦军大营。

俗话说有钱能使鬼推磨，吕不韦花了一大笔钱贿赂城门守将，让他在夜里把吕不韦与异人放出城外。两个人借着月色向着灯火通明的秦军大营逃去。

他俩手挽着手，在尸横遍野、恶臭熏天的城外狂奔。两人一不小心摔了一跤，一头栽在一具尸体上。两人仔细一看，脚下全是腐烂的无头死尸，因为人头都被秦军砍去算军功了。

惊魂未定的吕不韦与异人来到秦军大营不远处，高喊：“秦公子异人来了！”逃出生天的异人立刻被送回了咸阳。

在与华阳夫人见面前，吕不韦给异人包装了一下，特意让异人穿上楚国的衣服去见这位“母亲”。

华阳夫人一看，发现自己认的儿子居然这么会来事，他知道自己是楚人，就特意穿楚国衣服来见自己，哄自己开心。华阳夫人一高兴就给异人取了一个新名子楚。

异人回国，却把赵姬母子丢在了赵国。邯郸城内的人都想杀了赵姬母子，好在赵姬出生于赵国大户人家，和儿子躲进了娘家，才幸免于难。

后来，邯郸之战结束了，而赵姬母子虽然保住了小命，可是也受尽了赵人的羞辱。美好的童年可以治愈人的一生，但有的人却用一生来治愈童年的不幸。少年嬴政心中留下了心理阴影，导致他始终没有安全感。小嬴政把每一个迫害自己的人的名字都记了下来，内心暗暗发誓以后一定要加倍奉还。

公元前256年，就在三岁的嬴政小朋友遭受苦难时，另一个小朋友在楚国丰邑出生，虽然这两位小朋友没有交集，但是他俩各自建立了两个伟大的帝国。这个小朋友就是刘邦。

异人回到秦国后，他没有带上老婆孩子这件事就成了个问题。赵姬母子俩都还在赵国过着提心吊胆、受人白眼的生活，他俩也就成了赵国手里的人质。万一哪天秦、赵两国再撕破脸，赵姬母子就有被撕票的可能。

为防不测，秦国王室决定再给异人找一个老婆。

于是异人又娶了一个老婆，这个老婆姓甚名谁，史书上没有记载。不过，我们可以猜到，异人作为安国君名义上的嫡长子、未来的秦国国君，他的婚姻已完全不能由他自己做主了。

很快，异人与这个新娶的老婆生了一个儿子，这个刚出生的孩子叫成蟜（jiǎo）。如果赵姬母子在赵国出了意外，那么成蟜未来将是秦国的太子。可是成蟜小朋友不会知道，他的人生只会是一场悲剧，因为他一出生就被人视为眼中钉肉中刺。何苦生在帝王家！

公元前250年，在位已56年的秦昭襄王去世了。太子安国君正式继位，史称秦孝文王。秦孝文王封华阳夫人为华阳后，异人为太子。

秦国新君继位，一直被秦国暴揍的赵国也想趁此时机缓和气氛，于是主动把赵姬母子送回了秦国。异人看到多年未见的老婆儿子后内心激动万分，决定要好好补偿他们。

可惜秦孝文王被命运所捉弄，因为他老爹太能熬，他好不容易熬到自己继位，已经年过半百，竟然继位三天就死了。

公元前249年，异人继承王位，史称秦庄襄王。秦庄襄王尊奉华阳后为华阳太后，自己的母亲夏姬为夏太后，封赵姬为王后，嬴政为太子，任命吕不韦为相国，封文信侯。

吕不韦投资异人，给自己带来了惊人的利润，不光位极人臣，秦庄襄王还把洛邑周边十万户赐给他当食邑，家里光仆人就有一万人。

可是吕不韦不知道，秦国的二把手是全天下最高危的职业。每届国君都有自己最信赖的二把手，而他们的下场都不好。秦孝公的商鞅五马分尸；秦惠文王的张仪被赶走；秦武王的甘茂逃走；秦昭襄王的范雎引咎辞职不久病死。

秦国是权臣的坟场，可是吕不韦看不见。商人出身的他认为任何高回报必然伴随着高风险，人生爱拼才会赢！然而他最终的下场也好不到哪里去。

秦庄襄王命薄，在位三年就死了。公元前247年，13岁的嬴政正式继位。此时他的身份还只是秦王，在他统一天下当皇帝前，他的正式称呼是嬴政。

由于嬴政年幼，吕不韦辅政，他也被嬴政尊称为“仲父”。在9年后22岁的嬴政亲政之前，全国的军政大权都由吕不韦一手操控。再加上在秦庄襄王时期当了三年相国，吕不韦总计执政达12年之久。

吕不韦虽然是商人出身，但是他在担任相国方面也很有天赋。公元前249年，吕不韦率兵灭了东周国。

之前，秦昭襄王灭了周赧王，周天子此后就不存在了。可是在王畿地区还有两个周天子分封的迷你诸侯国，位于西边的叫西周国，位于东边的叫东周国。西周国国君和周赧王一道被秦国灭了，而东周国却侥幸活了下来。如今，吕不韦攻灭东周国，有着八百年悠久历史的周王室就正式从地球上消失了。他们躲过了犬戎，在春秋战国的乱世中夹缝求生，但最终还是没能躲过秦国的魔掌。

吕不韦主持秦国时，实施了东进中原的战略。由于长平之战后秦国国力大损，公元前247年赵、魏、韩、楚、燕在信陵君的率领下，再次打败秦军，此后秦国与东方诸侯陷入拉锯战。不过秦国在拉锯战中占了上风，蚕食了不少诸侯国的土地。在秦始皇亲政前，秦国已取得十五个郡，占到统一天下后国土面积的一半。

吕不韦的人生已经到达了巅峰，他是秦国太后的前男友，更是秦王的仲父，秦国实际的主宰，全天下敬畏的对象。但吕不韦并不知足，他还有更高的追求。

人死了，就什么都没有了，而吕不韦想要流芳百世。他要编书，只要自己编著的书籍可以传承下去，他就能一直活在书里。

吕不韦虽是被人看不起的商人出身，却有一颗想当文化人的心。百家争鸣的战国时代，文化事业蓬勃发展，各个学派经过几百年的激烈厮杀，思想都已发展成熟。吕不韦作为秦国相国，当然也不能落后。

著书这事本身就很累，领导又很忙，没时间写，怎么办？不要紧，让手下人写，自己挂个名字就行。于是轰轰烈烈的编书运动开始了。吕不韦一共召集了三千多人，给予了优厚待遇，最终编成了《吕氏春秋》。

之前诸子百家的书，很多都是作者死后弟子自发整理而成，所以《吕氏春秋》是中国历史上第一部有组织有计划编写成的文集。

《吕氏春秋》编写成后，吕不韦决定搞一场隆重的新书发布会。他把《吕氏春秋》全文挂在咸阳城门，上面悬挂一千金。谁要是能挑出书里的毛病，哪怕只是改一个字，这一千金就送给他了。“一字千金”的成语就是这么来的。

可是没人去改，谁都知道这是吕不韦为自己新书宣传造势的手段。你要是上去改，不就是驳了相国的面子吗？不过《吕氏春秋》也的确编写得很好，每部分内容整整齐齐，篇幅长短相当，语言文字也属上乘。

然而，就在吕不韦向全国人民发布自己的著作时，秦国政局也开始出现剧烈的变化。原本平静的政治格局掀起波澜，一场血雨腥风即将席卷咸阳。

嫪毐之乱

公元前240年，嬴政的亲奶奶夏太后去世了。

这一年，秦国夜空中的东方、西方、北方都出现彗星，一次彗星更是在西方连续出现十六天。对于天文爱好者来说，这是一次千载难逢的观测好机遇，可是对于秦国来说，这是老天预示着将有一场动乱。

公元前239年，嬴政在位第八年，此时嬴政尚未亲政，处理国事的是吕不韦。吕不韦安排嬴政的弟弟成蟜去打赵国，希望他肉包子打狗有去无回。

之前的长平之战和邯郸之战，都是由白起、王龁这些作战经验丰富的将领指挥的，但即使如此，最终也没能灭掉赵国。让成蟜这样一位少年去打赵国，明眼人一看就知道，这孩子被人算计了。

正好，成蟜进攻赵国要途经上党的屯留。他知道自己有去无回，倒不如就地造反。上党地区曾是韩国故地，对秦国仇恨很深，居民都参与了成蟜叛乱。

很快，成蟜叛乱就被平息，成蟜逃亡到了赵国，参与叛乱的人被全部处死，当地居民也被全部迁到现在的甘肃临洮，屯垦戍边。

嬴政虽然少了一个潜在的敌人，但是他的对手就像地鼠一样，今天灭了一个，明天又蹿出来一个。新蹿出来的敌人虽然只是一个下三烂的角色，可是对秦国政坛的冲击却是毁天灭地的，这个人叫嫪毐（lào ǎi），是赵国邯郸人。

秦庄襄王在王位上干了没两年就死了，赵姬再次守寡。赵姬人近黄昏，却依然风情万种。吕不韦作为赵姬的前男友，再次与赵姬苟且在一起，他俩的故事也经常被相关影视作品大肆渲染。

嬴政逐渐长大，为了避免奸情被嬴政发现，吕不韦决定与赵姬彻底分手。可是赵姬没了自己的陪伴，空虚寂寞怎么办？于是吕不韦又特意给赵姬找了一个男宠，正是嫪毐。

司马迁本着实事求是的态度，在《史记》中描述嫪毐说他是“大阴人”，意思是嫪毐阴部很大。司马迁接下来又写了更恐怖的一句话：“使毐以其阴关桐轮而行”，意思是嫪毐的阴部穿在桐木车轮上，可以使车轮转动。司马迁描述的这画面简直令人毛骨悚然。

吕不韦看中了嫪毐这个善于表演成人秀的演员，把他献给了赵姬。

如何让嫪毐入宫，这是一个难题。宫里都是宦官，宦官虽然都是朝廷编制，可是这个编制可不好考，是要挨上一刀的。如果把嫪毐变成宦官，岂不是白送了吗？

于是吕不韦想出了一个办法：让嫪毐假装受过宫刑，并把他的胡子一根根拔掉，成功将他送进了宫里。嫪毐进宫后与赵姬过上了幸福的生活，赵姬还为嫪毐生了两个儿子。

由于嫪毐深得国君老妈宠信，被封为长信侯，河西与太原两大郡成为他的封地，家里仆人有几千人，门客也有一千多。此时的嫪毐如日中天，势力已经与吕不韦不相上下。

有的人一旦富贵就忘乎所以，真把自己当成大人物了。嫪毐软饭硬吃，竟然还吃得气势如虹。嫪毐非常喜欢自己的两个儿子，有一次还对赵姬说，如果秦王死了，就让这两个孩子继位。

有的话私下说说可以，如果拿到台面上说是要死人的。

公元前238年的一天，嫪毐一边喝酒一边赌博，在赌博过程中与人发生了争执。由于喝大了，他竟当着众人的面口出狂言："我是秦王的假父（干爹），你们谁敢欺负我！"

秦国法律鼓励人告密，于是嫪毐被人告发了。嫪毐与赵姬苟且还生了两个儿子的事早已成为坊间笑话，被人津津乐道。而秦王嬴政是一个眼睛里揉不得沙子的人，一个小小的嫪毐敢说自己是国君干爹，还敢和国君老妈通奸，这恐怕是活腻了。

于是嬴政下令彻查此事。听闻秦王要调查自己，自以为是的嫪毐彻底慌了，他干的事无论哪一件都是死罪啊。再想想《秦律》五花八门的死法，随便哪一种死法嫪毐都吃不消。

想活命，怎么办？

逃离秦国几乎是不可能的，当年位极人臣的商鞅因为没有通行证，连个旅店都住不了，到死都没能逃出去。还是铤而走险，反了算了。

碰巧这一年二十二岁的嬴政要去秦国故都雍城举行加冠礼，住在雍城的蕲（qí）年宫，嫪毐决定趁机造反。

造反是要有兵的，嫪毐没有调兵权，但他可以想办法。嫪毐写了一封调兵文书，加盖了赵姬的太后玺与他私刻的秦王玺，随即带上自己的门客前往咸阳。他想凭借手里的调兵文书，调动咸阳及其附近所有武装力量。

史书里是这样记载的："长信侯毐作乱而觉，矫王御玺及太后玺以发县卒及卫卒、官骑、戎翟君公、舍人，将欲攻蕲年宫为乱。"县卒是咸阳附近县的武装力量，卫卒是守卫王宫的部队，官骑是骑兵部队，戎翟君公是戎狄部队的首领，舍人是嫪毐自己的门客。嫪毐想发动首都咸阳及其周边的所有武装力量，攻击住在蕲年宫的嬴政。这些部队可是秦军精锐中的精锐，如果整个首都的卫戍部队都跟着嫪毐造反，打起来绝对地动山摇。

可是嫪毐太幼稚了，他低估了商鞅的影响。

商鞅给秦国设计了一套超级完美的君主专制制度，任何权力都牢牢掌握在秦王手里，没有人能挑战秦王的权威，就连商鞅自己也死在了自己设计的制度里。

想在秦国调动五十人以上的军队，必须要有三样东西——玺、符、节。秦国为了国家安全，设置了三层密码。"玺"是秦国的玉玺，调兵文书里必须要盖有秦王的玉玺。"符"是虎符，相当于现在的密码。虎符的外形像只小老虎，右半部分交给国君保管，左半部分交给将领保管。调兵时，将左右两部分虎符合在一起，严丝合缝才能调兵。虎符上也刻有"凡兴士披甲，用兵五十人以上，必会王符，乃敢行之"。"节"是通关证明，部队通过各个关口时，必须要出示通关证明才能通过。

嫪毐来到咸阳城后，傻乎乎地拿着调兵文书，在驻军之间跑来跑去，没有一个人理睬他。没有虎符和通关的节，哪怕盖的是天王老子的章，军队也不会跟他走。

造反最讲究保密性，嫪毐拿着自己伪造的调兵文书在咸阳城到处乱撞，秦国的告密体系又极其发达，一有风吹草动，秦王虽然远在三百里之外的雍城，还是第一时间就知道了。

嬴政随身携带着虎符，他知道嫪毐造反的消息后，立刻命令昌平君、昌文君、吕不韦携带玺、符、节征调周边军队。

平叛大军很快开进咸阳与叛军激战，斩杀数百人，嫪毐战败逃跑。嬴政发布悬赏令，活捉到嫪毐赏钱一百万，杀掉他赏钱五十万，在巨额赏金诱惑下，嫪毐被抓获，后被五马分尸，他的三族，包括与赵姬通奸生下的两个儿子也都被处死了，赵太后也被软禁。

这事并没有了结。嬴政是一个凶狠的君王，绝不允许手下人对自己不忠，更不允许他们有半点差错。一个嫪毐拿着伪造的调兵文书，带着自己的门客在咸阳城内到处乱跑，竟然没有一个人抓他，最后反倒要靠秦王自己派来平叛部队。咸阳的卫戍部队呢？他们是空气，是摆设，是看客吗？

后来嬴政仔细一想，明白了。自己加冠后才算是正式亲政，而之前国事都由相国吕不韦打理，国内的人事任免都是吕不韦说了算，咸阳卫戍部队的将领都是吕不韦任命的。这些将领之所以始终没有对嫪毐下手，就是因为他们知道嫪毐是赵太后的宠臣，而赵太后和吕不韦又有不清不楚的关系，打狗也得看主人呀！

还好这次只是嫪毐造反，如果是吕不韦自己造反，估计连虎符都不需要，这些人肯定就会跟着他造反。

秦王嬴政下令：卫尉竭、内史肆、佐弋竭、中大夫令齐等二十人皆枭首。

不要小看这些人，他们都是咸阳卫戍部队里的核心将领。卫尉是统率保卫王宫的部队的首领；内史是统率京畿（关中地区）的大军区司令；佐弋是咸阳弓弩射击部队的指挥官；中大夫是统率掌管王宫门户的安保官员。

嬴政把咸阳城所有的核心将领来了一遍大清洗，二十多人的脑袋被砍掉，挂在街上示众。

对于君王来说，核心的军事力量一定要掌握在自己手里。秦始皇的儿子秦二世胡亥之所以会被赵高干掉，就是因为咸阳军事力量的关键位置上都是赵高的人。赵高的弟弟赵成担任皇帝身边的郎中令，这是统率中央警卫团的职位；赵高的女婿閻乐是咸阳令，可以征召咸阳地区的武装力量。

一旦负责皇帝安全的部队造反，谁都救不了皇帝。所以赵高能在弟弟与女婿的帮助下，直接干掉秦二世。

初掌国政的嬴政显示出了凶狠霸气的执政风格，对他来说，臣子要么顺从，要么被毁灭，任何潜在的威胁都必须消灭在萌芽状态。

不过，光靠嬴政一个人是不可能完全清洗咸阳城所有的核心将领的。要是这些被清洗的将领中，随便有一个人狗急跳墙，都够嬴政喝一壶的。所以嬴政必须要有帮手，可以帮他震慑想反抗的人。

负责平叛的分别是昌平君、昌文君、吕不韦，平定嫪毐之乱后，嬴政重点清洗的就是吕不韦的势力，所以他可以依靠的就是昌平君与昌文君。

这两人的身份大有来头，他俩都是楚国人。昌平君名叫熊启，他老爹正是楚考烈王，当年楚考烈王在秦国当人质，和秦国公主生了昌平君。后来秦灭六国，昌平君还逃回楚国，成为末代楚王。

楚国外戚就是嬴政背后的铁杆支持者，他们的核心人物正是华阳太后。几代秦王都是老芈家拥立的，几代秦王的老婆也都是老芈家的姑娘，老芈家在秦国几代经营，树大根深，吕不韦这几个外来户，凭什么撼动老芈家？

而且，华阳太后超级能活，她一直活到了嬴政在位的第十七年。嬴政执政的前期，楚国外戚一直是秦国政坛的一股重要势力。

有人认为嫪毐叛乱是他和赵姬想要让自己的私生子当秦王，显然这是站不住脚的。无论三家分晋还是田氏代齐，这些取代原来王室的家族都经历了数百年的奋斗，手里都有兵有权。而秦国王室也有数百年的历史，子孙不计其数，整个秦国就是老嬴家的私人财产。嫪毐不过是一个太后宠臣，他的私生子怎么可能成为秦国的合法继承人呢？

也有人认为嫪毐叛乱，是赵姬想与华阳太后为首的楚国外戚争夺大权。可是，赵姬想夺回大权，最可靠的帮手应该是老情人吕不韦。吕不韦和赵姬是一条绳上的蚂蚱，楚国外戚是他们共同的敌人。吕不韦在秦国主政十二年，军政各处都是他的人，他要造反，成功概率要高得多。可是吕不韦在嫪毐造反期间是和嬴政站在一起的，这说明吕不韦对嫪毐造反之事一无所知。

由此我们可以得知，嫪毐为了逃避秦王关于他和赵太后的调查，是在吕不韦完全不知情的情况下发动了叛乱。吕不韦完全是被猪队友给坑了。

平定嫪毐叛乱之后，秦王嬴政下令参战人员爵位升一级。由于反贼嫪毐是吕不韦献给赵姬的，吕不韦因此罢官，被逐出咸阳，前往自己的封地。赵姬毕竟是国君的亲妈，长期软禁影响不好，过了一段时间后，嬴政还是把她接了出来。反正赵姬的政治羽翼已被斩除了，再不会对自己构成威胁了。

吕不韦到了封地后并没有收敛，来往的各国宾客络绎不绝。嬴政绝不允许一个戴罪之人活得如此潇洒，他写了一封书信给吕不韦："你对秦国有何功劳？可以有十万户食邑。你和秦王有何血缘？敢称自己为仲父。你和你全家全部迁往蜀地。"

吕不韦明白，嬴政步步紧逼，就是要让他死。这个孩子是自己看着长大的，没有自己的付出，嬴政的父亲不会是秦王，嬴政的母亲也不过是自己的侍妾，嬴政本人更不会成为令天下畏惧的秦王。世态炎凉，冷暖自知，一旦嗜血的王权张开血盆大口，不管你曾经立下何等功劳，都会被无情地吞噬。

吕不韦对嬴政派来的使者说："秦王不用担心了，我自行了断。"随后他就喝毒酒自杀了。

吕不韦是一个商人，他以一个投机者的心态成功参与到秦国的政治漩涡中。他实现了自己的梦想，最后也葬送其中。

用《吕氏春秋》里的一句话来概括吕不韦的一生吧："全则必缺，极则必反，盈则必亏。"

贰拾陆

李斯与韩非

厕中鼠

吕不韦死后，秦王嬴政对外国人极度不信任。他想把这些外来人都赶走，其中就包括李斯。

李斯是楚国上蔡人，年轻时是当地管理粮仓的小公务员。有一次，他上厕所，看到里面有只老鼠在吃脏东西。看到有人进来，厕所里的老鼠就立刻逃走。后来他去粮仓清点粮食，看到粮仓里也有老鼠，这些老鼠吃着屯粮，长得又大又肥，生活安逸，见到人来了也不躲避。

李斯不禁感叹："都是老鼠，习性之间的差距怎么就这么大呢？看来这都是由自己所处的环境决定的。"

对普通人来说能吃皇粮就不错了，可是在李斯看来，这与低贱的厕中鼠没什么区别，他追求的是位极人臣。

如今天下纷争，每个君王都想得到一流的人才。只要有才华，就能成为人上人，成为仓中鼠。

碰巧，大儒荀子曾被春申君邀请来楚国做官，现在退休了，正在楚国养老。李斯就去他那里求学，提升自己。

大儒孟子创造了性善论，而荀子与孟子虽然同为儒家，观点却与孟子相反。荀子创造了性恶论，认为人性本恶，必须要靠礼来约束。

荀子一生不得志，他希望自己的学生来实现自己的政治理想。李斯拜入荀子门下后认真学习，这时，韩国公子韩非子也来向荀子求学。

韩非子出身名门，天资聪慧，从小就受过一流的教育。他来荀子处求学，就是为了提升自己的学术层次，从韩国顶尖，变成天下一流，乃至自创门派，成为一代宗师！

所以李斯与韩非子，一个是想混得更好当大官，一个是想成为学术大师。两人的追求不一样，人生道路也就不一样了。

几年之后，李斯觉得自己已经学成，可以离开了。在选择求职单位时，他思虑再三，自己虽然是楚国人，可是楚国日薄西山，全天下人都知道秦国迟早要统一天下，就去秦国吧。

临走前，李斯向老师荀子辞行："老师，我打算走了。"

荀子："既然你要走，为师也不留你。希望你青出于蓝而胜于蓝。对了，你打算去哪里呢？"

李斯："我打算去秦国。"

荀子："秦国是虎狼之国，儒家学说不受欢迎。我当年去秦国，见了范雎，见了秦王，他们都没有重视我。你去那里，他们会重用你吗？"

李斯："去碰碰运气吧，人一旦有了机遇，就一定要抓住。现在秦国想吞并各国，这正是我们这些出身平民的人施展才华的大好机遇。地位卑贱，又不想追求富贵，那活得跟牲口有什么区别。人生中，最大的耻辱是卑贱，最大的悲哀是贫穷。所以我决定去西方秦国求职。"

荀子满脸错愕，自己一生想做大官，是想实现孔子理想的礼制社会，而李斯想做大官，只是为了升官发财。

看着脸上仿佛写着"功利"两个大字的李斯，荀子感到了悲哀。

他对李斯说："你走之前，为师送你一句话：'君子之修行也，其未得也，则乐其意；既已得之，又乐其治。是以有终身之乐，无一日之忧。小人者，其未得也，则忧不得；既已得之，又恐失之。是以有终身之忧，无一日之乐也。'"

这句话的意思是：君子的修行，是在没有做官时，以追寻自己的内心为乐；在得到官职后，以治理为乐。所以君子一生都很快乐，没有忧愁。小人在没有得到官职前，一天到晚愁眉不展；得到之后，又怕把官职丢了，所以小人一生都忧愁，也没有一天快乐。

李斯听完后默不作声，他已经过够了清贫的日子，一定要不择手段出人头地。可是李斯的一生确如荀子所描述的那样，从来没有真正感觉到快乐。他总是怕人夺走他的权力，即便最后爬到了相国的位子，也总是在惶恐与不安之中徘徊，最后死得也极其凄惨。

渴望变成仓中鼠，可内心却仍是一只厕中鼠，这是李斯一辈子甩不掉的宿命。

李斯来到秦国，正巧秦庄襄王刚去世。李斯拜入相国吕不韦门下，由于他是荀子的高徒，吕不韦给了李斯一个郎官的职务。虽然郎官级别很低，但是可以经常见到秦王。如果能在秦王面前留下好印象，以后一定能飞黄腾达。

李斯学富五车，经常在少年嬴政面前侃侃而谈，给嬴政留下了极好的印象。嬴政先让他担任长史，后又封他为客卿。

但是李斯风光不到两年，他的后台老板吕不韦就倒台了。这还不够，一个叫郑国的水利高级工程师又让李斯丢掉了饭碗。

郑国是韩国人。韩国被秦国持续暴击之后，知道自己被秦国灭亡只是时间问题，决定再抢救抢救，争取多活一会儿。于是韩国想出来一个计谋：让秦国修大型工程，耗光秦国精力。

历史上，有些帝国就是因为修建大型工程，加速了自己的死亡进程。譬如秦帝国修长城，隋帝国修大运河。

韩国想来想去，决定想办法让秦国修水利，来耗死秦国。修水利又要花钱，又要征召百姓，消耗多大呀！

郑国作为韩国派出的高级间谍，以水利工程师身份为掩护，悄悄打入了秦国内部。作为外籍专家，吕不韦对他高度重视，希望他能对秦国的建设建言献策。于是郑国趁机说："关中缺水少雨，而泾河流量大，水里的泥沙肥效好。正好，关中西高东低，可以引泾河水，由西向东注入洛水，沿途可以灌溉四万余顷田地。"

相国吕不韦觉得这个想法很有创意，于是任命郑国修建水利设施。没想到，这个工程竟是个无底洞，无数人力、物力、财力投进去修了十年，水利设施还没有修完。

后来吕不韦倒台，郑国作为吕不韦推荐的人也受到了审查。这一查可不得了，他韩国间谍的身份彻底暴露了。

郑国对秦王嬴政说道："我虽然是间谍，但是水利工程本身是好的，如果把它修完，关中将更加富饶。"

嬴政想了想，觉得反正已经修了一大半了，不好半途而废，还不如继续修下去。于是嬴政放了郑国，让他继续修建水利。

虽然免了郑国死罪，但是他造成的影响确实恶劣。由于吕不韦、郑国都是外国人，于是秦国内部掀起了一股排外浪潮。

当时，东方诸侯国有很多人在秦国担任客卿，身居要职，而秦国王室宗族很多人因此备受排挤。借此机会，王族宗室向嬴政谏言说客卿在秦国只会挑拨离间、搬弄是非，应该把他们赶走。

嬴政觉得很有理，立刻颁布《逐客令》，命令所有秦国客卿在规定时间内必须自行离开，逾期不走将被遣送出境。

楚国人李斯本来在秦国混得好好的，这下不仅丢了官，还被驱逐。他本来满心期望能在秦国位极人臣，没想到理想就这样破灭了。

李斯很不甘，他写了一篇著名的文章《谏逐客书》托人交给秦王，自己收拾行囊走了。

嬴政收到信后一看，被信中无可辩驳的观点征服了：

“秦穆公时期，因为得到了百里奚，兼并二十多国，称霸西戎；秦孝公时期，商鞅入秦，诸侯臣服，至今国力强盛；秦惠文王用张仪计谋，拆散六国联盟；秦昭襄王重用范雎，打击了外戚势力。这些明君靠的都是客卿的帮助，客卿从来没有辜负秦国。”通过这段话，李斯是想告诉嬴政，你们秦国靠的就是外国人才发家致富。

“美女、音乐、珠宝都来自外国，大王您照用不误。可是对于外国的人才，却偏偏不用。”李斯想说，嬴政你在玩双标，分明是故意针对外国人。

“泰山不嫌弃细小的泥土，这才造就它的伟大。江河不拒绝细流的汇入，这才造就它的深广。圣明的君主不抛弃他的百姓，才能显示他的贤德。你把我们客卿都赶走了，这些有才能的人就会去投靠东方诸侯。这等于是把武器送给了敌人，把粮食送给了盗匪！”李斯警告嬴政，国与国之间的竞争就是人才的较量，人才都走了，你秦国还玩什么大一统啊？

嬴政看上去凶狠残酷，可是内心深处却很明事理。他知道国家利益至上，个人恩怨无足轻重。于是嬴政立刻派人去追李斯。此时李斯已经走到了骊邑，他接到命令后欣喜若狂，立刻返回了秦国，嬴政升任他为廷尉。

年轻的嬴政认为，这个人以后必将是秦国的栋梁！可是他错了，他追回来的并不是一个政治家，而是一个政客。

政治家有着强烈的使命感，他要实现心中宏大的政治蓝图，任何人都不能阻止他。商鞅就是一流的政治家，即使你是地位显赫的权贵，也难逃他的霹雳手段。而政客追求的只是功利，只要能给他荣华富贵，他就可以毫无底线、放弃原则。李斯就是这样的人，后来在秦国的几次关键决策上，他起到了掘墓人的作用。

法家集大成者

李斯回到咸阳后，再次受到嬴政的重用。可是没两年，学弟韩非的到来，让李斯感到了严重的危机。

提到韩非，就必须要给他加一个“子”字，因为他是战国最后的思想家！

韩非子的老师荀子本身就是一个颇具颠覆性思想的人，他看重现实，更发掘出了人性的阴暗。荀子想让人通过学习，在礼的约束下，实现儒家理想的礼制社会。

老师的思想有颠覆性，学生的思想只会更具毁灭性。如果荀子还活着的话，一定要抽自己的嘴巴。明明自己是儒家，教出来的两个高徒不但处处与儒家对着干，还欺师灭祖。韩非子成为法家集大成者，李斯更是在秦统一天下后焚烧儒家经典。

韩非子熟读儒家经典，可他却认为这些书讲的都是上古时代的人，书里的道理并不适合现在。不过，他继承了荀子看重现实的性恶论，不指望人们会良心发现，他认为为了维护国家秩序光用礼是不够的，更得用法。

韩非子才高八斗，连学长李斯都自叹不如。可惜他有口吃，说话不利索。

韩非子在荀子那里学习完就回到韩国。韩王安不重视法制建设，不用自己君王的权威来驾驭臣子，不重视踏实苦干的人，却重用那些夸夸其谈的人。一些游侠成为流窜犯，经常制造刑事案件破坏国家治安。国家真正需要的人才得不到重用，都是奸邪小人活跃在台上。

韩非子忧心忡忡地向韩王安上书。可是韩王安是死猪不怕开水烫，你上你的书，我接着过我的声色犬马生活。

韩非子贵为韩国公子，看着自己的国家一天一天没落，内心充满了焦虑。战国时，有才华的人一旦官场失意，就会化悲痛为创作灵感，开始著书立说。于是韩非子也开始著书立说，他的文章被后人整理成著名的帝王教科书——《韩非子》。

现在有很多人看《厚黑学》，想从这些书里学习混社会的经验，最好是不仅能让自己不被人算计，还能学会如何算计别人。抱着这样的心态去读书是不好的，尤其是年轻人。其实要论哪本书厚黑功力最深厚，还得数先秦的《韩非子》。

《韩非子》这本书洋洋洒洒十万字，其实里面的精髓就三个字——法、术、势。

不要小看这三个字。如果君王能够领悟这三个字，就可以无敌于天下；如果普通人能参透这三个字，就可以纵横于职场。

法、术、势是韩非子的理论精髓，而这三个字是建立在荀子性恶论的基础之上的。在韩非子眼里，人性本来就是恶的，不要把人想得太高尚，人与人之间的关系就是靠利益维持的。要想把国家治理好，让百姓顺从，让官员忠诚，就必须要学法家。

可是从战国时代开始，几百年来，各国都有著名的法家人物，要学哪一个呢？

韩非子把法家总结出成“法”“术”“势”三个流派。

“法”派代表人物是秦国商鞅。商鞅只讲刑罚，不徇私情，秦国因此快速富强。可是国家富强了，却被大臣用来作为扩张势力的资本。比如魏冉把陶邑作为自己的封国，吕不韦权倾朝野。

“术”派代表人物是韩国申不害。申不害教导君主要让手下的大臣害怕自己，让大臣们永远猜不到君主在想什么。君主不要暴露自己的欲望，大臣就无从讨好君主，更不敢隐瞒自己的错误，君主就能将大权掌握在自己手中。可是“术”也是有危害的，因为它不注重法令，给了奸臣可乘之机。

“势”派代表人物是慎到，他主张加强君主权威，认为只有君主有权威，朝廷才能正常发号施令。

只要将法家的“法”“术”“势”三者合一，国家就可以无敌于天下。

韩非子的理论虽然没有在国内泛起波澜，可是墙内开花墙外香，秦王嬴政对韩非子的理论很感兴趣，于是让人找来了市面上广泛流传的韩非子的文章。

《五蠹（dù）》这篇文章讲，儒士、言谈者、游侠、逃兵、从事工商的人这五类人像蛀虫一样危害国家。

《八经》这篇文章告诉君王：你身边没一个好人，都要提防他们。造成国家动乱的有六种人，母后、妻妾、子孙、兄弟、大臣、显贵。国君面对身边人，一定要抓住权力不放手，不要顾及伦理道德，对待谋反的人要不择手段。

不得不说，韩非子总结得很到位，古代搞政变的就是这六类人。嬴政读完这篇文章后心想，这文章不就是给我写的吗？自己的弟弟成蟜造反，自己的母亲把印玺交给宠臣嫪毐造反，自己的仲父大权独揽……想不到在遥远的韩国，竟然有最了解我的人。

写得太透彻了！

当嬴政看到《孤愤》时，又立刻体会到了韩非子怀才不遇、孤独愤怒的心情。

看完韩非子的文章，嬴政从灵魂深处感叹道：“韩非子就是我的偶像！如果能和偶像见一面，我死而无憾啊！”

就这样，嬴政成了韩非子的铁杆粉丝，已经到了见上一面就死而无憾的地步。每天晚上，嬴政都要看一看韩非子的文章，然后把书恭恭敬敬地放在枕边，才能美美地睡上一觉。

为了追星，嬴政发兵攻打韩国，势必要得到韩非子。嬴政哪里知道，自己是“心动不如行动，激动最后失控”，最终让偶像命丧自己手里。

韩王安：“我招谁惹谁啦？我打不过秦国，派韩非去和谈。”

韩非子作为韩国大使来到了秦国，结果羊入虎口。

有的相逢是喜极而泣，而有的则是你死我活！李斯与韩非子两位老同学的再次相逢，就要了韩非子的小命。

嬴政看到自己的偶像后，热情地接待了他，跟他从早到晚不停地聊，把自己心里埋藏已久的话都说给韩非子听。

此时，李斯的心情那叫一个酸啊。学弟成为秦王的红人后，秦王眼里只有他了。如果照这样发展下去，韩非子肯定是秦国相国的不二人选，那自己还混个屁啊！

战国有一个奇怪的现象，就是学长总爱坑学弟。庞涓把孙膑坑了，而学长李斯为了自己的功名前途，也决定要坑学弟韩非子。

很快，机会来了。

韩非子虽然与嬴政天天在一起侃大山，可也没有忘了自己的使命。他是来和谈的，要说服秦国不要攻打韩国。此时，秦国有一个著名的纵横家叫姚贾，这个人经常代表秦国出使各国，挑拨离间，破坏抗秦同盟。韩非子就故意向嬴政说，姚贾与东方诸侯私通。嬴政一听，立马把姚贾隔离审查，毕竟粉丝对偶像是无比信任的。

后来，韩非子在与嬴政聊天的过程中，无意中得知李斯制定了“先灭韩以振诸侯”的策略。韩非子就对嬴政说：“秦国攻打韩国，赵国必救。赵国比韩国强，赵国才是秦国的心腹大患。所以秦国应该先灭赵国！”

嬴政听完后觉得有道理，就把这意见转告给了李斯。李斯作为与韩非子相处多年的学长，敏锐地察觉到韩非子对秦王的谏言别有目的。趁此良机，李斯要揭穿韩非子的真面目，置他于死地。

李斯在秦王面前驳斥韩非子的言论：“韩国就堵在秦国的家门口，更是秦国东进中原的绊脚石。如果秦国攻赵，齐国必救，那时秦国将对付齐、赵两国。韩国表面老实，其实一肚子坏水，当秦国与齐、赵两国僵持不下的时候，韩国再联合楚国、魏国攻打秦国，那时秦国将被诸侯联军重创，只能退回函谷关。”

聪明的嬴政立刻觉察出了韩非子的诡计。如果换作别人的话，早就人头落地，可韩非子毕竟是秦王的偶像，嬴政并没有要动他的意思。

被限制自由多日的姚贾被无罪释放，吃了多日清汤寡水的他决定报复韩非子。李斯正愁没人和他一起整韩非子，于是两人串通在一起，联名向秦王告发韩非子。

嬴政看到两位重臣面带怒火来到自己的面前，意识到这不是件小事。

两位重臣对嬴政说：“大王，韩非是韩国人，他此行的目的是想挑起我国内部不和，误导秦灭六国的战略决策。韩非是韩国公子，他为自己的祖国也是应该的。如果大王把他放回韩国，他了解我们秦国内部的情况，这会给秦国带来危害，请大王按照《秦律》处置他！”

人在生活、工作中遇到不好的事、不好的人，心里都会埋藏个小火药桶。没有点燃还好，可是一旦有坏人在旁边煽风点火，人心中的怒火定会爆炸。

嬴政之前被亲妈坑，被仲父抢权力，现在连他的偶像都在骗他，这点燃了他的怒火。他虽然喜欢韩非子，但他也公私分明，既然偶像不能为自己所用，那就坚决不能放虎归山。

嬴政：“李斯，韩非子的审讯交你处置。”

李斯假装一脸严肃，内心却狂喜万分。

韩非子被捕，被关在了云阳的监狱。李斯日夜审问韩非子，从精神到肉体折磨韩非子。折磨够了，就该弄死了。李斯捧着一杯毒酒进了牢房，看着已经不成人形的学弟韩非子。韩非子也看着李斯，冷冷地笑道：“我看透了人心的险恶，唯独没有看透你。我现在的一切都拜你所赐，现在你是来送我走的吧？”

李斯：“我心胸坦荡，从无要陷害你的想法。我作为秦王的臣子，就要按照秦国的刑罚来秉公办事。你作为韩国间谍来秦国从事破坏工作，死罪难逃。这是一杯毒酒，你喝了吧，至少能减轻点痛苦。作为同窗多年的老同学，我只能帮你到这个份儿上了。”

韩非子看着眼前的毒酒，又想哭，又想笑。自己有旷世之才，却无处发挥，最后落到被毒死的悲惨地步。死了也算解脱了，于是韩非子将毒酒一饮而尽。

嬴政事后气消了，转念一想，即便韩非子不愿为秦国效力，秦国也可以养着他，没必要杀他，反正又不差他这碗饭。于是他赶紧派人赦免韩非子。

可惜他来晚了，韩非子早已死了。

帝王导师

韩非子是诸子百家里最不得志的人，一生都没得到过重用。唯一能懂他的人只有嬴政，可惜嬴政却是害死他的帮凶。

但不得不说，韩非子确实是嬴政的精神导师。

谁都知道秦国即将统一天下，可是如何管理天下呢？吕不韦的《吕氏春秋》，在嬴政看来就是一锅大杂烩，完全不具备可操作性。而韩非子的文章，却是嬴政统治天下的帝王操作手册。

法、术、势并用，成为嬴政统治天下的制胜秘籍。嬴政尤其看重势，也就是增强自己的权威，让全天下人都怕自己。最后嬴政想出了“皇帝”的尊号，让自己显得神圣不可侵犯。

为了增强自己的君主集权，避免出现第二个吕不韦，嬴政又按照韩非子“宰相必起于州部，猛将必发于卒伍”的理念选人用人。因为这些从基层爬上来的人，既有工作经验又没有背景，对国家有用，而又对君王不构成威胁。

后来，秦在统一天下之后焚书坑儒，其实这也早就写在韩非子的文章里。在《韩非子·诡使》中，韩非子认为，天下的私学和君王不是一条心，而是有“二心”的，所以称之为“二心私学”。如果对“二心私学”不禁其行，不破其群，不散其党，这帮人迟早要犯上作乱。二十年后，秦始皇嬴政就是按照韩非子帝王操作手册的说明干的。

韩非子虽然死了，却活在了嬴政的心里。嬴政不知道该怎么统治天下时，就去韩非子的文章里寻找答案。可以说，秦帝国的设计师不是嬴政而是韩非子！

这个世界亏欠韩非子太多。有人说韩非子是一位顶级的厚黑学大师，把世上所有人看得无比丑恶，会使用各种权谋操控别人。而笔者想说的是，韩非子恰恰是一个正人君子。

韩非子以超越常人的眼光，看破了世间一切丑恶，并且彻底撕下这些丑恶的伪装。韩非子深知世间的恶任何人都无法避免，因此告诉世人该用什么手段去对付恶，君王该用什么手段去驾驭人心中的恶。韩非子的最终理想是国家强盛太平，只有这样百姓才能安居乐业。这和荀子期望的君君臣臣父父子子、秩序井然的儒家礼制社会的目标是一致的，只不过使用的手段不一样。

如果韩非子没死而是混迹官场，能取代李斯位极人臣吗？

可能也是不会的，他看破又说破，这样的人太实在了，绝对混不久。真正厚黑的都是把想法藏在心里暗暗使坏的人，比如李斯。

中国古人给君子定的标准太高，几乎是完美的，可是现实中能有几个人真的达到这种标准呢？所以很多人最后就成了伪君子，伪君子往往比真小人更可怕！

韩非子也算死得干干净净，不像伪君子李斯死有余辜，遗臭万年。

撇开对人性的探讨，从政治学层面来说，《韩非子》是中国古代最牛的帝王教科书，能和它媲美的只有一千七百多年后意大利人马基雅维利所著的《君主论》。

两本书里有很多观点惊人地相似。

马基雅维利认为，人天性就是自私自利，见利忘义，人的一切行为就是为了满足自己的私欲。这不就是荀子的“性恶论”吗？

《君主论》说：“君主要当一只狡猾的狐狸，能认出陷阱；同时还要是一只狮子，能威慑豺狼。”这跟韩非子所提的“术”与“势”异曲同工。

“如果能靠欺骗取胜的话，完全不需要借助武力。”在马基雅维利眼中，国家利益高于道德，这也与韩非子的观点有相似之处。

后世的欧洲政治家都拼命攻击《君主论》，可是他们的身体又很诚实，在实际行动中都是按着马基雅维利所说的去做。所以，中国人在政治学上要比欧洲人早熟，在战国就达到了高峰。

不光政治学，整个思想在战国时也达到了中国古代无人企及的高峰。

胡适先生写了一本著名的《中国哲学史大纲》，可这书只写到战国部分就结束了。按照他的说法，这只是上部，还有下部没写。可是直到胡适死，下部也没有出版。

木心先生说出了这本书没有下部的原因，答案就是十六个字：“春秋以降，哲学从缺。无米难炊，请君原谅。”

早在两千年前的先秦，诸子百家就给中国人构建好了宏大的思想框架，后来的思想家只是在其框架上搭建自己的小房子而已。

贰拾柒

归一

奋六世之余烈

上中学的时候，我们背过一篇课文——汉代贾谊写的《过秦论》。这篇文章读起来恢宏大气，让人仿佛置身于秦统一天下的壮丽时代中。

文章里有这么一句话："及至始皇，奋六世之余烈，振长策而御宇内，吞二周而亡诸侯，履至尊而制六合，执敲扑而鞭笞天下，威震四海。"这句话说直白一点，就是秦国六代君王给秦始皇留下了丰厚的家底，秦始皇在此基础之上统一了六国。

其实嬴政在统一天下的战争中，很少打出什么惊艳世人的战役，很少看见有运用过穿插、迂回、分割、包围、突袭等战术，远不如白起打的那几场歼灭战漂亮。

此时秦国不光在战役上不显眼，在战略上也存在问题。

统一战争前期，秦国在先灭韩还是先灭赵之间摇摆不定；统一战争后期，秦在灭楚时，嬴政抠门只给了二十万人，还用错将领，结果导致二十万人惨遭团灭，最后出动六十万人才摆平。

反观秦昭襄王，他屠宰东方诸侯时是有先后顺序的，先是征讨韩、魏的伊阙之战，接着是伐楚的拔郢之战，最后是狠击赵国的长平之战。一旦确定攻击对象，秦昭襄王可以什么都不顾，直接一把"梭哈"。

长平之战的决战时刻，秦昭襄王孤注一掷，征调河内十五岁以上的男子去前线，每人爵位升一级。要知道，在秦国，十六周岁才会上户口，才有服兵役的义务。

所以秦国灭六国的整个战争过程，给人的感觉就是战略太模糊，方法不对路。这只能怪嬴政一生太顺了，22岁就把所有政敌全部铲除，国家权力集中到自己一人手中，这使他有种迷之自信。

周边诸侯都被太爷爷秦昭襄王打成高位截瘫，就等着自己收拾残局。所以豪横的秦国灭六国时，也不需要高深的战术。秦国如同满肚肥肠的五百斤大胖子，面对骨瘦如柴的东方诸侯，直接一屁股坐死你就是了。

公元前237年，嬴政在位第十年，他刚罢免吕不韦，就着手统一战争。这一年，李斯对嬴政说了一句十分重要的话："先取韩以恐他国。"这句话一直萦绕在嬴政心头。

韩国就堵在秦国的大门口，韩国首都新郑是天下之咽喉。秦惠文王时期，张仪就主张东出中原，一定要拿下韩国。嬴政想用最低的成本拿下濒临灭亡的韩国，于是派李斯游说韩王安，请韩王安来秦国进行友好访问。韩王安也不傻，知道秦国是著名的诈骗集团，去了就会被绑票，所以没有前去。

骗不行，那就来硬的。韩国已经被秦国打成七雄中国土面积最小的，秦灭韩就如同掐死一只蚂蚁。但灭韩国容易，却会招来多国敌对。虽然东方诸侯是散装的同盟，却也是有底线的，他们决不会让其中一国灭亡。

既然灭最弱的会招来救兵，秦国索性就先打大国。只要能打赢大国，其他小国即使救援也没有什么用。

秦国看来看去，还能跟自己对打的就剩赵国、楚国了。赵国首都邯郸位于中原，只要攻下邯郸，秦国将在中原无敌手。而楚国首都现在是寿春，远离秦国，对秦国统一战争不构成威胁。所以秦国先灭赵国，后灭楚国，其他小国可以顺手再灭。

按照这个思路，嬴政十一年，也就是公元前236年，嬴政24岁时，秦国正式对赵国宣战，统一战争拉开大幕。

嬴政没想到，灭赵战争竟然持续了九年，历经五次大战，其中秦国两次惨败。最后因为赵国临阵换将、国力不支，秦国才获得胜利。

第一次秦攻赵战争，赵国正好在攻打燕国，赵军主力全在燕国境内，秦国占了一个大便宜。秦军兵分南北两路，南路由桓齮（yǐ）率领，攻占安阳、邺城；北路由王翦率领，攻占阏与。

两路大军攻占赵国九座城池。此时赵悼襄王突然病死，赵王迁继位。就在赵国生死存亡之际，魏国无意中帮了赵国一把。

魏国主动找秦国当大哥，希望大哥和自己一起攻打楚国，掠夺来的土地哥儿俩一起分。年轻的嬴政缺乏经验和定力，经常想一出是一出，他觉得与魏国一起干掉楚国可以省不少事，于是派人与魏国进行磋商。可这事最后不了了之，秦国耽误了整整一年，给了赵国喘息的机会。

公元前234年，嬴政发动第二次攻赵战争。桓齮率领秦军在平阳大战赵军，斩首十万！

自从长平之战后，赵国全国精壮将士都已被埋入长平黄土，已不再是可与秦国正面硬刚的北方雄狮。被桓齮歼灭的十万赵军，已是赵国砸锅卖铁、掘地三尺拼凑出来的军队。

眼看秦军即将进逼邯郸，赵王迁决定动用撒手锏。

李牧死，赵国灭

赵武灵王为应对凶悍的北方游牧民族，在北方修建了赵长城，还一手打造了胡服骑射骑兵军团。由于承担着保卫华夏文明的巨大防务压力，这支骑兵军团一直在镇守长城。

赵武灵王离去后，这支驻守在长城沿线的骑兵军团不断增加附属兵种，如车兵、步兵、弓弩手。此时，它已经变成汇集多兵种的复合军团，我们称它为长城军团。

统领这支长城军团的将领叫李牧，驻扎在雁门郡。作为前线总司令，李牧权力很大，可以设置官吏，征收当地赋税用作军费。骑兵出身的他亲自教授官兵骑射，每天杀牛给官兵吃，还经常下基层视察前线烽火台。这样的将领，深受官兵们的喜爱。

对经常来骚扰的匈奴骑兵，李牧并不主动攻击。他让守军用烽火报警，一旦收到匈奴来犯的消息，立刻收拢将士固守堡垒。匈奴骑兵也拿龟缩在堡垒后的赵军没有办法，几年下来，赵国百姓没有遭到任何损伤。

老是躲起来，让人感觉他很胆小，赵国大臣开始向赵王弹劾李牧。正所谓众口铄金，人言可畏，李牧很快就被罢官。李牧前脚刚走，匈奴骑兵后脚就来进犯赵国边境。赵军主动出击，多次失利，损失惨重，边境附近的赵国百姓深受其害。赵王只有请李牧重新出山。

李牧说：“出山可以，但是国君必须答应，我在前方指挥，后方不得干预！”

赵王：“好的，没问题。”

李牧来到雁门郡后，还是不主动出击，反而决定把匈奴骑兵放进来。

有人会问，为什么不主动出击，反而要把匈奴人放进来呢？这就不得不提匈奴骑兵的打法，用一句话来概括，就是“利则进，不利则退，不羞遁走”。意思是，战局对自己有利，则进攻；如果对自己不利，则撤退；如果打不过，就撤走，而并不因此感到羞耻。

如果赵军主动出击，未必能擒住匈奴主力，多半会徒劳无获，还不如把敌人放进来，打一场伏击战。

李牧所在的雁门郡有险峻的雁门山，匈奴骑兵进入雁门山只能走山谷，一旦进入山谷，再强的骑兵也无法展开机动作战。

为了全歼匈奴骑兵，李牧调集了骑兵一万三千名、战车一千三百乘、步兵五万人、弓弩兵十万人！

为了引诱匈奴骑兵，李牧故意放大量的牲畜在边境。匈奴骑兵一看有大肥肉送到嘴边，哪有不抢的道理？而赵国部队则象征性地抵抗了一下就撤走了。

匈奴骑兵从来没有见过如此众多的牲畜，而且竟然没有赵军阻挠，他们立刻呼朋唤友，匈奴主力也闻风而来。十万匈奴骑兵放开胆子，迈开步子，越过赵长城，深入雁门山。

匈奴大军抱着打劫致富的目的来到赵国腹地，可是他们没想到的是，这次行动他们算是上了死亡黑名单。

无论你骑术有多高超，有多么灵活机动，只要进入山谷，连掉个头都费劲。当十万匈奴大军进入雁门山后，李牧下令收起包围圈的口袋。弓弩兵站在山头朝山谷里射箭，匈奴骑兵就成了活靶子，没死的也被步兵拉下马来砍死。有些匈奴骑兵侥幸冲出包围圈，才发现还有赵国战车与骑兵在等着他们！

就这样，十万匈奴骑兵被李牧全歼。匈奴被吓破胆了，本来自己人就不多，再和李牧对打下去，恐怕就要灭族了。此后，匈奴十年不敢骚扰赵国边境。

秦国第二次攻赵势如破竹，远在赵长城的李牧立刻抽调长城军团回师救援邯郸。

桓齮此时正在向邯郸方向前进，他原本以为拿下邯郸指日可待，但没想到秦军走到肥下时，正与李牧南下的长城军团遭遇，一场大战就此爆发！

这支雄踞赵国北方的长城军团，曾经连秦昭襄王都对其感到惧怕。但无论长平之战还是邯郸之战，这支部队始终没有南下。而此次赵国已经无兵可用，又没有外国援军，生死关头，全靠长城军团！

长城军团的将士可是天天与魔鬼般的匈奴骑兵过招的，战斗力逆天的他们打得匈奴不敢南下，这支劲旅即将告诉秦军，谁才是战国最强兵团！

虎狼般的秦军与赵国长城军团一交手，就立刻败下阵来，被打得溃不成军。桓齮刚收拢败军，长城军团又如幽灵一般出现在自己眼前，已无战斗意志的秦军惨遭赵军屠戮。

挽救赵国一命的李牧成为万众瞩目的英雄，赵王迁封李牧为武安君。可惜武安君可以说是战国最晦气的称号，之前的苏秦、白起也都是武安君，谁用谁倒霉，没一个好死的。

此次秦国大败，让嬴政彻底震惊。战无不胜的秦军会遭受如此惨败，嬴政自己也不得不做出深刻反省。第一次大战胜利是南北两路夹攻赵国，而这一次自己只出动了南路大军，可见战略是有问题的。

但是对秦国来说，一次进攻不能灭赵，那就来两次；两次不行，那就来三次，反正我体胖腰圆，耗得起！

公元前233年，嬴政发动第三次攻赵之战，主帅依然是桓齮。

本来桓齮的内心无比痛苦，因为之前李牧的出现让他患上了恐赵症。但老天还是眷顾桓齮的，李牧上次打退秦军之后，就率军赶回赵长城驻守了。此次桓齮发挥还是不错的，顺利地拿下了武城、平阳、宜安。

然而，就在桓齮超常发挥的时候，韩非子正好来到秦国。韩非子鼓吹秦国主攻赵国，而李斯向嬴政揭露了韩非子的间谍身份。年轻的嬴政心想，越是敌人期望的，就越不能做。韩非子越是希望秦国攻赵，秦国越是不能攻。于是，秦国暂缓攻赵。

后来，韩非子死了，嬴政转念一想，觉得攻打赵国的决策还是对的。公元前232年，秦国出动南北两路大军，第四次攻赵。

李牧作为赵国的救星，再次大发神威，一举攻破秦国北路军，接着又直扑秦国南路军。桓齮一看克星李牧来了，生怕自己给他送人头，直接当了逃兵，潜逃去了燕国。

不过，虽然秦国四次失利，可是对于这个超级大国来说，这点损失也算不上什么。反倒是赵国被打得快支撑不住了，只能靠北方长城军团续命。

公元前231年，韩王安看见旁边的赵国被打得几近休克，自己也随时有亡国的危险。为了保命，韩王安向秦国献出南阳的土地。

嬴政命令内史腾以接受南阳为幌子，顺手灭了韩国。韩王安原本以为秦军是来接受土地的，没想到他们直接就来灭国了，毫无招架之力的韩国被秦国瞬间吃下。

东方六国已灭一国，韩国作为秦国灭赵的绊脚石，现在也没有了，嬴政可以放手进攻赵国了。

公元前229年，老天爷不断加害行将就木的赵国。这一年赵国接连发生了大地震、干旱、饥荒，一连串的天灾加上此前连年的战争，赵国都不用秦国打，自己已经要崩盘了。

嬴政见到天赐良机，第五次出兵赵国。秦军这次依旧是南北两路打法，李牧的北方长城军团也再次南下。

这一次，李牧的对手是与他同为战国晚期四大名将的王翦。王翦的打法偏保守，与廉颇很像，在获得绝对优势前绝不主动攻击，而是倾向于通过消耗战来耗死敌人。

王翦仗着秦国强大的国力与李牧搞起了对峙，这一对峙就是一年。此时赵国已经无法支撑长期的消耗，赵王迁希望李牧速战速决。可是李牧知道，王翦始终龟缩不出，贸然冲向秦军壁垒无异于送死。无论赵王迁怎么催，他就是不听。于是赵王迁动起了临阵换将的念头。

据史书记载，秦国收买赵王迁身边的宠臣郭开，造谣李牧谋反，赵王迁便杀害了李牧。

这一幕，和长平之战赵孝成王换将的场景是多么的相似啊！但是仔细思考，如果靠造谣就能让敌军换一员大将，那全天下诸侯都别打仗了，都去造谣吧。

其实，赵王迁杀李牧的背后是有深层次原因的。

第一，赵国已不复当年能在长平与秦国对耗三年的国力。李牧与秦军对耗的打法，无疑是在不停地放血，如今赵国经济濒临崩溃，已无力支持这种打法。

第二，李牧触怒了赵王迁的逆鳞。赵王迁要求李牧交出兵权等待发落，李牧在大敌当前的情况下拒绝交出，这一点就让赵王迁动了杀意。当年长平之战也是大敌当前，赵孝成王让廉颇交出兵权，廉颇就立刻交出。如今你李牧拒绝交出兵权，难道是想谋反？赵武灵王被困死在沙丘宫的惨案，对每一任赵王来说都是前车之鉴，赵王对于兵权问题分外敏感。

李牧被处死后，王翦立刻向赵国长城军团发出凌厉攻势。李牧是长城军团的灵魂，他死了，军团的魂也就没了，从未失败过的赵国长城军团彻底被打垮。

赵国虽是北方大国，可也架不住被秦国巨人连打五次。公元前228年，邯郸城陷，赵国灭亡，赵王迁被俘。赵国公子嘉率领残存势力逃亡代郡，自称代王。数年后被秦国灭掉。

李牧死，赵国灭。

但是，即使李牧不死，也难以挽救赵国灭亡的命运，死了也算是保住了自己的一世英名。

李牧是一个性格耿直的职业军人，他眼里只有国家的安危。他并没有败在战场上，而是败在了赵国远不及秦国的国力上。

战国后期有四大名将，号称“起、翦、颇、牧”。如果要给这四个人做个排序，李牧能排第二。白起歼敌一百多万的战绩无人能敌；廉颇在长平之战中始终不与秦军正面交锋，而秦军主帅王翦又不敢与李牧正面交锋，只敢在李牧被杀后才攻击赵军。能全歼秦军大兵团的李牧绝对排得上战国后期四大名将第二名。

不靠谱的刺杀行动

当年邯郸保卫战时，赵人本想杀掉人质嬴政和他的母亲。现在已是秦王的嬴政没有忘记仇恨，秦军攻入邯郸后，嬴政下令把那些曾经欺负过他的赵人全部处死。

北方强国赵国已经被秦国所灭，此后秦国在北方再无对手了。

然而诸侯中实力最弱的燕国为了保命，干了一件疯狂的事。

燕国作为战国七雄里实力最弱的国家，虽然在燕昭王时期雄起了一回，但是很快回归到老末位置。

之前赵国历经长平之战、邯郸保卫战，国力消耗巨大，大部分青壮年战死。燕国想趁机抢占赵国土地，出兵二十万，结果被廉颇率领残存的赵军打得大败。廉颇打顺手了，还一度深入燕国境内包围燕都，逼得燕国只好割让五座城池给赵国。燕国也再次扛起了“七雄之耻”的称号。

燕国连元气大伤的赵国都打不过，更何况虎狼之师的秦国。燕国上下一想到即将被秦国吞并，所有人都陷入了失眠焦虑。

在巨大的压力之下，燕国太子丹决定干票大的，来个斩首行动，直接干掉嬴政，这就有了荆轲刺秦王的故事。

值得注意的是，嬴政与太子丹二人曾经熟识，还是好朋友。

嬴政早年在赵国当人质时，碰巧太子丹也在赵国当人质。两人都是人质，很快就玩到了一起。后来嬴政成为秦王，太子丹就到了秦国做人质。没想到嬴政成为秦王后，对太子丹的态度来了个一百八十度大转弯，对曾经的好友爱搭不理。太子丹十分气愤，逃回燕国，从此两国正式绝交。

要执行斩首行动，就要找到合适的刺客。这个刺客首先要有必死的决心，因为刺杀秦王的行动无论成功与失败，刺客都会被秦人剁成肉酱。

上哪儿去找这个不要命的刺客呢?

燕国有一个叫田光的人，结交各路豪杰，人脉极广，于是太子丹找到田光，问他有没有合适的人选。

田光想了想，身边还真有这样一位剑客，正是荆轲。

荆轲是卫国人，平时爱读书、击剑。作为一个武侠爱好者，他总想找人比画比画。于是荆轲找了两位名震武林的剑客，结果被两位高手弄得十分难堪。

有一次，荆轲路过榆次，碰巧闻名天下的剑客盖聂在此，荆轲就慕名而来，与盖聂讨论剑术。

盖聂一开始以为荆轲也是位剑术高手，可是他越聊越发现不对劲：怎么荆轲对剑术的见解乱七八糟，分明是野路子啊！

于是盖聂朝荆轲怒目而视。荆轲感到有一股剑气直冲向自己，他见势不对就赶紧走了。

在一旁听盖聂与荆轲谈论剑术的人，觉得聂盖做得有点过分："盖聂，毕竟人家是客人，你把客人吓走了多不好。"

"我刚才和那人谈论剑术，他完全是在瞎说，所以我用眼睛瞪他。你去找他吧，他应该逃走了。"

劝盖聂的人去找荆轲，发现荆轲果然逃走了。

既然理论不行，那就实践吧。荆轲路过邯郸，听说著名剑客鲁勾践在此，决定找他切磋武艺。结果鲁勾践发现荆轲的剑术底子太差，不讲究路数。

鲁勾践："你的招式不对呀！谁教你的？"

荆轲："关你什么事？"

鲁勾践："我让你看看什么是真正的剑术！"

荆轲二话不说又赶紧跑了。他把两位剑术大师都得罪了，要不是跑得快，真要领教剑术的终极奥义。

后来荆轲来到了燕国，在街头与一个叫高渐离的人成了死党，两人经常在一起喝酒。酒喝多了，高渐离就开始击筑唱歌，两人唱着唱着就放声大哭。

田光看到这个荆轲不是喝得酩酊大醉，就是在探讨剑术，觉得这样的人要么是在装样子，要么就是世外高人。于是田光把荆轲当作自己的好友，荆轲需要什么就给他什么。

终于有一天，田光找到荆轲，对他说：“太子有一份重要的事情托付我，可是我老了，干不了。我找到你，希望你来完成。这涉及国家机密，为了保密，我马上自杀。你见到太子后，就说我已经死了。”

说完田光自刎而死。

虽然荆轲剑术不怎么样，但是行走江湖多年，行侠仗义是他的基本信条。于是荆轲带着田光的嘱托求见太子丹。太子丹没想到田光会牺牲自己，他听说田光死了，立刻跪倒下来痛哭流涕。

太子丹看着眼前站着的荆轲，心想，这是田光推荐的武林高手，一定有盖世武功，刺杀秦王的事就靠他了。

只听“扑通”一声，太子丹跪在荆轲面前，磕头如捣蒜。荆轲没想到一个诸侯国的太子会向自己行如此大礼，不禁大吃一惊。

不过他不知道，太子的大礼可不是白行的，是要你拿命去回报的！

“秦国攻打赵国，赵国灭亡只是时间问题，接下来就轮到我们燕国了。我们燕国实力弱小，无法与强秦对抗，只能铤而走险，派一位壮士假扮使者，在秦国大殿上劫持秦王，逼他归还侵吞的土地，如果他不同意就趁机杀了他。那时秦国内部一定大乱，东方诸侯联合起来，就能打败秦国！”

荆轲听完后心彻底凉了，这是有去无回的刺杀行动啊：“我荆轲能力有限，这是国家大事，恐怕我无法胜任。请太子另找他人吧。”

太子丹又开启了磕头模式，荆轲转念一想，既然太子如此器重我，作为一位大侠，我不能见死不救。于是，荆轲在没有经过任何武功考核的情况下，成了一名刺客。

太子丹拜这位不怕死的大侠为上卿，天天好酒好肉伺候着，美女侍奉着。可是过了一段时间，荆轲人都胖了，也没见到他有刺杀秦王的意思。此时赵国已被秦国攻灭，秦国大军兵锋直指燕国，再不行动就来不及了。

太子丹催促荆轲赶紧行动，荆轲回答：“太子，我明白你的意思，可是我想要接近秦王，一定要有让秦王感兴趣的东西。”

太子丹：“什么东西？”

荆轲："樊於期的人头和燕国督亢之地的地图！樊於期是从秦国叛逃到燕国的将领，秦王重金悬赏要他的人头，而且秦国对燕国督亢之地垂涎三尺。"

据考证，樊於期其实就是先前的秦国将领桓齮，这两个名字在古代读音接近。

荆轲来到樊於期的住所，开门见山地对他说："樊将军，秦王对你太狠了。你逃到燕国后，他杀了你全家，还重金悬赏你。你打算怎么办？"

樊於期一边流泪一边说："没办法啊！"

荆轲："我有一个办法。太子命我刺杀秦王，我想借将军的人头一用。届时，秦王看到将军的人头，一定会想就近看一看。那时，我抓住秦王的衣袖直刺秦王，将军的大仇就报了！"

樊於期听完就自刎而死。荆轲趴在樊於期的尸体上痛哭一阵，然后取下了他的首级。

有了人头、地图，就要准备合适的武器。暗杀最好使的就是匕首，小巧，便于隐藏，而且一旦扎中人体非死即伤。

赵国有一位著名的武器铸造大师叫徐夫人，太子丹派人花重金在徐夫人那里专门定制了一把全天下最锋利的匕首。匕首买回来后，太子丹专门找人将毒药淬在匕首上。人身上要是被这匕首划上一道，哪怕只是破点皮也会立即死亡。

同时太子丹还给荆轲配了一个副使，叫秦舞阳。秦舞阳十三岁就杀过人，没人敢正面看他。

一切准备妥当之后，荆轲就该上路了。

太子丹率领自己的宾客来到易水送行，高渐离也随同一起前来。高渐离一边击筑一边唱道："风萧萧兮易水寒，壮士一去兮不复还！"很多送行的人流下了眼泪。

荆轲带着樊於期的人头和地图来到秦国。嬴政身穿隆重的华服，举行了盛大的九宾仪式，在咸阳宫召见燕国使者。

荆轲捧着樊於期的人头，秦舞阳抱着地图，按照主、副使的顺序依次朝见秦王。秦舞阳从未见过世面，见到秦王宫如此大的阵仗，脸色变得煞白，浑身直打哆嗦。

大殿上的秦国大臣问荆轲这是怎么一回事。荆轲笑嘻嘻地说："秦舞阳从未见过世面，请大王多包涵！"秦国大臣们都哈哈大笑起来。

接着，荆轲对秦王说："我给大王带来两份礼物，一份是樊於期的人头，一份是督亢之地的地图。"

嬴政听说后极其开心，让荆轲赶紧把地图呈上来。

荆轲接过秦舞阳手中的地图，在秦王面前缓缓展开。他一边介绍，一边手指着地图，嬴政则聚精会神地观看地图。

当地图展开完毕，就露出了一把锃亮的匕首。

图穷匕见，嬴政大惊失色。荆轲抓住嬴政的衣袖，拿起匕首直刺他的胸膛。但嬴政立刻挣脱，荆轲只拽断了他的衣袖，于是荆轲手里拿着匕首追着秦王跑。惊慌失措的嬴政想拔出剑自卫，可惜剑太长，拔不出来。拔不出剑的嬴政只能绕着柱子跑，后面的荆轲在拼命追。

大殿上的大臣们都吓傻了。根据秦国法令，大臣上殿不得佩带武器，所有侍卫武官也只能在殿外守候，此时喊殿外侍卫已经来不及了。

就在嬴政命悬一线的时候，大殿上的医官夏无且用药袋击中了荆轲的脸。满脸药粉的荆轲根本看不清路。有人大喊："大王，把剑转到身后！"嬴政经人这么一提醒，立刻将剑转到身后，然后一把抽出，砍断荆轲的左腿。

荆轲瘫倒在地，他将匕首扔出，可惜没有击中嬴政。嬴政看见荆轲没了武器，就拼命击砍荆轲，荆轲身负八处剑伤。

浑身是血的荆轲用尽全身力气靠在柱子上，两腿张开，朝着秦王。这种坐姿叫"箕坐"，在当时是很不礼貌的。

荆轲朝着秦王大笑："大事没成，是因为我想活捉你，让你签订和平条约。"其实这是荆轲对自己行刺失败的一种说辞。他当初一手抓住嬴政的袖子，一手直刺，这就是要人性命。

殿外的侍卫冲了进来，乱刀结果了荆轲。事后，嬴政奖赏了夏无且，赏赐他黄金二百镒。

鲁勾践听说荆轲刺杀秦王的消息后，感叹道："可惜啊，荆轲的剑术不讲路数，我之前对他也不是很了解。过去我训斥他，以为我和他不是一路人。但没想到他竟然做出刺杀秦王的壮举。”

荆轲刺秦王的故事讲完了。故事里有一处关键点，就是嬴政的剑为什么拔不出来。

这里不得不讲讲战国时人是怎么佩剑的。读者如果有兴趣，可以去仔细看看兵马俑里一号铜马车上的御官俑。他的佩剑方式叫“璏（zhì）式佩剑法”，璏是专门用来系刀剑的玉质剑鼻，剑柄装上璏后，用腰带穿过，系于腰间。你会发现，御官俑的剑长占到了他身高的一半。由于他是负责驾车的，为了不妨碍驾驶马车，他就把剑放置于腰后。

先秦出土的文物，剑通常都是放置于人腰的左侧。而兵马俑出土的铜剑，很多长度接近一米，想直接拔出来是很难的。由于剑可以在腰间活动，拔剑时就需要将剑往后引，增加手臂的活动范围，这样才能拔出来。

璏式佩剑法

不管最终结果如何，还是得敬佩荆轲慷慨赴死之决心。

公元前226年，大难不死的嬴政命令王翦攻打燕国，十月攻下燕国首都蓟。燕王喜与太子丹逃亡辽东，燕王喜迫于秦国压力，杀了太子丹并将首级送到了咸阳。五年后，燕国被秦所灭，燕王喜被俘。

四海归一

秦军在攻下蓟后，又把兵锋对准了魏国。公元前225年，秦将王贲率领大军攻打魏国。

在一马平川的中原大地上，魏国无险可守，只能集中兵力守卫大梁城。大梁城可是当年魏惠王建造的天子之都，城坚粮足，要想攻下大梁城必然要死伤很多。

秦国国力雄厚，既然人力难以攻克大梁城，那就借助大自然的力量，搞个水利工程。

秦国最不差的就是水利专家，无论是修建郑国渠的郑国，还是修建都江堰的李冰，都在秦国办事，就连秦将白起也曾用大水淹死过楚军。王贲作为秦国将领，自然也会用水攻。

大梁城旁边有黄河，王贲命人掘开堤坝，汹涌的黄河水形成了规模恐怖的黄泛区，直奔大梁而来。大梁城被泡在水里长达三个月，城里很多人只能抱在树上或趴在屋顶上求生。城里瘟疫横行，病死、饿死的人不计其数。

长期被水浸泡，大梁城终于出现了垮塌。秦军划着小船，荡起双桨，杀入大梁城中，魏王假被杀，魏国灭亡。

秦国要灭的国家只剩下楚、齐。

用两种动物分别形容这两个国家，一个是牛，一个是猪。

楚国实力不及秦国，可它的大国地位从春秋到战国一直没有动摇，这么牛的楚国，什么风浪没见过？而齐国自从再次复国后，就抱着不结盟的政策，对于其他诸侯国的相继覆灭全当没看见，一副死猪不怕开水烫的样子。

死猪已经生无可恋，不存在任何威胁。楚国作为重点对象，得到了秦国的重点照顾。

公元前226年，秦国轻松地攻占楚国十座城池。嬴政感到战争好顺利呀，于是准备一举灭楚。

嬴政想低成本拿下楚国，他知道王翦与王贲这对父子的打法是“一屁股坐扁法”，这种打法需要强大的兵力，成本太高。于是嬴政想到一颗冉冉升起的将星，他叫李信。

李信曾经在灭燕战争中崭露头角。秦军攻占燕国首都蓟后，燕王喜与太子丹逃亡辽东。李信率领几千人的骑兵部队一路狂飙突进，抢先赶到衍水将燕王喜与太子丹截住。燕王喜万万没想到秦军会追上自己，为了活命，燕王喜命人斩杀了太子丹，将人头送给了李信，自己则逃之夭夭。

只带几千骑兵就敢深入敌人腹地，李信胆大敢闯的性格深受嬴政的喜爱。

嬴政制定灭楚的计划时，专门把李信与王翦喊了过来。

嬴政：“李信，你觉得灭亡楚国要多少人？”

李信不假思索地说道：“二十万！”

嬴政又问：“王翦，你觉得灭亡楚国要多少人？”

王翦沉思了良久：“六十万！”

秦王暗自吃了一惊，六十万人，那可是长平之战秦军动用的兵力，这么多兵力得消耗多少资源啊？虽然秦国很有钱，但也得省着花呀！

于是秦王大手一挥，抽出二十万兵力交给了李信灭楚。

如果李信要灭的只是普通小国，二十万兵力绰绰有余；可如果要是灭楚国，这点兵力显然是不够的。楚国虽然已不是当年的南天一霸，可瘦死的骆驼比马大，凑个几十万兵力还是没问题的。

而且楚国的将领段位也比李信高，他就是西楚霸王项羽的爷爷——项燕！项燕有一个牛气冲天的孙子，他自己的实力也非同凡响。项家世世代代在楚国为将，个个能打。

公元前225年，李信作为主力，蒙武作为策应，秦军兵分两路攻打楚国。

楚军统帅项燕并没有与秦军硬碰硬，而是选择进攻秦国后方。

当李信与蒙武在楚国左突右杀的时候，秦国传来紧急军情：南郡被楚国围攻。南郡可是秦军进攻楚国的后勤基地，负责向深入楚国的秦军源源不断地输送补给。

李信立刻率领秦军主力回师救援。他哪里知道，项燕攻打南郡只是个幌子，其真正目的是捕捉秦军主力，伺机歼灭。

由于项燕主场作战，关于李信行动踪迹的情报能源源不断地送到他那儿。李信就在浑然不知的情况下，被项燕尾随了三天三夜。到了夜晚，秦军全部进入梦乡后，楚军发动突袭。当晚，楚军攻破秦军两个堡垒，杀死七个都尉，李信大败而归。

孤军深入的蒙武见李信大败，立刻撤军回国。

李信大败，嬴政异常震怒，立即撤了李信的职位。

年轻人靠不住，看来还得老将出马。

嬴政放下身段，主动前往王翦的家里承认错误，并且满足老将军六十万大军的要求。

王翦又向嬴政要了很多田宅，他说自己打了一辈子的仗，想给子孙留点产业。嬴政大手一挥，只要你能帮我吞并楚国，田宅要多少给多少！

王翦身边的心腹将领问他，出征前向国君要不动产，这样做是否过分？王翦说："大王生性多疑，现在秦国六十万大军交到我手中，他万一对我不放心，那我的下场可就惨了。为了打消大王顾虑，我故意多要些不动产，让他以为我是贪恋财物、没有志向的人。"

公元前224年，王翦率领六十万大军发动灭楚战争。楚国也毫不示弱，全国总动员，出动四十万大军迎战秦军，由项燕统率。

王翦先是攻占楚国陈至平舆一线，随后立刻停止进攻，就地驻扎修筑堡垒。项燕最擅长的是打运动战，后来他的孙子把他的风格发挥到极致，而他最不擅长的就是打攻坚战。

六十万秦军躲在修好的防御工事后面，四十万楚军只能干瞪眼。王翦的战术很明确，就是不与你硬碰硬，反正我秦国财力雄厚，耗上个一年半载没问题。而楚国国力弱于秦国，耗上一段时间，四十万人的后勤补给绝对能拖垮楚国。

急于速战速决的项燕不停地挑衅秦军，可是秦军就是坚守不出。随着时间一点一点地流逝，吃好喝好的秦军日夜操练，而楚国的后勤补给越来越困难。楚军的处境像极了长平之战中的赵军。

两军僵持很久之后，四十万楚军的补给已经开始吃紧。项燕决定在后勤崩盘之前，率楚军赶紧撤离战场。

当项燕下令撤军的时候，王翦瞅准时机，下令全军追击。

正处于撤军途中的楚军连阵型都没能展开就被秦军直接冲散，项燕在乱军之中战死，楚军主力被击溃。

秦军兵锋直指楚国首都——寿春（安徽淮南市寿春县）。说来楚国也挺惨的，自从老家郢都丢失后，楚国就将首都迁到了陈。可是陈离秦国还是太近，楚国又把首都迁到了寿春。

公元前223年秦军攻入楚国寿春，俘虏楚王负刍。这时，嬴政的一位老朋友来到楚国，被楚人拥立为楚王，他就是昌平君。

昌平君曾在嬴政平定嫪毐之乱中发挥了重要作用。作为秦国外戚的他原本可以在嬴政身边过着富贵生活，可他始终没有忘记自己身体里流淌着楚人的血。他决定回到楚国，为了自己的祖国而战。

可惜势单力薄的昌平君哪里是秦军的对手，王翦像掐死一只蚂蚁一样，轻松消灭了昌平君的抵抗势力。

楚国亡了，天下只剩下秦国和齐国。

齐国一直不想也不敢参与对抗秦国的合纵活动，当秦国一个一个灭掉诸侯国时，齐国就像一只鸵鸟一样把头埋进土里，全当看不见。

齐国："你看不见我！你看不见我！"

秦国一脚把齐国踹倒在地，说："把头露出来，我要宰了你！"

公元前221年，嬴政命王贲攻打齐国。

齐王建知道楚国这样的大国都被灭了，自己被秦国灭掉就是板上钉钉的事。

为了活命，齐王建开了一个脑洞：他决定主动前往秦国，向嬴政诉说自己的一片真心，甘当秦国的属国。

结果他半道被大臣们劝阻。所有人都觉得齐王建想法不靠谱，去了秦国，就是肉包子打狗有去无回。算了，还是拼老命吧。

齐国自从复国后，国力孱弱，动员出的兵力不多，只能集中使用。齐国四面漏风，敌人可以从任何一个方向攻击齐国。

秦国在西边，齐国在东面，秦国进攻齐国多半会从西往东走，于是齐国高层决定赌一把，把主力部队部署在西边。结果秦军竟然从北面突入齐国，齐国灭亡！

公元前770年，周平王东迁洛邑后，天下有数百个大大小小的诸侯。

公元前221年，嬴政统一六国，四海归一。

大国小民

公元前224年，秦历二月，公历五月，天气逐渐热了起来。

秦军部队正浩浩荡荡地开往淮阳。部队里的很多士兵自从被征调入伍后一直没有回过家乡，他们身上还穿着从家里带着的厚厚冬衣。

士兵们一边擦汗一边往前走，六十万名将士汇聚成了一台恐怖的战争机器，正在摧毁具有八百年历史的楚国。

到了晚上，夜深人静，温度降了下来，爽快的凉风吹拂着士兵们稚嫩的面庞。

一对隶属于不同部队的兄弟晚上凑到一起。他们靠在熊熊燃烧的篝火旁，哥哥黑夫借着篝火的亮光在一块木牍上写起家书，弟弟惊则在一旁看着。

黑夫工工整整地用笔在木牍上写着字，字体虽是小篆，却带点隶书的味道。每行二三十个字，译文如下：

> 二月辛巳日，黑夫和惊向衷（衷是黑夫和惊的亲兄弟）问好，母亲身体还好吧？黑夫和惊一切都好。前几天黑夫与惊由于执行不同任务，短暂分开了，现在又聚在了一起。
>
> 黑夫托益给家里捎封信，请母亲给黑夫寄些钱来，顺带把夏天穿的衣服一起寄来。
>
> 母亲收到信后，请看一下老家安陆（今湖北省云梦县）的丝布价格是否便宜。如果便宜的话，还烦劳母亲多买些布料，做成天气暖和时穿

的衣服寄给我们兄弟俩，再寄些钱来。

如果老家安陆的丝布价格贵，就请母亲将钱寄来，我们在当地购买衣服。

黑夫和惊的部队正在奔赴淮阳前线，楚人占据淮阳发动叛乱。可是这座城池久攻不下，不知道自己会不会受伤，希望母亲给黑夫的钱不要太少。

衷收到这封信后，请一定给我回信，告知我和惊给家里争取的爵位官府有没有分发。如果没有分发，请告诉我这一情况。

对了，王得他怎么样了？相家爵送走了吗？相家爵的衣服与书信是否寄到南军了？

请母亲和衷代我俩向姑妈、康乐孝须姐姐和故术大姑一家问好。请母亲和衷代我俩向东室季须姐姐问好，问她是否身体健康。请母亲和衷代我俩向婴记季问好，问他办的事情是否确定了。请母亲和衷代我俩向夕阳吕婴和里阎诤两位老者问好。

惊新娶的媳妇娶还好吧？儿媳妇要尽量照顾老人，不要和长辈发生矛盾。

黑夫写完信后，对着木牍注视了良久。他转手把木牍交给弟弟惊过目，看有没有什么要修改的。弟弟惊看着木牍，不一会儿就哭了起来。

哥哥黑夫拍着弟弟的肩膀，和蔼地说道："我们不是第一次为国出征了，哭啥呀？"

惊："想家人了，也想新娶的媳妇娶了。"

黑夫："好好活着，多立战功才是真的！"

说完，黑夫拿起木牍放入一个布袋子中，然后用绳子扎好，写上地址与收件人，交给了军中负责驿传的益。益拿到黑夫的信后，放在身后不同的大袋子里。

黑夫："请问益，寄回到老家安陆要多长时间？"

安陆到淮阳路程400公里左右。益回答："十天左右！大家都是安陆人，信件不会丢的。”

黑夫：“拜托您了。”

益：“大秦驿传，使命必达！”

接着，益将身后的包裹按照安陆不同的地址进行分包。第二天，益把包裹交给驶往安陆的驿传马车。

秦国引以为傲的驿传，就是古代的邮政系统。“驿”是用马传递信件包裹，“传”是用马车运送信件包裹。如果是短距离传送信件还有亭邮，就靠两条腿。

秦国每隔三十里就设有一个驿站，里面有更换的马匹、食物，还可以住宿。如果遇到十万火急的军情，投送军事急件时可以日行千里。

黑夫与惊继续踏上征途。可是过了快一个月，楚人在淮阳发动的叛乱已经被平定，兄弟俩还是没有看到老家寄来的东西。

到了晚上，黑夫与惊在淮阳城内又聚在一起。四周都是残垣断壁，尸首无人掩埋，空气中散发出浓烈的恶臭味。在黑暗隐蔽的角落里，还躲藏着负隅顽抗的楚人。

黑夫之前已经给家里写了一封书信，现在不好再次催促，只能让弟弟惊执笔写信。

惊：“哥哥，我的字不好看，而且写得语句又不流畅，比较乱。”

黑夫：“没事，弟弟你就写吧。”

于是惊在黑夫的注视下，在木牍上写下了第二封家书，译文如下：

惊向衷问好，母亲的身体还好吗？家里大人小孩都还好吗？母亲走路吃力吗？

我现在和哥哥黑夫同住在一起，经过一场恶战，我俩都安然无恙，请家里人放心。

现在我俩最缺的就是钱和衣服，希望母亲赶紧寄给我们五六百钱，二丈五尺的好布。我俩问垣（yuán）柏借的钱即将花完，家里再不寄东西过来，我俩就要死了，急急急急！

我的新婚妻子娶还好吧？作为儿媳妇要孝敬家里的老人。

惊在外征战远离家乡，恳请衷嘱咐我的妻子娶，不要去太远的地方砍柴。

惊还听说，秦国新攻占楚国的地方人烟稀少，当地很多楚人都逃跑了，那些人都不认同秦律。

请家人去家里的祠堂为我和哥哥黑夫祈求平安，如果惊有什么不测的话，可能就是在刚攻占的淮阳城内遭遇不测。

惊向姑妈问好，姑妈生完孩子后，母子平安吗？

对了，新征服的地区治安很差，请衷不要去。

惊写完信后，满脸都是泪水，黑夫长叹了一声："别哭了，去寄信吧！"

惊和黑夫再次找到了益，把信件交给了他。

黑夫："益，我们家快一个月都没给我俩寄东西了。这次写的信件，我家里人能收到吗？收到后，他们寄给我俩的包裹，我们俩能收到吗？"

益长叹了一口气："现在大秦灭楚战争打得如火如荼，我军不断向敌人腹地深入。很多地方像淮阳这样，征服之后又发生叛乱，所以我们驿传也不好做。沿途都有反抗的楚人，送件的兄弟随时有被袭击遇难的危险。所以能不能寄到老家，老家寄的包裹能不能收到，很难说。"

黑夫与惊向益深深地行了礼。

益："大秦驿传，使命必达！"

远在家乡的衷早在半个月前就收到了兄弟黑夫和惊寄来的信，他和母亲把兄弟俩所要的东西都打包寄了过去。可是没想到，过了十多天又收到第二封信件，看来，第一次寄出的包裹半道是被楚人劫了。衷和母亲赶紧把兄弟俩所需的钱和布再次寄走。

故事讲到这里，有读者可能会问，黑夫和惊后来收没收到家里第二次寄来的包裹？他们收没收到，我们不清楚，但是有一点可以推测：黑夫和惊战死沙场，再也没有回到老家。

1975年12月底，在湖北云梦县睡虎地发现了一个秦墓群。其中编号四的秦墓就是衷的墓，里面出土了墨、石砚、铜镜、陶瓮等数十件陪葬品。其中还有两块木牍，正是黑夫和惊写给衷的家书。这两封家书被称为“云梦睡虎地木牍家书”。

人死的时候，往往会把自己最心爱的东西当作陪葬品，倘若黑夫与惊能平安归来，这两份家书应该会被衷收起来；如果黑夫与惊战死沙场，这两封家书就是他们留给家人最后的念想。

年迈的母亲再也看不到自己的两个儿子，新婚不久的妻子媭再也没有等到丈夫惊回来。

十多年前，笔者初读这两封家书时，并不觉得有什么稀奇。等自己成家立业，有了孩子之后，再读这两封家书，不禁潸然泪下。

一套《二十四史》，无非是帝王将相史。一部《资治通鉴》，无非是帝王教科书，谁曾关心普通小老百姓的生死?

秦军虽是虎狼之师，可是没有一个人生来就是虎狼。战场上的士兵哪个不是父母眼中的孩子、妻子身边的丈夫?

秦国这样的大国，其坚实的基础，正是这无数的小民。

秦国之所以可以一下子动员数十万人上战场，不断地对外发动吞并战争，有两个重要因素：一个是高效精准的人口管理，另一个是它发动战争的成本比后世低很多。

历史书里有这么一句话“皇权不下乡”，意思是皇权只能到县级，很难到乡级行政单位，乡以下的管理只能靠自治。而秦国竟一竿子将王权插到基层。

秦国一旦开战，可以高效精准地征召士兵。秦国对每户人口有精准的统计，知道每家有多少壮丁。秦国抽调百姓家中的壮丁上前线也并不是全上，比如黑夫和惊上了前线，衷就能留在家里，就怕一家壮丁全死了，老人无人赡养。

这是多么的人性化！秦国发动战争的成本也比后世王朝低太多了。秦国士兵上战场，国家只提供武器装备和口粮，其他花销由士兵自己承担。因为秦国给士兵授田，给军功奖励。秦国老百姓全民皆兵，在老家是预备役，在农闲时定期操练，战时可以玩命地拼杀争功，战斗素养也不差。

这就是动员力极强的全民战争。后世进行如此深入的战争动员，还得等到1914年第一次世界大战，欧洲列强动员全国壮丁上战场。

后世很多王朝的兵都是职业兵，他们脱离生产，就靠当兵谋生。而雇人干活是要开工资的，人越多工资支出就越高，所以职业兵对于一个国家来说是沉重的负担。

王翦灭楚战争，从公元前224年一直持续到前223年。这么长时间，春去秋来、寒来暑往，秦军将士就跟现在在外地读书的大学生一样，都需要家里给自己寄钱寄衣服。

黑夫与惊是秦军中的普通士兵，他们打仗需要自掏腰包，一旦战事持久，就需要家里不断寄东西来。他们在家书里提到的熟人相家爵，在秦军的南军，也需要家里寄东西。

当时秦国出动六十万大军攻打楚国，黑夫、惊、相家爵只是这六十万人的缩影。六十万人的包裹物流运输，秦国驿传既要能寄到，还要能收到，这种效率实在惊人。要知道，那可是在两千年前，不像现在有发达的邮政网络，而且秦国驿传承担的可是战争状态下的物流运输！

世界上最牛的快递，就是战地邮局！战地邮局就是负责在战争时期，给前线的士兵与后方的家人提供收发邮件的服务。

对于战地邮局信差来说，最大的挑战就是如何找到收件士兵的地址。

军队会随着战争的进程而不断转移，士兵待的地方也不固定。家里人给某某部队士兵寄信件包裹，战地邮局的信差要能准确地找到收件士兵所属部队的位置，途中还要穿越火线，这个难度可谓相当大。

秦国对外作战，通常是以地区进行动员。比如长平之战决胜阶段秦国动员河东地区十五岁以上壮丁，秦国计划帮魏攻打楚国时发动了四郡之兵，都是以县为单位，再将在这个县征召的士兵编成军队。所以士兵上了战场，身边的战友都是自己的老乡熟人。

我们从家书里可以看到，负责收件的益与黑夫和惊一家都认识，这说明安陆地区将士的包裹运输由安陆地区的驿传人员负责。这样点对点的物流，是非常高效精准的。

黑夫与惊的家庭是万千秦国家庭的缩影。他们平时在田间辛勤耕作，战时征召入伍，自备花销。他们有自己的喜怒哀乐，家长里短。

在乱世之中，普通百姓没有资本。只有一条命，想往上爬，只能以命相搏。大国小民，仅此而已。

看似如同尘埃一般的平民，才是历史真正的推动者，更是活生生的历史！